現代

佛教儀範

釋仁旺 編著

지식의 중심
법문북스

現代

佛教儀範

釋仁旺 編著

지식의 중심
법문북스

序

本 經文研究會가 佛敎의 經文 및 各種 佛敎儀範에 對한 硏究를 거듭해온지 오랜 期間이 지나갔다.

지난번 秘傳韓國經文寶鑑을 出刊해서 配布하여 斯界의 많은 聲援에 이르고 있다.

이에 今般에는 우리 佛敎界에 있어 가장 重要한 生命的인 佛敎儀式에 重大한 몫을 차지하는 儀範 正統常用佛敎儀範을 理致에 맞도록 硏究해서 出刊하게 된것이며, 그동안에 斯界에서 많은 儀範들이 有名社로부터 刊行되여 佛敎行事에 닐리 利用돼 있으나 이에 不足한 점이 많아서 使用人으로 하여금 적지 않은 不便을 가지게 되어오는 것을 착안해서,

이 冊에는 그런 점등을 增補 補完해서 不足함이 없도록 많은 資料를 모아서 收錄하였으며, 보다 알기쉽게 또 찾아보기 쉽게 各 部別로 나누어서 編成했다.

이제 우리 佛敎人은 우리나라 山間壁地의 寺庵 어느 道場에서도 이冊 한권만 가지면 常用하는 朝夕禮佛로부터 各請、施食、茶毘、放生、點眼、受戒等 各種 儀式 節次를 行事할 수 있으리라 確信하오며,

이 冊을 (正統常用佛敎儀範) 우리 佛敎人들이 많이 愛用해서 各種 佛敎儀式에 萬의 一이라도 도움이 되신다면 編者로서 더 없는 榮光으로 生覺됩니다.

佛恩입으시고 成佛하옵소서.

仲秋節

목 차

5

제二부 예경편

7

8

제三부 각 청

제一장 신중축원

9

11

12

14

16

제七부 수계편

17

18

22

제一부 송주 편 誦呪篇

제一장 새벽 도량송 道場頌

(도량송은 새벽에 일어나 도량을 돌면서 염불을 하는 것이다)

🔔 정구업진언 淨口業眞言 (목탁으로함)

「수리수리 마하수리 수수리 사바하」(세번)

修里修里 摩訶修理 修修里 娑婆訶

오방내외안위제신진언 五方內外安慰諸神眞言

「나무 사만다 몯다남 옴 도로도로 지미 사바하」(세번)

南無 三滿多 沒駄喃 唵 度魯度魯 地尾 娑婆訶

개경게 開經偈

무상심심미묘법 無上甚深微妙法

백천만겁난조우 百千萬劫難遭遇

아금문견득수지 我今聞見得受持

원해여래진실의 願解如來眞實意

1

개법장진언
開法藏眞言

『옴 아라남 아라다』 (세번)
『唵 阿羅南 阿羅馱』

1 사대주
四大呪 (보살의 만행을 닦아 언은 금같이 굳센부처님의 삼매에 귀의하는 신그러운 주문)

나무대불정여래 밀인수증요의 제보살만행 수능
南無大佛頂如來 密因修證了義 諸菩薩萬行首楞

엄신주
嚴神呪

『다냐타 옴 아나레 비사제 비라 바아라 다리
『恒也他唵 阿曩黎 尾捨帝 吠羅 縛日羅 馱隷

반다반다니 바아라 바니반 호훔 다로옹박 사바
滿多滿多隷 縛日羅 播尼發 呼吽 納魯唵發 娑婆

하』 (세번)
訶』

정본 관자재보살 여의륜주
正本觀自在菩薩 如意輪呪 (관세음보살님의 뜻대로 되는 주문)

불정심 관세음보살 모다라니

나무 못다야 나무 달마야 나무 승가야 나무

아리야 바로기제 사라야 모지 사다야 마하 사

다야 사가라 마하가로 니가야 하리다야 만다라

다냐타 가가나 바라 지진다 마니마하 무다레

루루루로 지따 하리다예 비사예 옴 부다나 부

다니 야등』(세번)

佛頂心 觀世音菩薩 姥陀羅尼

불정심 관세음보살 모다라니 (최상 관세음보살 다라니)

『나모라 다나다라 야야 나막 아리야 바로기제

새바라야 모지 사다바야 마하 사다바야 마하가

불설소재길상다라니 (세번)
佛說消災吉祥陀羅尼
(재앙을 없애고 길상을 성취하는 부처님의 다라니)

『나모(曩謨) 사만다(三滿多) 몯다남(沒駄喃) 아바라지(阿鉢羅底) 하다사(賀多舍) 사나남(娑曩喃)

다냐타(怛姪他) 옴(唵) 카카(佉佉) 카혜(佉惠) 카혜(佉惠) 훔훔(吽吽) 아바라(入縛羅) 아바라(入縛羅) 바라아바라(入縛羅) 바라아바라(入縛羅) 지따지따(底瑟) 지리지리(致哩)

라(羅)마수다야(摩輸駄野) 옴(唵) 살바작수가야(薩婆數藪伽野) 다라니(陀羅尼) 인(因)

지리야(地利野) 다냐타(怛姪他) 몯다야(菩多野) 바로기제(婆盧枳帝) 새바라야(濕縛羅野) 살바도따(薩婆哆瑟吒) 오(烏)

혜혜(醯醯) 다냐타(怛姪他) 살바다라니(薩婆陀羅尼) 만다라야(蔓茶羅野) 인(壇) 혜혜(醯醯) 바(鉢)

로(盧) 니가야(尼迦野) 다냐타(怛姪他) 아바다(阿跋陀) 아바다(阿跋陀) 바리바제(跋利跋帝) 인

하야미(訶耶彌) 사바하(娑婆訶)』

지리 빠다 빠다 선지가 시리예 사바하」(세번)

② 천수경 千手經

정구업진언 淨口業眞言 (구업을 깨끗이 하는 진언)

『수리 修里 수리 修里 마하수리 摩訶修理 수수리 修修里 사바하 娑婆訶』(세번)

오방내외안위제신진언 五方內外安慰諸神眞言

『나무 南無 사만다 三滿多 몯다남 沒駄喃 옴 唵 도로도로 度魯度魯 지미 地尾 사바하 娑婆訶』—(세번)

개경게 開經偈 (경전을 찬탄하는 게송)

무상심심미묘법 無上甚深微妙法

가장 높고 미묘하고 깊고 깊은 부처님의 법

○구업(口業)=입으로 지은 죄업이란 뜻이다. 입으로 짓는 업은 거짓말·꾸미는 말·이간하는 말·악담하는 말 이 네가지를 말한다.

5

백천만겁난조우
百千萬劫難遭遇
백천만겁 지나도록
만나뵙기 어려워라

아금문견득수지
我今聞見得受持
나는 이제 다행이도
듣고 보고 지니오니

원해여래진실의
願解如來眞實義
원하옵건대 부처님의
진실한 뜻 알아지이다

開法藏眞言
개법장진언 (법장을 여는 진언)

『옴 아라남 아라다』 (세번)
『唵 阿羅南 阿羅馱』

千手千眼觀自在菩薩廣大圓
천수천안관자재보살광대원

滿無礙大悲心大陀羅尼啓請
만무애대비심대다라니계청

稽首觀音大悲呪
계수관음대비주
관음보살 신주앞에
머리 숙여 절합니다

○진언(眞言)＝실다운 진리의 말, 신령하고 비밀한 말, 생각을 여원 본마음 자리에서 나온 말이란 뜻이 된다.

○오방(五方)＝사방과 중앙을 말한다. 모든 귀신들이 천수대다라니 읽는 소리를 들으면 모두 놀라서 두려운 마음으로 달아나게 되므로 모든 신들을 편안히 위로해 주는 진언이다.

○법장(法藏)＝부처님의 미묘하신 법을 쌓아 놓은 창고라는 뜻이며 불교에 있어서 삼대신앙의 대상 가운데 가장 중요한 지위를 차지한다.

○관자재보살(觀自在菩薩)＝관세음보살의 이명이다. 일체 중생들의 온갖 소리를 다 자세하게 관찰하시고

원력홍심상호신 — 願力弘深相好身
천비장엄보호지 — 千臂莊嚴普護持
천안광명변관조 — 千眼光明遍觀照
진실어중선밀어 — 眞實語中宣密語
무위심내기비심 — 無爲心內起悲心
속령만족제희구 — 速令滿足諸希求
영사멸제제죄업 — 永使滅除諸罪業
천룡중성동자호 — 天龍衆聖同慈護
백천삼매돈훈수 — 百千三昧頓熏修

그 원력이 위대하사
상호 또한 거룩하고

고액속에 모든 중생
일천 팔로 거두시며

일천 눈의 광명으로
온 세상을 살피시네

참된 말씀 그가운데
비밀한 뜻 보이시고

하염없는 그맘속에
자비심이 넘칩니다

저희들의 온갖 소원
빨리빨리 이루웁고

모든 죄업 남김없이
깨끗하게 씻어이다

하늘과 용 모든 성중
또한 함께 보살피어

백천가지 온갖 삼매
한꺼번에 깨쳐이다

일천 눈과 일천 손으로 자재하게 구제해 주시므로 관자재보살 또는 관자재보살이라 한다. 이 보살님께서 자비와 공덕이 광대무변하고 원만구족하여, 걸림없고 자유자재한 큰 힘으로 일체중생의 고뇌를 건져 주시는 다라니라는 뜻에서, 「천수천안광대원만무애대비심대다라니」라 한 것이다.

○다라니＝총지(總持＝다 지니다)·능차(能遮＝끊느다)라 번역하는데, 모든 악한 법을 끊어 없애고 한량없이 좋은 법을 다 지니어 가진다는 뜻이다.

○계청＝이 다라니를 외우기에 앞서 관세음보살님과 이 다라니를 찬탄하고 관세음보살님을 따라 큰 원을 일으키며 또한 여

受持身是光明幢
수지신시광명당
받어 지닌 저희 몸은
큰 광명의 깃발이고

受持心是神通藏
수지심시신통장
받어 지닌 저희 마음
신비로운 곳집이니

洗滌塵勞願濟海
세척진로원제해
세상 티끌 씻어내고
괴롬바다 어서 건너

超證菩提方便門
초증보리방편문
보리법의 방편문을
아주 얻게 하여이다

我今稱誦誓歸依
아금칭송서귀의
신비로운 대비주에
귀의하여 원하오니

所願從心悉圓滿
소원종심실원만
뜻하는 일 마음대로
모든 원을 이뤄이다

南無大悲觀世音
나무대비관세음
자비하신 관세음께
귀의하여 비옵니다

願我速知一切法
원아속지일체법
이세상의 온갖 진리
어서 빨리 알아이다

南無大悲觀世音
나무대비관세음
자비하신 관세음께
귀의하여 비옵니다

러 불보살님들께 청원
한다는 뜻이다.

○상호(相好)＝용모
와 형상을 말하는 것
인데 부처님은 三十二
상과 八十종호를 갖추
고 계신다. 상(相)은
몸에 드러나게 잘생긴
부분을 말하고, 호(好)
는 상가운데 또 세밀
하게 좋은 상을 말한
다.

○삼매(三昧)＝마음
속에 산란을 끊고 한
곳에 마음을 모아 조
금이라도 흔들리는 일
이 없고 바른 마음만
있어서 망념이 없는부
동심의 경계를 말한다.

○보리(菩提)＝보리
는 범어인데 번역하면
도(道)、지혜(智慧)、깨
달음(覺)이 된다. 불
교최고의 이상인 불
타의 정각(正覺)한 지
혜를 말한다.

8

원아조득지혜안　願我早得智慧眼　부처님의 지혜 눈을 빨리빨리 얻어이다

나무대비관세음　南無大悲觀世音　자비하신 관세음께 귀의하여 비옵니다

원아속도일체중　願我速度一切衆　한량없는 모든 중생 어서 빨리 건져이다

나무대비관세음　南無大悲觀世音　자비하신 관세음께 귀의하여 비옵니다

원아조득선방편　願我早得善方便　팔만사천 묘한 방편 빨리빨리 얻어이다

나무대비관세음　南無大悲觀世音　자비하신 관세음께 귀의하여 비옵니다

원아속승반야선　願我速乘般若船　저 언덕의 지혜 배에 어서 빨리 올라이다

나무대비관세음　南無大悲觀世音　자비하신 관세음께 귀의하여 비옵니다

원아조득월고해　願我早得越苦海　생로병사 괴롬바다 빨리빨리 건너이다

○방편(方便)＝방은 방정한 이치 또는 법을 말하고 편은 교묘한 말 또는 편리니 일체 중생의 근성(根性)에 계합하는 교화 수단을 말한다.

○나무(南無)＝나무는 범어이며 번역하면 귀의(歸依) 돌아가 의지한다는 뜻이 된다.

○반야선(般若船)＝실다운 이치에 계합한 최상의 지혜를 반야라 한다. 이 반야를 얻어야만 성불하게 되므로 이 반야의 배에 빨리 탈 수 있기를 발원하는 것이다.

○고해(苦海)＝사바 세계를 말하며 이 세상은 생로병사(生老病死) 등의 사고(四苦) 팔고(苦) 八가 있는 괴로움의 바다라는 뜻이다.

나무대비관세음
南無大悲觀世音
자비하신 관세음께
귀의하여 비옵니다

원아속득계정도
願我速得戒定道
무명 벗는 계와, 정을
어서 빨리 얻어이다

나무대비관세음
南無大悲觀世音
자비하신 관세음께
귀의하여 비옵니다

원아조등원적산
願我早登圓寂山
극락세계 열반산에
빨리빨리 올라이다

나무대비관세음
南無大悲觀世音
자비하신 관세음께
귀의하여 비옵니다

원아속회무위사
願我速會無爲舍
하염없는 법의 진리
어서 빨리 알아이다

나무대비관세음
南無大悲觀世音
자비하신 관세음께
귀의하여 비옵니다

원아조동법성신
願我早同法性身
절대진리 법성의 몸
빨리빨리 이뤄이다

아약향도산
我若向刀山
칼산지옥 내가 가면

○**계정도**(戒定道) =
계와 정 몸을 절제하
는 것을 계라 하고, 마
음을 고요히 하는 것
을 정이라 한다.

○**원적산**(圓寂山) =
원적은 범어로 열반의
번역. 번뇌와 잡념의
세계를 여의고 생사를
뛰어 넘은 절대의 청
정한 경계를 뜻하며,
원은 모든 공덕이 원만
하다는 뜻이고, 적은
모든 악이 없어져서 적
멸(寂滅) 적정(寂淨)
하여 고요하다는 뜻이
다.

○**무위사**(無爲舍) =
하염 없는 집(無爲舍)
이란 뜻으로 생주이멸
(生住異滅) 생로병사
(生老病死)의 유위법
을 여읜 원적열반의 경
계로 나의 집을 삼는
다는 것을 뜻한다.
○**법성신**(法性身) =
법신(法身)의 별경인

<table>
<tr><td>刀山自摧折
도산자최절</td><td>我若向火湯
아약향화탕</td><td>火湯自消滅
화탕자소멸</td><td>我若向地獄
아약향지옥</td><td>地獄自枯渴
지옥자고갈</td><td>我若向餓鬼
아약향아귀</td><td>餓鬼自飽滿
아귀자포만</td><td>我若向修羅
아약향수라</td><td>惡心自調伏
악심자조복</td></tr>
</table>

칼산 절로 무너지고

화탕지옥 내가 가면

화탕 절로 없어지고

모든 지옥 내가 가면

지옥 절로 말라이다

아귀 세계 내가 가면

아귀 절로 배부르고

수라 세계 내가 가면

악한 마음 항복 되고

데 시방 허공에 두루 한 부처님의 진신(眞身) 빛깔도 형상도 없는 본체신(本体身)을 말한다.

○도산(刀山)=도산 지옥(칼산지옥)을 말한다. 칼산으로 세계가 꽉차 있어서 칼만 밟고 위에서만 살아야 하는 극악 중생이 가는 지옥.

○화탕(火湯)=화탕 지옥을 말한다. 끓는 가마솥에 들어가 서 삶아져서 죽었다 살았다 하는 지옥.

○아귀(餓鬼)=굶주린 귀신을 말한다.
○수라(修羅)=아수라를 말한다.
○축생(畜生)=짐승 곤충등의 동물을 총칭하는 말이다.

我若向畜生
아약향축생
짐승 세계 내가 가면

自得大智慧
자득대지혜
슬기 절로 생겨이다

南無觀世音菩薩摩訶薩
나무관세음보살마하살

南無大勢至菩薩摩訶薩
나무대세지보살마하살

南無千手菩薩摩訶薩
나무천수보살마하살

南無如意輪菩薩摩訶薩
나무여의륜보살마하살

南無大輪菩薩摩訶薩
나무대륜보살마하살

일체 중생들의 온갖 소리를 다 자재하게 관찰하시고 일천 눈과 일천 손으로 구제해 주시므로 관세음보살 또는 관자재보살 이라 하다.

아미타 부처님의 우보처(右補處)시다·아미타불·관세음·대세지 세분을 극락세계의 三존(尊) 불로 숭배하는데、대세지보살 님은 만행을 닦으실때 특히 남에게 모든 것을 주는 수행을 잘 하였다고 한다.

천개의 손과 천개의 눈으로 중생을 구제해 주시는 보살이신데、다름아닌 관세음보살의 여섯화신(化身) 가운데 한분이다

여섯 관세음보살 중의 한분인데 손에 여의주와 보배수레바퀴(寶輪)를 들고 계시다。여의주는 중생의 원을 다 들어 주겠다는 뜻이며、보배수레바퀴는 부처님의 법을 굴리는 표시다.

대륜금강(大輪金剛)을 말한다。태장계(胎藏界) 금강수원(金剛手院)의 삼십삼존 가운

南無觀自在菩薩摩訶薩
나무관자재보살마하살

南無正趣菩薩摩訶薩
나무정취보살마하살

南無滿月菩薩摩訶薩
나무만월보살마하살

南無水月菩薩摩訶薩
나무수월보살마하살

南無軍茶利菩薩摩訶薩
나무군다리보살마하살

데 한분이시다. 미혹을 끊는 지혜와 덕을 표하여 대륜이라고 한다. 이 보살은 손에 三고(枯)로 된 금강저(金剛杵·跋折羅 금강저는 보리심을 뜻하는 수도도구)를 들고 보리심을 재촉하신다.

—1—

관자재보살(觀自在菩薩)은 관세음보살의 이명이다.

관세음보살의 화신이니, 정취관음이라고 부른다. 정취보살은 화엄경 입법계품에 보면 해탈법문을 널리 설해준 보살이기도 하다.

둥근 달과 같이 공덕이 원만하고 상호가 원만한 보살이며 온 중생에게 골고두 비춰주시는 보살이시다. 역시 관음보살의 화현불이시다.

수월관음이니 三十二관음의 한분이시다. 밝은 달이 바다 위를 환하게 비췄을때 한연꽃이 바다 위에 떠 있고, 연꽃 위에 서서 계신 몸을 나투신 관음을 말한다.

보배병을 들고 계시며, 일체고액을 제도해 주시는 일을 맡아서 특히 자비를 펴시는 보살이시다.

南無十一面菩薩摩訶薩
나무십일면보살마하살

南無諸大菩薩摩訶薩
나무제대보살마하살

『南無本師阿彌陀佛』
『나무본사아미타불』 (세번)

아수라에 빠진 중생을 구제하는 관음. 대광보조관음(大光普照觀音)이라 한다. 머리 위에 열한개의 얼굴을 가지신 관음으로서 전후 좌우의 十면은 보살의 수행계급인 十위를 표하고, 맨위의 한분은 고요하고 안온한 상이고, 왼편의 세 얼굴은 위엄과 노여움으로 꾸짖는 상이고, 오른편 세 얼굴은 아랫편 어금니가 입밖으로 나온 상이고, 뒤의 얼굴은 자비로 웃는 상이시다. 맨위의 부처님 상은 원만상호이시다.

신묘장구대다라니

나모라 다나다라 야야 나막알약

바라야 모지 사다바야 마하 사다바야 마하가로

니가야 옴 살바 바예수 다라나 가라야 다사명

나막 가리다바 이맘 알약 바로기제 새바라 다

바니라간타 나막 하리나야 마발다 이사미

발타 사다남 수반 아예염 살바 보다남 바바말

아미수다감 다냐타 옴 아로계

가지가란제 혜혜하례 마하모지 사다바 사마라

사마라 하리나야 구로구로 갈마 사다야 사다야

도로도로 미연제 마하 미연제 다라다라 다린

나례 새바라 자라자라 마라미 마라 아마라 몰

제예혜혜 로계 새바라 라아 미사미 나사야

나베 사미사미 나사야 모하자라 미사미 나사야

호로 호로 마라호로 하례 바나마나바 사라사라

시리시리 소로소로 못쟈못쟈 모다야 모다야 매

다리야 니라간타 가마사 날사남 바라하라 나

야마낙 사바하 신다야 사바하 마하 신다야 사

바하 신다 유예 새바라야 사바하 니라간타야

15

사바하 바아라 목카 싱하 목카야 사바하 바나

마하다야 사바하 자가라 욕다야 사바하 상카

섭나녜 모다나야 사바하 마하라 구타다라야 사

바하 바마사간타 니사 시체다 가릿다 이나야

사바하 먀가라 잘마 이바 사나야 사바하 나모

라다나다라 야야 나막알약 바로기제 새바라야

사바하

四方讚
사방찬 (사방을 찬탄함)

一灑東方潔道場
일쇄동방결도량
첫째 동방 씻어 청정도량 이루었고

二灑南方得清涼
이쇄남방득청량
둘째 남방 씻어 끊는 마음 시원하며

三灑西方俱淨土
삼쇄서방구정토
셋째 서방 씻어 안락 정토 이루었고

道場讚
도량찬

(도량을 찬탄함)

道場淸淨無瑕穢
도량청정무하예

온도량이 깨끗하여 더러운것 없아오니

三寶天龍降此地
삼보천룡강차지

삼보님과 천룡님네 이도량에 오시도다

我今持誦妙眞言
아금지송묘진언

내가 이제 묘한 진언 지니고 외우오니

願賜慈悲密加護
원사자비밀가호

대자비로 베푸시어 저희들을 살피소서

懺悔偈
참회게

(참회하는 게송)

我昔所造諸惡業
아석소조제악업

아득히 먼 옛날부터 내가 지은 모든 악업

皆由無始貪瞋痴

개유무시탐진치

크고 작은 그것 모두 탐진치로 생기었고

從身口意之所生

종신구의지소생

몸과 입과 뜻을 따라 무명으로 지었기에

一切我今皆懺悔

일체아금개참회

나는 지금 진심으로 참회하고 비나이다.

懺除業障 十二尊佛

참제업장십이존불 (업장을 참회하여 멸하여 주시는 열두분의 부처님 이름)

寶勝藏佛

보승장불

이 부처님 명호는 한번만 외어도 일평생 짐승을 타고 다닌 죄를 소멸함

寶光王火炎照佛

보광왕화염조불

이 부처님 명호는 한번만 외어도 상주지 물을 손해한 죄를 소멸함

一切香火自在力王佛

일체향화자재력왕불

이 부처님 명호는 한번만 외어도 일평생 계행 파한 죄를 소멸함

百億恒河沙決定佛

백억항아사결정불

이 부처님 명호는 한번만 외어도 일평생 살생한 죄를 멸함

振威德佛

진위덕불

이 부처님 명호는 한번만 외어도 사음한 죄악과 악구한 죄를 소멸함

金剛堅強消伏壞散佛

금강견강소복괴산불

이 부처님의 명호는 한번 외우면 아비지옥에 떨어지지 않음

普光月殿妙音尊王佛

보광월전묘음존왕불

이 부처님의 명호를 한번 외우면 대장경을 한번 읽는 공덕과 같음

歡喜藏摩尼寶積佛

환희장마니보적불

이 부처님의 명호를 외우는 공덕은 따로 말하지 않았으나 다른 부처님의 명호와 공덕이 같음

無盡香勝佛佛

무진향승왕불

이 부처님의 명호를 생각하는 이는 곧 무량겁에 생사중죄를 초월하고 숙명지를 얻음

獅子月佛

사자월불

이 부처님의 명호를 듣기만 해도 세세생생에 축생의 몸을 받지 않고 무량겁의 생사중죄를 소멸함.

歡喜莊嚴珠王佛

환희장엄주왕불

이 부처님의 명호를 듣고 오체를 땅에 던져 귀의하여 예배하면 곧 오백만억겁의 지은 생사중죄를 멸함

帝寶幢摩尼勝光佛

제보당마니승광불

이 부처님의 명호를 듣고 귀의하면 오백만억 겁 생사중죄를 멸함

殺生重罪今日懺悔

살생중죄금일참회

살생한 죄 오늘 참회합니다

偸盜重罪今日懺悔

투도중죄금일참회

도적질한 죄 오늘 참회합니다

사음중죄금일참회 邪淫重罪今日懺悔

망어중죄금일참회 妄語重罪今日懺悔

기어중죄금일참회 綺語重罪今日懺悔

양설중죄금일참회 兩舌重罪今日懺悔

악구중죄금일참회 惡口重罪今日懺悔

탐애중죄금일참회 貪愛重罪今日懺悔

진에중죄금일참회 瞋恚重罪今日懺悔

치암중죄금일참회 痴暗重罪今日懺悔

백겁적집죄 百劫積集罪

사음한 죄 오늘 참회합니다

거짓말한 죄 오늘 참회합니다

발림말한 죄 오늘 참회합니다

이간질한 죄 오늘 참회합니다

나쁜 말한 죄 오늘 참회합니다

탐애한 죄 오늘 참회합니다

성낸 죄업 오늘 참회합니다

우치한 죄 오늘 참회합니다

백겁 천겁 쌓인 죄업

一念頓蕩盡　일념돈탕진　한생각에 없어져서

如火焚枯草　여화분고초　마른 풀을 불태운듯

滅盡無有餘　멸진무유여　흔적조차 없어져라

罪無自性從心起　죄무자성종심기　죄의 자성 본래 없어 마음 따라 일어난것

心若滅時罪亦亡　심약멸시죄역망　마음 한번 없어지면 죄업 또한 사라지네

罪亡心滅兩俱空　죄망심멸양구공　죄도 업도 없어지고 마음 또한 공하여야

是則名爲眞懺悔　시즉명위진참회　이것을 이름하여 참 참회일세.

懺悔眞言
참회진언
(죄업을 참회하는 진언)

唵　薩婆　菩提　薩陀耶　娑婆訶
『옴　살바못자　모지　사다야　사바하』 (세번)

준제공덕취　准提功德聚　준제주의 크신 공덕

적정심상송　寂靜心常誦　일념으로 늘 외우면

일체제대난　一切諸大難　그 어떠한 어려움도

무능침시인　無能侵是人　침노하지 못하리니

천상급인간　天上及人間　하늘이나 사람이나

수복여불등　受福如佛等　부처님처럼 복 받으며

우차여의주　遇此如意珠　이 여의주 얻은 이는

정획무등등　正獲無等等　가장 큰법 이루리

나무 칠구지불모 대준제보살　南無 七俱胝佛母 大准提菩薩　(칠구지불모 대준제 보살께 귀의합니다)

22

○구지는 억이니 칠구지는 칠억이요 준제보살님은
과거 칠억 부처님의 어머니가 되신 분이다.

淨法界眞言
정법계진언

『옴 唵
남 喃』 (세번)

護身眞言
호신진언

『옴 唵
치림 齒臨』 (세번)

(몸을 보호하는 진언)

이 진언을 외우면 十악 五역의 모든 죄
업을 소멸하고 병고와 재난이 없어진다.

觀世音菩薩 本心微妙 六字大明王眞言
관세음보살 본심미묘 육자대명왕진언

(관세음보살님의 미묘하신 본심을 보이는 육자 진언)

『옴 마니 반메 훔』 唵 摩尼 叭迷 吽 （세번）

准提眞言
준제진언 （준제 관음의 진언）

曩謨 薩陀喃 三藐三沒馱 鳩致喃 怛野他
나무 사다남 삼먁삼몯다 구치남 다냐타
내가 이제 대준제를 지성으로 외우옵고

『옴 자례주례 준제 사바하 부림』 唵 左隷主隷 准提 婆娑訶 部臨 （세번）

我今持誦大准提
아금지송대준제
내가 이제 대준제를 지성으로 외우옵고

即發菩提廣大願
즉발보리광대원
크고 넓은 보리심의 광대한 원 세우오니

願我定慧速圓明
원아정혜속원명
정과 혜를 닦아 어서 어서 밝아지이다

願我功德皆成就
원아공덕개성취
높은 복과 큰 장엄을 나는 두루 갖추오며

願我勝福遍莊嚴　원아승복변장엄　거룩한 모든 공덕 나는 모두 이루옵고

願共衆生成佛道　원공중생성불도　그지없는 중생들과 불도 함께 이뤄이다

如來十大發願文　여래십대발원문 (부처님 열가지 큰 발원문)

願我永離三惡道　원아영리삼악도　나는 삼악도를 여의옵기 원입니다

願我速斷貪瞋癡　원아속단탐진치　나는 탐진치를 어서 끊기 원입니다

願我常聞佛法僧　원아상문불법승　나는 불법승을 언기 원입니다

願我勤修戒定慧　원아근수계정혜　나는 계정혜를 힘껏 닦기 원입니다

願我恒隨諸佛學　원아항수제불학　나는 부처님 법 항상 배우기 원입니다

願我不退菩提心　원아불퇴보리심　나는 보리심을 안 여의기 원입니다

願我決定生安養
원아결정생안양

나는 안양계에 태어나기 원입니다

願我速見阿彌陀
원아속견아미타

나는 아미타불을 만나 뵙기 원입니다

願我分身遍塵刹
원아분신변진찰

나는 나툰 몸을 두루펴기 원입니다

願我廣度諸衆生
원아광도제중생

나는 모든 중생을 제도하기 원입니다

發四弘誓願

발사홍서원

(네가지 큰원을 세움)

衆生無邊誓願度
중생무변서원도

중생이 수 없지만 기어이 다 건지오리다

煩惱無盡誓願斷
번뇌무진서원단

번뇌가 끝 없지만 기어이 다 끊으리다

法門無量誓願學
법문무량서원학

법문이 한 없지만 기어이 다 배우리다

佛道無上誓願成
불도무상서원성

불도가 드높지만 기어이 다 이루리다

自性衆生誓願度
자성중생서원도 마음의 중생부터 맹세코 건지리다

自性煩惱誓願斷
자성번뇌서원단 마음의 번뇌부터 맹세코 끊으리다

自性法門誓願學
자성법문서원학 마음의 법문부터 맹세코 배우리다

自性佛道誓願成
자성불도서원성 마음의 불도부터 맹세코 이루리다

發願已歸命禮三寶
발원이 귀명례삼보 (원을 일으켜 삼보께 귀의함)

南無常住十方佛
나무상주시방불 시방에 항상 계신 부처님께 귀의합니다

南無常住十方法
나무상주시방법 시방에 항상 계신 법보님께 귀의합니다

南無常住十方僧
나무상주시방승 시방에 항상 계신 승보님께 귀의합니다

開壇眞言
개단진언 ·『옴 바아라 나로 다가다야 삼마야 바라베

27

建壇眞言

건단진언 · 『옴 난다난다 나지나지 난다바리 사바하』(세번)

羅字色鮮白 空點以嚴之 如彼髻明珠

淨法界眞言

정법계진언 · 나자색선백 공점이엄지 여비계명주

置之於頂上 眞言同法界 無量衆罪除

치지어정상 진언동법계 무량중죄제

一切觸穢處 當加此字門

일체촉예처 당가차자문

『나무 삼만다 못다남 남』(세번)

제二장 조석종성

朝夕鍾聲

(처음 마루를 세번치고 종을 고요한 가운데 아주약하게 시작하여 점점 높게 친다)

① 아침종성

開經偈

개경게 · 무상심심미묘법 백천만겁난조우

無上甚深微妙法 百千萬劫難遭遇

아금문견득수지　원해여래진실의

我今聞見得受持　願解如來眞實義

개법장진언·『옴 아라남 아라다』(세번)

원차종성변법계　철위유암실개명　삼도이고파도산

願此鍾聲遍法界　鐵圍幽暗悉皆明　三途離苦破刀山

일체중생성정각

一切衆生成正覺

나무비로교주　화장자존　연보게지금문　포낭함지옥　일

南無毘盧敎主　華藏慈尊　演寶揭之金文　布琅函之玉

축　진진혼입　찰찰원융　십조구만오천사십팔자　일

軸　塵塵混入　利利円融　十兆九萬五千四十八字　一

승원교　대방광불화엄경 (세번)

乘円数　大方廣佛華嚴經

제일게·약인욕요지　삼세일체불　응관법계성

第一偈　若人欲了知　三世一切佛　應觀法界性

일체유심조 (세번)

一切唯心造

破地獄眞言

파지옥진언·『나모 아따 시지남 삼먁 삼못다 구치남

옴 아자나 바바시 지리지리 훔』(세번)

凡所有相 범소유상 皆是虛妄 개시허망 若見諸相 약견제상 非相 비상 即見如來 즉견여래

2 여래십호
如來十號

如來應供 여래 응공 正遍智 정변지 明行足 명행족 善逝 선서 世間解 세간해 無上士 무상사 調御 조어

丈夫 天人師 장부 천인사 佛世尊 불세존 諸法從本來 제법종본래 常自寂滅相 상자적멸상 佛子行 불자행

道已來世得作佛 도이래세득작불 諸行無常 제행무상 是生滅法 시생멸법 生滅滅已 생멸멸이 寂滅 적멸

爲樂願我盡生無別念 위락 원아진생무별념 阿彌陀佛獨相隨 아미타불독상수 心心相係玉毫 심심상계옥호

光念念菩提金色相 광 염념보리금색상 我執念珠法界觀 아집염주법계관 虛空爲繩無不 허공위승무불

관 평등사나무하처　관구서방아미타　나무서방대교주

觀　平等舍那無何處　觀求西方阿彌陀　南無西方大教主

무량수여래불　나무아미타불

無量壽如來佛　南無阿彌陀佛

③ 극락세계십종장엄

極樂世界十種莊嚴

법장서원수인장엄　사십팔원원력장엄　미타명호수광

法藏誓願修因莊嚴　四十八願願力莊嚴　彌陀名號壽光

장엄　삼대사관보상장엄　미타국토안락장엄　보하청

莊嚴　三大士觀寶像莊嚴　彌陀國土安樂莊嚴　寶河清

정덕수장엄　보전여의누각장엄　주야장원시분장엄

淨德水莊嚴　寶殿如意樓閣莊嚴　晝夜長遠時分莊嚴

이십사락정토장엄　삼십종익공덕장엄

二十四樂淨土莊嚴　三十種益功德莊嚴

④ 미타인행사십팔원

彌陀因行四十八願

악취무명원 惡趣無名願

무타악도원 無墮惡道願

동진금색원 同眞金色願

형모무차원 形貌無差願

성취숙명원 成就宿命願

생획천안원 生獲天眼願

생획천이원 生獲天耳願

실지심행원 悉知心行願

신족초월원 神足超越願

정무아상원 淨無我想願

결정정각원 決定正覺願

광명보조원 光明普照願

수량무궁원 壽量無窮願

성문무수원 聲聞無數願

중생장수원 衆生長壽願

개획선명원 皆獲善名願

제불칭찬원 諸佛稱讚願

십념왕생원 十念往生願

임종현전원 臨終現前願

회향개생원 回向皆生願

구족묘상원 具足妙相願

함계보처원 咸階補處願

신공타방원 晨供他方願

소수만족원 所須滿足願

선입본지원 善入本智願

나라연력원 那羅延力願

장엄무량원 莊嚴無量願

보수실지원 寶樹悉知願

획승변재원 獲勝辯才願

대변무변원 大辯無邊願

국정보조원 國淨普照願

무량승음원 無量勝音願

몽광안락원 蒙光安樂願

성취총지원 成就總持願

영리여신원 永離女身願

문명지과원 聞名至果願

천인경례원 (天人敬禮願)
수의수념원 (須衣隨念願)
자생심정원 (纔生心淨願)
수현불찰원 (樹現佛刹願)

무제근결원 (無諸根缺願)
현증등지원 (現證等地願)
문생호귀원 (聞生豪貴願)
구족선근원 (具足善根願)

공불견고원 (供佛堅固願)
욕문자문원 (欲聞自聞願)
보리무퇴원 (菩提無退願)
현획인지원 (現獲忍地願)

⑤ 제불보살십종대은 (諸佛菩薩十種大恩)

발심보피은 (發心普彼恩)
난행고행은 (難行苦行恩)
일향위타은 (一向爲他恩)
수형육도은 (隨形六途恩)

수축중생은 (隨逐衆生恩)
대비심중은 (大悲深衆恩)
은승창열은 (隱勝彰劣恩)
위실시권은 (爲實示權恩)

시멸생선은 (示滅生善恩)
비렴무진은 (悲念無盡恩)

⑥ 보현보살십종대원 (普賢菩薩十種大願)

예경제불원 禮敬諸佛願 칭찬여래원 稱讚如來願 광수공양원 廣修供養願 참제업장원 懺除業障願

수회공덕원 隨喜功德願 청전법륜원 請轉法輪願 제불주세원 諸佛住世願 상수불학원 常隨佛學願

항순중생원 恒順衆生願 보개회향원 普皆回向願

---

⑦ 석가여래팔상성도 釋迦如來八相成道

도솔내의상 兜率來儀相 비람강생상 毘藍降生相 사문유관상 四門遊觀相 유성출가상 踰城出家相

설산수도상 雪山修道相 수하항마상 樹下降魔相 녹원전법상 鹿苑轉法相 쌍림열반상 雙林涅槃相

---

⑧ 다생부모십종대은 多生父母十種大恩

회탐수호은 懷耽守護恩 임산수고은 臨産受苦恩 생자망우은 生子忘憂恩 연고토감은 咽苦吐甘恩

회건취습은 廻乾就濕恩　유포양육은 乳哺養育恩　세탁부정은 洗濯不淨恩　원행억염은 遠行憶念恩

위조악업은 爲造惡業恩　구경연민은 究竟憐愍恩

⑨ 오종대은명심불망 五種大恩銘心不忘

각안기소국왕지은 各安其所國王之恩　생양구로부모지은 生養劬勞父母之恩　유통정법사장 流通正法師長

지은 之恩　사사공양단월지은 四事供養檀越之恩　탁마상성붕우지은 琢磨相成朋友之恩　당가위 當可爲

보유차염불 報唯此念佛

⑩ 고성염불십종공덕 高聲念佛十種功德

일자공덕능배수면 一者功德能排睡眠　이자공덕천마경포 二者功德天魔驚怖　삼자공덕성변 三者功德聲遍

德念心不散　七者功德勇猛精進　八者功德諸佛歡喜

덕염심불산　칠자공덕용맹정진　팔자공덕제불환회

九者功德三昧現前　十者功德往生淨土

구자공덕삼매현전　십자공덕왕생정토

青山疊疊彌陀窟　滄海茫茫寂滅宮　物物拈來無罣碍

청산첩첩미타굴　창해망망적멸궁　물물염래무가애

幾看松亭鶴頭紅　極樂堂前滿月容　玉毫金色照虛空

기간송정학두홍　극락당전만월용　옥호금색조허공

若人一念稱名號　頃刻圓成無量功　三界猶如汲井輪

약인일념칭명호　경각원성무량공　삼계유여급정륜

百千萬劫歷微塵　此身不向今生度　更待何生度此身

백천만겁역미진　차신불향금생도　갱대하생도차신

天上天下無如佛　十方世界亦無比　世間所有我盡見

천상천하무여불　시방세계역무비　세간소유아진견

一切無有如佛者　刹塵心念可數知　大海中水可飲盡

일체무유여불자　찰진심념가수지　대해중수가음진

허공가량풍가계 (虛空可量風可擊)
무능진설불공덕 (無能盡說佛功德)
가사정대경진겁 (假使頂戴經塵劫)
신위상좌변삼천 (身爲狀座徧三千)
약불전법도중생 (若不傳法度衆生)
필경무능보은자 (畢竟無能報恩者)

아차보현수승행 (我此普賢殊勝行)
무변승복개회향 (無邊勝福皆回向)
보원침익제중생 (普願沈溺諸衆生)
속왕무량광불찰 (速往無量光佛刹)
아미타불재하방 (阿彌陀佛在何方)
착득심두절막망 (着得心頭切莫忘)

염도궁무념처 (念到窮無念處)
육문상방자금광 (六門常放紫金光)
보화비진요망연 (報化非眞了妄緣)
법신청정광무변 (法身淸淨廣無邊)
천강유수천강월 (千江有水千江月)
만리무운만리천 (萬里無雲萬里天)

원공법계제중생 (願共法界諸衆生)
동입미타대원해 (同入彌陀大願海)
진미래제도중생 (盡未來際度衆生)
자타일시성불도 (自他一時成佛道)

나무서방정토 (南無西方淨土)
극락세계 (極樂世界)
삼십육만억 (三十六萬億)
일십일만 구 (一十一萬 九)

천오백 千五百 동명동호 同名同號 대자대비 大慈大悲 아미타불 阿彌陀佛

나무서방정토 南無西方淨土 극락세계 極樂世界 불신장광 佛身長廣 상호무변 相好無邊 금색 金色

광명 光明 변조법계 遍照法界 사십팔원 四十八願 도탈중생 度脫衆生 불가설 不可說

설전 說轉 불가설 不可說 항하사 恒河沙 불찰미진수 佛刹微塵數 도마죽위 稻麻竹葦 무한 無限

극수 極數 삼백육십만억 三百六十萬億 일십일만 一十一萬 구천오백 九千五百 동명동호 同名同號

대자대비 大慈大悲 아등도사 我等導師 금색여래 金色如來 아미타불 阿彌陀佛

나무무견정상상 南無無見頂上相 아미타불 阿彌陀佛 나무정상육계상 南無頂上肉髻相 아미타 阿彌陀

불 佛 나무발감유리상 南無髮紺琉璃相 아미타불 阿彌陀佛 나무미간백호상 南無眉間白毫相 아 阿

미타불 彌陀佛 나무미세수양상 南無眉細垂楊相 아미타불 阿彌陀佛 나무안목청정상 南無眼目清淨相

아미타불 (阿彌陀佛)
나무이문제성상 아미타불 (南無耳聞諸聖相 阿彌陀佛)
나무비고원직상 아미타불 (南無鼻高圓直相 阿彌陀佛)
나무설대법라상 아미타불 (南無舌大法螺相 阿彌陀佛)
나무신색진금상 아미타불 (南無身色眞金相 阿彌陀佛)

나무문수보살 (南無文殊菩薩)
나무보현보살 (南無普賢菩薩)
나무관세음보살 (南無觀世音菩薩)
나무대세지보살 (南無大勢至菩薩)
나무금강장보살 (南無金剛藏菩薩)
나무제장애보살 (南無除障碍菩薩)
나무미륵보살 (南無彌勒菩薩)
나무지장보살 (南無地藏菩薩)
나무일체청정대해중보살마하살 (南無一切清淨大海衆菩薩摩訶薩)

원공법계제중생 (願共法界諸衆生)
동입미타대원해 (同入彌陀大願海)

시방삼세불 (十方三世佛)
아미타제일 (阿彌陀第一)
구품도중생 (九品度衆生)
위덕무궁극 (威德無窮極)

아금대귀의 (我今大歸依)
참회삼업죄 (懺悔三業罪)
범유제복선 (凡有諸福善)
지심용회향 (至心用回向)

원동염불인 진생극락극 견불요생사 여불도일체

願同念佛人 盡生極樂國 見佛了生死 如佛度一切

원아임욕명종시 진제일체제장애 면견피불아미타

願我臨欲命終時 盡除一切諸障碍 面見彼佛阿彌陀

즉득왕생안락찰 원이차공덕 보급어일체 아등여중

即得往生安樂刹 願以此功德 普及於一切 我等與衆

생 당생극락국 동견무량수 개공성불도

生 當生極樂國 同見無量壽 皆共成佛道

원왕생 원왕생 왕생극락견미타 획몽마정수기별

願往生 願往生 往生極樂見彌陀 獲蒙摩頂受記莂

원왕생 원왕생 원재미타회중좌 수집향화상공양

願往生 願往生 願在彌陀會中坐 手執香華常供養

원왕생 원왕생 왕생화장연화계 자타일시성불도

願往生 願往生 往生華藏蓮華界 自他一時成佛道

무량수 불설왕생정토주

無量壽 佛說往生淨土呪

나무 아미다바야 다타가다야 다디야타 아미리 도바

비 아미리다 싯담바비 아미리다 비가란제 아미리다

비가란다 가미니 가가나 깃다가례 사바하

결정왕생정토진언
決定往生淨土眞言

上品
나무 사만다 못다남 옴 아마라 다바폐 사바하 상품

上生眞言
상생진언·『옴 마리다리 훔훔바탁 사바하』

阿彌陀佛本心微妙眞言
아미타불본심미묘진언·『다냐타 옴 아리다리 사바하』

阿彌陀佛心中心呪
아미타불심중심주·『옴 노계새바라 라아 하릭』

無量壽如來心呪
무량수여래심주·『옴 아마리다 제체 하라 훔』

無量壽如來根本陀羅尼
무량수여래근본다라니

나무라 다나다라 야야 나막알야 아미다바야 다타아
다야 알하제 삼먁삼못다야 다냐타 옴 아마리제 아마
리도 나바베 아마리다 삼바베 아마리다 알베 아마리
다 싯제 아마리다 제체 아마리다 미가란제 아마리다
미가란다 아미니 아마리다 아아야 나비가례 아마리
다 낭노비 사바례 살발타 사다니 살바갈마 가로삭사
염가레 사바하

踏殺無罪眞言
답살무죄진언·『옴 이제리니 사바하』

解冤結眞言
해원결진언·『옴 삼다라 가닥 사바하』

發菩提心眞言
발보리심진언·『옴 모지짓다 못다 바나야 믹』

報施主恩眞言
보시주은진언·『옴 아리야 승하 사바하』

報父母恩重眞言
보부모은중진언·『옴 아아나 사바하』

先亡父母往生淨土眞言
선망부모왕생정토진언·『나무 사만다 못다남 옴 숫제 유리 사바하』

文殊菩薩法印能消定業眞言
문수보살법인능소정업주·『옴 바계타 나막 사바하』

普賢菩薩滅罪呪
보현보살멸죄주·『지바닥 비니바닥 오소바닥 카혜 카혜

觀世音菩薩滅業障眞言
관세음보살멸업장진언·『옴 아로늑계 사바하』

地藏菩薩滅定業眞言
지장보살멸정업진언·『옴 바리 마리다니 사바하』

大願成就眞言
대원성취진언·『옴 아모카 살바다라 사다야 시베 훔』

補闕眞言
보궐진언·『옴 호로호로 사야목게 사바하』

보회향진언

...

보회향진언(普回向眞言)·『옴 사마라 사마라 미만나 사라마하 자가라 바 훔』

계수서방안락찰(稽首西方安樂刹) 접인중생대도사(接引衆生大導師) 아금발원원왕생(我今發願願往生)

유원자비애섭수(唯願慈悲哀攝受) 고아일심 귀명정례(故我一心 歸命頂禮)

11 저녁종성(夕鍾聲)

문종성번뇌단(聞鍾聲煩惱斷) 지혜장보리생(智慧長菩提生) 이지옥출삼계(離地獄出三界)

원성불도중생(願成佛度衆生)

파지옥진언(破地獄眞言)·『옴 가라지야 사바하』

※ 아침종치는법(朝鍾打鍾要領)

44

장엄염불시작

원공법계제중생 동입미

타대원해

아미타불본심미묘진언

원이차공덕

※ 저녁종치는요령 夕鍾打鍾要領

저녁쇠성은 먼저 「 : 」하
고 종을 시작하여 송문
을 외우면서 차례로 네
번을 친 다음 다섯번만
에 끝냅니다.

다시 도면화하면 다음과
같다.

문종성번뇌단① 지혜장

(1)
(2)
(3)
(4)
(5)

보리생② 이지옥출삼계

③ 원성불도중생④ 옴

가라지야사바하 (세번)⑤

다음은 한참 있다가 대

중이 다 모이면 다음과

같이 치고 예불에 들어

간다.

제二부 예경 편 禮敬篇

제一장 아침예불 朝禮佛

① 오분향례 五分香禮 (목탁을 치면서 반배함)

계향 戒香 정향 定香 혜향 慧香 해탈향 解脫香 해탈지견향 解脫知見香

주변법계 周偏法界 공양시방무량불법승 供養十方無量佛法僧

광명운대 光明雲臺

헌향진언 獻香眞言

『옴 唵 바아라 婆阿羅 도비야 度碑耶 훔』 吽 (세번)

지심귀명례 至心歸命禮 삼계대도사 三界大導師 사생자부 四生慈父 시아본사 是我本師 석가 釋迦 모니불 牟尼佛

至心歸命禮
지심귀명례
十方三世 시방삼세
帝網刹海 제망찰해
常住一切 상주일체
佛陀耶 불타야

至心歸命禮
지심귀명례
衆 중
十方三世 시방삼세
帝網刹海 제망찰해
常住一切 상주일체
達磨耶 달마야

至心歸命禮
지심귀명례
衆 중
大智文殊 대지문수
舍利菩薩 사리보살
大行普賢菩薩 대행보현보살
大 대

至心歸命禮
지심귀명례
悲觀世音菩薩 비관세음보살
大願本尊 대원본존
地藏菩薩 지장보살
摩 마

訶薩 하살
靈山當時 영산당시
受佛咐囑 수불부촉
十大弟子 십대제자
十六聖 십륙성

五百聖 오백성
獨修聖 독수성
乃至 내지
千二百諸大 천이백제대
阿 아

至心歸命禮
지심귀명례

羅漢 無量慈悲聖衆
라한 무량자비성중

西乾東震 及我海東 歷代傳燈 諸大祖
서건동진 급아해동 역대전등 제대조

至心歸命禮
지심귀명례

師 天下宗師 一切微塵數 諸大善知識
사 천하종사 일체미진수 제대선지식

至心歸命禮
지심귀명례

十方三世 帝網刹海 常住一切 僧伽耶
시방삼세 제망찰해 상주일체 승가야

衆
중

唯願無盡 三寶大慈大悲 受我頂禮 冥熏加被力
유원무진 삼보대자대비 수아정례 명훈가피력

願共法界諸衆生 自他一時成佛道
원공법계제중생 자타일시성불도

2 行禪祝願
행선축원 (예불후 상단축원)
禮佛後 上壇祝願

朝夕香燈獻佛前
조석향등헌불전

조석으로 향과 등불을 불전에 올려서

49

歸依三寶禮金仙　귀의삼보예금선

國界安寧兵革消　국계안녕병혁소

天下太平法輪轉　천하태평법륜전

願我世世生生處　원아세세생생처

常於般若不退轉　상어반야불퇴전

如彼本師勇猛智　여피본사용맹지

如彼舍那大覺果　여피사나대각과

如彼文殊大智慧　여피문수대지혜

如彼普賢廣大行　여피보현광대행

삼보에게 귀의하여 부처님께 예배하노니

국계는 안녕하고 병혁은 녹아져서

천하가 태평하야 법륜을 굴리게 하소서

원컨대 저희로 하여금 세세생생 나는 곳마다

언제나 반야의 큰 지혜로부터 물러나지 않게 하시와

석가모니 부처님의 용맹한 지혜를 얻게 하오며

노사나부처님의 큰 깨달음을 얻게 하여이다

문수보살의 큰 지혜 찾게 되오며

보현보살의 광대한 원행과

如彼地藏無邊身　여피지장무변신
지장보살님의 끝 없는 몸과

如彼觀音三二應　여피관음삼이응
관세음보살님의 삼십이 응신을

十方世界無不現　시방세계무불현
시방세계 어디든지 마음대로 나투어서

普令衆生入無爲　보령중생입무위
널리 중생들을 무위도에 이끌게 하소서

聞我名者免三途　문아명자면삼도
나의 이름 듣는 이는 다 삼도의 괴로움 여의고

見我形者得解脱　견아형자득해탈
나의 형상 보는 이는 다 해탈을 얻게 하소서

如是教化恒沙劫　여시교화항사겁
이와 같이 교화하여 무량토록 제도하여

畢竟無佛及衆生　필경무불급중생
필경 부처 중생없는 세계 이뤄이다

山門肅靜絶悲憂　산문숙정절비우

51

사내재앙영소멸 寺內災殃永消滅

토지천룡호삼보 土地天龍護三寶

산신국사보정상 山神局司補禎祥

준동함령등피안 蠢動含靈登彼岸

세세상행보살도 世世常行菩薩道

구경원성살바야 究竟圓成薩婆若

마하반야바라밀 摩訶般若波羅蜜

나무서가모니불 南無釋迦牟尼佛 　나무서가모니불 南無釋迦牟尼佛

나무시아본사 서가모니불 南無是我本師 釋迦牟尼佛

（목탁 치면서 반배함）

52

般若心經

반야심경 (신중단을 향하여)

摩訶般若波羅蜜多心經

마하반야바라밀다심경

觀音在菩薩
관자재보살 行深般若婆羅蜜多時 행심반야바라밀다시 照見五蘊皆空度 조견오온개공도

一切苦厄
일체고액 舍利子 사리자 色不異空 색불이공 空不異色 공불이색 色即是空 색즉시공

空即是色
공즉시색 受想行識 수상행식 亦復如是 역부여시 舍利子 사리자 是諸法空相 시제법공상

不生不滅
불생불멸 不垢不淨 불구부정 不增不減 부증불감 是故 시고 空中無色 공중무색 無

受想行識
수상행식 無眼耳鼻舌身意 무안이비설신의 無色聲香 무색성향 味觸法 미촉법 無眼

界乃至
계내지 無意識界 무의식계 無無明 무무명 亦無無明盡 역무무명진 乃至 내지 無

老死
노사 亦無老死盡 역무노사진 無苦集滅道 무고집멸도 無智亦無得 무지역무득 以無所 이무소

득고 보리살타 의반야바라밀다고 심무가애 무가

애고 무유공포 원리전도몽상 구경열반 삼세제불

의반야바라밀다고 득아뇩다라삼막삼보리 고지반야

바라밀다 시대신주 시대명주 시무상주 시무등등

주 능제일체고 진실불허 고설반야바라밀다주 즉

설주왈

『아제아제 바라아제 바라승아제 모지사바하』(세번)

④ 저녁종송 夕鍾頌

(禪방 大衆에서는 이것으로 아침예불 끝)

54

聞鍾聲 문종성 煩惱斷 번뇌단

智慧長 지혜장 菩提生 보리생

離地獄 이지옥 出三界 출삼계

願成佛 원성불 度衆生 도중생

地破獄 파지옥 眞言 진언

이 종소리를 듣고 일체번뇌를 끊고

지혜를 길러 불심을 내어

지옥을 여의고 삼계를 뛰어나

원컨대 성불하여 일체중생을 제도하여지이다

(지옥을 파하는 진언〈참말〉)

『옴 가라지야 사바하』 (세번)

夕禮佛 제二장 저녁예불

(저녁종 하고 예불드린다)

五分香禮 오분향례

戒香 계향 定香 정향 慧香 혜향 解脱香 해탈향 解脱知見香 해탈지견향 光明雲臺 광명운대

주변법계 周遍法界 공양시방 供養十方 무량불법승 無量佛法僧

헌향진언 獻香眞言

『옴 噂 바아라 婆阿羅 도비야 度碑耶 훔』吽 (세번)

지심귀명례 至心歸命禮 삼계대사 三界大師 사생자부 四生慈父 시아본사 是我本師 서가 釋迦

모니불 牟尼佛

지심귀명례 至心歸命禮 시방삼세 十方三世 제망찰해 帝網刹海 상주일체 常住一切 불타 佛陀

야중 耶衆

지심귀명례 至心歸命禮 시방삼세 十方三世 제망찰해 帝網刹海 상주일체 常住一切 달마 達磨

야중 耶衆

지심귀명례 [至心歸命禮] 대지문수사리보살 [大智文殊舍利菩薩]

대행보현보살 [大行普賢菩薩] 대 [大]

비관세음보살 [悲觀世音菩薩] 대

대원본존지장보살 [大願本尊地藏菩薩] 마하살 [摩訶薩]

지심귀명례 [至心歸命禮] 영산당시 [靈山當時] 수불부촉 [受佛附囑] 십대제자 [十大弟子] 십륙 [十六]

성 [聖] 오백성 [五百聖] 독수성 [獨修聖] 내지천이백 [乃至千二百] 제대아라한 [諸大阿羅漢] 자비 [慈悲]

성중 [聖衆]

조사 [祖師] 천하종사 [天下宗師] 일체미진수 [一切微塵數] 제대선지식 [諸大善知識]

지심귀명례 [至心歸命禮] 서건동진 [西乾東震] 급아해동 [及我海東] 역대전등 [歷代傳燈] 제대 [諸大]

지심귀명례 [至心歸命禮] 시방삼세 [十方三世] 제망찰해 [帝網刹海] 상주일체 [常住一切] 승가 [僧伽]

야중 [耶衆]

유원무진삼보(唯願無盡三寶) 대자대비(大慈大悲) 수아정례(受我頂禮) 명훈가피력(冥熏加被力)

원공법계제중생(願共法界諸衆生) 자타일시성불도(自他一時成佛道)

(이것으로 禪房에서는 신중단을 향하여 반야심경을 읽고 아침에는 四大呪를 독송하고 저녁에는 천수경 대다라니를 송주한다)

제三장 각단예불(各壇禮佛)

① 신중단예불(神衆壇禮佛)

다게(茶偈)

청정명다약(淸淨茗茶藥) 능제병혼침(能除病昏沈) 유기옹호중(唯冀擁護衆) 원수애(願垂哀)

납수(納受) (세번)

지심귀명례(志心歸命禮) 화엄회상(華嚴會上) 욕색천중(欲色天衆)

지심귀명례(志心歸命禮) 화엄회상(華嚴會上) 팔부사왕중(八部四王衆)

지심귀명례 志心歸命禮 화엄회상 華嚴會上 호법선신중 護法善神衆

원제천용팔부중 願諸天龍八部衆 위아옹호불리신 爲我擁護不離身

여시대원능성취 如是大願能成就 어제난처무제난 於諸難處無諸難

또한가지식

(又一式)

지심귀명례 志心歸命禮 금강보살명왕중 金剛菩薩明王衆

지심귀명례 志心歸命禮 범석사왕 梵釋四王 일월제천중 日月諸天衆

지심귀명례 志心歸命禮 하계당처 下界當處 일체호법선신등중 一切護法善神等衆

옹호성중혜감명 擁護聖衆慧鑑明 사주인사일념지 四洲人事一念知

시고아금공경례 是故我今恭敬禮 애민중생여적자 哀愍衆生如赤子

② 극락전예불(미타전) 〔極樂殿禮佛 彌陀殿〕

아금청정수(我今淸淨水) 변위감로다(變爲甘露茶) 봉헌극락전(奉獻極樂前) 원수애납수(願垂哀納受)

원수애납수(願受慈悲哀納受)

지심귀명례(志心歸命禮) 극락도사(極樂導師) 아미타 여래불(阿彌陀 如來佛)

지심귀명례(志心歸命禮) 좌우보처(左右補處) 관음세지(觀音勢至) 양대보살(兩大菩薩)

지심귀명례(志心歸命禮) 일체청정(一切淸淨) 대해중(大海衆) 보살마하살(菩薩摩訶薩)

무량광중화불다(無量光中化佛多)
앙첨개시아미타(仰瞻皆是阿彌陀)
응신각정황금상(應身各挺黃金相)
보계도선벽옥라(寶髻都旋碧玉螺)

③ 팔상전예불(八相殿禮佛)

고아일심(故我一心) 귀명정례(歸命頂禮)

아금청정수(我今淸淨水) 변위감로다(變爲甘露茶) 봉헌팔상전(奉獻八相前)
원수애납수(願垂哀納受) 원수애납수(願垂哀納受)

지심귀명례(志心歸命禮)
영산불멸(靈山不滅) 학수쌍존(鶴樹雙存) 시아본사(是我本師) 석가모(釋迦牟) 니불(尼佛)
원수애납수(願垂哀納受) 원수자비애납수(願垂慈悲哀納受)

지심귀명례(志心歸命禮)
좌보처(左補處) 제단윤회제화가라보살(際斷輪廻提華羯羅菩薩)

지심귀명례(志心歸命禮)
우보처(右補處) 삼회용화(三會龍華) 자씨미륵보살(慈氏彌勒菩薩)

지심귀명례(志心歸命禮)
진묵겁전조성불(塵墨劫前早成佛) 위도중생현세간(爲度衆生現世間) 외외덕상월륜만(巍巍德相月輪滿)
어삼계중작도사(於三界中作導師) 고아일심(故我一心) 귀명정례(歸命頂禮)

4 약사전예불(藥師殿禮佛)

아금청정수(我今淸淨水) 변위감로다(變爲甘露茶) 봉헌약사전(奉獻藥師前) 원수애납수(願垂哀納受)

원수애납수(願垂哀納受)

원수자비애납수(願垂慈悲哀納受)

지심귀명례(志心歸命禮) 동방만월세계(東方滿月世界) 십이상원(十二上願) 약사유리광(藥師琉璃光) 여래불(如來佛)

지심귀명례(志心歸命禮) 좌보처(左補處) 일광변조(日光遍照) 소재보살(消災菩薩)

지심귀명례(志心歸命禮) 우보처(右補處) 월광변조(月光遍照) 식재보살(息災菩薩)

지심귀명례(志心歸命禮) 십이대원접군기(十二大願接群機) 일편비심무공결(一片悲心無空缺) 범부전도병근심(凡夫顚倒病根深)

불우약사죄난멸(不遇藥師罪難滅) 고아일심(故我一心) 귀명정례(歸命頂禮)

[5] 용화전예불(미륵전) 龍華殿禮佛 彌勒殿

아금청정수 我今淸淨水
변위감로다 變爲甘露茶
봉헌용화전 奉獻龍華前
원수애납수 願垂哀納受
원수애납수 願垂哀納受

지심귀명례 志心歸命禮
현거도솔 現居兜率
당강용화 當降龍華
자씨미륵존 慈氏彌勒尊
여래불 如來佛

지심귀명례 志心歸命禮
복연증승 福緣增勝
수량무궁 壽量無窮
자씨미륵존 慈氏彌勒尊
여래불 如來佛

지심귀명례 志心歸命禮
원력장엄 願力莊嚴
자비광대 慈悲廣大
자씨미륵존 慈氏彌勒尊
여래불 如來佛

고거도솔허제반 高居兜率許躍攀
원사용화조우난 遠嗣龍華遭遇難
백옥호휘현법계 白玉毫輝玄法界
자금의상화진환 紫金儀相化塵寰
고아일심 故我一心
귀명정례 歸命頂禮

6 대장전예불 大藏殿禮佛

아금청정수 我今淸淨水
변위감로다 變爲甘露茶
봉헌대장전 奉獻大藏前
원수애납수 願垂哀納受

願垂哀納受
원수애납수

願垂慈悲哀納受
원수자비애납수

志心歸命禮 지심귀명례 十方三世 시방삼세 帝網刹海 제망찰해 常住一切 상주일체 佛陀耶衆 불타야중

志心歸命禮 지심귀명례 十方三世 시방삼세 帝網刹海 제망찰해 常住一切 상주일체 達摩耶衆 달마야중

志心歸命禮 지심귀명례 十方三世 시방삼세 帝網刹海 제망찰해 常住一切 상주일체 僧伽耶衆 승가야중

佛身普遍十方中 불신보변시방중 三世如來一切同 삼세여래일체동 廣大願雲恒不盡 광대원운항부진

汪洋覺海渺難窮 왕양각해묘난궁 故我一心 고아일심 歸命頂禮 귀명정례

7 관음전예불 觀音殿禮佛

我今淸淨水 아금청정수 變爲甘露茶 변위감로다 奉獻觀音前 봉헌관음전 願垂哀納受 원수애납수 (세번)

志心歸命禮 지심귀명례 普聞示現 보문시현 願力弘深 원력홍심 大慈大悲 대자대비 觀世音菩薩 관세음보살

지심귀명례(志心歸命禮) 심성구고(尋聲救苦) 응제중생(應諸衆生) 대자대비(大慈大悲) 관세음보살(觀世音菩薩)

지심귀명례(志心歸命禮) 좌보처(左補處) 남순동자(南巡童子) 우보처(右補處) 해상용왕(海上龍王)

일엽홍련재해중(一葉紅蓮在海中) 벽파심처현신통(碧波深處現神通) 작야보타관자재(昨夜寶陀觀自在)

금일강부도량중(今日降赴道場中) 고아일심(故我一心) 귀명정례(歸命頂禮)

[8] 나한전예불(羅漢殿禮佛)

아금청정수(我今淸淨水) 변위감로다(變爲甘露茶) 봉헌나한전(奉獻羅漢前) 원수애납수(願垂哀納受)

원수애납수(願垂哀納受)

원수자비애납수(願垂慈悲哀納受)

지심귀명례(志心歸命禮) 영산교주(靈山敎主) 시아본사(是我本師) 석가모니불(釋迦牟尼佛)

지심귀명례(志心歸命禮) 좌우보처(左右補處) 양대보살(兩大菩薩)

지심귀명례 志心歸命禮 십육대아라한 十六大阿羅漢 감재직부 監齋直符 제위사자등중 諸位使者等衆

청련좌상월여생 靑蓮座上月如生 삼천계주석가존 三千界主釋迦尊 자감궁중성약열 紫紺宮中星若列

십육대아라한중 十六大阿羅漢衆 고아일심 故我一心 귀명정례 歸命頂禮

⑨ 명부전예불(상단) 冥府殿禮佛 上壇

아금청정수 我今淸淨水
변위감로다 變爲甘露茶
봉헌명부전 奉獻冥府前
원수애납수 願垂哀納受

원수애납수 願垂哀納受
원수자비애납수 願垂慈悲哀納受

지심귀명례 志心歸命禮 지장원청 地藏願請 이십삼존제위 二十三尊諸位 여래불 如來佛

지심귀명례 志心歸命禮 유명교주 幽冥敎主 지장보살 地藏菩薩 마하살 摩訶薩

지심귀명례 志心歸命禮 좌우보처 左右補處 도명존자 道明尊者 무독귀왕 無毒鬼王

지장대성위신력 地藏大聖威神力

항하사겁설난진 견문첨례일념간 恒河沙劫説難盡 見聞瞻禮一念間

이익인천무량사 利益人天無量事

고아일심 귀명정례 故我一心 歸命頂禮

명부전예불(중단) 冥府殿禮佛 中壇

청정명다약 清淨茗茶藥
능제병혼침 유기명왕중 能除病昏沈 唯冀冥王衆

원수애납수 願垂哀納受
원수자비애납수 願垂慈悲哀納受

지심귀명례 志心歸命禮
명부십왕중 冥府十王衆

지심귀명례 志心歸命禮
풍도대제 隣都大帝

지심귀명례 志心歸命禮
태산부군 판관귀왕중 泰山府君 判官鬼王衆

지심귀명례 志心歸命禮
장군동자사자졸리 아방등중 將軍童子使者卒吏 阿旁等衆

제성자풍수불호 諸聖慈風誰不好

명부원해최난궁 오통신속우난측 冥府願海最難窮 五通神速尤難測

명찰인간순식중 (明察人間瞬息中)
고아일심 귀명정례 (故我一心 歸命頂禮)

⑩ 산왕단예불 (산신각)

山王壇禮佛 山神閣

아금청정수 (我今清淨水)
변위감로다 (變爲甘露茶)
봉헌산신전 (奉獻山神前)
원수자비애납수 (願垂慈悲哀納受)
봉헌산신전 (奉獻山神前)
원수애납수 (願垂哀納受)

지심귀명례 (志心歸命禮) 만덕고승 (萬德高勝) 성개한적 (性皆閑寂) 산왕대신 (山王大神)
지심귀명례 (志心歸命禮) 차산국내 (此山局內) 항주대성 (恒住大聖) 산왕대신 (山王大神)
지심귀명례 (志心歸命禮) 시방법계 (十方法界) 지령지성 (至靈至聖) 산왕대신 (山王大神)

영산석일여래촉 (靈山昔日如來囑)
위진강산도중생 (威振江山度衆生)
만리백운청장리 (萬里白雲青嶂裡)
운거학가임한정 (雲車鶴駕任閑情)
고아일심 귀명정례 (故我一心 歸命頂禮)

⑪ 조왕단예불 (竈王壇禮佛)

아금청정수 (我今清淨水)
변위감로다 (變爲甘露茶)
봉헌조왕전 (奉獻竈王前)
원수애납수 (願垂哀納受)

원수자비애납수 (願垂慈悲哀納受)

지심귀명례 (志心歸命禮)
팔만사천조왕대신 (八萬四千竈王大神)
원수자비애납수 (願垂慈悲哀納受)

지심귀명례 (志心歸命禮)
좌보처 (左補處)
담시력사 (擔柴力士)
원수애납수 (願垂哀納受)

지심귀명례 (志心歸命禮)
우보처 (右補處)
조식취모 (造食炊母)

향적주중상출납 (香積廚中常出納)
제병소재강복다 (除病消災降福多)
호지불법역최마 (護持佛法亦摧魔)
인간유원내성축 (人間有願來誠祝)
고아일심 (故我一心)
귀명정례 (歸命頂禮)

⑫ 칠성단예불 (七星壇禮佛)

아금청정수 (我今淸淨水)
변위감로다 (變爲甘露茶)
봉헌칠성전 (奉献七星前)
원수애납수 (願垂哀納受)

아금청정수 (我今淸淨水)
변위감로다 (變爲甘露茶)
원수자비애납수 (願垂慈悲哀納受)
원수애납수 (願垂哀納受)

지심귀명례 (志心歸命禮)
금륜보계 (金輪寶界)
치성광여래불 (熾盛光如來佛)

지심귀명례 (志心歸命禮)
좌우보처 (左右補處)
일광월광양대보살 (日光月光兩大菩薩)

지심귀명례 (志心歸命禮)
북두대성 (北斗大星)
칠원성군 (七元星君)
주천열요제성군중 (周天列曜諸星君衆)

자미대제통성군 (紫微大帝統星君)
십이궁중태을신 (十二宮中太乙神)
칠정제림위성주 (七政齊臨爲聖主)

삼태공조작현신 (三台共照作賢臣)
고아일심 귀명정례 (故我一心 歸命頂禮)

[13] 독성단예불 (獨聖壇禮佛)

아금청정수 (我今淸淨水)
변위감로다 (變爲甘露茶)
봉헌독성전 (奉献獨聖前)
원수애납수 (願垂哀納受)

원수애납수 願垂哀納受

원수자비애납수 願垂慈悲哀納受

지심귀명례 志心歸命禮 천태산상 天台山上 독수선정 獨修禪定 나반존자 那畔尊者

지심귀명례 志心歸命禮 천상인간 天上人間 응공복전 應供福田 나반존자 那畔尊者

지심귀명례 志心歸命禮 불입열반 不入涅槃 대사용화 待竢龍華 나반존자 那畔尊者

나반신통세소희 那畔神通世所稀 행장현화임시위 行藏現化任施爲 송암은적경천겁 松岩隱跡經千劫

생계잠형입사유 生界潛形入四維 고아일심 故我一心 귀명정례 歸命頂禮

[14] 현왕단예불 現王壇禮佛

아금청정수 我今淸淨水 변위감로다 變爲甘露茶 봉헌현왕전 奉獻現王前 원수애납수 願垂哀納受

원수자비애납수 願垂慈悲哀納受

至心歸命禮
지심귀명례 冥間會主 명간회주 普賢王如來佛 보현왕여래불

至心歸命禮
지심귀명례 左右補處 좌우보처 大輪聖王 대륜성왕 轉輪聖王 전륜성왕

志心歸命禮
지심귀명례 判官録事諸位使者 판관녹사제위사자 各並眷屬 각병권속

世尊此日記閻羅
세존차일기염라 不久當來證佛陀 불구당래증불타 莊嚴寶國恒清淨 장엄보국항청정

菩薩修行衆甚多
보살수행중심다 故我一心 고아일심 歸命頂禮 귀명정례

15、지장전예불 地藏殿禮佛

至心歸命禮
지심귀명례 地藏願讚 지장원찬 二十三尊諸位如來佛 이십삼존제위여래불

至心歸命禮
지심귀명례 幽冥教主 유명교주 地藏菩薩摩訶薩 지장보살마하살

至心歸命禮
지심귀명례 左右補處 좌우보처 道明尊者 도명존자 無毒鬼王 무독귀왕

地藏大聖威神力

지장대성위신력

恒河沙劫說難盡

항하사겁설난진

見聞瞻禮一念間

견문첨례일념간

利益人天無量事

이익인천무량사

故我一心

고아일심

歸命頂禮

귀명정례

16、 사월팔일 및 성도일 예불

四月八日 成道日 禮佛

我今淸淨水

아금청정수

變爲甘露茶

변위감로다

奉献三寶前

봉헌삼보전

願垂哀納受

원수애납수

至心歸命禮

지심귀명례

三界導師

삼계도사

四生慈父

사생자부

是我本師釋迦牟

시아본사 석가모

尼佛

니불

至心歸命禮

지심귀명례

兜率來儀相

도솔내의상

是我本師釋迦牟尼佛

시아본사 석가모니불

至心歸命禮

지심귀명례

毘藍降生相

비람강생상

是我本師釋迦牟尼佛

시아본사 석가모니불

至心歸命禮　四門遊觀相　是我本師　釋迦牟尼佛
지심귀명례　사문유관상　시아본사　석가모니불

至心歸命禮　踰城佛家相　是我本師　釋迦牟尼佛
지심귀명례　유성불가상　시아본사　석가모니불

至心歸命禮　雪山修道相　是我本師　釋迦牟尼佛
지심귀명례　설산수도상　시아본사　석가모니불

至心歸命禮　樹下降魔相　是我本師　釋迦牟尼佛
지심귀명례　수하항마상　시아본사　석가모니불

至心歸命禮　鹿苑轉法相　是我本師　釋迦牟尼佛
지심귀명례　녹원전법상　시아본사　석가모니불

至心歸命禮　雙林涅槃相　是我本師　釋迦牟尼佛
지심귀명례　쌍림열반상　시아본사　석가모니불

至心歸命禮　十方三世　帝網刹海　常住一切　佛陀耶
지심귀명례　시방삼세　제망찰해　상주일체　불타야

衆
중

至心歸命禮　十方三世　帝網刹海　常住一切　達磨耶
지심귀명례　시방삼세　제망찰해　상주일체　달마야

衆
중

至心歸命禮
지심귀명례 十方三世 帝網刹海 常住一切 僧伽耶
시방삼세 제망찰해 상주일체 승가야

衆
중

願共法界 諸衆生
원공법계 제중생 自他一時 成佛道
자타일시 성불도

唯願無盡三寶 大慈大悲 受我頂禮 冥熏加被力
유원 무진삼보 대자대비 수아정례 명훈가피력

巳時佛供
17、 사시 불공

普禮眞言
보례진언

我今一身中 即現無盡身 遍在三寶殿 一一無數禮
아금일신중 즉현무진신 변재삼보전 일일무수례

囑婆阿羅美
「옴 바아라 믹」 (三拜・三説)

75

(천수경을 독송함)

정삼업진언 淨三業眞言

「옴 사바바바 수다살바 달마 사바바바 수도함」(세번)

唵 娑嚩婆嚩 修多薩婆 達摩 娑嚩婆嚩轉縛 修度咸

개단진언 開壇眞言

「옴 바지라 뇌로 다가타야 삼마야 바라베 사야 훔」

唵 跋折羅 糯魯 特加陀耶 三摩耶 婆羅吠 舍耶 吽

건단진언 建壇眞言

「옴 난다난다 나지나지 난다바러 사바하」(세번)

唵 難多難多 那地那地 難多婆哩 娑婆訶

정법계진언 淨法界眞言

나자색선백 공점이엄지 여피계명주 치지어정상

羅字色鮮白 空點以嚴之 如彼髻明珠 置之於頂上

진언동법계 무량중죄제 일체촉예처 당가차자문

眞言同法界 無量衆罪除 一切觸穢處 當加此字門

「나무 삼만다 못다남 남」(세번)

南無 三滿多 沒多喃 覽

擧佛

거불 (목탁을 한번 내린후)

나무불타부중 광림법회

南無佛陀部衆 光臨法會 (절)

나무달마부중 광림법회

南無達摩部衆 光臨法會 (절)

나무승가부중 광림법회

南無僧伽部衆 光臨法會 (절)

普召請眞言

보소청진언 (요령세번 흔든후合掌하고 보소청진언후 요령을 흔들어서 진언을 함)

「나무 보보제리 가리다리 다타 아다야」(세번)

南無 步步諦哩 迦哩多理 多陀 揭多野

精勤

정근 (마지가 아니 올라왔을때 하는 정근)

77

南無 普門示現 願力弘深 大慈大悲 球苦救難

나무 보문시현 원력홍심 대자대비 구고구난

觀世音菩薩

관세음보살…… (마지 올때까지 정근함)

欲建曼拏羅先誦

(욕건만나라선송)

정법계진언
淨法界眞言

嚩喃

『옴남』(일곱번)

供養十方調御士

공양시방조어사

願垂哀納受

원수애납수 (절)

演揚淸淨微妙法

연양청정미묘법

願垂哀納受

원수애납수 (절)

三乘四果解脫僧

삼승사과해탈승

願垂悲慈哀納受

원수자비애납수 (절)

眞言勸供

진언권공 (요령 三下후 계속 요령을 흔들면서 진언을 함)

香羞羅列

향수나열

齋者虔誠 欲求供養之周圓 須仗加持之

재자건성 욕구공양지주원 수장가지지

변화 앙유삼보 特賜加持 특사가지 『나무시방불 나무시방법

仰唯三寶 變化

南無十方佛 南無十方法

나무시방승』(세번) 무량위덕 자재광명승묘력

南無十方僧 無量威德 自在光明勝妙力

변식진언

變食眞言

『나막 살바다타 아다 바로기제 옴 삼바라 삼

那莫薩婆多陀 我多 婆路其帝 唵 三婆羅三

바라 훔』(세번)

婆羅 吽

시감로수진언

施甘露水眞言

『나무 소로바야 다타아다야 다냐타 옴 소로

南無素魯縛耶 恒他揭多耶 恒姪他 唵素魯

소로 바라소로 바라소로 사바하』(세번)

素魯 婆羅素魯 婆羅素魯 娑婆訶

79

一字水輪觀眞言

『옴 밤밤 밤밤』唵 鑁鑁 鑁鑁 (세번)

유해진언

乳海眞言

『나무 삼만다 몯다남 옴 밤』南無 三滿多 沒陀喃 唵 鑁 (세번)

운심공양진언

運心供養眞言

원차향공변법계 보공무진삼보해 자비수공증선근

願此香供遍法界 普供無盡三寶海 慈悲受供增善根

영법주세보불은

令法住世報佛恩

나막 살바다타 아제비약미 살바 몯계 비약살

那莫 薩婆恒他 我帝毘藥尾 薩縛 慕契 毘藥薩

바타캄 오나아제 바라혜마암 옴 아아나캄 사바
바

婆他坎 烏那我帝 顚羅惠麻暗 唵 我我那劍 莎縛

詞 하」(세번)

지심정례공양 (至心頂禮供養) 삼계대사 (三界大師) 사생자부 (四生慈父) 시아본사 석 (是我本師釋)

가모니불 (迦牟尼佛) (절)
지심정례공양 (至心頂禮供養) 시방삼세 (十方三世) 제망찰해 (帝網刹海) 상주일체 불 (常住一切佛)

타야중 (陀耶衆) (절)
지심정례공양 (至心頂禮供養) 시방삼세 (十方三世) 제망찰해 (帝網刹海) 상주일체 달 (常住一切達)

마야중 (摩耶衆) (절)
지심정례공양 (至心頂禮供養) 대지문수사리보살 (大智文殊舍利菩薩) 대행보현보살 (大行普賢菩薩)

대비관세음보살 (大悲觀世音菩薩)
지심정례공양 (至心頂禮供養) 대원본존지장보살 (大願本尊地藏菩薩) 마하살 (摩訶薩) (절)

지심정례공양 영산당시 수불부촉 십대제자 십

륙성 오백성 독수성 내지천이백제대아라한 자비

성중

지심정례공양 서건동진 급아해동 역대전등 제

대조사 천하종사 일체미진수 제대선지식

지심정례공양 시방삼세 제망찰해 상주일체승

가야중

유원무진삼보 대자대비 수차공양 명훈가피력

원공법계제중생 자타일시성불도

보공양진언 普供養眞言

『옴 唵
아아나 我我那
삼바바 三婆婆
바아라 婆我羅
훔』吽 (세번)

보회향진언 普回向眞言

『옴 唵
삼마라 三摩羅
삼마라 三摩羅
미만나 未摩羅
사라마하 娑羅摩訶
자가라바 遮加羅婆

훔』吽 (세번)

願成就眞言
원성취진언

『옴 唵
아모까 阿暮劫
살바다라 薩婆多羅
사다야 舍多野
시베 始吠
훔』吽 (세번)

보궐진언 補闕眞言

『옴 唵
호로호로 好魯好魯
사야목계 舍野謨契
사바하』莎婆訶 (세번)

찰진신념가수지　대해중수가음진　허공가량풍가계

刹塵心念可數知　大海中水可飲盡　虛空可量風可繫

무능진설불공덕　(반배)

無能盡說佛功德

精勤

정근 (시간이 있을때는 정근도 함)

나무보문시현　원력홍심　대자대비　구고구난　관세

南無普門示現　願力弘深　大慈大悲　救苦救難　觀世

음보살……

音菩薩

멸업장진언

滅業障眞言

『옴 아로누계 사바하』(세번)

구족신통력　광수제방편　시방제국토　무찰불현신

具足神通力　廣隨諸方便　十方諸國土　無刹不現身

금차지극지성　공양발원재자　모인보체　각기동서

今此至極至誠　供養發願齋者　某人保體　各其東西

사방 出入往還 출입왕환 常逢吉慶 상봉길경 不逢災害 불봉재해 官災口舌 삼 三

四方

재팔난 四百四病 사백사병 一時消滅 일시소멸 萬事日日 만사일일 有千祥之慶 유천상지경

災八難

시시 無百害之災 무백해지재 福慧汪洋之大願 복혜왕양지대원

時時

再告祝 재고축

금차지극지성 獻供發願齋者 헌공발원재자 各各等保體 각각등보체 各其子 각기자

今此至極至誠

손창성 財數大通 복덕구족 歡喜圓滿 재수대통 成就之發願 환희원만 성취지발원

孫昌盛福德具足

연후원 無量佛子 항사법계 同遊華藏莊嚴海 무량불자 同入 동유화장장엄해 동입

然後願恒沙法界

보리대도량 常逢華嚴佛菩薩 상봉화엄불보살 恒蒙諸佛大光明 항몽제불대광명 消滅 소멸

菩提大道場

무량중죄장 獲得無量大智慧 획득무량대지혜 頓成無上最正覺 돈성무상최정각 廣度 광도

無量衆罪障

85

법계제중생 法界諸衆生 이보제불막대은 以報諸佛莫大恩 세세상행보살도 世世常行菩薩道 구경 究竟

원성살반야 圓成薩般若 마하반야바라밀 摩訶般若婆羅蜜

축원 祝願 (합장하고)

앙고 仰告 대자대비 大慈大悲 관세음보살자존 觀世音菩薩慈尊 불사자비 不捨慈悲 허수 許垂

낭감 朗鑑 원아금차 願我今此 사바세계 娑婆世界 남섬부주 南贍部洲 동양 東洋 대한민 大韓民

국 國 모도 某道 모군 某部 모면 某面 모동 某洞 사원 寺院 주소 住所 청정지도 淸淨地道

량 場 원아금차 願我今此 지극지성심 至極至誠心 헌공발원재자 獻供發願齋者 주소 住所

건명 乾命 모생 某生 모인 某人 보체 保體

곤명 坤命 모생 某生 모씨 某氏 보체 保體

장남(長男) 모생(某生) 모인(某人) 보체(保體)

장녀(長女) 모생(某生) 모씨(某氏) 보체(保體)

이차인연공덕(以此因緣功德) 일체병고재난(一切病苦災難) 영위소멸(永爲消滅) 사대강건(四大強健)

육근청정(六根清淨) 안과태평(安過太平) 부귀영화(富貴榮華) 심중소구소원(心中所求所願) 만사(萬事)

여의(如意) 원만형통지대원(圓滿亨通之大願)

제三부 각 청 各 清

제一장 신중축원 神衆祝願

仰告 諸大華嚴神衆前 斂垂憐愍之至誠 各方神通之妙

앙고 제대화엄신중전 첨수연민지지성 각방신통지묘

力願我 今此 是以 娑婆世界 南贍部洲 海東 大韓民

력 원아 금차 시이 사바세계 남섬부주 해동 대한민

國某市道 某區郡 某洞面 某里 某山下 某寺庵 清淨

국 모시도 모구군 모동면 모리 모산하 모시암 청정

水月道場 願我 今此 至極精誠 獻供發願齋者 某市道

수월도량 원아 금차 지극정성 헌공발원제자 모시도

某區郡 某洞面 某里 居住 乾命 某生 某人 保體 坤命

모구군 모동면 모리 거주 건명 모생 모인 보체 곤명

某生 某人 保體 長男 某生 某人 保體 各各 等 保體 仰

모생 모인 보체 장남 모생 모인 보체 각각등보체 앙

蒙 華嚴聖衆 冥薰加被之妙力 身無一切病苦 災惡作難

몽 화엄성중 명훈가피지묘력 신무일체병고 재악작난

영위소멸 각기사대강건 육근청정 악인원리 귀인상봉

永爲消滅 各其四大強健 六根清淨 惡人遠離 貴人常逢

자손창성 부귀영화 만사여일 여의원만 성취지발원

子孫昌盛 富貴榮華 萬事如日 如意円滿成就之發願

재고축 원아금차 지극지정성 발원제자 각각등보체

再告祝願我今此 至極至精誠 發願齋者 各各等保体

각기 동서사방 출입재처 상봉길경 불봉재악 관재구

各其東西四方 出入在處 常逢吉慶 不逢災惡 官災口

설 삼재팔난 사백사병 일시소멸 재수대통 부귀영화

舌 三災八難 四百四病 一時消滅財數大通 富貴榮華

만사여의 원만형통지대원

萬事如意 圓滿亨通之大願

연후원 처세간 여연화 불착수 심청정 초어

然後願處世間 如蓮花 不着水 心清淨 超於

피 계수례 무상존 구호길상 마하반야바라밀

彼 稽首禮 無常尊 具護吉祥 摩訶般若波羅蜜

1 신중청 神衆請

보례진언·아금일신중 즉현무진신 변재신중전 일일무
普禮眞言 我今一身中 即現無盡身 遍在神衆前 一一無

※ 천수경 정구입진언부터 정법계진업 나무삼만다 못다남까지 독송후

수례『옴 바아락 믹』(세번) 數禮

나무 금강회상 불보살 南無金剛會上佛菩薩

나무 웅호회상 영기등중 南無擁護會上靈祇等衆

나무 도리회상 성현중 南無恒利會上聖賢衆

예적대원만다라니 穢跡大圓滿多羅尼

옴 빌실구리 마하바라 한내 믹집믹 혜마니 미길미

마나세 옴 자가나 오심모 구리 훔훔훔 박박 박박

사바하 (세번)

십대명왕본존진언 十大明王本尊眞言

옴 호로 호로 디따디따 반다반다 하나하나 아밀리

제 옴박 (세번)

召請三界諸天眞言

소청삼계제천진언·옴 사만다 아가리 바리보라리 다

가다가 훔 바탁 (세번)

普召請眞言

보소청진언·나무 보보제리 가리다리 다타 아다야 (세번)

유 치 由致

切以 穢跡明王 天部空界 山河地祇 擁護聖衆者 威靈
절이 예적명왕 천부공계 산하지기 옹호성중자 위령

莫測 神變難思 爲度衆生 而或示慈容 爲護佛法而或現
막칙 신변난사 위도중생 이혹시자용 위호불법이혹현

嚴相 施權也 不留跡化 彰實也 即冥本元 慧鑑分明妙
엄상 시권야 불유적화 장실야 즉명본원 혜감분명묘

용자재 상선벌악지무사 소재강복지유직 범제소원 막
用自在賞善罰惡之無私 消災降福之有直 凡諸所願 莫

불향종 시이 사바세계 남섬부주 해동 대한민국 모시
不響從 是以 娑婆世界 南贍部洲 海東 大韓民國 某市

도 모구군 모동면 모리 모산하 모사암 청정수월도량
道 某區郡 某洞面 某里 某山下 某寺庵 清淨水月道場

내 복원 금차지극지정성 헌공분향 발원제자 모시도
內 伏願 今次至極至精誠 獻供焚香 發願齋者 某市道

모구군 모동면 모리 모번지 거주 건명 모생 모인보
某區郡 某洞面 某里 某番地 居住 乾命 某生 某人保

체 곤명 모생 모인보체 장남 모생 모인보체 각각등
体 坤命 某生 某人保体 長男 某生 某人保体 各各等

보체 금차 지극지정성발원지후 앙몽화엄회상성중임
保体 今次 至極至精誠發願之後 仰蒙華嚴會上聖衆任

전 가호지묘력 일일천상지경 시시무백해지재 재수대
前 加護之妙力 日日千祥之慶 時時無百害之災 財數大

통 천지인신액 삼재팔난 관재구설 천지인신살 겁살
通 天地人身厄 三災八難 官災口舌 天地人神殺 劫殺

92

병고액난 무명악질 사백사병 일체풍파 일체마장 영

病苦厄難 無名惡疾 四百四病 一切風波 一切魔障 永

리소멸 각각등 사대강건 육근청정 무우병고 아조등

離消滅 各各等 四大強健 六根清淨 無憂病苦 兒曹等

일취월장 부부화합 자손창성 부귀길창 수명장수 복

日就月長 夫婦和合 子孫昌盛富貴吉昌 壽命長福

덕구족 만대유전 계계승승 대대전손 가내태평 무사

德具足 萬代遺傳繼繼承承 代代傳孫 家內泰平 無事

안과 심중소구소망지사 여의원만성취지대원

安過 心中所求所望之事 如意圓滿成就之大願

이금월금일 건설법연정찬공양 앙헌옹호지성중 부찰

以今月今日 虔設法筵淨饌供養 仰献擁護之聖衆 俯察

간도지범정 기회영감지소소 곡조미성지편편 근병일

懇禱之凡情 冀回靈鑑之昭昭 曲照微誠之片片 謹秉一

심 선진삼청

心 先陳三請

나무일심봉청 수호지주 팔대금강호지사방 사대보

南無一心奉請 守護持呪 八大金剛護持四方 四大菩

살 여래화현 십대명왕 사바계주 대범천왕 지거세주
薩 如來化現 十大明王 娑婆界主 大梵天王 地居世主

제석천왕 호세안민 사방천왕 일월이궁 양대천자 이
帝釋天王 護世安民 四方天王 日月二宮 兩大天子 二

십제천 제대천왕 북두대성 칠원성군 좌포우필 삼태
十諸天 諸大天王 北斗大聖 七元星君 左輔右弼 三台

육성 이십팔숙 주천열요 제성군중 하계당처 토지가
六星 二十八宿 周天列曜 諸星君衆 下界當處 土地伽

람 호계대신 복덕대신 내호조왕 외호산신 당경하이
藍 護戒大神 福德大神 內護竈王 外護山神 當境遐邇

유현주재 음양조화 부지명위 호법선신 일체영기등중
唯現主宰 陰陽造化 不知名位 護法善神 一切靈祇等衆

유원승 삼보력 강림도량 수차공양
唯願承 三寶力 降臨道場 受此供養

향화청 (세번)
香花請

가 영
歌詠

옹호성중만허공 도재호광일도중 신수불어상옹호
擁護聖衆滿虛空 都在毫光一道中 信受佛語常擁護

奉行經典永流通
봉행경전영류통　故我一心 고아일심　歸命頂禮 귀명정례

獻座眞言
헌좌진언·　我今敬設寶嚴座 아금경설보엄좌　奉獻擁護聖衆前 봉헌옹호성중전

願滅塵勞妄想心 원멸진로망상심　速願解脫菩提果 속원해탈보리과

『옴 가마라 승하 사바하』(세번)

淨法界眞言
정법계진언·『옴 남』(세번)

以此清淨香雲供
이차청정향운공　奉獻擁護聖衆前 봉헌옹호성중전　今日至極至精誠 금일지극지정성

發願齋者
발원제자　各各等保体 각각등보체　鑑察虔懇心 감찰건간심　願垂哀納受 원수애납수　願

垂慈悲哀納受
수자비애납수　願垂慈悲哀納受 원수자비애납수

眞言勸供
진언권공

95

香羞羅列 齋者虔誠

향수나열 제자건성 欲求供養之周圓 須仗加持之變化 욕구공양지주원 수장가지지변화

仰唯三寶 特賜加持

앙유삼보 특석가지

『南無十方佛 南無十方法

나무시방불 나무시방법

南無十方僧

나무시방승』(세번)

無量威德 自在光明勝妙力 變食眞言

무량위덕 자재광명승묘력 변식진언 (세번)

『나막 살바다라 아다 바로기제 옴 삼바라 삼바라 훔』(세번)

施甘露水眞言

시감로수진언·『나무 소로바야 다타아다야 다냐타 옴

소로소로 바라소로 사바하』(세번)

一字水輪觀眞言

일자수륜관진언·『옴 밤 밤 밤밤』(세번)

乳海眞言

유해진언·『나무 삼만다 못다남 옴 밤』(세번)

운심공양진언
運心供養眞言

원차향공변법계　보공무진삼보해　자비수공증선근
願此香供遍法界　普供無盡三寶海　慈悲受供增善根

영법주세보불은
令法住世報佛恩

『나막 살바다타 아제비약미 살바 모계비약 살바다캄

오나아제 바라혜맘 옴 아아나캄 사바하』(세번)

지심정례공양　팔대금강부　사대보살중　여래화현
志心頂禮供養　八大金剛部　四大菩薩衆　如來化現

십대명왕중
十大明王衆

지심정례공양　대법제석존　호세안민　사방천왕　일
志心頂禮供養　大梵帝釋尊　護世安民　四方天王　日

월이궁　양대천자　이십제천　제천천왕　북두대성
月二宮　兩大天子　二十諸天　諸天大天王　北斗大聖

七元星君　칠원성군　左補右弼　좌보우필　三台六星　삼태육성　二十八宿　이십팔숙　周天列曜　주천열요

諸星群衆供養　지심정례공양　三洲護法　삼주호법　韋駄天神　위타천신　左補處　좌보처　沙伽羅　사가라

龍王右補處　용왕우보처　和修吉龍王　화수길용왕　護戒福德大神　호계복덕대신　內護竈王　내호조왕

大神外護山王大神　대신외호산왕대신　土地伽藍神　토지가람신　一切護法善神靈　일체호법선신　영

祇等衆　기등중

唯願神將慈悲　유원신장자비　擁護道場　옹호도량　悉皆受供發菩提　실개수공발보리　施作佛　시작불

事度衆生　사도중생　上來加持已訖　상래가지이흘　供養將進　공양장진　以此香羞持伸　이차향수　지신

供養香供養　공양 향공양　燃香供養　연향공양　燈供養　등공양　燃燈供養　연등공양　茶供養　다공양

仙茶供養　선다공양　果供養　과공양　仙果供養　선과공양　米供養　미공양　香米供養　향미공양　唯　유

원(願) 신장(神將) 애강도량(哀降道場) 불사자비(不捨慈悲) 수차공양(受此供養)

보고양진언(普供養眞言) 『옴 아아나 삼바바 바아라 훔』(세번)

금강심진언(金剛心眞言) 『옴 오륜이 사바하』(세번)

예적대원만다라니(穢跡大圓滿多羅尼)

계수예적금강부(稽首穢跡金剛部)
석가화현금강신(釋迦化現金剛身)
삼두노목아여금(三頭弩目牙如劍)
팔비개집항마구(八臂皆執降魔具)
독사영락요신비(毒蛇瓔洛繞身臂)
삼매화륜자수신(三昧火輪自隨身)
천마외도급망량(天魔外道及魍魎)
문설신주개포주(聞說神呪皆怖走)
원승가지대위력(願承加持大威力)
속성불사무상도(速成佛事無上道) 『옴 빌실구리 마하바라 한내 믹집믹 혜마니 미길미 마나세 옴 자가나 오심모 구리 훔훔』

훔 박박박 사바하』(세번)

降魔眞言
항마진언

我以金剛三等方便 身乘金剛半月風輪 檀上口放喃字
아이금강삼등방편 신승금강반월풍륜 단상구방남자

光明燒汝無明所積之身 亦勅天上空中地下所有一
광명 소여무명소적지신 역칙천상공중지하 소유일

切作諸障難 不善心者皆來胡跪聽我所説加持法音
체작제장난 불선심자개래호괴 청아소설가지법음

捨諸暴惡悖逆之心 於佛法中威起信心 擁護道場亦護
사제포악패역지심 어불법중위기신심 옹호도량역호

施主 降福消災
시주 강복소재

『옴 소마니 소마니 훔 하리한나 하리한나 훔 하리한

나 바나야 훔 아나야혹 바아밤 바아라 훔 바탁』

帝釋天王除垢穢眞言
제석천왕제구예진언『아지부 뎨리나 아지부 뎨리나』(세번)

100

『미아데리나 오소제리나 아부다 뎨리나 구소뎨리나

사바하』(세번)

십대명왕본존진언·『옴 호로호로 디따디따 반다반다
十大明王本尊眞言

하나 하나 아미리 제 옴박』(세번)

소청팔부진언·『옴 살바리바나 가아나리 사바하』(세번)
召請八部眞言

2 마하반야바라밀다심경
摩訶般若波羅蜜多心經

관자재보살 행심반야바라밀다시 조견 오온개공 도
觀自在菩薩 行深般若波羅蜜多時 照見 五蘊皆空 度

일체고액 사리자 색불이공 공불이색 색즉시공
一切苦厄 舍利子 色不異空 空不異色 色即是空

공즉시색 수상행식 역부여시 사리자 시 제법공
空即是色 受想行識 亦後如是 舍利子 是 諸法空

상 불생불멸 불구부정 부증불감 시고 공중무색
利 不生不滅 不垢不淨 不增不減 是故 空中無色

101

무수상행식 無受想行識 무안이비설신의 無眼耳鼻舌身意 무색성향미촉법 無色聲香味觸法 무안 無眼

계내지 界乃至 무의식계 無意識界 무무명 無無明 역무무명진 亦無無明盡 내지 乃至 무

노사 老死 역무노사진 亦無老死盡 무고집멸도 無苦集滅道 무지역무득 無智亦無得 이무소 以無所

득고 得故 보리살타 菩提薩埵 의반야바라밀다 依般若波羅蜜多 고 심무가애 故心無罣礙 무

가애고 罣礙故 무유공포 無有恐怖 원리전도몽상 遠離顛倒夢想 구경열반 究竟涅槃 삼세제 三世諸

불 佛 의반야바라밀다 依般若波羅蜜多 고 득아뇩다라삼막삼보리 故得阿耨多羅三藐三菩提 고

지반야바라밀다 知般若波羅蜜多 시대신주 是大神呪 시대명주 是大明呪 시무상주 是無上呪 시

무등등주 無等等呪 능제일체고 能除一切苦 진실불허 眞實不虛 고설 故說 반야바라밀 般若波羅蜜

다주 多呪 즉설주왈 即說呪曰 『아제 아제 바라아제 바라승아제

다

모지 사바하』(세번)

불설소재길상다라니
佛說消災吉祥陀羅尼

나무 사만다 못다남 아바라지 하다사 사다남 다냐타

옴 카카 카혜 카혜 훔훔 아바라 아바라 바라 아바라 바라

지따 지따 지리 지리 빠다 빠다 선지가 시리예 사바

하 (세번)

③ 용수보살약찬게
龍樹菩薩略纂偈

대방광불화엄경　大方廣佛華嚴經

용수보살약찬게　龍樹菩薩略纂偈

나무화장세계해　南無華藏世界海

석가무니제여래　釋迦牟尼諸如來

현재설법노사나　現在說法盧舍那

비로자나진법신　毘盧遮那眞法身

과거현재미래세　過去現在未來世

시방일체제대성　十方一切諸大聖

근본화엄전법륜　根本華嚴轉法輪

해인삼매세력고 (海印三昧勢力故)

족행신중도량신 (足行神衆道場神)

주약신중주가신 (主藥神衆主稼神)

주풍신중주공신 (主風神衆主空神)

가루라왕긴나라 (迦樓羅王緊那羅)

건달바왕월천자 (乾達婆王月天子)

화락천왕다화천 (化樂天王他化天)

대자재왕불가설 (大自在王不可説)

금강장급금강혜 (金剛藏及金剛慧)

보현보살제대중 (普賢菩薩諸大衆)

주성신중주지신 (主城神衆主地神)

주하신중주해신 (主河神衆主海神)

주력신중주야신 (主力神衆主夜神)

마후라가야차왕 (摩睺羅伽夜叉王)

일천자중도리천 (日天子衆忉利天)

대범천왕광음천 (大梵天王光音天)

보현문수대보살 (普賢文殊大菩薩)

광염당급수미당 (光焰幢及須彌幢)

집금강신신중신 (執金剛神身衆神)

주산신중주림신 (主山神衆主林神)

주수신중주화신 (主水神衆主火神)

주주신중주아수라 (主晝神衆主阿修羅)

제대용왕구반다 (諸大龍王鳩槃茶)

야마천왕도솔천 (夜摩天王兜率天)

변정천왕광과천 (遍淨天王廣果天)

법혜공덕금강당 (法慧功德金剛幢)

대덕성문사리자 (大德聲聞舍利子)

급여비구해각등 (及與比丘海覺等)

기수무량불가설 (其數無量不可說)

덕운해운선주승 (德雲海雲善住僧)

승열바라자행여 (勝熱婆羅慈行女)

법보계장여보안 (法寶髻長與普眼)

우바라화장자인 (優婆羅華長者人)

비실지라거사인 (毘瑟祇羅居士人)

바산바연주야신 (婆珊婆演主夜神)

보구중생묘덕신 (普救衆生妙德神)

우바새장우바이 (優婆塞長優婆吏)

선재동자선지식 (善財童子善知識)

미가해탈여해당 (彌伽解脫與海幢)

선견자재주동자 (善見自在主童子)

무염족왕대광왕 (無厭足王大光王)

바시라선무상승 (婆施羅船無上勝)

관자재존여정취 (觀自在尊與正趣)

보덕정광주야신 (普德淨光主夜神)

적정음해주야신 (寂靜音海主夜神)

선재동자동남여 (善財童子童男女)

문수사리최제일 (文殊舍利最第一)

휴사비목구사선 (休舍毘目瞿沙仙)

구족우바명지사 (具足優婆明智士)

부동우바변행외 (不動優婆遍行外)

사자빈신바수밀 (獅子嚬伸婆須蜜)

대천안주지신 (大天安住地神)

희목관찰중생신 (喜目觀察衆生神)

수호일체주야신 (守護一切主夜神)

개부수화주야신 (開敷樹華主夜神)
대원정진력구호 (大願精進力救護)
묘덕원만구바여 (妙德圓滿瞿婆女)

마야부인천주광 (摩耶夫人天主光)
변우동자중예각 (遍友童子衆藝覺)
현승견고해탈장 (賢勝堅固解脫長)

묘월장자무승군 (妙月長者無勝軍)
최적정바라문자 (最寂靜婆羅門者)
덕생동자유덕여 (德生童子有德女)

미륵보살문수등 (彌勒菩薩文殊等)
보현보살미진중 (普賢菩薩微塵衆)
어차법회운집래 (於此法會雲集來)

상수비로자나불 (常隨毘盧遮那佛)
어연화장세계해 (於蓮華藏世界海)
조화장엄대법륜 (造化莊嚴大法輪)

시방허공제세계 (十方虛空諸世界)
역부여시상설법 (亦後如是常說法)
육육육사급여삼 (六六六四及與三)

일십일일역부일 (一十一一亦復一)
세주묘엄여래상 (世主妙嚴如來相)
보현삼매세계성 (普賢三昧世界成)

화장세계노사나 (華藏世界盧舍那)
여래명호사성제 (如來名號四聖諦)
광명각품문명품 (光明覺品問明品)

정행현수수미정 (淨行賢首須彌頂)
수미정상게찬품 (須彌頂上偈讚品)
보살십주범행품 (菩薩十住梵行品)

여시아문 선남자 선여인 수지독송차경 찬일권
如是我聞 善男子 善女人 受持讀誦此經 纂一卷

여전금강경 삼십만편 우득신명가호 중성제휴 국
如轉金剛經 三十萬遍 又得神明加護 衆聖提携 國

건대역칠년 비산현령 유씨여년 일십구세 신망지
建大曆七年 毘山縣令 劉氏女年 一十九歲 身亡至

칠일 득견 염라대왕 문왈 일생이래 작하인연
七日得見 閻羅大王 問曰 一生已來 作何因緣

여자답왈 일생이래 편지득금강경 우문왈 하불망
女子答曰 一生已來 偏持得金剛經 又問曰 何不忘

금강경찬 여자답왈 연세상무본 왕왈방여환활 분
金剛經纂 女子答曰 緣世上無本 王曰放汝還活 分

명기취경문 종 여시아문지 신수봉행 도계 오천
明記取經文 從 如是我聞至 信受奉行 都計五千

일백사십구자 육십구불 오십일세존 팔십오여래
一百四十九字 六十九佛 五十一世尊 八十五如來

삼십칠보살 일백삼십팔수보리 이십육 선남자 선
三十七菩薩 一百三十八須菩提 二十六善男子 善

여인 삼십팔 하이고 삼십육중생 삼십일어의운하

<small>女人　三十八　何以故　三十六衆生　三十一於意云何</small>

삼십여시 이십구아뇩다라 삼먁삼보리 이십일보시

<small>三十如是　二十九阿耨多羅　三藐三菩提　二十一布施</small>

십팔복덕 일십삼항하사 십이미진 칠개삼 십이상

<small>十八福德　一十三恒河沙　十二微塵　七箇三　四須陀恒　十二相</small>

팔공덕 팔장엄 오바라밀 사수다완 사사다함사

<small>八功德　八莊嚴　五波羅蜜　四須陀恒四　四斯陀舍四</small>

아나함 사아라한 차시사과선인 여아석위가리왕

<small>阿那舍　四阿羅漢　此是四果仙人　如我昔爲歌利王</small>

활절신체 여하왕석 절절지해시 약유아상 인상

<small>割截身体　如何往昔　節節支解時　若有我相　人相</small>

중생상 수자상 일일무아견 인견 중생견 수자견

<small>衆生相　壽者相　一無我見　人見　衆生見　壽者見</small>

삼비구미수내 사구게 마하반야바라밀

<small>三比丘尼数内　四句偈　摩訶般若波羅蜜</small>

대원성취진언·『옴 아모카 살바다라 사다야 시베 훔』(세번)

<small>大願成就眞言</small>

普回向眞言
보회향진언·『옴 삼마라 삼마라 미마나 사라마하 자가

라 바 훔』(세번)

補闕眞言
보궐진언·『옴 호로호로 사야목계 사바하』(세번)

華嚴聖衆慧鑑明
화엄성중혜감명 四洲人事一念知 사주인사일념지 哀愍衆生如赤子 애민중생여적자

是故我今恭敬禮
시고아금공경례 故我一心歸命頂禮 고아일심 귀명정례

精勤
정 근

華嚴聖衆
화엄성중 十回 (십회이상 수력한다)

祝願
축 원

仰告
앙고 華嚴會上 화엄회상 諸大賢聖 제대현성 斂垂憐愍之至情 첨수연민지지정 各方神通 각방신통

통지묘력 通之妙力 원아금차 願我今此 지극지정성 至極至精誠 헌공발원제가 모 獻供發願齋者某

시도 市道 모구군 某區某 모동면 某洞面某里 모리 거주 居住 건명 乾命 모생 某生

인보체 人保體 곤명 坤命 모생 某生 모인 某人 보체 保體 각각등보체 各各等保體 앙몽 仰蒙

화엄성중 華嚴聖衆 명훈가피지묘력 冥薰加被之妙力 신무일체 身無一切 병고액난 病苦厄難 심 心

무일체 無一切 탐연미혹 貪戀迷惑 영위소멸 永爲消滅 각기 各己 사대강건 四大强健 육근 六根

청정 清淨 악인원리 惡人遠離 귀인상봉 貴人相逢 자손창성 子孫昌盛 부귀영화 富貴榮華 만 萬

사일일 事日日 여의원만 如意圓滿 성취지발원 成就之發願

재고축 再告祝 원아금차 願我今次 지극지정성 至極至精誠 헌공발원제자 獻供發願齋者 각각 各各

등보체 等保體 참선자 參禪者 의단독로 疑團獨露 염불자 念佛者 삼매현전 三昧現前 간경 看經

111

者 慧眼通透 病苦者 即得快差 職務者 隨分成就

자 혜안통투　병고자　즉득괘차　직무자　수분성취

之大願 仰願 東西四方 出入諸處 常逢吉慶 不逢

지대원 앙원　동서사방　출입제처　상봉길경　불봉

災害 官口舌 三災八難 四百四病 一時消滅 財數

재해 관구설　삼재팔난　사백사병　일시소멸　재수

大通 富貴榮華 萬事如意圓滿亨通之大願

대통 부귀영화　만사여의원만형통지대원

然後願 處世間 如虛空 如蓮花 不着手心清淨

연후원 처세간　여허공　여연화　불착수　심청정

超於彼 稽首禮 無上尊 俱護吉祥 摩訶般若波羅蜜

초어피 계수례　무상존　구호길상　마하반야바라밀

⑤ 신중작법 神衆作法

옹호게 擁護偈

八部金剛護道場 空神速赴報天王 三界諸天咸來集

팔부금강호도량　공신속부보천왕　삼계제천감래집

如今佛利補禎祥
여금불찰보정상

一百四位
일백사위

擧目 上壇
거목 (상단)

(신중단작법은 세가지 종류가 있으므로 형편에 따라 선택 봉행한다.)

奉請
봉청　如來化現 여래화현　圓滿神通 원만신통　大穢跡金剛 대예적금강　聖者 성자

奉請
봉청　消滅衆生 소멸중생　宿災舊殃 숙재구앙　靑除災 청제재　金剛 금강

奉請
봉청　破除有情 파제유정　瘟痛諸毒 온황제독　碧毒 벽독　金剛 금강

奉請
봉청　主諸功德 주제공덕　所求如意 소구여의　黃隨求 황수구　金剛 금강

奉請
봉청　主諸寶藏 주제보장　破除熱惱 파제열뇌　白淨水 백정수　金剛 금강

奉請
봉청　見佛身光 견불신광　如風速疾 여풍속질　赤聲火 적정화　金剛 금강

113

봉청(奉請) 자안시물(慈眼示物) 지파재경(智破災境) 정제재(定除災) 금강(金剛)

봉청(奉請) 피견로장(彼堅牢藏) 개오중생(開悟衆生) 자현신(紫賢神) 금강(金剛)

봉청(奉請) 응물조생(應物調生) 지아성취(智芽成就) 대신력(大神力) 금강(金剛)

봉청(奉請) 처어중회(處於衆會) 방편경물권(方便警物眷) 보살(菩薩)

봉청(奉請) 지달정경(智達定境) 복수정업색(福修定業索) 보살(菩薩)

봉청(奉請) 수제중생(隨諸衆生) 현신조복애(現神調伏愛) 보살(菩薩)

봉청(奉請) 청정운음(清淨雲音) 보경군미어(普警群迷語) 보살(菩薩)

봉청(奉請) 동방염만(東方焰曼) 다가대(恒迦大) 명왕(明王)

봉청(奉請) 남방발라(南方鉢羅) 이야다가대(怩也恒迦大) 명왕(明王)

봉청奉請 서방발랍西方鉢納 마다가대摩恒迦大

봉청奉請 북방미지北方尾仡 라다가대羅恒迦大

봉청奉請 동남방東南方 탁기라야대托枳羅大

봉청奉請 서남방西南方 미라능노대尼羅能拏大

봉청奉請 서북방西北方 마하마라대摩訶摩羅大

봉청奉請 동북방東北方 아좌라나타대阿左羅曩他大

봉청奉請 하방바라下方縛羅 반다라대播多羅大

봉청奉請 상방오리上方塢尼 쇄작거라灑作仡羅 바리제대縛里帝大

유원唯願 신장자비神將慈悲 옹호도량擁護道場 성취불사成就佛事

명왕明王 명왕明王 명왕明王 명왕明王 명왕明王 명왕明王 명왕明王

115

금강보검최위웅 金剛寶劍最威雄 일할능최외도봉 一喝能摧外道峰 변계건곤개실색 遍界乾坤皆失色

수미도탁반공중 須彌倒卓半空中 고아일심 故我一心 귀명정례 歸命頂禮

(중단) 中壇

봉청 奉請 사바계주 娑婆界主 호령독존 號令獨尊 대범 大梵 천왕 天王

봉청 奉請 삼십삼천 三十三天 지거세주 地居世主 제석 帝釋 천왕 天王

봉청 奉請 북방호세 北方護世 대약차주 大藥叉主 비사문 毘沙門 천왕 天王

봉청 奉請 동방호세 東方護世 건달바주 乾闥婆主 지국 持國 천왕 天王

봉청 奉請 남방호세 南方護世 구반다주 鳩槃茶主 증장 增長 천왕 天王

봉청 奉請 서방호세 西方護世 위대용수 爲大龍主 광목 廣目 천왕 天王

봉청 奉請 백명이생 白明利生 천광파암 千光破暗 일궁 日宮

봉청 奉請 성주숙주 星主宿主 청량조야 清凉照夜 월궁 月宮

봉청 奉請 색계정거 色界頂居 존지지주 尊持之主 마혜수라 摩醯首羅

봉청 奉請 이십팔부 二十八部 총령귀신 摠領鬼神 산지 散脂

봉청 奉請 능여총지 能與摠持 대지혜 大智慧 취대변재 聚大辨才

봉청 奉請 수기소구 隨其所求 영득성취 令得成就 대공덕 大功德

봉청 奉請 은우사부 殷憂四部 외호삼주 外護三洲 위타 韋駄

봉청 奉請 증장출생 增長出生 발명공덕 發明功德 견우 堅牢

봉청 奉請 각장수음 覺場垂蔭 인과호엄 因果互嚴 보리 菩提

천왕 天王

천자 天子

천왕 天王

대장 大將

천왕 天王

천왕 天王

천신 天神

지신 地神

수신 樹神

봉청(本請) 생제귀왕(生諸鬼王) 보호남여(保護男女) 귀자모(鬼子母)

봉청(奉請) 행일월전(行日月前) 구병과나(救兵戈難) 마리지(摩利支)

봉청(奉請) 비장법보(秘藏法寶) 주집군용(主執群龍) 사가라(娑竭羅)

봉청(奉請) 장유음권(掌幽陰權) 위지옥주(爲地獄主) 염마라(閻摩羅)

봉청(奉請) 중성환공(衆星環拱) 북극진군(北極眞君) 자미(紫微)

봉청(奉請) 북두제일(北斗第一) 양명(陽明) 탐랑태(貪狼太)

봉청(奉請) 북두제이(北斗第二) 음정(陰精) 거문원(巨門元)

봉청(奉請) 북두제삼(北斗第三) 진인(眞人) 록존정(綠存貞)

봉청(奉請) 북두제사(北斗第四) 현명(玄冥) 문곡유(文曲紐)

신(神) 신(神) 용왕(龍王) 대제(大帝) 성군(星君) 성군(星君) 성군(星君) 성군(星君)

봉청(奉請) 북두제오(北斗第五) 단원(丹元) 염정강(廉貞綱) 성군(星君)

봉청(奉請) 북두제육(北斗第六) 북극(北極) 무곡기(武曲紀) 성군(星君)

봉청(奉請) 북두제칠(北斗第七) 천관(天關) 파군관(破軍關) 성군(星君)

봉청(奉請) 북두제팔(北斗第八) 동명(洞明) 외보(外輔) 성군(星君)

봉청(奉請) 북두제구(北斗第九) 은광(隱光) 내필(內弼) 진군(眞君)

봉청(奉請) 상대(上台) 허정(虛精) 개덕(開德) 성군(星君)

봉청(奉請) 중대(中台) 육순(六淳) 사공(司空) 성군(星君)

봉청(奉請) 하대(下台) 곡생(曲生) 사록(司祿) 성군(星君)

봉청(奉請) 이십팔숙(二十八宿) 주천열요(周天列曜) 제대(諸大) 성군(星君)

120

奉請 一十八位 內護正法 福德 大神

奉請 此一住處 普德淨華 土地 神

奉請 莊嚴道場 守護萬行 道場 神

奉請 守護攝持 一切芯雛 伽藍 神

奉請 普覆法界 周遍含容 屋宅 神

奉請 廣大靈通 出入無碍 門戶 神

奉請 積集無邊 淸淨福業 主庭 神

奉請 檢察人事 分明善惡 主竈 神

奉請 萬德高勝 性皆閑寂 主山 神

봉청 일십팔위 내호정법 복덕 대신

봉청 차일주처 보덕정화 토지 신

봉청 장엄도량 수호만행 도량 신

봉청 수호섭지 일체필추 가람 신

봉청 보부법계 주변함용 옥택 신

봉청 광대영통 출입무애 문호 신

봉청 적집무변 청정복업 주정 신

봉청 검찰인사 분명선악 주조 신

봉청 만덕고승 성개한적 주산 신

奉請 離塵濯熱 이진탁열 保生歡喜 보생환희 主井 주정 神 신

奉請 誓除不淨 서제부정 普潔衆生 보결중생 圊廁 청칙 神 신

奉請 成就妙粳 성취묘경 旋轉無己 서전무이 確磑 대애 神 신

奉請 雲雨等潤 운우등윤 發生萬物 발생만물 主水 주수 神 신

奉請 衆妙宮殿 중묘궁전 光明破暗 광명파암 主火 주화 神 신

奉請 堅利自在 견리자재 蜜焰勝日 밀염승일 主金 주금 神 신

奉請 擢幹舒光 탁간서광 生牙發耀 생아발요 主木 주목 神 신

奉請 生成住持 생성주지 心地萬德 심지만덕 主土 주토 神 신

奉請 普觀世業 보관세업 永斷迷惑 영단미혹 主方 주방 神 신

122

봉청奉請 엄정여래嚴淨如來 소거궁전주성所居宮殿主城 신神

봉청奉請 위광특달威光特達 분치열후도로分置列喉道路 신神

봉청奉請 보흥운당普興雲幢 이구향적주강離垢香積主江 신神

봉청奉請 법하유주法河流注 윤익군품주하潤益群品主河 신神

봉청奉請 원리진구遠離塵垢 구함만덕주해具含萬德主海 신神

봉청奉請 광흥공양廣興供養 치무량불광야值無量佛廣野 신神

봉청奉請 파암장물破暗藏物 능냉능열일월시직能冷能熱日月時直 신神

봉청奉請 운행사주運行四洲 기진한서년직방위紀陳寒暑年直方位 신神

봉청奉請 중고제액拯苦濟厄 십이류생토공十二類生土公 신神

123

奉請 布花如雲 妙光迴曜草卉 神
봉청 포화여운 묘광형요초휘 신

奉請 成就妙香 增長精氣主稼 神
봉청 성취묘향 증장정기주가 신

奉請 飄擊聖幢 所行無碍主風 神
봉청 표격운당 소행무애주풍 신

奉請 隨諸業報 施利多般主雨 神
봉청 수제업보 시리다반주우 신

奉請 於晝攝化 行德恒明主晝 神
봉청 어주섭화 행덕항명주주 신

奉請 導引慧明 令知正路主夜 對
봉청 도인혜명 영지정로주야 신

奉請 無量威儀 最上莊嚴身衆 神
봉청 무량위의 최상장엄신중 신

奉請 親近如來 隨逐不捨足行 神
봉청 친근여래 수축불사족행 신

奉請 掌判壽天 司命 神
봉청 장판수요 사명 신

봉청(奉請) 밀정자량(密定資糧) 사록(司禄) 신(神)

봉청(奉請) 좌종주동(左從注童) 장선(掌善) 신(神)

봉청(奉請) 우축주동(右逐注童) 장악(掌惡) 신(神)

봉청(奉請) 행벌행병(行罰行病) 이위(二位) 대신(大神)

봉청(奉請) 온황고질(瘟疫痼瘵) 이위(二位) 대신(大神)

봉청(奉請) 이의삼재(二儀三才) 오행(五行) 대신(大神)

봉청(奉請) 음양조화(陰陽造化) 부지명위(不知名位) 일체호법선신영기등중(一切護法善神靈祇等衆) 대신(大對)

유원(唯願) 신장자비(神將慈悲) 옹호도량(擁護道場) 성취불사(成就佛事)

옹호성중만허공(擁護聖衆滿虛空) 도재호광일도중(都在毫光一道中) 신수불어상옹호(信受佛語常擁護)

奉行經典永流通 **봉행경전영류통** 故我一心 **고아일심** 歸命頂禮 **귀명정례**

6 삼십구위 (상단)
三十九位 上壇

奉請 **봉청** 觀察無常 **관찰무상** 所行平等 **소행평등** 無數大自在 天王 **무수대자재 천왕**

奉請 **봉청** 皆以寂靜 **개이적정** 安住其中 **안주기중** 無量廣果 天王 **무량광과 천왕**

奉請 **봉청** 廣大法門 **광대법문** 勤作利益 **근작이익** 無量徧淨 天王 **무량변정 천왕**

奉請 **봉청** 廣大寂靜 **광대적정** 無碍法門 **무애법문** 無量光音 天王 **무량광음 천왕**

奉請 **봉청** 皆具大慈 **개구대자** 憐愍衆生 **연민중생** 不可思議數大梵天王 天王 **불가사의수대범천왕 천왕**

奉請 **봉청** 修習方便 **수습방편** 廣大法門 **광대법문** 無數他化自在 天王 **무수타화자재 천왕**

奉請 **봉청** 調伏衆生 **조복중생** 令得解脫 **영득해탈** 無量化樂 天王 **무량화락 천왕**

봉청(奉請) 개근념지(皆勤念持) 제불명호(諸佛名號) 불가사의의수도솔타 천왕(不可思議数兜率陀 天工 天王)

봉청(奉請) 개근수습(皆勤修習) 광대선근(廣大善根) 무량수야마 천왕(無量須夜摩 天工 天王)

봉청(奉請) 개근발기(皆勤發起) 일체세간(一切世間) 무량삼십삼 천왕(無量三十三 天王)

봉청(奉請) 개근수습(皆勤修習) 이익중생(利益衆生) 무량일 천자(無量日 天子)

봉청(奉請) 개근현발(皆勤現發) 중생심보(衆生心寶) 무량월 천자(無量月 天子)

봉청(奉請) 개근현발(皆勤現發) 옹호도량(擁護道場) 성취불사(成就佛事)

유원(唯願) 신장자비(神將慈悲) 옹호도량(擁護道場) 성취불사(成就佛事)

가영(歌詠)

욕색제천제성중(欲色諸天諸聖衆) 상수불회현자엄(常隨佛會現慈嚴) 소행평등보관찰(所行平等普觀察)

위구중생무피염(爲救衆生無疲厭) 고아일심 귀명정례(故我一心 歸命頂禮)

봉청奉請 심생신해深生信解 환희애중歡喜愛重 무량건달바無量乾闥婆 왕王

봉청奉請 무애법문無碍法門 광대광명廣大光明 무량구반다無量鳩槃茶 왕王

봉청奉請 흥운포우興雲布雨 열뇌제멸熱惱除滅 무량제대無量諸大 용왕龍王

봉청奉請 개근수호皆勤守護 일체중생一切衆生 무량야차無量夜次 왕王

봉청奉請 광대방편廣大方便 영할치망永割癡網 무량마후라無量摩睺羅 왕王

봉청奉請 심항쾌락心恒快樂 자재유희自在遊戲 무량긴나라無量緊那羅 왕王

봉청奉請 성취방편成就方便 구섭중생救攝衆生 불가사의수가루라왕不可思議数迦樓羅王

봉청奉請 실이정근悉己精勤 최복아만摧伏我慢 무량아수라無量阿修羅 왕王

유원 신장자비 옹호도량 성취불사

唯願 神將慈悲 擁護道場 成就佛事

가영 (歌詠)

팔부사왕래부회 심항쾌락이무궁 개근해탈방편력

八部四王來赴會 心恒快樂利無窮 皆勤解脱方便力

섭복군마진위웅 고아일심 귀명정례

攝伏群魔振威雄 故我一心 歸命頂禮

(하단) 下壇

봉청 개어묘법 능생신해 무량주주

奉請 皆於妙法 能生信解 無量主晝 神

봉청 개근수습 이법위락 무량주야

奉請 皆勤修習 以法爲樂 無量主夜 神

봉청 보방광명 항조시방 무량주방

奉請 普放光明 恒照十方 無量主方 神

봉청 심개이구 광대명결 무량주공

奉請 心皆離垢 廣大明潔 無量主空 神

봉청(奉請) 친근제불(親近諸佛) 동수복업(同修福業) 불세계미진수주지신(佛世界微塵數主地神)

봉청(奉請) 엄정여래(嚴淨如來) 소거궁전(所居宮殿) 불세계미진수주성신(佛世界微塵數主城神)

봉청(奉請) 성취원력(成就願力) 광흥공양(廣興供養) 불세계미진수도량신(佛世界微塵數主道場神)

봉청(奉請) 친근여래(親近如來) 수축불사(隨逐不捨) 불세계미진수족행신(佛世界微塵數足行神)

봉청(奉請) 성취대원(成就大願) 공양제불(供養諸佛) 불세계미진수신중신(佛世界微塵數身衆神)

봉청(奉請) 항발대원(恒發大願) 공양제불(供養諸佛) 불세계미진수집금강신(佛世界微塵數執金剛神)

유원(唯願) 신장자비(神將慈悲) 옹호도량(擁護道場) 성취불사(成就佛事)

가영(歌詠)

품류무변형색별(品類無邊形色別) 수기원력현신통(隨其願力現神通) 봉행불법상위호(奉行佛法常爲護)

이익중생일체동　고아일심　귀명정례

다게　청정명다약　능제병혼침　유기옹호중　원수애
茶偈　淸淨茗茶藥　能除病昏沈　唯冀擁護衆　願垂哀

납수　원수애납수　원수자비애납수
納受　願垂哀納受　願垂慈悲哀納受

탄백
歎白

제석천왕혜감명　사주인사일념지　애민중생여적자
帝釋天王慧鑑明　四洲人事一念知　哀愍衆生如赤子

시고아금공경례
是故我今恭敬禮

7 삼위거목(약식)
三位擧目略式

옹호게
擁護偈

팔부금강호도량　공신속부보천왕　삼계제천감래집
八部金剛護道場　空神速赴報天王　三界諸天咸來集

여금불찰보정상
如今佛刹補禎祥

거목 擧目

나무 南無 금강회상 金剛會上 불보살 佛菩薩

나무 南無 도리회상 忙利會上 聖賢衆 성현중

나무 南無 옹호회상 擁護會上 靈祇等衆 영기등중

가영 歌詠

옹호성중만허공 擁護聖衆滿虛空 도재호광일도중 都在毫光一道中 신수불어상옹호 信受佛語常擁護

봉행경전영류통 奉行經典永流通 고아일심 故我一心 귀명정례 歸命頂禮

다게 茶偈 청정명다약 清淨茗茶藥 능제병혼침 能除病昏沈 유기옹호중 唯冀擁護衆 원수애 願垂哀

납수 納受 (세번)

擁護聖衆慧鑑明　四洲人事一念知　哀愍衆生如赤子
옹호성중혜감명　사주인사일념지　애민중생여적자

是故我今恭敬禮
시고아금공경례

제二장 각 청

①彌陀請
미타청

普禮眞言
보례진언

一一無数禮
일일무수례　我今一身中　即現無盡身　遍在彌陀前
아금일신중　즉현무진신　변재미타전

일일무수례　옴 바아라 믹 (세번)

※ 천수경 정구입진언부터 정법계진언 「나무삼만다 못다남남」까지 독송후

擧佛
거 불

134

나무 극락도사 아미타불 나무 좌보처 관세음보

살 나무 우보처 대세지보살

보소청진언·나무 보보제리 가리다리 다타아다야 (세번)

유 치

앙유 미타대성자 청련감목 자금진신 애일체중생

미탈윤회지고뇌 이대비원력 별개환주지장엄 수무

피아지사심 편유인연어차토 시이 사바세계 남섬

부주 해동 대한민국 모시도 모구군 모동면 모

리 모산하 모사 청정수월도량내 금일제당 (사십

九日 百日 忌日之辰 至極之至誠 薦魂齋者 行孝

구일 백일 기일지진) 지극지지성 천혼제자 (행효

子某人 伏爲 所薦亡父 某人 靈駕 以此因緣功

자 모인 복위 소천망부 모인) 영가 이차인연공

德即往極樂之世界 上品上生之大願 以今月今日

덕 즉왕극락지세계 상품상생지대원 이금월금일

虔設法延淨饌供養 極樂導師 阿彌陀佛 左右補處

건설법연 정찬공양 극락도사 아미타불 좌우보처

兩大菩薩 薰懃作法 仰祈妙援者 右伏以 爇茗香以

양대보살 훈근작법 앙기묘원자 우복이 설명향이

禮請 呈玉粒而修齋 齋體雖微 虔誠可愍 仰表一心

례청 정옥립이수재 재체수미 건성가민 앙표일심

先陳三請

선진삼청

南無一心奉請 紫金嚴相 輝華百億刹中 白玉明毫

나무일심봉청 자금엄상 휘화백억찰중 백옥명호

施轉五峰山上 光流處處 無不攝生 影化重重 有緣

시전오봉산장 광류처처 무불섭생 영화중중 유연

136

개도 약유삼심극비 십념공성 접향구련 영사오탁
（皆度 若有三心克備 十念功成 接向九蓮 令辭五濁）

대성자부 아미타불
（大聖慈父 阿彌陀佛）

향화청（세번） 가영
（香花請 歌詠）

무량광중화불다 앙첨개시아미타 응신각정황금상
（無量光中化佛多 仰瞻皆是阿彌陀 應身各挺黃金相）

보계도선벽옥라 고아일심 귀명정례
（寶髻都旋碧玉螺 故我一心 歸命頂禮）

헌좌진언 · 묘보리좌승장엄 제불좌이성정각 아금헌
（献座眞言 妙菩提座勝莊嚴 諸佛坐已成正覺 我今献）

좌역여시 자타일시성불도 『옴 바아라 미나야 사바하』（세번）
（座亦如是 自他一時成佛道）

정법계진언·『옴 남』（세번）
（淨法界眞言）

다게·공양시방조어사 연양청정미묘법 삼승사과해
（茶偈 供養十方調御士 演揚淸淨微妙法 三乘四果解）

脱僧
탈승

願垂哀納受
원수애납수

願垂哀納受
원수애납수

願垂慈悲哀納受
원수자비애납수 (삼설삼배)

眞言勸供
진언권공

香羞羅列 齋者虔誠 欲求供養之周圓 須仗加持之變
향수나열 재자건성 욕구공양지주원 수장가지지변

化 仰唯三寶 特賜加持
화 앙유삼보 특석가지

南無十方佛
나무시방불

南無十方法
나무시방법

南無十方僧
나무시방승 (세번)

無量威德 自在光明勝妙力 變食眞言
무량위덕 자재광명승묘력 변식진언

『나막 살바다타 아다 바로기제 옴 삼바라 삼바라 훔』 (세번)

施甘露水眞言
시감로수진언

『나무 소로바야 다타아다야 다나타 옴』

138

소로소로 바라소로 사바하』(세번)

一字水輪觀眞言
일자수륜관진언·『옴 밤 밤 밤』(세번)

乳海眞言
유해진언·『나무 사만다 못다남 옴 밤』(세번)

運心供養眞言
운심공양진언

令法住世佛報恩
영법주세불보은 『나막 살바다타 아제비약미 살바 모

願此香供遍法界 普供無盡三寶海 慈悲受供增善根
원차향공변법계 보공무진삼보해 자비수공증선근

계비약 살바타캄 오나아제 바라 혜암 옴 아아나 캄

사바하』(세번)

志心頂禮供養 暗鍐南含坎 大教主 清淨法身 毘盧
지심정례공양 암밤남함캄 대교주 청정법신 비로

遮那佛
자나불

지심정례공양 志心頂禮供養
아바라하카 阿縛羅賀佉
법계주 法界主
원만보신 노사 圓滿報身盧舍

나불 那佛
지심정례공양 志心頂禮供養
아라바자나 阿羅縛佐那
사바대교주 娑婆大教主
천백억화신 千百億化身

석가모니불 釋迦牟尼佛
지심정례공양 志心頂禮供養
동방만월세계 東方滿月世界
십이상원약사유리광여 十二相圓藥師琉璃光如

래불 來佛
지심정례공양 志心頂禮供養
서방교주 西方教主
아미타불 阿彌陀佛
당래교주 미륵 當來教主彌勒

존불 尊佛
지심정례공양 志心頂禮供養
시방삼세 十方三世
제망찰해 諸網刹海
상주일체 常住一切
불타 佛陀

야중 耶衆

지심정례공양 志心頂禮供養
해동조선 海東朝鮮 오대산 五台山 중대 中台 적멸보궁 寂滅寶宮

석가여래 釋迦如來 전신사리 全身舍利 불나보탑 佛懶寶塔 일체여래 一體如來 불입열반 不入涅槃

일체청정 一切淸淨 사리보탑 舍利寶塔

지심정례공양 志心頂禮供養 대방광불화엄경 大方廣佛華嚴經 실상묘법연화경 實相妙法蓮華經 원만교해 圓滿敎海 청정무진 淸淨無盡

륜론 律論 삼장십이부 三藏十二部 일체수다라 一切修多羅

법문 法門

지심정례공양 志心頂禮供養 시방삼세 十方三世 제망찰해 帝網刹海 상주일체 常住一切 달마 達摩

야중 耶衆

141

지심정례공양(志心頂禮供養) 오봉성주(五峰聖主) 칠불조사(七佛祖師) 대지문수(大智文殊) 사리(舍利)보살(菩薩) 여래장자(如來長子) 법계원왕(法界願王) 만행무궁(萬行無窮) 보현보살(普賢菩薩) 마하살(摩訶薩)

지심정례공양(志心頂禮供養) 보문시현(普門示現) 원력홍심(願力弘深) 대자대비(大慈大悲) 관세음보살(觀世音菩薩) 염불삼매(念佛三昧) 섭화중생(攝化衆生) 대희대사(大喜大捨) 대세지보살(大勢至菩薩) 마하살(摩訶薩) 중생도진(衆生度盡) 방증보리(方證菩提) 二고혼천도(孤魂薦道) 지장보살(地藏菩薩) 좌우보처(左右補處) 양대보살(兩大菩薩) 마하살(摩訶薩)

지심정례공양(志心頂禮供養) 영산당시(靈山當時) 수불부촉(受佛咐囑) 십대제자(十大弟子) 십육(十六)성(聖) 오백성(五百聖) 독수성(獨修聖) 내지(乃至) 천이백(千二百) 제대아라한(諸大阿羅漢) 무

량자비성중 量慈悲聖衆

지심정례공양 志心頂禮供養 서건동진 西乾同震 급아해동 及我海東 역대전등 歷代傳燈 제대 諸大

조사 祖師 천하종사 天下宗師 일체미진수 一切微塵數 제대선지식 諸大善知識

지심정례공양 志心頂禮供養 시방삼세 十方三世 제망찰해 帝網刹海 常住一切 상주일체 승가 僧伽

야중 耶衆

유원 唯願 아미타불 阿彌陀佛 강림도량 降臨道場 수차공양 受此供養 원공법계제중 願共法界諸衆

생 生 자타일시성불도 自他一時成佛道

보공양진언 普供養眞言 『옴 아아나 삼바바 바아라 훔』(세번)

보회향진언 普回向眞言 『옴 삼마라 삼마라 미만나 사라마하 자가

라 바 훔』(세번)

南無大佛頂 如來蜜因 修證了義 諸菩薩萬行 首楞

나무대불정 여래밀인 수증요의 제보살만행 수능

嚴神呪
엄신주

다니 바아라 반니반 호훔 다로옹박 사바하 (세번)

다냐타 옴 아나례 비사제 비라 바아라 다리 반다 반

🔔 正本 觀自在菩薩 如意輪呪
정본 관자재보살 여의륜주

나무 못다야 나무 달마야 나무 승가야 나무 아리야

바로기제 사라야 모지사다야 마하사다야 사가라 마

하가로 니가야 하리다야 만다라 다냐타 가가나 바라

지진다 마니 마하무다례 루로루로 지따 하리다예 비

사예 옴 부다나 부다니 야등

佛頂心 觀世音菩薩 姥陀羅尼

불정심 관세음보살 모다라니

나모 라 다나다라 야야 나막 아리야 바로기제 사바라

야 모지 사다바야 마하사다바야 마하가로 니가야 다

냐타 아바다 아바다 바리바제 인혜혜 다냐타 살바다

라니 만다라야 인혜혜 바리 마수다 못다야 옴 살바

작수가야 다라니 인지리야 다냐타 바로기제 새바라

야 살바도따 오하야미 사바하 (세번)

佛說消災吉祥 陀羅尼

불설소재길상 다라니

나무 사만다 못다남 아바라지 하다사 사나남 다냐타

옴 카 카혜 카혜 훔 훔 아바라 아바라 바라 아바

라 바라아바라 지따 지따 지리 지리 빠다 빠다 선지

가 시리예 사바하 (세번)

所願成就眞言
소원성취진언·『옴 아모카 살바다라 사다야 시베 훔』 (세번)

補闕眞言
보궐진언·『옴 호로호로 사야목계 사바하』 (세번)

無量光中化佛多 仰瞻皆是阿彌陀
무량광중화불다 앙첨개시아미타

寶髻都旋碧玉螺 應身各挺黃金相
보계도선벽옥라 응신각정황금상

故我一心 歸命頂禮
고 아일심 귀명정례

精 勤
정 근

南無西方淨土 極樂世界 我等導師
나무서방정토 극락세계 아등도시

南無阿彌陀佛
나무아미타불

(시간에 따라 십성이상 봉송함)

阿彌陀佛本心微妙眞言
아미타불본심미묘진언

『다야 옴 아리 다라 사바하』 (세번)

청산첩첩미타굴　靑山疊疊彌陀窟
창해망망적멸궁　蒼海茫茫寂滅宮
물물염래무가애　物物拈來無罣碍

기간송정학두홍　幾間松亭鶴頭紅
고아일심　故我一心
귀명정례　歸命頂禮

축원 祝願

앙고　仰告
대자대비　大慈大悲
극락도사　極樂導師
아미타불　阿彌陀佛
불사자비　不捨慈悲

허수랑감　許垂朗鑑
시이　是以
사바세계　娑婆世界
남섬부주　南贍部洲
해동　海東
대한민　大韓民

국　國
주소　住所
사십구일　四十九日
백일　百日
기일지진　린日之辰
지극지성심　至極之誠心

천혼제자　薦魂齋者
（행효자　行孝子）
모생　某生
모인복위소천　某人伏爲所薦
모영가　某靈駕
이　以

차인연공덕　此因緣功德
아미타불　阿彌陀佛
애민섭수지묘력　哀愍攝受之妙力
불탑명로　不踏冥路
영가위주　靈駕爲主
상　上

즉왕극락세계　即往極樂世界
상품상생지대원　上品上生之大願
억원　抑願

세선망 世先亡 사존부모 師尊父母 누세종친 累世宗親 제형숙백 弟兄叔伯 일체친족등 一切親族等

각열위영가 各列位靈駕 지어 至於 차도량내외 此道場內外 동상동하 洞上洞下 유주무주 有主無主 乃至

침혼체혼 沈魂滯魂 일체애혼 一切哀魂 불자등 佛子等 각열위영가 列位靈駕 내지

철위산간 鐵圍山間 오무간옥 五無間獄 일일야 一日一夜 萬死萬生 만사만생 受苦含靈 수고함령

등 等 각열위영가 各列位靈駕 겸급법계 兼及法界 사생칠취 四生七趣 삼도팔난 三途八難 사 四

은삼유 恩三有 일체유식함령 一切有識含靈 등 各列位靈駕 등 각열위영가 함탈삼계지 咸脫三界之

고뇌 苦惱 초생구품지락방 超生九品之樂邦 획몽제불 獲蒙諸佛 감로관정 甘露灌頂 반야랑 般若朗

지 智 활연개오지대원 豁然開悟之大願 억원 抑願 금일지성재자 今日至誠齋者 시회합원 時會合院

대중 大衆 각각등보체 各各等保體 각기심중 各其心中 소구발원 所求發願 일일유천상 日日有千祥

148

지경 시시백해지재 수산고흘 복해왕양지대원 연
之慶 時時百害之災 壽山高屹 福海汪洋之大願 然

후원 항사법계 무량불자등 동유화장엄해 동입보
後願 恒沙法界 無量佛子等 同遊華藏莊嚴 同入菩

리대도량 상봉화엄불보살 항몽제불대광명 소멸무
提大道場 常逢華嚴佛菩薩 恒蒙諸佛大光明 消滅無

량중죄장 획득무량대지혜 돈성무상최정각 광도법
量衆罪障 獲得無量大智慧 頓成無上最正覺 廣度法

계제중생 이보제불막대은 세세상행보살도 구경원
界諸衆生 以報諸佛莫大恩 世世常行菩薩道 究竟圓

성살반야 마하반야바라밀
成薩般若 摩訶般若波羅蜜

※ 화장할때의 미타청작법은 다음과 같이 한다.

보례진언·아금일신중 즉현무진신 변재미타전 일
一無数禮 普禮眞言 我今一身中 即現無盡身 遍在彌陀前 一

일무수례『옴 바아리 믹』(세번)

※ 천수경 정법구입진언부터 정법계진언 「나무삼만다 못다남남」까지 독송후

거불 擧佛

나무 南無極樂導師 극락도사 阿彌陀佛 아미타불 南無 나무 五寶世界 오보세계 一切諸 일체제

불 佛 南無 나무 觀音勢至 관음세지 兩大菩薩 양대보살

🔔 보소청진언 普召請眞言 나무 보보제리 가리다리다타 아다야 (세번)

🔒 유치 由致

개문 盖聞 일미타 一彌陀 흥비도생지홍원 興悲度生之弘願 여향응성사대성초 如響應聲四大聖招

혼인 魂引 로지대비 路之大悲 동월인수 同月印水 귀의약절 歸依若切 감응해지시 感應奚遲是

이 以 사바세계 娑婆世界 차사천하 此四天下 남섬부주 南贍部洲 해동 海東 대한민국 大韓民國 신 新

모시도 某市道 모구군 某區郡 모동면 某洞面 모리 某里 거주 居住 모인복위 某人伏爲 신 新

원적(圓寂) 망모(亡某) 모후인모공(某後人某公) 모인영가(某人靈駕) 승사천석(承斯薦席) 등피(登彼)

락방지대원(樂邦之大願)

택정사유지일(擇定閒維之日) 근비향다지례(謹備香茶之禮) 봉헌(奉獻) 극락교주(極樂教主) 아미

타불(陀佛) 오보세계(五寶世界) 제불제대보살(諸佛諸大菩薩) 훈근작법(奉獻薰勤作法) 앙기묘원(仰祈妙援)

자(者) 우복이개연(右伏以芥緣) 수사만리(雖似萬里) 천운일점(天雲一点) 능감즉동천강(菱鑑即同千江)

수월고륜(水月孤輪) 잠사어(暫辭於) 홍우화중(紅藕花中) 약강어백운단상(略降於白雲壇上) 불위(不違)

남원(曩願) 부감단성(俯鑑丹誠) 근운일심(謹運一心) 선진삼청(先陳三請)

나무일심봉청(南無一心奉請) 서방극락세계(西方極樂世界) 사십팔대원(四十八大願) 접인중생(接引衆生)

대자대비(大慈大悲) 아미타불(阿彌陀佛) 좌우보처(左右補處) 관음세지(觀音勢至) 양대보살(兩大菩薩)

청정대해 제대보살 마하살
清淨大海 諸大菩薩 摩訶薩

유원 자비 연민유정 강림도량 수차공양
唯願 慈悲 憐愍有情 降臨道場 受此供養

향화청 (세번) 가영
香花請 歌詠

청산첩첩미타굴 창해망망적멸궁 물물염래무가애
靑山疊疊彌陀窟 蒼海茫茫寂滅宮 物物拈來無罣碍

기간송정학두홍 고아일심 귀명정례
幾看松頂鶴頭紅 故我一心 歸命頂禮

나무일심봉청 오보세계 자재무애 중방 화장세계
南無一心奉請 五寶世界 自在無碍 中方 華藏世界

비로자나불 동방만월세계 약사유리광불 남방환
毘盧遮那佛 東方滿月世界 藥師琉璃光佛 南方歡

희세계 보승여래불 서방극락세계 아미타불 북방
喜世界 寶勝如來佛 西方極樂世界 阿彌陀佛 北方

무우세계 부동존불 시방삼세진여불보 대방광불대
無憂世界 不動尊佛 十方三世眞如佛寶 大方廣佛大

화엄경(華嚴經) 보현보살행원품경(普賢菩薩行願品經) 대승종교묘법화경(大乘終教妙法華經) 칭찬(稱讚)

정토아미타경(淨土阿彌陀經) 금강반야바라밀경(金剛般若波羅蜜經) 시방삼세심심법보(十方三世佛深法寶)

대성문수사리보살(大聖文殊師利菩薩) 대행보현보살(大行普賢菩薩) 대비관세음보살(大悲觀世音菩薩) 시방삼(十方三)

대성인로왕보살(大聖引路王菩薩) 일체청정대해중보살마하살(一切淸淨大海衆菩薩摩訶薩) 시방삼

세청정승보(世淸淨僧寶)

유원자비(唯願慈悲) 연민유정(憐愍有情) 강림도량(降臨道場) 수차공양(受此供養)

향화청(세번)(香花請) 가영(歌詠)

위광변조시방중(威光遍照十方中) 월인천강일체동(月印千江一體同) 사지원명제성왕(四智圓明諸聖王)

분림법회리군생(賁臨法會利群生) 고아일심(故我一心) 귀명정례(歸命頂禮)

153

헌좌진언 (獻座眞言)

묘보리좌승장엄 (妙菩提座勝莊嚴)
제불좌이성정각 (諸佛坐已成正覺)
아금헌 (我今獻)

좌역여시 (座亦如是)
자타일시성불도 (自他一時成佛道)

『옴 바아라 미나야 사바하』(세번)

공양시방삼세불 (供養十方三世佛)
용궁해장묘만법 (龍宮海藏妙萬法)
보살연각성문성 (菩薩緣覺聲聞聖)
금일지극지정성 (今日至極之精誠)
발원재자 각각등보체 감찰건간심 (發願齋者 各各等保體 鑑察虔懇心)
원수자비애납수 (願垂慈悲哀納受)
원수자비애납수 (願垂慈悲哀納受)
원수자비애납수 (願垂慈悲哀納受)

보공양진언·『옴 아아나 삼바바 바아라 훔』(세번) (普供養眞言)

정법계진언·『옴 남』(세번) (淨法界眞言)
(욕건만노라선송) (欲建曼拏羅先誦)

供養十方調御士　演揚淸淨微妙法　三乘四果解脫僧
공양시방조어사　연양청정미묘법　삼승사과해탈승

※ 다음은 미타청에서 기재한 진언권공에서부터 동일하게 한다。

願垂慈悲哀納受
원수자비애납수

願垂慈悲哀納受
원수자비애납수

願垂慈悲哀納受
원수자비애납수

普禮眞言
보례진언 · 아금일신중　즉현무진신　변재약사전
我今一身中　即現無盡身　遍在藥師前

一一無數禮
일일무수례　옴 바아라 믹 (세번)
※ 천수경부터 정법계진언 나무삼만다 못다남까지 독송후

2 약사청
藥師請

擧佛
거 불

南無 東方萬月世界　藥師琉璃光　如來佛
나무 동방만월세계　약사유리광　여래불

南無 左補處　日光遍照　消災菩薩　摩訶薩
나무 좌보처　일광변조　소재보살 마하살

南無 右補處
나무 우보처

월광변조 식재보살 마하살
月光遍照 食災菩薩 摩訶薩

보소청진언: 나무 보보제리 가리다리 다타 아다야 (세번)
普召請眞言

유 치
由致

절문 월조장공 영락천강지수 능인출세 지투만휘
切聞 月照長空 影落千江之水 能仁出世 智投萬彙

지기 여래진실지비민제중생 원지건성례 수애작증
之機 如來眞實智悲愍諸衆生 願知慶誠禮 垂哀作證

명시이 사바세계 남섬부주 해동 대한민국 모
明是以 娑婆世界 南贍部洲 海東 大韓民國 某

시 도 모구군 모동면 모리 거주 금차 지극지성
市 道 某區郡 某洞面 某里 居住 今此 至極至誠

헌공발원재자 (건명 모생 모인보체) 이차인연공덕
獻供發願齋者 乾命 某生 某人保體 以此因緣功德

일체고난 영위소멸 사대강건 육근청정 심중소구
一切苦難 永爲消滅 四大强健 六根淸淨 心中所求

156

소원 여의원만 성취지대원 이금월금일 건설정찬
所願 如意圓滿 成就之大願 以今月今日 虔設淨饌

공양 십이원성 약사유리광불 훈근작법 앙기묘원
供養 十二願成 藥師琉璃光佛 薰懃作法 仰祈妙援

자우복이 설우두지명향정 천두지묘공 재체수미
者 右伏以 爇牛頭之茗香呈 天厨之妙供 齋體雖微

건성가민 참사보계 강부향연 앙표일심 선진삼청
虔誠可愍 暫辭寶界 降赴香筵 仰表一心 先陳三請

나무일심봉청 단거만월 광화군미 상향이륙지홍자
南無一心奉請 端居滿月 廣化群迷 常行二六之洪慈

증접사생이해탈 십이원성 약사유리광불 유원자비
拯接四生而解脱 十二願成 藥師琉璃光佛 惟願慈悲

강림도량 수차공양
降臨道場 受此供養

향화청 (세번) 가영
香花請 歌詠

동방세계명만월 불호유리광교결 두상선라청사산
東方世界名滿月 佛號琉璃光皎潔 頭上旋螺青似山

미간호상백여설 고아일심 귀명정례

眉間毫相白如雪 故我一心 歸命頂禮

헌좌진언·묘보리좌승장엄 제불좌이성정각 아금헌

獻座眞言 妙菩提座勝莊嚴 諸佛坐已成正覺 我今獻

좌역여시 자타일시성불도

座亦如是 自他一時成佛道

『옴 바아라 미나야 사바하』(세번)

정법계진언·『옴 남』(세번)

淨法界眞言

다게 (삼설삼배)

茶偈

금장감로다 봉헌약사전 감찰건간심 원수애납수

今將甘露茶 奉獻藥師前 鑑察虔懇心 願垂哀納受

원수애납수 원수자비애납수

願垂哀納受 願垂慈悲哀納受

진언권공

眞言勸供

향수나열 재자건성 욕구공양지주원 수장가지지변

香羞羅列 齋者虔誠 欲求供養之周圓 須仗加持之變

화 앙유삼보 특석가지 나무시방불 나무시방법

化 仰唯三寶 特賜加持 南無十方佛 南無十方法

나무시방승 (세번)

南無十方僧

무량위덕 자재광명승묘력 변식진언

無量威德 自在光明勝妙力 變食眞言

『나막 살바다타 아다 바로기제 옴 삼바라 삼바라 훔』 (세번)

시감로수진언·『나무 소로바야 다타아다야 옴 소로소로 바라소로 바라소로 사바하』 (세번)

施甘露水眞言

일자수륜관진언·『옴 밤 밤 밤밤』 (세번)

一字水輪觀眞言

유해진언·『나무 사만다 못다남 옴 밤』 (세번)

乳海眞言

159

運心供養眞言
운심공양진언

願此香供遍法界　普供無盡三寶海　慈悲受供增善根
원차향공변법계　보공무진삼보해　자비수공증선근

令法住世報佛恩
영법주세보불은

『나막 살바다타 아제비약미 살바 모계비약 살바타캄
오나아제 바라혜맘 옴 아아나캄 사바하』(세번)

志心頂禮供養　東方滿月世界　十二上願　藥師琉璃光
지심정례공양　동방만월세계　십이상원　약사유리광

如來佛
여래불

志心頂禮供養　左補處　日光遍照　消災菩薩
지심정례공양　좌보처　일광변조　소재보살

志心頂禮供養　右補處　月光遍照　息災菩薩
지심정례공양　좌보처　월광변조　식재보살

160

유원 약사유리광불 강림도량 수차공양 원공법계

제중생 자타일시성불도

보공양진언:『옴 아아나 삼바바 바아라 훔』(세번)

보회향진언:『옴 삼마라 삼마라 미마나 사라마하 자가 라바 훔』(세번)

소원성취진언:『옴 아모카 살바다라 사다야 시베 훔』(세번)

십이대원접군몽 일편비심무공결 범부전도병근심

불우약사죄난멸 고아일심 귀명정례

정 근 (십성이상 수력 정근함)

161

南無 나무 拯接四生而解脫 증접사생이해탈 十二願成 십이원성 藥師琉璃光佛 약사유리광불

祝願 축원

仰告 앙고 大慈大悲 대자대비 藥師琉璃光如來慈尊前 약사유리광여래자존전 不捨慈悲 불사자비

許垂朗鑑 허승랑감 願我今此 원아금차 至極之誠心 지극지성심 献供發願齋者 헌공발원재자 娑 사

婆世界 바세계 南瞻部洲 남섬부주 海東 해동 大韓民國 대한민국 (某處居住) (모처거주) 某人 모인

保體 보체 以此 이차 因緣功德 인연공덕 一切苦難 일체고난 永爲消滅 영위소멸 四大強 사대강

健 건 六根清淨 육근청정 安過太平 안과태평 壽命長壽 수명장수 子孫昌盛 자손창성 富貴 부귀

榮華 영화 萬事如意 만사여의 圓滿亨通之大願 원만형통지대원

然後願 연후원 恒沙法界 항사법계 無量佛子 무량불자 同遊華藏莊嚴海 동유화장장엄해 同入 동입

보리대도량 菩提大道場　상봉화엄불보살 常逢華嚴佛菩薩　항몽제불대광명 恒蒙諸佛大光明　소멸 消滅

무량중죄장 無量衆罪障　획득무량대지혜 獲得無量大智慧　돈성무상최정각 頓成無上最正覺　광도 廣度

법계제중생 法界諸衆生　이보제불막대은 以報諸佛莫大恩　세세상행보살도 世世常行菩薩道　구경 究竟

원성살반야 圓成薩般若　마하반야바라밀 摩訶般若波羅蜜

③ 미륵청 彌勒請

보례진언 普禮眞言 · **아금일신중** 我今一身中　즉현무진수 即現無盡身　변재미륵전 遍在彌勒前

일일무수례 一一無數禮 『옴 바아라 믹』(세번)

※ 천수경 정구업진언부터 정법계진언 「나무삼만다 못다남남」까지 독송후

거불 擧佛

南無 現居兜率 彌勒尊佛

나무 현거도솔 미륵존불 南無 當來教主 彌勒尊

나무 당래교주 미륵존

佛 南無 三會度人 彌勒尊佛

불 나무 삼회도인 미륵존불

普召請眞言

보소청진언

『나무 보보제리 가리다리 다타 아다야』(세번)

由 致

유　치

仰惟 彌勒大聖者 現居兜率 當降龍華 宏施七辯之

앙유 미륵대성자 현거도솔 당강용화 굉시칠변지

言音 普化五乘之聖衆 倘切歸依 奚遲感應 是以

언음 보화오승지성중 당절귀의 해지감응 시이

娑婆世界 南贍部洲 海東 大韓民國 (某處居住) 今

사바세계 남섬부주 해동 대한민국 (모처거주) 금

此至極精誠 獻供發願齋者 某人保體 以此 因緣功

차지극정성 헌공발원재자 모인보체 이차 인연공

덕 일체고난 영위소멸 사대강건 육근청정 심중
德 一切苦難 永爲消滅 四大强健 六根清淨 心中

소구 소원 만사여의 이 금월금일 건설정찬 공양
所求 所願 萬事如意 以 今月今日 虔設淨饌 供養

자씨대성 잠사천궁 약강향연 근병일심 선진삼청
慈氏大聖 暫辭天宮 略降香筵 謹秉一心 先陳三請

나무일심봉청 복연증승 수량무궁 원력장엄 자비
南無一心奉請 福緣增勝 壽量無窮 願力莊嚴 慈悲

광대 사천년중 의거보처 팔만세시 신강용화 당
廣大 四千年中 位居補處 八萬歲時 身降龍華 當

래하생 미륵존불 유원자비 강림도량 수차공양
來下生 彌勒尊佛 唯願慈悲 降臨道場 受此供養

향화청(세번) 가영
香花請 歌詠

육시설법무휴식 삼회도인비등한 절념노생침오탁
六時說法無休息 三會度人非等閑 切念勞生沈五濁

금소약잠도인간 고아일심 귀명정례
今宵略暫到人間 故我一心 歸命頂禮

165

헌좌진언·묘보리좌승장엄 제불좌이성정각 아금헌

獻座眞言 妙菩提座勝莊嚴 諸佛坐已成正覺 我今獻

좌역여시 자타일시성불도『옴 바아라 미나야 사바하』(세번)

座亦如是 自他一時成佛道

(욕건만노라선송)

欲建曼拏羅先誦

정법계진언·『옴 남』(세번)

淨法界眞言

다게 금장감로다 봉헌미륵전 감찰건간심 원수애

茶偈 今將甘露茶 奉獻彌勒前 鑑察虔懇心 願垂哀

납수 원수애납수 원수자비애납수

納受 願垂哀納受 願垂慈悲哀納受

진언권공

眞言勸供

향수나열 재자건성 욕구공양지주원 수장가지변화

香羞羅列 齋者虔誠 欲求供養之周圓 須仗加持之變化

166

仰唯三寶　特賜加持

앙유삼보　특석가지　나무시방불　나무시방법　나무

南無十方佛　南無十方法　南無

十方僧

시방승 （세번）

無量威德　自在光明勝妙力　變食眞言

무량위덕　자재광명승묘력　변식진언 （세번）

『나막 살바다타 아다 바로기제 옴 삼바라 삼바라 훔』

施甘露水眞言

시감로수진언·『나무 소로바야 다타아다야 다냐타 옴 소로소로 바라소로 바라소로 사바하』（세번）

一字水輪觀眞言

일자수륜관진언·『옴 밤 밤 밤밤』（세번）

乳海眞言

유해진언·『나무 사만다 못다남 옴 밤』（세번）

運心供養眞言

운심공양진언

167

원차향공변법계 (願此香供遍法界) 보공무진삼보해 (普供無盡三寶海) 자비수공증선근 (慈悲受供增善根)

영법주세보불은 (令法住世報佛恩)

『나막 살바다타 아제비약미 살바 모계비약 살바타캄

오나아제 바라혜맘 옴 아아나캄 사바하』(세번)

지심정례공양 (志心頂禮供養) 암밤남함캄 (暗鋐南含坎) 대교주 (大教主) 청정법신 (清淨法身) 비로 (毘盧)

자나불 (遮那佛)

지심정례공양 (志心頂禮供養) 아바라하카 (阿羅縛賀佉) 법계주 (法界主) 원만보신 (圓滿報身) 노사 (盧舍)

나불 (那佛)

지심정례공양 (志心頂禮供養) 아라바좌나 (阿羅縛佐那) 사바대교주 (娑婆大教主) 천백억화신 (千百億化身)

석가모니불 釋迦牟尼佛

志心頂禮供養
지심정례공양 동방만월세계 東方滿月世界 십이상원 十二相圓 약사 유리 藥師瑠璃

光如來佛
광여래불

志心頂禮供養
지심정례공양 서방교주 西方教主 아미타불 阿彌陀佛 당래교주 미륵 當來教主彌勒

尊佛
존불

志心頂禮供養
지심정례공양 시방삼세 十方三世 제망찰해 帝網刹海 상주일체 불타 常住一切佛陀

耶衆
야중

志心頂禮供養
지심정례공양 해동조선 海東朝鮮 오대산중대 五台山中台 적멸보궁 석 寂滅寶宮釋

迦如來
가여래 전신사리 全身舍利 불나보탑 佛懶寶塔 일체여래 불입열반 一切如來不入涅槃

一切清淨 일체청정 舍利寶塔 사리보탑

志心頂禮供養 지심정례공양 大方廣佛華嚴經 대방광불화엄경 實相妙法蓮華經 실상묘법연화경 經 경

律論 율논 三藏十二部 삼장십이부 一切修多羅 일체수다라 圓滿教海清淨 원만교해청정 無盡 무진

三寶 삼보

志心頂禮供養 지심정례공양 十方三世 시방삼세 帝網刹海 제망찰해 常住一切 상주일체 達摩 달마

耶衆 야중

志心頂禮供養 지심정례공양 五峰聖主 오봉성주 七佛祖師 칠불조사 大智文殊 대지문수 舍利 사리

菩薩 보살 如來長子 여래장자 法界願王 법계원왕 萬行普賢菩薩摩訶薩 만행보현보살 마하살

志心頂禮供養 지심정례공양 普門示現 본문시현 願力弘深 원력홍심 大慈大悲 대자대비 觀世 관세

170

음보살 염불삼매 섭화중생 대희대사 대세지보살
音菩薩 念佛三昧 攝化衆生 大喜大捨 大勢至菩薩

마하살 중생도진 방증보리 고혼천도 지장보살
摩訶薩 衆生度盡 方證菩提 孤魂薦度 地藏菩薩

좌우보처 양대보살 마하살
左右補處 兩大菩薩 摩訶薩

지심정례공양 영산당시 수불부촉 십대제자 십육
志心頂禮供養 靈山當時 受佛咐囑 十代弟子 十六

성 오백성 독수성 내지 천이백 제대아라한 무
聖 五百聖 獨修聖 乃至 千二百 諸大阿羅漢 無

량자비성중
量慈悲聖衆

지심정례공양 서건동진 급아해동 역대전등 제대
志心頂禮供養 西乾同震 及我海東 歷代傳燈 諸大

조사 천하종사 일체미진수 제대선지식
祖師 天下宗師 一切微塵數 諸大善知識

지심정례공양 시방삼세 제망찰해 상주일체 승가
志心頂禮供養 十方三世 帝網刹海 常住一切 僧伽

耶衆
야중

唯願 慈氏彌勒尊佛 降臨道場 大慈大悲 受此供養
유원 자씨미륵존불 강림도량 대자대비 수차공양

願共法界諸衆生 自他一時成佛道
원공법계제중생 자타일시성불도

普供養眞言
보공양진언『옴 아아나 삼바바 바아라 훔』(세번)

普回向眞言
보회향진언『옴 삼마라 삼마라 미마나 사라마하 자가 라 바 훔』(세번)

嚴神呪
암신주

南無大佛頂 如來密因 修證了義 諸菩薩萬行首楞
나무대불정 여래밀인 수증요의 제보살만행 수능

『다냐타 옴 아나례 비사제 비라 바아라 다리 반다 반
다니 바아라 바니반 호훔 다로옹박 사바하』(세번)

정본 관자재보살 여의륜주
正本 觀自在菩薩 如意輪呪

나무 못다야 나무 달마야 나무 승가야 나무 아리 야

바로기제 사라야 모지사다야 마하사다야 사가라 마

하가로 니가야 하리다야 만다라 다냐타 가가나 바라

지진다 마니 마하무다례 루로루로 지따 하리다예 비

사예 옴 부다니 야등 (세번)

불정심 관세음보살 모다라니
佛頂心 觀世音菩薩 姥陀羅尼

나모 다나다라 야야 나막 아리야 바로기제 사바라

야 모지 사다바야 마하사다바야 마하가로 니가야 다

냐타 아바다 아바다 바리바제 인혜혜 다냐타 살바다

라니 만다라야 인혜혜 바리 마수다 못다야 옴 살바

작수가야 다라니 인지리야 다냐타 바로기제 새바라

야 살바도따 오하야미 사바하 (세번)

佛說消災吉祥陀羅尼

불설소재길상 다라니

나모 사만다 못다남 아바라지 하다사 사나남 다냐타

옴 카 카 카헤 카헤 훔 훔 아바라 아바라 바라아바

라 바라아바라 지따 지따 지리지리 빠다 빠다 선지

가 시리예 사바하 (세번)

所願成就眞言

소원성취진언·『옴 아모카 살바다라 사다야 시베 훔』(세번)

補闕眞言

보궐진언·『옴 호로호로 사야목계 사바하』(세번)

高居兜率許路攀　遠俟龍華遭遇難　白玉毫輝允法界

고거도솔허제반　원사용화조우난　백옥호휘충법계

자금광상화진환 紫金光相化塵寰
고아일심 故我一心
귀명정례 歸命頂禮

정근 精勤

축원 祝願
원력장엄 願力莊嚴
자비광대 慈悲廣大
자씨 慈氏
미륵존불 彌勒尊佛

（축원은 제불통청유치에서 축원을 하여야 하나 다음과 같이 약한다）

앙고 仰告
대자대비 大慈大悲
미륵존전 彌勒尊前
불사자비 不捨慈悲
허수랑감 許垂朗鑑
원 願

아금차 我今此
금일 今日
사바세계 娑婆世界
남섬부주 南贍部洲
해동 海東
（모처거주） 某處居住

지극지성심 至極之誠心
헌공발원재자 獻供發願齋者
건명 乾命
모생 某生
모인 某人
보체 保體

이차인연공덕 以此因緣功德
일체고난 一切苦難
영위소멸 永爲消滅
사대강건 四大强健
육근 六根

청정 清淨
심중소구소원 心中所求所願
만사여의 萬事如意
원만형통지대원 圓滿亨通之大願

然後願　恒沙法界　無量佛子
연후원　항사법계　무량불자

同遊華藏莊嚴海　同入
동유화장장엄해　동입

菩提大道場　常逢華嚴佛菩薩
보리대도량　상봉화엄불보살

恒蒙諸佛大光明　消滅
항몽제불대광명　소멸

無量衆罪障　獲得無量大智慧
무량중죄장　획득무량대지혜

頓成無上最正覺　廣度
돈성무상최정각　광도

法界諸衆生　以報諸佛莫大恩
법계제중생　이보제불막대은

世世常行菩薩道　究竟
세세상행보살도　구경

圓成薩般若　摩訶般若波羅蜜
원성살반야　마하반야바라밀

④ 관음청 觀音請

普禮眞言
보례진언·아금일신중 我今一身中　즉현무진신 即現無盡身　변재관음전 일
遍在觀音前 一

一無數禮
일무수례　『옴 바아라 믹』(세번)

※ 천수경 정구업 진언부터 정법계진언「나무삼만다 못다남 남」까지 독송후

바세계 南贍部洲 남섬부주 海東 해동 大韓民國 대한민국 某市道 모시도 某區郡 모구군

모동면 某里 모리 某山下 모산하 某寺庵 모사암 淸淨水月道場 청정수월도량 今月 금월

금일 至極至誠 지극지성 獻供發願齋者 헌공발원재자 某處居住 모처거주 乾命 건명 某 모

생 某人 모인 保體 보체 各各等保體 각각등보체 以此因緣功德 이차인연공덕 一切苦 일체고

난 永爲消滅 영위소멸 四大強健 사대강건 六根淸淨 육근청정 心中所願 심중소원 如意 여의

圓滿亨通之大願 원만형통지대원 以今月今日 이금월금일 虔設法筵 건설법연 淨饌供養 정찬공양

圓通敎主 원통교주 觀世音菩薩 관세음보살 勳懃作法 훈근작법 仰祈妙援者 앙기묘원자 右伏 우복

以 이 親燒片慧 친소편혜 表心香 표심향 無火而普熏 무화이보훈 仰告慈門 앙고자문 請面 청면

月 월 離空而曲照 이공이곡조 暫辭於寶窟 잠사어보굴 請赴於香筵 청부어향연 仰表一心 앙표일심

나무 南無 一心奉請 일심봉청 海岸孤絶處 해안고절처 寶陀洛迦山道場教主 보타락가산 도량교주

三十二應身 삼십이응신 十四無畏力 십사무외력 四不思議德 사불사의덕 受用無碍 수용무애 八 팔

萬四千樂迦羅首 만사천 락가라수 八萬四千母陀羅臂 팔만사천 모타라비 八萬四千 팔만사천

清淨寶目 청정보목 或慈或威 혹자혹위 分形散體 분형산체 應諸衆生心所願求 응제중생 심소원구

拔苦與樂 발고여락 大悲大願 대비대원 大聖大慈聖 대성대자성 白衣觀自在菩薩 백의관자재보살

摩訶薩 마하살

唯願 유원 慈悲 자비 降臨道場 강림도량 受此供養 수차공양

香花請 향화청 (세번) 歌詠 가영

179

白衣觀音無説説 백의관음무설설　南巡童子不聞聞 남순동자불문문　瓶上緑楊三際夏 병상녹양삼제하

巌前翠竹十方春 암전취죽시방춘　故我一心 고아일심　歸命頂禮 귀명정례

獻座眞言 · 妙菩提座勝莊嚴 헌좌진언 · 묘보리좌승장엄　諸佛坐已成正覺 제불좌이성정각　我今獻 아금헌

座亦如是 좌여역시　自他一時成佛道 자타일시성불도

『옴 바아라 미나야 사바하』(세번)

(欲建曼拏羅先誦)
(욕건만노라선송)

淨法界眞言
정법계진언 · 『옴 남』(세번)

供養十方調御士 공양시방조어사　演揚清淨微妙法 연양청정미묘법　三乗四果解脱僧 삼승사과해탈승

願垂慈悲哀納受 원수자비애납수　願垂慈悲哀納受 원수자비애납수　願垂慈悲哀納受 원수자비애납수

眞言勸供

진언권공

香羞羅列齋者虔誠
향수나열 재자건성 欲求供養之周圓 **욕구공양지주원** 須仗加持之變 **수장가지지변**

化仰唯三寶
화 앙유삼보 特賜加持 **특석가지** 南無十方佛 **나무시방불** 南無十方法 **나무시방법**

南無十方僧
나무시방승 （세번）

無量威德
무량위덕 自在光明勝妙力 **자재광명승묘력** 變食眞言 **변식진언**

『나막 살바다타 아다 바로기제 옴 삼바라 삼바라

훔』（세번）

施甘露水眞言
시감로수진언·『나무 소로바야 다타아다야 다냐타 옴

소로소로 바라소로 바라소로 사바하』（세번）

一字水輪觀眞言
일자수륜관진언·『옴 밤 밤 밤밤』（세번）

乳海眞言
유해진언·『나무 사만다 못다남 옴 밤』(세번)

運心供養眞言
운심공양진언

願此香供遍法界　普供無盡三寶海　慈悲受供增善根
원차향공변법계　보공무진삼보해　자비수공증선근

令法住世報佛恩
영법주세보불은

『나막 살바다타 아제비약미 살바 모계비약 살바타캄

오나아제 바라혜맘 옴 아아나캄 사바하』(세번)

志心頂禮供養　暗鍐南含坎　大教主　清淨法身　毘盧
지심정례공양　암밤남함캄　대교주　청정법신　비로

遮那佛　阿縛羅賀佉　法界主　圓滿報身　盧舍
자나불　아바라하카　법계주　원만보신　노사

志心頂禮供養
지심정례공양

나불(那佛)

지심정례공양(志心頂禮供養)

아라바자나(阿羅縛佐那) 사바대교주(娑婆大教主) 천백억화신(千百億化身) 석가모니불(釋迦牟尼佛)

지심정례공양(志心頂禮供養)

동방만월세계(東方滿月世界) 약사유리광(藥師琉璃光) 여래불(如來佛)

지심정례공양(志心頂禮供養)

서방교주(西方教主) 아미타불(阿彌陀佛) 당래교주(當來教主) 미륵(彌勒) 존불(尊佛)

지심정례공양(志心頂禮供養)

시방삼세(十方三世) 제망찰해(帝網刹海) 상주일체(常住一切) 불타(佛陀) 야중(耶衆)

지심정례공양(志心頂禮供養)

해동조선(海東朝鮮) 오대산중대(五臺山中臺) 적멸보궁(寂滅寶宮) 석(釋)

가여래 [如來] 전신사리 [全身舍利] 불一보탑 [佛懶寶塔] 一일체여래 [一切如來] 불입열반 [不入涅槃]
※ 迦如來

일체청정 [一切清淨] 사리보탑 [舍利寶塔]

지심정례공양 [志心頂禮供養] 대방광불화엄경 [大方廣佛華嚴經] 실상묘법연화경 [實相妙法蓮華經]

률론 [律論] 삼장십이부 [三藏十二部] 일체수다라 [一切修多羅] 원만교해 [圓滿教海] 청정무진 [清淨無盡]

법문 [法文]

지심정례공양 [志心頂禮供養] 시방삼세 [十方三世] 제망찰해 [帝網刹海] 상주일체 [常住一切] 달마 [達摩]

야중 [耶衆]

지심정례공양 [志心頂禮供養] 오봉성주 [五峰聖主] 칠불조사 [七佛祖師] 대지문수 [大智文殊] 사리 [舍利]

보살 [菩薩] 여래장자 [如來長子] 법계원왕 [法界願王] 만행보현보살 [萬行普賢菩薩] 마하살 [摩訶薩]

지심정례공양 보문시현 원력홍심 대자대비 관세

志心頂禮供養 普門示現 願力弘深 大慈大悲 觀世

음보살 염불삼매 섭화중생 대희대사 대세지보살

音菩薩 念佛三昧 攝化衆生 大喜大捨 大勢至菩薩

마하살 중생도진 방증보리 고혼천도 지장보살

摩訶薩 衆生度盡 方證菩提 狐魂薦度 地藏菩薩

좌우보처 양대보살 마하살

左右補處 兩大菩薩 摩訶薩

지심정례공양 영산당시 수불부촉 십대제자 십육

志心頂禮供養 靈山當時 受佛咐囑 十代弟子 十六

성 오백성 독수성 내지 천이백 제대아라한 무

聖 五百聖 獨修聖 乃至 千二百 諸大阿羅漢 無

량자비성중

量 慈悲聖衆

지심정례공양 서건사칠당토 이삼오파분류 역대전

志心頂禮供養 西乾四七唐土 二三五派分流 歷代傳

등 제대조사 천하종사일체미진수 제대선지식

燈 諸大祖師 天下宗師一切微塵数 諸大善知識

186

『다냐타 옴 아나례 비사제 비라 바아라 다리 반다 반다니 바아라 바니반 호훔 다로옹박 사바하』(세번)

정본 관자재보살 여의륜주 正本 觀自在菩薩 如意輪呪

나무 못다야 나무 달마야 나무 승가야 나무 아리야
바로기제 사라야 모지사다야 마하사다야 사가라 마
하가로 니가야 하리다야 만다라 다냐타 가가나 바라
지진다 마니 마하무다례 루로루로 지따 하리나예 비
사예 옴 부다니 야등 (세번)

불정심 관세음보살 모다라니 佛頂心 觀世音菩薩 姥陀羅尼

나모 라다나다라 야야 나막 아리야 바로기제 사바라
야 모지 사다바야 마하사다바야 마하가로 니가야 다

187

냐타 아바다 아바다 바리바제 인혜혜 다냐타 살바다
라니 만다라야 인혜혜 바리 마수다 못다야 옴 살바
작수가야 다라니 인지리야 다냐타 바로기제 새바라
야 살바도따 오하야미 사바하 (세번)

불설소재길상 다라니
佛說消災吉祥陀羅尼

나모 사만다 못다남 아바라지 하다사 사나남 다냐타
옴 카 카혜 카혜 훔 훔 아바라 아바라 바라아바
라 바라아바라 지따 지따 지리 지리 빠다 빠다 선지
가 시리예 사바하 (세번)

소원성취진언
所願成就眞言

『옴 아모카 살바다라 사다야 시베훔』(세번)

보궐진언·『옴 호로호로 사야목계 사바하』(세번)
補闕眞言

탄백 歎白

찰진십념가수지 利盡十念可數知
대해중수가음진 허공가량풍가계 大海中水可飲盡 虛空可量風可繫
무능진설불공덕 無能盡說佛功德
고아일심 귀명정례 故我一心 歸命頂禮

정근 精勤

나무 보문시현 南無普門示現
원력홍심 대자대비 구고구난 관 願力弘深 大慈大悲 救苦救難觀
세음보살 世音菩薩
관세음보살 멸업장진언 觀世音菩薩 滅業障眞言
『옴 아로륵계 사바하』(세번)
원멸사생육도법계 願滅四生六度法界
유정다겁생래죄업장 아금참회계 有情多劫生來罪業障 我今懺悔稽

수례 首禮

원제제장실소재 願諸除障悉消災

세세상행보살도 世世常行菩薩道

원이차공덕 願以此功德

보급어일체 普及於一切

아등여중생 我等與衆生

당생극락국 當生極樂國

동견무량수 同見無量壽

개공성불도 皆共成佛道

축원 祝願

앙고 仰告

대자대비 大慈大悲

관세음보살자존 觀世音菩薩慈尊

불사자비 不捨慈悲

허수랑 許垂朗

감 鑑 상래소수불공덕해 上來所修佛功德海

회향삼처실원만 回向三處悉圓滿

원아금차 願我今此

사바세계 娑婆世界

남섬부주 南贍部洲

해동 海東 대한민국 大韓民國

모시도 某市道 모구 某區

군 郡 모동면 某洞面

모리 某里 모산하 某山下

모사암 某寺庵 청정수월도량내 清淨水月道場內

복원 伏願 금차 今次

모년 某年 모월 某月 모일 某日

지극지성심 至極之誠心 발원재 發願齋

자 모시도 모구군 모동면 모리 거주 건명 모
者 某市道 某區郡 某洞面 某里 居住 乾命 某

생 모인보체 곤명 모생 모생
生 某人保體 坤命 某生 某生

모인보체 장남 모생 모인보체 장여 모생 모인
某人保體 長男 某生 某人保體 長女 某生 某人

모인보체 이남 모생 모인보체 장여 모생 모인
某人保體 二男 某生 某人保體 長女 某生 某人

보체 가내일문권속각각등보체 심중소망지사 여의
保體 家內一門眷屬各各等保體 心中所望之事 如意

원만성취지대원
圓滿成就之大願

상축 통령지춘수 방자백집구령 기사해이증청 형
上祝 統領之椿壽 方資百執龜齡 冀四海而證淸 亨

만민지풍락 삼단육도 비 환희이만심 십류사생
萬民之豊樂 三檀六度 卑 歡喜而滿心 十類四生

사 평등이성불 선림교해 불일증휘 화풍감우 법
使 平等而成佛 禪林敎海 佛日增輝 和風甘雨 法

륜상전 천하태평 남북통일속성취 대한민국 무운
輪相轉 天下泰平 南北統一速成就 大韓民國 武運

장구(長久) 대한민국(大韓民國) 수만세(壽萬歲)

재고축(再告祝) 각각등보체(各各等保體) 일일유천상지경(日日有天祥之慶) 시시무백해지(時時無百害之)

재수대통(災財數大通) 천지인신액(天地人身厄) 삼재팔난(三災八難) 관재구설천(官災口舌天)

지인신살겁살(地人神殺劫殺) 병고액난(病苦厄難一) 무명악질(無名惡疾) 사백사병일체천(四百四病一切天)

풍파(風波) 일체마장(一切摩障) 영영소멸(永永消滅) 각기(各其) 사대강건(四大強健) 육근청(六根清)

정(淨) 무우병고(無憂病苦) 아조등(兒曹等) 일취월장(日就月長) 부부화합(夫婦和合) 자손창(子孫昌)

성(盛) 부귀길창(富貴吉昌) 수명장원(壽命長遠) 복덕구족(福德具足) 만대유전(萬代遺傳) 계계(繼繼)

승승(承承) 대대전손(代代傳孫) 일일여의(一一如意) 원만성취지대원(圓滿成就之大願) 억원(抑願)

재설고축(再說告祝) 모처거주(某處居住) 모인보체(某人保體) 각각등보체(各各等保體) 모모년(某某年)

일 년　一年

삼백육십오일　三百六十五日

경과지시　經過之時

년액　年厄

월액　月厄

일액　日厄

시 액　時厄

일체제액난　一切諸厄難

영영소멸　永永消滅

참선자　參禪者

의단독로　疑斷獨露

염

일 자　佛者

삼매현전　三昧現前

간경자　看經者

혜안통투　慧眼通透

주력자업장소제　呪力者業障消除

即得

기도자　祈禱者

속득성취　速得成就

농업자　農業者

오곡풍요　五穀豊饒

병고자　病苦者

즉득　即得

쾌 차　快差無子者

무자자　無子者

속득생남　速得生男

영업　營業商業

사업　事業

노동업　勞動業

자 　者財数大通

재수대통　財数大通

박복자　薄福者

복덕구족　福德具足

단명자　短命者壽命長遠

수명장원　壽命長遠

학업자　學業者

일문천오　一聞千悟

구직자　求職者

속득취직　速得就職

재직자　在職者

수분　隨分所望之

성 취　成就出家者

출가자　出家者

속래환가　速來還家

만사길창　萬事吉昌

심중소구소망지　心中所求所望之

사 　事

일일여의원만성취지대원　一一如意圓滿成就之大願

억원　抑願

연후원　然後願

제사설　第四説

고축(告祝) 모처거주(某處居住) 모인등(某人等) 각각보체(各各保體) 각기(各其) 사해(四海) 팔(八)

방(方) 이십사방(十二四方) 출입왕환지시(出入往還之時) 제액제살(諸厄諸殺) 영영소멸(永永消滅)

불봉재액(不逢災厄) 불봉재해(不逢災害)

상봉길사(常逢吉事) 개대환희(皆大歡喜)

불봉악인(不逢惡人) 불봉흉사(不逢凶事) 상봉길인(常逢吉人)

심중소구소망만여의(心中所求所望滿如意) 수산고흘(壽山高屹)

복해왕양(福海汪洋) 만복운흥지대원(萬福雲興之大願)

연후원(然後願) 금차(今次) 가중가내(家中家內) 일문권속(一門眷屬) 우마계견육축(牛馬鷄太六畜)

무병장수(無病長壽) 가내태평(家內太平) 안과길상(安過吉祥) 여의원만성취지대원(如意圓滿成就之大願)

억원(抑願) 항사법계(恒沙法界) 무량불자등(無量佛子等) 동유화장장엄해(同遊華藏莊嚴海) 동입(同入)

보리대도량(菩提大道場) 상봉화엄불보살(常逢華嚴佛菩薩) 항몽제불대광명(恒蒙諸佛大光明) 소멸(消滅)

無量重罪障　무량중죄장

獲得無量大智慧　획득무량대지혜

頓成無常最正覺廣渡　돈성무상최정각 광도

法界諸衆生　법계제중생

以報戰沒軍警　이보전몰군경

自古及今　爲國節死忠　자고급금 위국절사 충

義將卒　懇土屈地　足踏磨滅　의장졸 간토굴지 족답마멸

九種橫死　形憲而終　구종횡사 형헌이종

産難而死　二瀑怖落死　凡動損傷　含怨抱恨　萬頃蒼波　산난이사 폭포락사 범동손상 함원포한 만경창파

遇風孤掉　沒水而死　一切哀魂佛子等　各列名靈駕　우풍고탁 몰수이사 일체애혼불자등 각열명영가

抑願　乃至　鐵圍山間　五無間地獄　一日一夜　萬死　억원 내지 철위산간 오무간지옥 일일야 만사

萬生　萬般受苦　含靈等衆　列名靈駕　乃至　普與法　만생 만반수고 함령등중 열명영가 내지 보여법

界　四生七趣　三途八難　四恩三有　一切有主無主　계 사생칠취 삼도팔난 사은삼유 일체유주무주

哀魂佛子等　各列位列名靈駕　仰蒙諸佛　諸菩薩任前　애혼불자등 각열위열명영가 앙몽제불 제보살임전

加被之聖力 가피지성력

哀愍攝受之妙力 애민섭수지묘력

咸脫三界輪廻之苦惱 함탈삼계윤회지고뇌

超生九品蓮台之樂邦 초생구품연태지낙방

親見彌陀 蒙佛授記 頓悟無 친견미타 몽불수기 돈오무

生得 阿耨多羅 三藐三菩提之大願 생득 아뇩다라 삼먁삼보리지대원 二

抑願 然後願 生祝 억원 연후원 (생축을 한 후에는) 二

恒沙法界 無量佛子等 同流華藏莊嚴海 同入菩提大 항사법계 무량불자등 동유화장장엄해 동입보리대

道場 常逢華嚴佛菩薩 恒蒙諸佛大光明 消滅無量重 도량 상봉화엄불보살 항몽제불대광명 소멸무량중

罪障 獲得無量大智慧 頓成無上最正覺 廣度法界諸 죄장 획득무량대지혜 돈성무상최정각 광도법계제

衆生 以報諸佛莫大之恩 世世常行菩薩道 究竟圓成 중생 이보제불막대지은 세세상행보살도 구경원성

薩般若 摩訶般若波羅蜜 南無釋迦牟尼佛 南無釋 살반야 마하반야바라밀 나무석가모니불 나무석

迦牟尼佛 南無 是我本師 釋迦牟尼佛

가모니불 나무 시아본사 석가모니불

5 지장청 地藏請

普禮眞言

보례진언·아금일신중 즉현무진신 변재지장청 我今一身中 即現無盡身 遍在地藏請

※ 천수경 정구업 진언부터 정법계진언 「나무삼만다 못다남남」까지 독송후

一一無數禮

일일무수례 『옴 바아라 믹』 (세번)

舉佛

거불

南無幽冥教主 地藏菩薩

나무 유명교주 지장보살 나무 남방화주 지장보

南方化主 地藏菩

大願本尊 地藏菩薩

살 나무 대원본존 지장보살

薩 南無

普召請眞言

보소청진언·『나무 보보제리 가리다리 다타 아다야』 (세번)

197

由유致치

앙유 仰唯 地藏大聖者 지장대성자 滿月眞容 만월진용 澄江淨眼 징강정안 掌摩尼而示 장마니이시

원과위 圓果位 蹄涵舊而猶攝因門 제함담이유섭인문 普放慈光 보방자광 常輝慧劍照 상휘혜검 조

명음로 明陰路 斷滅罪根 단멸죄근 倘切歸依 상절귀의 奚遲感應 해지감응 是以 시이 娑婆 사바

세계 世界 南瞻部洲 남섬부주 海東 해동 大韓民國 대한민국 某市道 모시도 某區郡 모구군

모동면 某洞面 某里 모리 某山下 모산하 某寺庵 모사암 淸淨水月道場 청정수월도량 第當 제당

○○ 지진 至辰 至極之誠心 지극지성심 薦魂齋者 천혼재자 行孝子 행효자 某人伏爲 모인복위

소천망○○ 所薦亡 某人 모인 靈駕以此因緣功德 영가이차인연공덕 永離三界之苦惱 영리삼계지고뇌

즉왕극락지세계 即往極樂之世界 上品上 상품상 生之大願 생지대원 以 이 今月今日 금월금일

198

虔設法筵 건설법연 淨饌供養 청찬공양 南方化主 남방화생 地藏大聖 지장대성 遮回慈鑑 서회자감

曲照微誠 곡조미성 仰表一心 앙표일심 先陳三請 선진삼청

南無 나무 一心奉請 일심봉청 慈因積善 자인적선 誓救衆生 서구중생 手中金錫 수중금석 振 진

開地獄之門 개지옥지문 掌上明珠 장상명주 光攝大千之界 광섭대천지계 閻王殿上業 염왕전상업

鏡台前爲 경태전위 南閻浮提衆生 남염부제중생 作個證明功德主 작개증명공덕주 大慈大願 대자대원

大悲 대성대비 本魯 본존 地藏王菩薩 지장왕보살 摩訶薩 마하살

唯願慈悲 유원 자비 降臨道場 강림도량 受此供養 수차공양

香花請 향화청 (세번) 歌詠 가영

掌上明珠一顆寒 장상명주일과한 自然隨色辨來端 자연수색변래단 幾回提起親分付 기회제기친분부

暗室兒孫向外看　故我一心　歸命頂禮

암실아손향외간　고아일심　귀명정례

獻座眞言 · 妙菩提座勝莊嚴　諸佛坐已成正覺　我今獻

헌좌진언 · 묘보리좌승장엄　제불좌이성정각　아금헌

座亦如是　自他一時成佛道

좌역여시　자타일시성불도

『옴 바아라 미나야 사바하』(세번)

淨法界眞言 · 『옴 남』(세번)

정법계진언 · 『옴 남』(세번)

茶偈 다게

供養十方三世佛　龍宮海藏妙萬法　菩薩緣覺聞

공양시방삼세불　용궁해장묘만법　보살연각문

聲 今日 至極之精誠　發願齋者　各各等保體　鑑察

성 금일 지극지정성　발원재자　각각등보체　감찰

虔懇心　願垂哀納受　願垂哀納受　願垂慈悲哀納受

건간심　원수애납수　원수애납수　원수자비애납수

眞言勸供 진언권공

향수나열 재자건성 욕구공양지주원 수장가지지변

香羞羅列　齋者虔誠　欲求供養之周圓　須仗加持之變

화 앙유삼보　특석가지　나무시방불　나무시방법

化仰唯三寶　特賜加持　南無十方佛　南無十方法

나무시방승 （세번）

南無十方僧

무량위덕　자재광명승묘력　변식진언 （세번）

無量威德　自在光明勝妙力　變食眞言

『나막 살바다타 아다 바로기제 옴 삼바라 삼바라 훔』

시감로수진언·『나무 소로바야 다타아다야 다냐타 옴

施甘露水眞言

소로소로 바라소로 바라소로 사바하』（세번）

일자수륜관진언·『옴 밤 밤 밤 밤』（세번）

一字水輪觀眞言

유해진언·『나무 사만다 못다남 옴 밤』（세번）

乳海眞言

運心供養眞言
운심공양진언

願此香供遍法界 원차향공변법계 普供無盡三寶海 보공무진삼보해 慈悲受供增善根 자비수공증선근

令法住世報佛恩 영법주세보불은

나막 살바다타 아제비약미 살바모계 비약 살바다캄

오나아제 바라혜맘 옴 아아나캄 사바하 (세번)

志心頂禮供養 지심정례공양 地藏願讚 지장원찬 二十三尊 이십삼존 諸位如來佛 제위여래불

志心頂禮供養 지심정례공양 幽冥教主 유명교주 地藏菩薩 지장보살 摩訶薩 마하살

志心頂禮供養 지심정례공양 左右補處 좌우보처 道明尊者 도명존자 無毒鬼王 무독귀왕

唯願 유원 地藏大聖 지장대성 降臨道場 강림도량 受此供養 수차공양 願共法界諸衆 원공법계제중

생生 자自타他일一시時성成불佛도道

보공양진언普供養眞言·『옴 아아나 삼바바 바아라 훔』(세번)

보회향진언普回向眞言·『옴 삼마라 삼마라 미마나 사라마하 자가 라 바 훔』(세번)

소원성취진언所願成就眞言·『옴 아모카 살바다라 사다야 시베 훔』(세번)

보궐진언普闕眞言·『옴 호로호로 사야목계 사바하』(세번)

지장대성위신력地藏大聖威神力 항하사겁설난진恒河沙劫說難盡 견문섬례일념간見聞瞻禮一念間 이익인천무량사利益人天無量事 고아일심故我一心 귀명정례歸命頂禮

정근精勤

204

각열위영가 차도량내외 동상동하 유주무주 침혼
체백 일체애혼 불자등 각열위영가 지어철위산간
오무간옥 일일일야 만화만생 수고함령등 각열위
영가 겸급법계 사생칠취 삼도팔난 사은삼유
정무정 일체고혼불자등 각열명영가 함탈삼계지고
뇌 초생구품지낙방 획몽제불 감로관정 반야낭지
활연개오 득무상법인지대원 억원 금일지성재자
급시회합원등 보체 각기심중 소구소원 여의원만
성취지대원 연후원 항사법계 무량불자등 동유화

各列位靈駕 此道場內外 洞上洞下 有主無主 沈魂
滯魄 一切哀魂 佛子等 各列位靈駕 至於鐵圍山間 各列位
五無間獄 一日一夜 萬化萬生 受苦含靈等 各列位
靈等 兼及法界 四生七趣 三途八難 四恩三有
情無情 一切孤魂佛子等 各列名靈駕 咸脫三界之苦
惱 超生九品之樂邦 獲蒙諸佛 甘露灌頂 般若朗智
豁然開悟 得無上法忍之大願 抑願 今日至誠齋者
及時會合院等 保體 各其心中 所求所願 如意圓滿
成就之大願 然後願 恒沙法界 無量佛子等 同遊華

장장엄해 藏莊嚴海

동입보리대도량 同入菩提大道場

상봉화엄불보살 常逢華嚴諸佛菩薩

항몽제 恒蒙諸

불대광명 佛大光明

소멸무량중죄등 消滅無量衆罪等

획득무량대지혜 獲得無量大智慧

돈성무 頓成無

상최정각 上最正覺

광도법계제중생 廣度法界諸衆生

이보제불막대은 以報諸佛莫大恩

세세상 世世常

행보살도 行菩薩道

구경원성살반야 究竟圓成薩般若

마하반야바라밀 摩訶般若波羅蜜

※ 만약 四十九재 백일재 供一재에는 地藏請중 반드시 茶偈한후 普供養眞言을 해놓고 다음 十王都請을 해서 普禮三寶献座眞言하고 茶偈普供養眞言한후 眞言勸供해서 祝願할것。

⑥ 시왕도청 十王都請

나무일심봉청 南無一心奉請

권형응적 權衡應跡

실보수인 實報酬因

내비보살지자비 內秘菩薩之慈悲

외현천신지위맹 外現天神之威猛

위위이방변난사 鬼鬼而方便難思

호호이신통막측 浩浩而神通莫測

於諸衆生 어제중생

校察善惡 교찰선악 明分苦樂 명분고락

殺活延促 살활연촉 皆悉主宰 개실주제

大威德主 대위덕주

今日當齋 금일당재 第一秦廣大王 第二 제일진광대왕 제이

初江大王 초강대왕

第三宋帝大王 제삼송제대왕 第四五官大王 第五閻羅大 제사오관대왕 제오염라대

王 第六變成大王 왕 제육변성대왕

第七泰山大王 제칠태산대왕 第八平等大王 第 제팔평등대왕 제

九都市大王 구도시대왕

第十五道轉輪大王 제십오도전륜대왕 爲首泰山府君判官 위수태산부군 판관

鬼王 將軍童子 귀왕 장군동자

監齋使者 直符使者 감재사자 직부사자 卒吏諸般並 졸이제반 병

從眷屬 종권속

唯願承 三寶力 降臨道場 受此供養 유원승 삼보력 강림도량 수차공양

향화청 (세번) 가 영

權衡應跡大菩薩 권형응적대보살 實報酬因是聖王 실보수인시성왕 威靈神力何煩問 위령신력하번문

觀察閻浮迅電光 故我一心 歸命頂禮
관찰염부신전광 고아일심 귀명정례

普禮三寶
보례삼보

普禮十方常住佛
보례시방상주불

普禮十方常住法
보례시방상주법

普禮十方常住僧
보례시방상주승

献座眞言
헌좌진언 ·

我今敬設寶嚴座 普獻一切冥王前 願滅塵勞妄想心 速圓解脫菩提果
아금경설보엄좌 보헌일체명왕전 원멸진로망상심 속원해탈보리과
『옴 가마라 승하 사바하』(세번)

茶偈
다게

清淨茗茶藥
청정명다약

能除病昏沈
능제병혼침

唯冀冥王衆
유기명왕중

願垂哀納受
원수애납수

願垂慈悲哀納受
원수자비애납수

普供養眞言
보공양진언 『옴 아아나 삼바바 바아라 훔』(세번)

淨法界眞言

정법계진언·옴 남 (세번)

茶偈

다게 今將甘露茶 **금장감로다** 奉獻三寶前 **봉헌삼보전** 鑑察虔懇心 **감찰건간심** 願垂哀 **원수애**

納受

납수 願垂哀納受 **원수애납수** 願垂慈悲哀納受 **원수자비애납수**

眞言勸供

진언권공

香羞羅列齋者虔誠 **향수나열재자건성** 欲求供養之周圓 **욕구공양지주원** 須仗加持之變化 **수장가지지변화**

仰唯三寶特賜加持 **앙유삼보 특석가지** 南無十方佛 **나무시방불** 南無十方法 **나무시방법** 南無 **나무**

十方僧

시방승 (세번)

無量威德 **무량위덕** 自在光明勝妙力 **자재광명승묘력** 變食眞言 **변식진언**

『나막 살바다타 아다 바로기제 옴 삼바라 삼바라 훔』(세번)

施甘露水眞言
시감로수진언·『나무 소로바야 다타아다야 다냐타 옴 소로소로 바라소로 바라소로 사바하』(세번)

一字水輪觀眞言
일자수륜관진언·『옴 밤 밤 밤밤』(세번)

乳海眞言
유해진언·『나무 사만다 못다남 옴 밤』(세번)

運心供養眞言
🔔 운심공양진언

願此香供遍法界
원차향공변법계 보공무진삼보해

普供無盡三寶海

慈悲受供增善根
자비수공증선근

令法住世報佛恩
영법주세보불은 『나막 살바다타 아제비약미 살바모계 비약 살바다캄 오나아제 바라혜맘 옴 아아나캄 사바

『하』(세번)

지심정례공양 (志心頂禮供養)
삼계대도사 (三界大道師) 사생자부 (四生慈父) 시아본사 (是我本師釋) 석

지심정례공양 (志心頂禮供養)
가모니불 (迦牟尼佛)
시방삼세 (十方三世) 제망찰해 (帝網刹海) 상주일체 (常住一切佛陀) 불타

지심정례공양 (志心頂禮供養)
야중 (耶衆)
시방삼세 (十方三世) 제망찰해 (帝網刹海) 상주일체 (常住一切達摩) 달마

지심정례공양 (志心頂禮供養)
야중 (耶衆)
대지문수 (大智文殊) 사리보살 (舍利菩薩) 대행보현보살 (大行普賢菩薩)

지심정례공양 (志心頂禮供養)
대자대비관세음보살 (大慈大悲觀世音菩薩) 대희대사 (大喜大捨) 대세지보살 (大勢至菩薩) 대원본 (大願本)

존(尊) 지장보살(地藏菩薩) 제존보살(諸尊菩薩) 마하살(摩訶薩)

지심정례공양(志心頂禮供養) 서건사칠당토(西乾四七唐土) 이삼오파분류(二三五派分流) 역대전(歷代傳)

등(燈) 제대조사(諸大祖師) 천하종사(天下宗師) 일체미진수(一切味塵數) 제대선지식(諸大先知識)

지심정례공양(志心頂禮供養) 시방삼세(十方三世) 제망찰해(帝網刹海) 상주일체(常住一切) 승가(僧伽)

유원(唯願) 무진삼보(無盡三寶) 대자대비(大慈大悲) 수차공양(受此供養) 원공법계제중(願共法界諸衆)

야중(耶衆)

생(生) 자타일시성불도(自他一時成佛道)

원차향공변법계(願此香供遍法界) 공양시방제불타(供養十方諸佛陀)

원차등공변법계(願此燈供遍法界) 공양시방제달마(供養十方諸達摩)

원차향등다미공(願此香燈茶味供) 공양시방제승가(供養十方諸僧伽)

불사자비 수차공양
不捨慈悲 受此供養

普供養眞言
보공양진언『옴 아아나 삼바바 바아라 훔』(세번)

普回向眞言
보회향진언『옴 삼마라 삼마라 미마나 사라마하 자가

라바 훔』(세번)

南無大佛頂 如來密因 修證了義 諸菩薩萬行 首楞
나무대불정 여래밀인 수증요의 제보살만행 수능

嚴神呪
엄신주

『다냐타 옴 아나례 비사제 비라 바아라 다리 반다 반

다니 바아라 바니반 호훔 다로옹박 사바하』(세번)

正本 觀自在菩薩 如意輪呪
정본 관자재보살 여의륜주

나무 못다야 나무 달마야 나무 승가야 나무 아리야

바로기제 사라야 모지사다야 마하사다야 사가라 마

하가로 니가야 하리다야 만다라 다냐타 가가나 바라

지진다 마니 마하무다례 루로루로 지따 하리다예 비

사예 옴 부다나 부다니 야등 (세번)

불정심 佛頂心 관세음보살 觀世音菩薩 모다라니 姥陀羅尼

나모 라 다나다라 야야 나막 아리야 바로기제 사바라

야 모지 사다바야 마하사다바야 마하가로 니가야 다

냐타 아바다 아바다 바리바제 인혜혜 다냐타 살바다

라니 만다라야 인혜혜 바라 마수라 못다야 옴 살바

작수가야 다라니 인지리야 다냐타 바로기제 새바라

야 살바도따 오하야미 사바하 (세번)

불설소재길상 다라니

佛説消災吉祥 陀羅尼

나모 사만다 못다남 아바라지 하다사 사나남 다냐타

옴 카 카 카혜 카혜 훔 훔 아바라 아바라 바라아바

라 바라아바라 지따 지따 지리 지리 빠다 빠다 선지

가 시리예 사바하 (세번)

所願成就眞言
소원성취진언·『옴 아모카 살바다라 사다야 시베훔』(세번)

補闕眞言
보궐진언·『옴 호로호로 사야목계 사바하』(세번)

歎白
탄 백

刹盡十念可数知
찰진십념가수지

大海中水可飲盡
대해중수가음진

虚空可量風可繋
허공가량풍가계

無能盡説不功德
무능진설불공덕

故我一心歸命頂禮
고아일심 귀명정례

※ 여기에서 정근해서 축원하고 唱下偈하여야 한다.

中壇勸供
중단권공

顧此淸淨妙香饌
원차청정묘향찬　供養地藏與十王　及與冥司諸眷屬

不捨慈悲受此供
불사자비수차공

地藏大聖威神力
지장대성위신력　恒河沙劫說難盡　見聞瞻禮一念間

利益人天無量事
이익인천무량사

故我一心歸命頂禮
고아일심 귀명정례

7 칠성청
七星請

普禮眞言
보례진언 · 아금일신중 즉현무진신 변재칠성청 일

我今一身中　即現無盡身　遍在七星請　一

一無数禮
일무수례『옴 바아라 믹』(세번)

※ 천수경 정구업진언부터 정법계진언「나무삼만다 못다남남」까지 독송후

나무(南無金輪寶界) 금륜보계 직성광(熾盛光) 여래불(如來佛) 나무(南無) 좌우보처(左右補處)

일광월광(日光月光) 양대보살(兩大菩薩) 나무(南無) 북두대성(北斗大聖) 칠원성군(七元星君)

보소청진언(普召請眞言)·『나무 보보제리 가리다리 다타 아다야』(세번)

유치(由致)

앙유(仰唯) 직성광여래(熾盛光如來) 여(與) 북두칠성존(北斗七星尊) 지혜신통불사의(智慧神通不思議)

실지일체중생심(悉知一切衆生心) 능이종종방편력(能以種種方便力) 멸피군생무량고(滅彼群生無量苦)

조장시간천상(照長時干天上) 응수복어인간(應壽福於人間) 시이(是以) 사바세계(娑婆世界) 남(南)

첨부주(瞻部洲) 대한민국(大韓民國) 모시도(某市道) 모구군(某區郡) 모동면(某洞面) 모리(某里)

217

모산하 모사암 청정수월도량 금차지극지성심 헌
(某山下某寺庵 清淨水月道場 今此至極之誠心 獻)

공발원재자 (모처거주) 건명 모생 모인 (보체) 이
(供發願齋者 某處居住 乾命 某生 某人 保體 以)

차인연공덕 일체병고액난재난등 영위소멸 사대강
(此因緣功德 一切疾苦厄難災難等 永爲消滅 四大強)

건육근청정 안과태평 수명장원 자손창성 부귀
(健六根清淨 安過太平 壽命長遠 子孫昌盛富貴)

영화 심중소구소원 만사여의 원만성취 지대원
(榮華 心中所求所願 萬事如意 圓滿成就之大願)

이금월금일 근비진수 건성례청 직성광여래여
(以今月今日 謹備珍羞 虔誠禮請 熾盛光如來與)

좌우보처 양대보살 위수 북두칠성 이십팔숙제
(左右補處 兩大菩薩 爲首 北斗七星 二十八宿諸)

성군중 훈근작법 앙기묘원자 우복이 설명향이
(星君衆 薰懃作法 仰祈妙援者 右伏以 爇名香以)

례청 정 옥립이수재 재체수미 건성가민 잠사천
(禮請呈 玉粒而修齋 齋體雖微 虔誠可愍 暫辭天)

218

궁 (宮) 원강향연 (願降香筵) 근운일심 (謹運一心) 공진삼청 (恭陳三請)

나무 (南無) 일심봉청 (一心奉請) 금륜보계 (金輪寶界) 직성광여래불 (熾盛光如來佛) 좌보처 (左補處)

일광변조 (日光遍照) 소재보살 (消災菩薩) 우보처 (右補處) 월광변조 (月光遍照) 식재보살 (息災菩薩)

최승세계 (最勝世界) 운의통증여래불 (運意通證如來佛) 묘보세계 (妙寶世界) 광음자재여 (光音自在如)

래불 (來佛) 원만세계 (圓滿世界) 금색성취여래불무우세계 (金色成就如來佛無憂世界) 최승길상 (最勝吉祥)

여래불 (如來佛) 정주세계 (淨住世界) 광달지변여래불 (廣達智辯如來佛) 법의세계 (法意世界) 법해 (法海)

여래불 (如來佛) 유희여래불 (遊戲如來佛) 유리세계 (琉璃世界) 약사유리광여래불 (藥師琉璃光如來佛) 유원자비 (唯願慈悲)

강림도량 (降臨道場) 수차공양 (受此供養)

향화청 (香花請) (세번) **가영** (歌詠)

위광변조시방중 威光遍照十方中 월인천강일체동 月印千江一切同 사지원명제성사 四智圓明諸聖士

분림법회리군생 賁臨法會利群生 고아일심 故我一心 귀명정례 歸命頂禮

헌좌진언 · 묘보리좌승장엄 妙菩提座勝莊嚴 제불좌이성정각 諸佛座已成正覺 아금헌 我今獻
獻座眞言

좌역여시 座亦如是 자타일시성불도 自他一時成佛道

『옴 바아라 미나야 사바하』 (세번)

나무 일심봉청 南無 一心奉請 북두제일 北斗第一 자손만덕 子孫萬德 탐랑성군 貧狼星君 북 北

두제이 斗第二 장난원리 障難遠離 거문성군 巨門星君 북두제삼 北斗第三 업장소제 業障消除 북 北

록존성군 祿存星君 북두제사 北斗第四 소구개득 所求皆得 문곡성군 文曲星君 북두제오 北斗第五

백장진멸 百障殄滅 염정성군 廉貞星君 북두제육 北斗第六 복덕구족 福德具足 무곡성군 武曲星君

北斗第七　壽命長遠
북두제칠 수명장원

破軍星君　左補弼星　右補弼星
파군성군 **좌보필성** **우보필성**

三台六星　二十八宿　周天列曜　諸星君衆　唯願慈悲
삼태육성 **이십팔숙** **주천열요** **제성군중** **유원자비**

降臨道場　受此供養
강림도량 수차공양

香花請
향화청（세번） 歌詠 **가영**

靈通廣大慧鑑明　住在空中映無方
영통광대혜감명 **주재공중영무방**

周天人世壽算長　故我一心　歸命頂禮　羅列碧天臨刹土
주천인세수산장 **고아일심** **귀명정례** **나열벽천임찰토**

茶偈　**다게** 今將甘露茶 **금장감로다** 奉獻七星前 **봉헌칠성전** 鑑察虔懇心 **감찰건간심** 願垂哀 **원수애**

納受 **납수** 願垂哀納受 **원수애납수** 願垂慈悲哀納受 **원수자비애납수**

眞言勸供
진언권공

221

향수나열 (香羞羅列) 재자건성 (齋者虔誠) 욕구공양지주원 (欲求供養之周圓) 수장가지지변 (須仗加持之變)

화 (化) 앙유삼보 특석가지 (仰唯三寶 特賜加持) 나무시방불 (南無十方佛) 나무시방법 (南無十方法)

나무시방승 (南無十方僧) (세번)

무량위덕 자재광명승묘력 변식진언 (無量威德 自在光明勝妙力 變食眞言)

『나막 살바다타 아다 바로기제 옴 삼바라 삼바라 훔』(세번)

시감로수진언 (施甘露水眞言)·『나무 소로바야 다타아다야 옴 소로소로 바라소로 바라소로 사바하』(세번)

일자수륜관진언 (一字水輪觀眞言)·『옴 밤 밤밤』(세번)

유해진언 (乳海眞言)·『나무 사만다 못다남 옴 밤』(세번)

🔔 운심공양진언

願此淸淨妙供饌　普供燻盛諸如來　及與日月諸星宿

원차청정묘공찬　보공직성제여래　급여일월제성숙

不捨慈悲受此供

불사자비수차공

『나막 살바다타 아제비약미 살바 못계비약 살바타캄

오나제 바라혜맘 옴 아아나캄 사바하』(세번)

志心頂禮供養　能滅千災　成就萬德　金輪寶界　燻盛

지심정례공양　능멸천재　성취만덕　금륜보계　직성

志心頂禮供養　光如來佛

지심정례공양　광여래불

志心頂禮供養　左右補處　日光月光　兩大菩薩　左補右弼

지심정례공양　좌우보처　일광월광　양대보살

志心頂禮供養　北斗大聖　七元星君　三台

지심정례공양　북두대성　칠원성군　좌보우필　삼태

六星 二十八宿 周天列曜 諸星君衆

육성 이십팔숙 주천열요 제성군중

唯願七星慈悲 降臨道場 不捨慈悲. 受此供養

유원칠성자비 강림도량 불사자비 수차공양

悉皆受供發菩提 始作佛事發衆生

실개수공발보리 시작불사발중생

普供養眞言

보공양진언『옴 아아나 삼바바 바아라 훔』(세번)

普回向眞言

보회향진언『옴 삼마라 삼마라 미마나 사라마하 자거 라 훔』(세번)

摩訶般若波羅蜜多心經

마하반야바라밀다심경

觀自在菩薩 行深般若波羅蜜多時 照見五蘊皆空度

관자재보살 행심반야바라밀다시 조견오온개공 도

一切苦厄 舍利子 色不異空 空不異色 色即是空

일체고액 사리사 색불이공 공불이색 색즉시공

224

공즉시색 空即是色 수상행식 受想行識 역부여시 亦復如是 사리자 舍利子 시제법공상 是諸法空相

불생불멸 不生不滅 불구부정 不垢不淨 부증불감 不增不減 시고 是故 공중무색 空中無色

무수상행식 無受想行識 무안이비설신의 無眼耳鼻舌身意 무색성향미촉법 無色聲香味觸法 무안 無眼

계내지 界乃至 무의식계 無意識界 무무명 無無明 역무무명진 亦無無明盡 내지 乃至 무

노사 老死 역무노사진 亦無老死盡 무고집멸도 無苦集滅道 무지역무득 無智亦無得 이무소 以無所

득고 得故 보리살타 菩提薩埵 의반야바라밀다고 依般若波羅蜜多故 심무가애 心無罣碍

애고 碍故 무유공포 無有恐怖 원리전도몽상 遠離顛倒夢想 구경열반 究竟涅槃 삼세제불 三世諸佛

의반야바라밀다 依般若波羅蜜多 고득 故得 아뇩다라삼막삼보리 阿耨多羅三藐三菩提 고지 故知

반야바라밀다 般若波羅蜜多 시대신주 是大神呪 시대명주 是大明呪 시무상주 是無上呪 시무 是無

等等呪　能除一切苦　眞實不虛故説　般若波羅蜜多呪
등등주　능제일체고　진실불허고설　반야바라밀다주

即説呪曰
즉설주왈

『아제아제　바라아제　바라승아제　모제　사바하』(세번)

佛説消災吉祥陀羅尼
불설소재길상　다라니

나모 사만다 못다남 아바라지 하다사 사나남 다냐타
옴 카카 카혜 카혜 훔 훔 아라바 바라아바
라 바라아바라 지따 지따 지리 지리 빠다 빠다 선지
가 시리예 사바하 (세번)

所願成就眞言
소원성취진언·『옴 아모카 살바다라 사다야 시베 훔』(세번)

補闕眞言
보궐진언·『옴 호로호로 사야목계 사바하』(세번)

정근 精勤 ※

(정근은 십성이상 힘껏 한다)

나무 북두대성 칠원성군
南無 北斗大聖 七元星君

자미대제통성군 십이궁중태을신 칠정재림위성주
紫微大帝統星君 十二宮中太乙神 七政齋臨爲聖主

삼태공조작현신 고아일심 귀명정례
三台共照作賢臣 故我一心 歸命頂禮

축원 祝願

앙고 북두대성 칠원성군전 첨수연민지지정 각방
仰告 北斗大聖 七元星君前 斂垂憐愍之至情 各方

신통지묘력 원아금차 헌공발원재자 대한민국 모
神通之妙力 願我今此 獻供發願齋者 大韓民國 某

시도 모구군 모동면 모리 거주 모인보체 이차
市道 某區郡 某洞面 某里 居住 某人保體 以此

인연공덕 소신정원즉 일일유천상지경 시시무백해
因緣功德 所伸情願則 日日有千祥之慶 時時無百害

지재 사대강건 육근청정 자손창성 부귀영화 안
之災 四大強健 六根清淨 子孫昌盛富貴榮華安

과태평 수명장원 심중 소구소원 만사여의 원만
過泰平 壽命長遠 心中 所求所願 萬事如意圓滿

형통지대원 원제유정등 삼업개청정 봉지제불교
亨通之大願 願諸有情等 三業皆清淨 奉持諸佛教

화남대성존 구호길상 마하반야바라밀
和南大聖尊 俱護吉祥 摩訶般若波羅蜜

북두주 北斗呪

북두구진중천대신 상조금궐하부곤륜 조리강기통제
北斗九辰中天大神 上朝金闕下覆崑崙 調理綱紀統制

건곤 대괴탐낭거문녹존 문곡염정무곡파군 고상옥
乾坤 大魁貪狼巨門祿存 文曲廉貞武曲破軍 高上玉

황자미제군 대주천계세입미진 하재불멸하복부진
皇紫微帝君 大周天界細入微塵 何災不滅何福不臻

원황정기래합아신 천강소지주야상륜 속거소인호도
元皇正氣來合我身 天罡所指晝夜常輪 俗居小人好道

求靈願見尊儀永保長生 三台虛精六淳曲生生我養
구령 원견존의영보장생 삼태허정육순곡생 생아양

我護我身形 魁魁魁魁 嗡嗡嗡如律令娑
아호아진형 괴작관행 필보표존제 급급여률영 사

婆訶
바하

8 산신청
山神請

普禮眞言 我今一身中 即現無盡身 遍在山神前 一
보례진언·아금일신중 즉현무진신 변재산신전 일

一無数禮
일무수례『옴 바아라 믹』(세번)

※ 천수경 정구업진언부터 정법계진언「나무삼만다 못다남남」까지 독송후

擧佛
거불

南無萬德高勝 性皆閑寂 山王大神
나무 만덕고승 성개한적 산왕대신

229

나무_{南無} 차산국내_{此山局内} 항주대성_{恒住大聖} 산왕대신_{山王大神}

나무_{南無} 시방법계_{十方法界} 지령지성_{至靈至聖} 산왕대신_{山王大神}

보소청진언_{普召請眞言}·『나모 보보제리 가리다리 다타 아다야』(세번)

유치_{由致}

절이_{切以} 산왕대성자_{山王大聖者} 최신최령_{最神最靈} 능위능맹_{能威能猛} 능맹지처_{能猛之處}

최요강마_{摧妖降魔} 최령지시_{最靈之時} 소재강복_{消災降福} 유구개수_{有求皆遂} 무원부종_{無願不從}

시이_{是以} 사바세계_{娑婆世界} 남첨부주_{南瞻部洲} 해동_{海東} 대한민국_{大韓民國} 모시도_{某市道}

모구군_{某區郡} 모동면_{某洞面} 모리_{某里} 거주_{居住} 금차지극지성심_{今此至極之誠心} 헌공_{獻供}

발원재자_{發願齋者} 건명_{乾命} 모생_{某生} 모인_{某人} 보체_{保體} 이차인연공덕_{以此因緣功德}

230

산왕대신 山王大神 加被之妙力 가피지묘력 一切病苦 일체병고 厄難災難等 액난재난등 永爲 영위

소멸 消滅 四大強健 사대강건 六根清淨 육근청정 安過太平 안과태평 壽命長遠 수명장원 子 자

손창성 孫昌盛 富貴榮華 부귀영화 心中所求所願 심중소구소원 萬事如意圓滿成 만사여의 원만성

취지대원 就之大願 以今月今日 이금월금일 虔設法筵 건설법연 淨饌供養 정찬공양 山王大 산왕대

신 병종권속 神並從眷屬 冀回靈鑑 기회영감 曲照微誠 곡조미성 仰表一心 앙표일심 先陳三 선진삼

청 請

🔔 나무 南無 一心奉請 일심봉청 後土聖母 후토성모 五岳帝君 오악제군 職典鬼峨 직전위아 八 팔

대산왕 大山王 禁忌五蘊 금기오온 安濟夫人 안제부인 益聖 익성 保德眞君 보덕진군 十方 시방

법계 法界 至■之聖 지령지성 諸大山王 제대산왕 並從眷屬 병종권속

唯願承　三寶力　降臨道場　受此供養

유원승　삼보력　강림도량　수차공양

香花請

향화청(세번)

歌詠

가 영

靈山昔日如來囑　威鎮江山度衆生　萬里白雲靑嶂裡

영산석일여래촉　위진강산도중생　만리백운청장리

雲車鶴駕任閒情　故我一心　歸命頂禮

운거학가임한정　고아일심　귀명정례

獻座眞言　我今敬設寶嚴座　奉獻諸大山王前　願滅塵

헌좌진언·아금경설보엄좌　봉헌제대산왕전　원멸진

勞妄想心　速願解脫菩提果

노망상심　속원해탈보리과

『옴 가마라 승하 사바하』(세번)

欲虔曼拏羅先誦

(욕건마노라선송)

淨法界眞言

정법계진언『옴 남』(세번)

232

권공 勸供

以此清淨香雲供 이차청정향운공　奉獻諸大山王前 봉헌제대산왕전　鑑察我等虔誠禮 감찰아등건성례

願垂哀納受 원수애납수

願垂哀納受 원수애납수

願垂慈悲哀納受 원수자비애납수

진언권공· 眞言勸供

香羞羅列 향수나열　齋者虔誠 재자건성　欲求供養之周圓 욕구공양지주원　須 수

仗加持之變化 장가지지변화　仰唯三寶 앙유삼보　特賜加持 특석가지

南無十方佛 나무시방불

南無十方法 나무시방법

南無十方僧 나무시방승 (세번)

무량위덕 자재광명승묘력 변식진언

無量威德自在光明勝妙力變食眞言

『나막 살바다타 아다 바로기제 옴 삼바라 삼바라 훔』 (세번)

시감로수진언 施甘露水眞言 ·『나무 소로바야 다타아다야 다냐타 옴

소로소로 바라소로 바라소로 사바하 (세번)

一字水輪觀眞言
일자수륜관진언 『옴 밤 밤 밤밤』 (세번)

乳海眞言
유해진언·『나무 사만다 못다남 옴 밤』 (세번)

🔔 運心供養眞言
운심공양진언

願此香供遍法界　普供無盡三寶海　慈悲受供增善根
원차향공변법계　보공무진삼보해　자비수공증선근

令法住世報佛恩
영법주세보불은

『나막 살바다타 아제비약미 살바 모계비약 살바다캄

오나아제 바라혜맘 옴 아아나캄 사바하』 (세번)

志心頂禮供養　萬德高勝　性皆閑寂　山王大神
지심정례공양　만덕고승　성개한적　산왕대신

志心頂禮供養　此山局內　恒住大聖　山王大神
지심정례공양　차산국내　항주대성　산왕대신

234

志心頂禮供養

지심정례공양 十方法界 시방법계 至靈至聖 지령지성 山王大神 산왕대신

唯願山王大神

유원산왕대신 哀降道場 애강도량 受此供養 수차공양 悉皆受供發菩提 실개수공발보리

始作佛事度衆生

시작불사도중생

普供養眞言

보공양진언 『옴 아아나 삼바바 바아라 훔』 (세번)

普回向眞言

보회향진언 『옴 삼마라 삼마라 미마나 사라마하 자가 라바 훔』 (세번)

山王經

산 왕 경

大山小山山王大神

대산소산산왕대신 大岳小岳山王大神 대악소악산왕대신 大覺小覺山王 대각소각산왕

大神

대신 大丑小丑山王大神 대축소축산왕대신 尾山在處山王大神 미산재처산왕대신 二十六 이십육

235

丁山王大神
정산왕대신 外岳明山山王大神 외악명산산왕대신 四海被髮山王大神 사해피발산왕대신

明堂土山山王大神
명당토산산왕대신 金匱大德山王大神 금괘대덕산왕대신 青龍白虎山王 청룡백호산왕

大神 玄武朱雀山王大神
대신 현무주작산왕대신 東西南北山王大神 동서남북산왕대신 원산근

山山王大神
산산왕대신 上方下方山王大神 상방하방산왕대신 凶山吉山山王大神 흉산길산산왕대신

摩訶般若波羅蜜多心經
마하반야바라밀다심경

觀自在菩薩
관자재보살

行深般若波羅蜜多時
행심반야바라밀다시

照見 五蘊皆空
조견 오온개공

度 一切苦厄
도 일체고액

舍利子
사리자

色不異空
색불이공

空不異色
공불이색

色即是
색즉시

空 空即是色
공 공즉시색

受想行識
수상행식

亦復如是
역부여시

舍利子 是諸
사리자 시제

法空相
법공상

不生不滅
불생불멸

不垢不淨
불구부정

不增不滅
부증불멸

是故
시고

空中
공중

236

무색 무수상행식 무안이비설신의 무색성향미촉법

무안계 내지 무의식계 무무명 역무무명진 내지

무노사 역무노사진 무고집멸도 무지역무득 이무

소득고 보리살타 의반야바라밀다고 심무가애 무

가애고 무유공포 원리전도몽상 구경열반 삼세

제불 의반야바라밀다 고득아뇩다라삼먁삼보리 고

지 반야바라밀다 시대신주 시대명주 시무상주

시무등등주 능제일체고 진실불허 고설 반야바라

밀다주 즉설주왈 『아제아제 바라아제 바라승아제

모제 사바하』(세번)

불설소재길상 다라니
佛說消災吉祥陀羅尼

나모 사만다 못다남 아바라지 하다사 사나남 다냐타

옴 카카 카혜 카혜 훔훔 아바라 아바라 바라아바

라바라아바라 지따 지따 지리 지리 빠다 빠다 선지

가 시리예 사바하 (세번)

소원성취진언·『옴 아모카 살바다라 사다야 시베 훔』(세번)
所願成就眞言

보궐진언·『옴 호로호로 사야목계 사바하』(세번)
補闕眞言

정 근 (십성이상 힘껏 한다)
精勤

나무 만덕고승 성개한적 산왕대신
南無 萬德高勝 性皆閑寂 山王大神

영산석일여래촉 靈山昔日如來囑 위진강산도중생 威鎮江山度衆生 萬里白雲青嶂裡

운거학가임한정 雲車鶴駕任閑情 고아일심 故我一心 귀명정례 歸命頂禮

축 원 祝 願

앙고 仰告 제대산왕대신전 諸大山王大神前 첨수연민지지정 僉垂憐愍之至情 각방신통지 各方神通之

묘력 妙力 원아금차 願我今次 차일 此日 사바세계 娑婆世界 남섬부주 南贍部洲 해동 海東

대한민국 大韓民國 (모처거주 某處居住 금차지극지성심 今此至極之誠心 헌공발원재사 獻供發願齋者

건명 乾命 모생 某生 모인 某人 보체 保體 이차인연공덕 以此因緣功德 일일유천상 日日有千祥

지경 之慶 시시무백해지재 時時無百害之災 사대강건 四大強健 육근청정 六根清淨 자손창 子孫昌

성 盛 부귀영화 富貴榮華 안과태평 安過太平 수명장원 壽命長遠 심중소구소원 心中所求所願

239

萬事如意 圓滿亨通之大願 願諸有情等 三業皆淸淨

만사여의 원만형통지대원 원제유정등 삼업개청정

奉持諸佛敎 和南大聖尊 俱護吉祥 摩訶般若波羅蜜

봉지제불교 화남대성존 구호길상 마하반야바라밀

⑨ 조왕청 竈王請

보례진언·아금일신중 즉현무진신 변재조왕전 일
普禮眞言 我今一身中 即現無盡身 遍在竈王前 一

일무수례 『옴 바아라 믹』(세번)
一無数禮

※ 천수경 정구업진언부터 정법계진언 「나무삼만다 못다남남」까지 독송후

거목 擧目

나무 팔만사천 조왕대신 나무 좌보처 담시력사
南無 八萬四千 竈王大神 南無 左補處 擔柴力士

나무 우보처 조식취모
南無 右補處 造食炊母

240

普召請眞言

보소청진언·『나모 보보제리 가리다리 다타 아나야』(세번)

由致

유 치

切以 主宰竈戶 靈祇者 聖德鬼鬼 神功浩浩 一現
절이 주재조호 영기자 성덕외외 신공호호 일현

之威相 妖魔自摧 一現之慈容 人世敬仰 有求皆遂
지위상 요마자최 일현지자용 인세경앙 유구개수

無願不從 是以 娑婆世界 南瞻部洲 海東 大韓民
무원부종 시이 사바세계 남섬부주 해동 대한민

國某處某寺庵 淸淨水月道場 今此 至極之誠心
국 (모처 모사암) 청정수월도량 금차 지극지성심

獻供發願齋者 某處居住 乾命 某生 某人保體各
헌공발원재자 (모처거주) 건명 모생 모인보체 각

各等保體 以此因緣功德 來來東西四方 出入往來之
각등보체 이차인연공덕 내래동서사방 출입왕래지

處處常逢吉慶 不逢災難 官災口舌 三災八難一切
처 상봉길경 불봉재난 관재구설 삼재팔난 일체

241

병고액난등　영위소멸　사대강건　육근청정　안과태
<small>病苦厄難等　永爲消滅　四大强健　六根淸淨　安過太</small>

평　수명장원　자손창성　부귀영화　심중소구소원
<small>平壽命長遠　子孫昌盛　富貴榮華　心中所求所願</small>

만사여의　원만형통지대원　이금월금일　건설정찬
<small>滿事如意　圓滿亨通之大願　以今月今日　虔設淨饌</small>

경헌성전　강부향단　만위단나지원　내림보좌　극부
<small>敬獻聖前　降赴香壇　滿慰檀那之願　來臨寶座　克副</small>

이제지심　전신찬어　차전청사　근병일심　선진삼청
<small>利濟之心　前伸讚語　次展請詞　謹秉一心　先陳三請</small>

나무일심봉청　옹호영기　주재조호　분명선악　자재
<small>南無一心奉請　擁護靈祇　主宰竈戶　分明善惡　自在</small>

출납　불법문중　불리수호　팔만사천　조왕대신　병
<small>出納佛法門中　不離守護　八萬四千竈王大神並</small>

종권속　유원승　삼보력　강림도량　수차공양
<small>從眷屬　唯願承　三寶力　降臨道場　受此供養</small>

향화청(세번) **가영**
<small>香花請　歌詠</small>

香積廚中常出納
향적주중살출납 　護持佛法亦摧魔

호지불법역최마　인간유원내성축
　　　　　　　　　人間有願來誠祝

除病消災降福多
제병소재강복다　故我一心　歸命頂禮

고아일심　귀명정례

🔔 **헌좌진언**　獻座眞言

勞妄想心　速願解脫菩提果
노망상심　속원해탈보리과 · 아금경설보엄좌
我今敬設普嚴座

奉獻諸大竈王前　願滅塵
봉헌제대조왕전　원멸진

『옴 가마라 승하 사바하』（세번）

🔒 淨法界眞言
정법계진언 · 『옴 남』（세번）

勸供
（욕건만노라선송）
欲建曼拏羅先誦

권　공

以此淸淨香雲供
이차청정향운공　奉獻諸大竈王任前

봉헌제대조왕임전　鑑察我等虔誠禮

감찰아등건성례

願垂哀納受
원수애납수　願垂哀納受

원수애납수　願垂慈悲哀納受

원수자비애납수

眞言勸供

진언권공·

향수나열 _香羞羅列_ 재자건성 _齋者虔誠_ 욕구공양지주원 _欲求供養之周圓_ 수 _須_

장가지지변화 _仗加持之變化_ 앙유삼보 _仰唯三寶_ 특석가지 _特賜加持_ 나무시방불 _南無十方佛_ 나 _南_

무시방법 _無十方法_ 나무시방승 _南無十方僧_ (세번)

無量威德 自在光明勝妙力 變食眞言

무량위덕 자재광명승묘력 변식진언 (세번)

『나막 살바다타 아다 바로기제 옴 삼바라 삼바라 훔』

施甘露水眞言

시감로수진언·『나무 소로바야 다타아다야 다냐타 옴 소로소로 바라소로 바라소로 사바하』(세번)

一字水輪觀眞言

일자수륜관진언·『옴 밤 밤밤』(세번)

乳海眞言

유해진언·『나무 사만다 못다남 옴 밤』(세번)

244

운심공양진언

願此香供遍法界 원차향공변법계　普供無盡三寶海 보공무진삼보해　慈悲受供增善根 자비수공증선근

令法住世報佛恩 영법주세보불은 『나막 살바다타 아제비약미 살바 모

계비약 살바다캄 오나아제 바라혜맘 옴 아아나캄 사

바하』(세번)

지심정례공양 志心頂禮供養　八萬四千 팔만사천　竈王大神 조왕대신

지심정례공양 志心頂禮供養　左補處 좌보처　擔柴力士 담시력사

지심정례공양 志心頂禮供養　右補處 우보처　造食炊母 조식취모

유원 唯願　竈王大神 조왕대신　哀降道場 애강도량　不捨慈悲 불사자비　受此供養 수차공양

245

普供養眞言 보공양진언 『옴 아아나 삼바바 바아라 훔』(세번)

普回向眞言 보회향진언 『옴 삼마라 삼마라 미마나 사라마하 자가

라바 훔』(세번)

摩訶般若波羅蜜多心經 마하반야바라밀다심경

觀自在菩薩 관자재보살 行深般若波羅蜜多時 행심반야바라밀다시 照見五蘊皆空 조견 오온개공

度一切苦厄 도 일체고액 舍利子 사리자 色不異空 색불이공 空不異色 공불이색 色即是

空 공 空即是色 공즉시색 受想行識 수상행식 亦復如是 역부여시 舍利子 사리자 是諸

法空相 법공상 不生不滅 불생불멸 不垢不淨 불구부정 不增不減 부증불감 是 시 故 고 空中 공중

無色 무색 無受想行識無 무수상행식무 眼耳鼻舌身意 안이비설신의 無色聲香味觸法 무색성향미촉법

246

무안계 내지 무의식계 (無眼界 乃至 無意識界)

무무명 역무무명진 내지 (無無明 亦無無明盡 乃至)

무노사 역무 노사진 (無老死 亦無 老死盡)

무고집멸도 무지역무득 이 (無苦集滅道 無智亦無得 以)

무소득고 보리살타 의반야바라밀다고 심무가애 (無所得故 菩提薩埵 依般若波羅蜜多故 心無罣礙)

무가애고 무유공포 원리전도몽상 구경열반 삼세 (無罣礙故 無有恐怖 遠離顚倒夢想 究竟涅槃 三世)

제불 의반야바라밀다 고득 아뇩다라삼먁삼보리 (諸佛 依般若波羅蜜多 故得 阿耨多羅三藐三菩提)

고지 반야바라밀다 시대신주 시대명주 시무상주 (故知 般若波羅蜜多 是大神呪 是大明呪 是無上呪)

시무등등주 능제일체고 진실불허 고설 반야바라 (是無等等呪 能除一切苦 眞實不虛 故説 般若波羅)

밀다주 즉설주왈 (蜜多呪 即説呪曰)

『아제아제 바라아제 바라승아제 모제 사바하』(세번)

불설소재길상 다라니 <small>佛說消災吉祥陀羅尼</small>

나모 사만다 못다남 아바라지 하다사 사나남 다냐타

옴 카카 카혜 카혜 훔 훔 아바라 아바라 바라아바

라 바라아바라 지따 지따 지리 지리 빠다 빠다 선지

가 시리예 사바하 (세번)

所願成就眞言
소원성취진언·『옴 아모카 살바다라 사다야 시베 훔』(세번)

補闕眞言
보궐진언·『옴 호로호로 사야목계 사바하』(세번)

精勤
정 근

南無佛法門中 不離守護 八萬四千竈王大神
나무 불법문중 불리수호 팔만사천 조왕대신

歡喜竈王經
환희 조왕경

계수장엄조왕신 稽首莊嚴竈王神
시방조요대광명 十方照曜大光明
위광자재조왕신 威光自在竈王神

토지용신개환희 土地龍神皆歡喜
천상사관조왕신 天上仕官竈王神
합가인중총안영 闔家人衆總安寧

내외길창조왕신 內外吉昌竈王神
금은옥백만당진 金銀玉帛滿堂進
상봉길경조왕신 常逢吉慶竈王神

악귀사신퇴산거 惡鬼邪神退散去
지망주성조왕신 志望周成竈王神
억선만복개구족 億善萬福皆具足

이장안주조왕신 離障安住竈王神
부부가인증복수 夫婦家人增福壽
재앙영멸조왕신 災殃永滅竈王神

백병소제대길상 百病消除大吉祥
증시수호조왕신 曾時守護竈王神
백곡승출양잠배 百穀勝出養蠶倍

구호사택조왕신 救護舍宅竈王神
일체제신개환희 一切諸神皆歡喜
인간유원미성취 人間有願未成就

향적주중상출납 香積厨中常出納
호지불법역최마 護持佛法亦摧魔
인간유원미성취 人間有願未成就

제병소재강복다 除病消災降福多
고아일심 歸命頂禮
귀명정례 故我一心

仰告
앙고 팔만사천조왕대신전 첨수연민지지정 각방
八萬四千竈王大神前　斂垂憐憫之至情　各方

神通之妙力
신통지묘력 원아금차 사바세계 해동 대한민국
願我今此　娑婆世界　海東　大韓民國

(모처거주)
某處居住
지극지성심 헌공발원재자 건명 모생
至極之誠心　献供發願齋者　乾命某生

某人
모인 보체
保體
이차인연공덕 일일유천상지경 시시무
以此因緣功德　日日有千祥之慶　時時無

百害之災
백해지재 사대강건 육근청정 안과태평 수명장원
四大強健　六根清淨　安過太平　壽命長遠

子孫昌盛
자손창성 부귀영화 만사여의 원만성취지대원 원
富貴榮華　萬事如意　圓滿成就之大願　願

諸有情等
제유정등 구호길상 마하반야바라밀
俱護吉祥　摩訶般若波羅蜜

獨聖請
⑩ 독성청

250

보례진언 普禮眞言

아금일신중 我今一身中 즉현무진신 即現無盡身 변재독성전 遍在獨聖前 일 一

일무수례 一無数禮 『옴 바아라 믹』(세번)

※ 천수경 정구업진언부터 정법계진언「나무삼만다 못다남남」까지 독송후

거목 擧目

나무 南無 천태산상 天台山上 독수선정 獨修禪定 나반존자 那畔尊者

나무 南無 삼명이증 三明已證 이리원성 二利圓成 나반존자 那畔尊者

나무 南無 응공복전 應供福田 대사용화 待竢龍華 나반존자 那畔尊者

보소청진언 普召請眞言 『나모 보보제리 가리다리 다타 아다야』(세번)

유치 由致

251

앙유 독성자 석존기멸지후 자씨미생지전 불왕진
仰唯 獨聖者 釋尊己滅之後 慈氏未生之前 不往塵

구 은현무애 혹어층층태상 정거안선 혹어낙낙송
區 隱現無碍 或於層層台上 靜居安禪 或於落落松

간 왕반임의 산은은 수잔잔 일간난약 좌와소요
間 往返任意 上隱隱 水潺潺 一間蘭若 坐臥消遙

화작작 조남남 성색분연 경행자재 하납반견이락
花灼灼 鳥喃喃 聲色粉然 輕行自在 霞納半肩而樂

도 설미복안이관공 현주선나 응공무량 약신공양
道 雪眉覆眼而觀空 現住禪那 應供無量 若伸供養

지의 필석신통지감 유구개수 무원부종 시이사
之儀 必賜神通之鑑 有求皆遂 無願不從 是以娑

바세계 남섬부주 해동 대한민국 (모처모사암) 청
婆世界 南瞻部洲 海東 大韓民國 某處某寺庵 清

정수월도량 금차지극지성심 헌공발원재자 (모처거
淨水月道場 今此至極之誠心 献供發願齋者 某處居

주) 건명 모생 모인 보체 이차인연공덕 내내동
住) 乾命 某生 某人 保體 以此因緣功德 來來東

西四方
서사방 출입왕래지처　상봉길경　불봉재난　사대강
出入往來之處　常逢吉慶　不逢災難　四大強

健
건육근청정　안과태평　수명장원　자손창성　부귀
六根清淨　安過太平　壽命長遠　子孫昌盛富貴

榮華
영화　만사여의　원만성취지대원
萬事如意　圓滿成就之大願

以今月今日
이금금일　정찬향단　장진묘공　재설명향　앙청천
淨饌香壇　將陳妙供　再燕茗香　仰請天

台山上
태산상　독수성중　병종권속　앙기묘원자　우복이
獨修聖衆　並從眷屬　仰祈妙援者　右伏以

盥手焚香
관수분향　예경어응진　서장청경　소청어현관　잠사
禮敬於應眞　庶仗清磬　召請於玄關　暫辭

於寶窟
어보굴　약강어향단　수차공양　만아원심　근병일심
略降於香壇　受此供養　滿我願心　謹秉一心

先陳三請
선진삼청

南無一心奉請
나무일심봉청　영산당시　수불부촉　항거천태산상
靈山當時　受佛咐囑　恒居天台山上

253

獨修禪定　독수선정

不入涅槃　불입열반

爲作福田　위작복전

待竢龍華　대사용화

那畔尊者　나반존자

並從眷屬　병종권속

唯願慈悲　유원자비

降臨道場　강림도량

受此供養　수차공양

香花請
향화청 (세번)

歌詠
가 영

那畔神通世所稱　나반신통세소희

行藏現化任施爲　행장현화임시위

松巖隱跡經千劫　송암은적경천겁

世界潛形入四維　세계잠형입사유

故我一心　고아일심

歸命頂禮　귀명정례

獻座眞言
헌좌진언·아금경설보엄좌

我今敬說寶嚴座

奉獻天台獨聖前　봉헌천태독성전

願滅塵　원멸진

勞妄想心　로망상심

速願解脫菩提果　속원해탈보리과

『옴 가마라 승하 사바하』(세번)

欲建曼多羅先誦
(욕건만다라선송)

淨法界眞言
정법계진언·『옴 남』(세번)

권공 勸供

以此清淨香運供 이차청정향운공 奉獻天台獨聖前 봉헌천태독성전 鑑察我等虔誠禮 감찰아등건성례

願垂哀納受 원수애납수 願垂哀納受 원수애납수 願垂慈悲哀納受 원수자비애납수

眞言勸供

🔔 진언권공

香羞羅列齋者虔誠 향수나열 재자건성 欲求供養之周圓 욕구공양지주원 須仗加持之變 수장가지지변

化仰唯三寶 화 앙유삼보 特賜加持 특석가지 南無十方佛 나무시방불 南無十方法 나무시방법

南無十方僧 나무시방승 (세번)

無量威德 무량위덕 自在光明勝妙力 자재광명승묘력 變食眞言 변식진언

『나막 살바다타 아다 바로기제 옴 삼바라 삼바라 훔』 (세번)

255

施甘露水眞言

시감로수진언

『나무 소로바야 다타 아다야 다냐타 옴

『소로 바라 소로 바라소로 사바하』(세번)

一字水輪觀眞言

일자수륜관진언·『옴 밤 밤 밤』(세번)

乳海眞言

유해진언·『나무 사만다 못다남 옴 밤』(세번)

運心供養眞言

운심공양진언

令法住世報佛恩

영법주세보불은

顧此香供遍法界　普供無盡三寶海

원차향공변법계　보공무진삼보해

慈悲受供增善根

자비수공증선근

『나막 살바다타 아제비약미 살바 모계비약 살바타캄

오나아제 바라혜맘 옴 아아나캄 사바하』(세번)

志心頂禮供養　天台山上　獨修禪定　那畔尊者

지심정례공양　천태산상　독수선정　나반존자

지심정례공양 志心頂禮供養 삼명이증 三明二證 나반존자 那畔尊者

지심정례공양 志心頂禮供養 이리원성 二利圓成 나반존자 那畔尊者

지심정례공양 志心頂禮供養 응공복전 應供福田 대사용화 待疾龍華 나반존자 那畔尊者

유원독성 唯願獨聖 애강도량 哀降道場 불사자비 不捨慈悲 수차공양 受此供養

보공양진언 普供養眞言 『옴 아아나 삼바바 바아라 훔』(세번)

보회향진언 普回向眞言 『옴 호로호로 사야목계 사바하』(세번)

마하반야바라밀다심경(독송) 摩訶般若波羅蜜多心經 讀誦

불설소재길상 다라니 佛說消災吉祥 陀羅尼

나모 사만다 못다남 아바라지 하다사 사나남 다냐타

옴 카카 카혜 카혜 훔 훔 아바라 아바라 바라아바

라 바라아바라 지따 지따 지리 지리 빠다 빠다 선지

가 시리예 사바하 (세번)

所願成就眞言
소원성취진언·『옴 아모카 살바다라 사다야 시베훔』 (세번)

補闕眞言
보궐진언·『옴 호로호로 사야목계 사바하』 (세번)

精勤
정근

南無 나무　不入涅槃 불입열반　待竢龍華 대사용화　那畔尊者 나반존자

那畔神通世所稀 나반신통세소희　行藏現化任施爲 행장현화임시위　松岩隱跡經千劫 송암은적경천겁

生界潛形入四維 생계잠형입사유　故我一心 고아일심　歸命頂禮 귀명정례

祝願
축원

앙고 천태산상 독수선정 나반존자 불사자비 허
(仰告 天台山上 獨修禪定 那畔尊者 不捨慈悲 許)

수낭감 원아금차 사바세계 남섬부주 해동 대한
(垂朗鑑 願我今此 娑婆世界 南瞻部洲 海東 大韓)

민국 (모처거주) 지극지성심 헌공발원재자 건명
(民國 某處居住 至極之誠心 献供發願齋者 乾命)

모생 모인 보체 이차인연공덕 동서사방 출입왕
(某生 某人 保體 以此因緣功德 東西四方 出入往)

래지시 상봉길경 불봉재난 관재구설 삼재팔난
(來之時 常逢吉慶 不逢災難 官災口舌 三災八難)

일체병고액난등 영위소멸 사대강건 육근청정 안
(一切病苦厄難等 永爲消滅 四大強健 六根清淨 安)

과태평 수명장원 자손창성 부귀영화 만사여의
(過太平 壽命長遠 子孫昌盛 富貴榮華 萬事如意)

원만형통지대원
(圓滿亨通之大願)

원공함령등피안 세세상행보살도 광도법계제중생
(願共含靈登彼岸 世世常行菩薩道 廣度法界諸衆生)

以報諸佛莫大恩　究竟圓成薩般若　摩訶般若波羅蜜

이보제불막대은　구경원성살반야　마하반야바라밀

[11] 제석청
帝釋請

普禮眞言

보례진언· 아금일신중　즉현무진신　변재제석전　일

我今一身中　即現無盡身　遍在帝釋前　一

일무수례『옴 바아라 믹』(세번)

一無数禮

※ 천수경 정구업진언부터 정법계진언 「나무삼만다 못다남 남」까지 독송후

거목

擧目

나무 도리천주　제석천왕　나무 좌보처　바수루나

南無忉利天主　帝釋天王　南無 左補處　波羅娄那

천자 나무 우보처　이사나천자

天子南無 右補處　伊舍那 天子

보소청진언

普召請眞言

260

『나모 보보제리 가리다리 다타 아다야』(세번)

유(由) 치(致)

절이(切以) 제석천왕자(帝釋天王者) 재피수미산정(在彼須彌山頂) 거기도리천궁화피(居其忉利天宮化被)

진방(塵邦) 은유사계(恩流沙界) 수(雖) 외현천왕지위맹(外現天王之威猛) 실(實) 내함보살(內含菩薩)

지자비방변난사(之慈悲方便難思) 신통막측(神通莫測) 구오방이항마파적(具五方而降魔破賊) 경일(傾一)

심이(心而) 호국안민(護國安民) 약신공양지의(若伸供養之儀) 필차감통지념(必借感通之念) 유구(有求)

개수(皆遂) 무원부종(無願不從) 시이(是以) 사바세계(娑婆世界) 남섬부주(南瞻部洲) 해동(海東)

대한민국(大韓民國) (모처거주)(某處居住) 금차지극지성심(今此至極之誠心) 헌공발원재자(献供發願齋者)

건명(乾命) 모생(某生) 모인(某人) 보체(保體) 이차인연공덕(以此因縁功德) 일일유천상(日日有千祥)

지경 시시무백해지재 사대강건 육근청정 안과태
之慶 時時無百害之災 四大強健 六根淸淨 安過太

평수명장원 자손창성 부귀영화 심중소구소원
平壽命長遠 子孫昌盛 富貴榮華 心中所求所願

만사여의 원만성취지대원 이금월금일 건설정찬공
萬事如意 圓滿成就之大願 以今月今日 慶設淨饌供

양 제석천왕 위수 좌우보처 양대천자 사방각유
養 帝釋天王 爲首 左右補處 兩大天子 四方各有

팔위천자 훈근작법 앙기묘원자 우복이 설천주지
八位天子 薰懃作法 仰祈妙願者 右伏以 設天廚之

묘공 분해안지명향 잠사어보전 청부어단연 불유
妙供 焚海岸之茗香 暫辭於寶殿 請赴於壇筵 不遺

낭원 부감단성 앙표일심 선진삼청
曩願 赴感丹誠 仰表一心 先陳三請

나무일심봉청 도리천상 상호광명 위덕장엄 육통
南無一心奉請 切利天上 相好光明 威德莊嚴 六通

자재 자비보살 제석천왕위수 좌보처 바수루나천
自在 慈悲菩薩 帝釋天王爲首 左補處 波數婁那天

262

자(子) 우보처(右補處) 이사나천자(伊舍那天子) 사방각유팔위천자(四方各有八位天子) 병종권(並從眷)

속(屬) 유원승(唯願承) 삼보력(三寶力) 강림도량(降臨道場) 불사자비(不捨慈悲) 수차공양(受此供養)

향화청(香花請)(세번) 가영(歌詠)

화피진방마외복(化被塵邦魔外伏) 은유사계진위웅(恩流沙界振威雄) 내함보살자비력(內含菩薩慈悲力)

상호장엄현육통(相好莊嚴現六通) 고아일심(故我一心) 귀명정례(歸命頂禮)

헌좌진언(獻座眞言) · 아금경설보엄좌(我今敬設寶嚴座) 봉헌제석천왕존(奉獻帝釋天王尊) 원멸진(願滅塵)

로망상심(勞妄想心) 속원해탈보리과(速願解脫菩提果) 『옴 가마라 승하 사바하』(세번)

(욕건만다라선송)(欲虔曼多羅先誦)

정법계진언(淨法界眞言) · 『옴 남』(세번)

권공 勸供

이차청정향운공 以此淸淨香雲供　봉헌제석천왕전 奉獻帝釋天王前　감찰아등건성례 鑑察我等虔誠禮

원수애납수 願垂哀納受　원수애납수 願垂哀納受　원수자비애납수 願垂慈悲哀納受

🔔 진언권공 眞言勸供

향수나열 香羞羅列　재자건성 齋者虔誠　욕구공양지주원 欲求供養之周圓　수장가지지변 須仗加持之變

화 化　앙유삼보 仰唯三寶　특석가지 特賜加持　나무시방불 南無十方佛　나무시방법 南無十方法

나무시방승 南無十方僧 (세번)

무량위덕 無量威德　자재광명승묘력 自在光明勝妙力　변식진언 變食眞言 (세번)

『나막 살바다타 아다 바로기제 옴 삼바라 삼바라 훔』

264

施甘露水眞言

시감로수진언·『나무 소로바야 다타 아다야 다냐타 옴 소로소로 바라소로 바라소로 사바하』(세번)

一字水輪觀眞言

일자수륜관진언·『옴 밤 밤 밤밤』(세번)

乳海眞言

유해진언·『옴 나무 사만다 못다남 옴 남』(세번)

運心供養眞言

운심공양진언

영법주세보불은

願此香供遍法界 普供無盡三寶海 慈悲受供增善根
원차향공변법계 보공무진삼보해 자비수공증선근

令法住世報佛恩

원차향공변법계 보공무진삼보해 자비수공증선근

『나막 살바다타 아제비약미 살바 모계비약 살바다캄 오나아제 바라혜맘 옴 아아나캄 사바하』(세번)

志心頂禮供養 忉利天主 帝釋天王
지심정례공양 도리천주 제석천왕

志心頂禮供養 지심정례공양 左補處 좌보처 波數婁那天子 바수루나천자

志心頂禮供養 지심정례공양 右補處 우보처 伊舍那天字 이사나천자

唯願 유원 帝釋天王 제석천왕 哀降道場 애강도량 不捨慈悲 불사자비 受此供養 수차공양

普供養眞言 보공양진언·『옴 아아나 삼바바 바아라 훔』(세번)

普回向眞言 보회향진언·『옴 삼마라 삼마라 미마나 사라마하 자 가라 바 훔』(세번)

◉ 摩訶般若波羅蜜多心經 마하반야바라밀다심경 (독송) 讀誦

◉ 佛說消災吉祥 불설소재길상 다라니 陀羅尼

나모 사만다 못다남 아바라지 하다사 사나남 다냐타

옴 카 카 카헤 카헤 훔 훔 아바라 아바라 바라 아바

라 바라아바라 지따 지따 지리 지리 빠다 빠다 선지

가 시리예 사바하 (세번)

소원성취진언·『옴 아모카 살바다라 사다야 시베 훔』(세번)

보궐진언·『옴 호로호로 사야목계 사바하』(세번)

精勤
정 근

南無威德莊嚴 六通自在
나무 위덕장엄 육통자재

慈悲菩薩 帝釋天王
자비보살 제석천왕

帝釋天王慧鑑明 四洲人事一念知
제석천왕혜감명 사주인사일념지

是故我今恭敬禮 哀愍衆生如赤子
시고아금공경례 애민중생여적자

祝願
축 원

267

앙고 도리천상 상호광명 위덕장엄 육통자재 자
仰告 切利天上 相好光明 威德莊嚴 六通自在 慈

비보살 제석천왕 불사자비 허수낭감 원아금차
悲菩薩 帝釋天王 不捨慈悲 許垂朗鑑 願我今此

사바세계 남첨부주 해동 대한민국 (모처거주) 지
娑婆世界 南瞻部洲 海東 大韓民國 某處居住 至

극지성심 헌공발원재자 건명 모생 모인 보체
極之誠心 獻供發願齋者 乾命 某生 某人 保體

이차인연공덕 동서사방 출입왕래지시 상봉길경
以此因緣功德 東西四方 出入往來之時 常逢吉慶

불봉재난 관재구설 삼재팔난 일체병고액난등 영
不逢災難 官災口舌 三災八難 一切病苦厄難等 永

위소멸 일일유천상지경 시시무백해지재 사대강건
爲消滅 日日有千祥之慶 時時無百害之災 四大強健

육근청정 안과태평 수명장원 자손창성 부귀영화
六根清淨 安過太平 壽命長遠 子孫昌盛 富貴榮華

만사여의 원만형통지대원
萬事如意 圓滿亨通之大願

願諸有情等 三業皆清淨 奉持諸佛教 忉利天王帝

원제유정등　삼업개청정　봉지제불교　도리천주

제

釋天王 摩訶般若波羅蜜

석천왕　마하반야바라밀

⑫ 용왕청　龍王請

普禮眞言
보례진언·아금일신중　我今一身中　즉현무진신　即現無盡身　변재용왕전　遍在龍王前

一一無數禮
일일무수례　『옴 바아라 믹』(세번)

※천수경 정구업 진언부터 정법계진언「나무삼만다 못다남남」까지 독송후

擧目

거목

南無
나무　좌보처　左補處

南無
나무　삼주호법　三洲護法

南無
나무　위태천신　韋馱天神　용왕대신　龍王大神

나무　사가라　沙伽羅　용왕대신　龍王大神

나무 우보처 화수길 용왕대신
南無 右補處 和修吉 龍王大神

보소청진언·『나모 보보제리 가리다리 다타 아다야』(세번)
普召請眞言

절이 유치
切以 由致

영산회상 발원도생 지심경중 귀명예성 호
靈山會上 發願度生 至心敬衆 歸命禮聖 呼

승변신어금전지외 청불유령어석굴지중 수명상제
僧變身於金殿之外 請佛遺靈於石窟之中 受命上帝

포운어일허지공 자섭하민 시우어사해지계 변화자
布雲於一虛之空 慈攝下民 施雨於四海之界 變化自

재 신통무애 시이 사바세계 남첨부주 해동대
在神通無碍 是以 娑婆世界 南瞻部洲 海東大

한민국 모시도 모구군 모동면 모리 모산하 모
韓民國 某市道 某區郡 某洞面 某里 某山下 某

사암 청정수월도량내 원아금차 지의성심 지극지
寺庵 清淨水月道場內 願我今次 至意誠心 至極之

270

정성 헌공발원재자 (精誠 獻供發願齋者) 모시도 (某市道) 모구군 (某區郡) 모동면 (某洞面) 모리 (某里)

거주 건명 모생 (居住 乾命 某生) 모인 보체 (某人 保體) 각각등보체 이차인 (各各等保體以此因) 모인 (某人)

연공덕 (緣功德) 일체병고 (一切病苦) 액난재난등 (厄難災難等) 영위소멸 (永爲消滅) 사대강건 (四大强健)

육근청정 (六根淸淨) 안과태평 (安過太平) 수명장원 (壽命長遠) 자손창성 (子孫昌盛) 부귀영화 (富貴榮華)

만사여의 (萬事如意) 원만형통지대원 (圓滿亨通之大願)

이금월금일 (以今月今日) 설단이분향 (設檀以焚香) 헌공이예청 (獻供而禮請) 재체수미건 (齋體雖微虛)

성가민 (誠可愍) 근병일심 (謹秉一心) 선진삼청 (先陳三請)

나무일심봉청 (南無一心奉請) 비장법보 (秘藏法寶) 주집군용 (主執群龍) 사가라용왕 (娑伽羅龍王) 난 (難)

타용왕 (陀龍王) 발난타용왕 (跋難陀龍王) 화수길용왕 (和修吉龍王) 덕차가용왕 (德叉伽龍王) 아나 (阿那)

바달다용왕 婆達多龍王　마야사용왕 摩耶斯龍王　우바라용왕 優婆羅龍王　여시내지 무 如是乃至 無

량무변 量無邊　제대용왕 諸大龍王　병종권속 並從眷屬　유원승 唯願承　삼보력 三寶力　강림 降臨

도량 道場　불사자비 不捨慈悲　수차공양 受此供養

향화청 香花請 (세번)

가영 歌詠

시우행운사대주 施雨行雲四大洲
오화수출구천두 五花秀出救千頭
도생일념귀무념 度生一念歸無念
고아일심귀명정례 故我一心歸命頂禮
백곡이리해중수 百穀以利海衆收

헌좌진언 獻座眞言
아금경설보엄좌 我今敬設寶嚴座
봉헌용왕대신전 奉獻龍王大神前
원멸진 願滅盡
로망상심 勞妄想心
속원해탈보리과 速願解脫菩提果

『옴 가마라 승하 사바하』 (세번)

（欲虔曼多羅先誦）
（욕건만다라선송）

淨法界眞言
정법계진언·『옴 남』（세번）

以此淸淨香雲供
이차청정향운공

奉獻天台獨聖前
봉헌천태독성전

鑑察我等虔誠禮
감찰아등건성례

願垂哀納受
원수애납수

願垂哀納受
원수애납수

願垂慈悲哀納受
원수자비애납수

勸供
권공

眞言勸供
진언권공

香羞羅列齋者虔誠
향수나열 재자건성

欲求供養之周圓
욕구공양지주원

須仗加持之變
수장가지지변

化
仰唯三寶特賜加持
앙유삼보 특석가지

南無十方佛
나무시방불

南無十方法
나무시방법

南無十方僧
나무시방승 （세번）

無量威德自在光明勝妙力
무량위덕 자재광명승묘력

變食眞言
변식진언

273

『나막 살바다타 아다 바로기제 옴 삼바라 삼바라 훔』(세번)

施甘露水眞言
시감로수진언·『나무 소로바야 다타 아다야 다냐타 옴 소로소로 바라소로 바라소로 사바하』(세번)

一字水輪觀眞言
일자수륜관진언·『옴 밤 밤 밤밤』(세번)

乳海眞言
유해진언·『나무 사만다 못다남 옴 밤』(세번)

運心供養眞言
운심공양진언

願此香供遍法界 普供無盡三寶海 慈悲受供增善根
원차향공변법계 보공무진삼보해 자비수공증선근

令法住世報佛恩
영법주세보불은

『나막 살바다타 아제비야미 살바 모계비약 살바다캄』

오나제 바라혜맘 옴 아아나캄 사바하』 (세번)

志心頂禮供養
지심정례공양 三洲護法 韋馱天神 龍王大神 삼주호법 위타천신 용왕대신

志心頂禮供養
지심정례공양 左補處 沙伽羅 龍王大神 좌보처 사가라 용왕대신

志心頂禮供養
지심정례공양 右補處 和修吉 龍王大神 우보처 화수길 용왕대신

唯願 龍王大神 哀降道場 不捨慈悲 受此供養
유원 용왕대신 애강도량 불사자비 수차공양

普供養眞言
보공양진언 · 『옴 아아나 삼바바 바아라 훔』 (세번)

普回向眞言
보회향진언 · 『옴 삼마라 삼마라 미마나 사라마하 자 가라마 훔』 (세번)

🔔 **摩訶般若波羅蜜多心經**
마하반야바라밀다심경 (독송)

관자재보살 행심반야바라밀다시 조견 오온개공 도 일

체고액 사리자 색불이공 공불이색 색즉시공 공즉시

색 수상행식 역부여시 사리자 시 제법공상 불행불멸

불구부정 부증불감 시고 공중무색 무수상행식 무 안

이비설신의 무색성향미촉법 무안계 내지 무의식계

무무명 역무무명진 내지 무노사 역무 노사진 무고집

멸도 무지역무득 이무소득고 보리살타 의반야바라밀

다고 심무가애 무가애고 무유공포 원리전도몽상 구

경열반 삼세제불 의반야바라밀다 고득 아뇩다라삼먁

삼보리 고지 반야바라밀다 시대신주 시대명주 시무

상주 시무등등주 능제일체고 진실불허 고설 반야바

라밀다주 즉설주왈

아제아제 바라아제 바라승아제 모제 사바하 (세번)

276

불설소재길상 다라니
佛説消災吉祥 陀羅尼

나모 사만다 못다남 아바라지 하다사 사나남 다냐타

옴 카 카 카혜 카혜 훔 훔 아바라 아바라 바라아바라

바라아바라 지따 지따 지리 지리 빠다 빠다 선지가

시리예 사바하 『(세번)

所願成就眞言
소원성취진언 『옴 아모카 살바다라 사다야 시베 훔』(세번)

補闕眞言
보궐진언 『옴 호로호로 사야목계 사바하』(세번)

精勤
정 근

南無秘藏法寶
나무 비장법보 主執群龍 無量無邊 龍王大神
주집군용 무량무변 용왕대신

施雨行雲四大洲
시우행운사대주 五花秀出救千頭 度生一念歸無念
오화수출구천두 도생일념귀무념

277

백곡이리해중수 고아일심 귀명정례
百穀以利海衆收 故我一心 歸命頂禮

축원 祝願

앙고 제대용왕전 첨수연민지지정 각방신통지묘력
仰告 諸大龍王前 斂垂憐愍之至情 各方神通之妙力

원아 금차지극지성심 헌공발원재자(모처거주)건
願我 今此至極之誠心 獻供發願齋者(某處居住)乾

명 모생 모인보체 각각등보체 이차인연공덕 일
命 某生 某人保體 各各等保體 以此因緣功德 日

일유천상지경 시시무백해지재 사대강건 육근청정
日有千祥之慶 時時無百害之災 四大强健 六根清淨

안과태평 수명장원 자손창성 부귀영화 만사여의
安過太平 壽命長遠 子孫昌盛 富貴榮華 萬事如意

원만형통지대원 원제유정등 삼업개청정 봉지제불
圓滿亨通之大願 願諸有情等 三業皆清淨 奉持諸佛

교 화남대성존 마하반야바라밀
教 和南大聖尊 摩訶般若波羅蜜

제四부 다 비 편

제一장 재래식 오방번

在來式 五方幡

① 오방례 (동·서·남·북·중앙 五方에 계신 부처님을 청하여 예배드리는 절차)

나무중방 (南無中方) 화장세계 (華藏世界) 비로자나불 (毘盧遮那佛) 모령 (某靈) 황유리세계중 (黃琉璃世界中) 중화 (衆和)

유원대자 (唯願大慈) 접인신원적 (接引新圓寂)

귀명비로자나불 (歸命毘盧遮那佛) (절)

나무동방 (南無東方) 만월세계 (滿月世界) 약사유리광불 (藥師琉璃光佛) 모령 (某靈) 청유리세계중 (靑琉璃世界中) 중화 (衆和)

유원대자 (唯願大慈) 접인식원적 (接引新圓寂)

귀명약사존불 (歸命藥師尊佛) (절)

南無南方 나무남방 歡喜世界 환희세계 寶勝如來佛 보승여래불

唯願大慈 유원대자 接引新圓寂 접인신원적 某靈 모령 赤琉璃世界中(衆和) 적유리세계중 중화

歸命寶勝如來佛 귀명보승여래불(절)

唯願大慈 유원대자 接引新圓寂 접인신원적 某靈 모령 白琉璃世界中(衆和) 백유리세계중 중화

南無西方 나무서방 極樂世界 극락세계 阿彌陀佛 아미타불

歸命阿彌陀佛 귀명아미타불(절)

南無北方 나무북방 無憂世界 무우세계 不動尊佛 부동존불

唯願大慈 유원대자 接引新圓寂 접인신원적 某靈 모령 黑琉璃世界中(衆和) 흑유리세계중 중화

歸命不動尊佛 귀명부동존불(절)

② 무상계 無常戒

부무상계자 夫無常戒者　입열반지요문 入涅槃之要門　월고해지자항 越苦海之慈航　시고 是故

일체제불 一切諸佛　인차계고 因此戒故　이입열반 而入涅槃　일체중생 一切衆生　인차계고 因此戒故　수불

이도고해 而度苦海　모령 某靈　여금일 汝今日　형탈근진 迴脫根塵　영식독로 靈識獨露

무상정계 無上淨戒　하행여야 何幸如也

모령 某靈　겁화동연 劫火洞燃　대천구괴 大千俱壞　수 須

미거해 彌巨海　마멸무여 磨滅無餘　하항차신 何況此身　생로병사 生老病死　우비고뇌 憂悲苦惱

능여원위 能與遠違　모령 某靈　발모조치 髮毛爪齒　피육근골 皮肉筋骨　수뇌구색 髓腦垢色　개 皆

귀어지 歸於地　타체농혈 唾涕膿血　진액연말 津液涎沫　담루정기 痰淚精氣　대소변리 大小便利

개귀어수 皆歸於水　난기귀화 煖氣歸火　동전귀풍 動轉歸風　사대각리 四大各離　금일망신 今日亡身

281

당재하처(當在何處) 모령(某靈) 사대허가(四大虛假) 비가애석(非可愛惜) 여종무시이래(汝從無始已來)

지우금일(至于今日) 무명연행(無明緣行) 행연식(行緣識) 식연명색(識緣名色) 명색연육입(名色緣六人)

육입연촉(六人緣觸) 촉연수(觸緣受) 수연애(受緣愛) 애연취(愛緣取) 취연유(取緣有) 유연생(有緣生)

생연노사(生緣老死) 우비고뇌(憂悲苦惱) 무명멸즉(無明滅則) 행멸(行滅)

식멸즉(識滅則) 명색멸(名色滅) 명색멸즉(名色滅則) 육입멸(六人滅)

촉멸즉(觸滅則) 수멸(受滅) 수멸즉(受滅則) 애멸(愛滅)

유멸(有滅) 유멸즉(有滅則) 생멸(生滅) 생멸즉(生滅則) 노사우비고뇌멸(老死憂悲苦惱滅)

종본래(從本來) 상자적멸상(常自寂滅相) 불자행도이(佛子行道已) 내세득작불(來世得作佛) 제행(諸行)

무상(無常) 시생멸법(是生滅法) 생멸멸이(生滅滅已) 적멸위락(寂滅爲樂) 귀의불타계(歸依佛陀戒)

귀의달마계(歸依達磨戒) 귀의승가계(歸依僧伽戒) 나무과거(南無過去) 보승여래(寶勝如來) 응공(應供)

정변지(正遍知) 명행족(名行足) 선서(善逝) 세간해(世間解) 무상사(無上士) 조어장부(調御丈夫)

천인사불(天人師佛) 세존(世尊) 모령(某靈) 탈각오음각루자(脫却五陰殼漏子) 영식독로(靈識獨露)

수불(受佛) 무상정계(無上淨戒) 기불쾌재(豈不快哉) 기불쾌재(豈不快哉) 천당불찰(天堂佛刹利隨) 수

념왕생(念往生) 쾌활쾌활(快活快活)

서래조의최당당(西來祖意最堂堂) 자정기심성본향(自淨其心性本鄉)

묘체담연무처소(妙禮湛然無處所) 산하대지현진광(山河大地現眞光)

제二장 각행사편(各行事篇)

① 삭발편(削髮篇)

（시체의 머리를 깎고 빗길때 외우는 글）

신원적 新圓寂 모인 某人 영가 靈駕 생종하처래 生從何處來 사향하처거 死向何處去 생야 生也

일편부운기 一片浮雲起 사야일편부운멸 死也一片浮雲滅 부운자체본무실 浮雲自體本無實 생사 生死

거래역여연 去來亦如然 독유일물상독로 獨有一物常獨露 담연불수어생사 湛然不隨於生死 모령 某靈

환회득담연저일물마 還會得湛然底一物麼 화탕풍요천지괴 火湯風搖天地壞 요요장재백운 寥寥長在白雲

간금자삭발 間今慈削髮 단진무명 斷盡無明 십사번뇌 十使煩惱 하유부기 何由復起 일편 一片

백운횡곡구 白雲橫谷口 기다귀조진미소 幾多歸鳥盡迷巢

2 목욕편 沐浴篇 (시체를 목욕시킬때 외우는 글)

신원적 新圓寂 모인 某人 영가 靈駕 약인욕식불경계 若人欲識佛境界 당정기의여허 當淨其意如虛

공 空 원리망상급제취 遠離妄想及諸趣 영심소향개무애 令心所向皆無碍 모령 某靈 환당정 還堂淨

其意 如虛空麼 其或未然 更聽註脚 此正覺之性

기의 여허공마 기혹미연 갱청주각 차정각지성

上至諸佛 下至六凡 一一堂堂 一一具足 塵塵上通

상지제불 하지육범 일일당당 일일구족 진진상통

物物上現 不待修成 了了明明 拈柱杖云

물물상현 부대수성 요요명명 (법장을 들고)

還見麼 打下柱杖 還聞麼 既了了見 既歷歷聞

환견마 (법장을 치고) 환문마 기요요견 기역력문

畢竟是 個甚麼 佛面猶如淨滿月 亦如千日放光明

필경시 개심마 불면유여정만월 역여천일방광명

今慈沐浴 幻妄塵垢 獲得金剛不壞之身 淸淨法身無

금자목욕 환망진구 획득금강불괴지신 청정법신무

內外 去來生死一眞常

내외 거래생사일진상

③ 세수편 洗手篇 (손을 씻을때 외우는 글)

新寂圓 某人 靈駕 來無所來 如朗月之影現千江

신원적 모인 영가 내무소래 여낭월지영현천강

285

거무소거 去無所去 사징공이형분제찰 似澄空而形分諸剎 모영 某靈 사대각리여몽중 四大各離如夢中

육진심식본래공 六盡心識本來空 욕식불조회광처 欲識佛祖回光處 일락서산월출동 日落西山月出東

금자세수 今玆洗手 취리분명 取理分明 시방불법 十方佛法 교연장내 皎然掌內 만목청산 滿目青山

무촌수 無寸樹 현애살수장부아 懸崖撒手丈夫兒

4 세족편 洗足篇 (발을 씻을때 외우는 글)

신원적 新圓寂 모인 某人 영가 靈駕 생시적적불수생 生時的的不隨生 사거당당불 死去堂堂不

수사 隨死 생사거래무간섭 生死去來無干涉 정체당당재목전 正體堂堂在目前 금자세족 今玆洗足

만행원성 萬行圓成 일거일보 一舉一步 초등법운 超登法雲 단능일념귀무념 但能一念歸無念 고 高

보비로정상행 步毘盧頂上行

286

⑤ 착군편 (속옷을 입힐때 외우는 글)

신원적 모인 영가 사대성시 저일점영명 불수
新圓寂 某人 靈駕 四大成時 這一點靈明 不隨

성 사대괴시 저일점영명 불수 생사성괴등공화
成 四大壞時 這一點靈明 不隨 生死成壞等空花

원친숙업금하재 금기부재멱무종 탄연무애약허공
冤親宿業今何在 今既不在覓無蹤 垣然無礙若虛空

모령 찰찰진진개묘체 두두물물총가옹 금자착군
某靈 刹刹塵塵皆妙體 頭頭物物總家翁 今兹着裙

정호근문 참괴장엄 초증보리 약득인언달근본 육
淨護根門 慚愧莊嚴 超證菩提 若得因言達根本 六

진원아일령광
塵元我一靈光

⑥ 착의편 (겉옷을 입힐때 외우는 글)
着衣篇

신원적 모인 영가 내시시하물 거시시하물 내
新圓寂 某人 靈駕 來時是何物 去時是何物 來

時去時 시거시 本無一物 본무일물 欲識明明眞住處 욕식명명진주처 青天白雲 청천백운 萬里 만리

通 통 今兹着衣 금자착의 掩庇形穢 엄비형예 如來柔忍 여래유인 是我元常我師 시아원상 아사

得見燃燈佛 득견연등불 多劫曾爲忍辱仙 다겁증위인욕선

⑦ 着冠篇 착관편 (모자를 씌울때 외우는 글)

圓新寂 신원적 某人靈駕 모인 영가 見聞如幻翳 견문여환예 三界若空華聞 삼계약공화 문

復翳根除 복예근제 塵消覺圓淨 진소각원정 淨極光通達 정극광통달

寂照含虛空卻 적조함허공 각 來觀世間 래관세간 猶如夢中事 유여몽중사

今兹着冠 금자착관 最上頂門首楞嚴 최상정문 수능엄

三昧千聖共由 삼매 천성공유 因地法行心不退 인지법행심불퇴 終登等妙也無疑 종등등묘야무의

⑧ 正坐篇 정좌편 (시체를 바로앉힐때 외우는 글)

신원적 (新圓寂)

모인 (某人)

영가 (靈駕) 영광독로 형탈근진 체로진 (靈光獨露 迥脫根塵 體露眞)

상불구문자 진성무염 본자원성 단리망연 즉여 (常不拘文字 眞性無染 本自圓成 但離妄緣 即如)

여불 금자정좌 시위법공 제불보살 이위굴택 묘 (如佛今玆正坐 是爲法空 諸佛菩薩 以爲窟宅 妙)

보리좌승장엄 제불좌이성정각 여금정좌역여시 자 (菩提座勝莊嚴 諸佛坐已成正覺 汝今正坐亦如是 自)

타일시성불도 (他一時成佛道)

안좌게 (安坐偈)

(정좌후 편히 앉아계실것을 고하는 게송)

원각묘장단좌처 진심불매향연태 (圓覺妙場端坐處 眞心不昧向蓮胎)

만점청산위범찰 일간홍일조영대 (萬點青山圍梵刹 一竿紅日照靈臺)

시식문 (施食文)

(정좌우 시식을 베풀때 외우는 글)

신원적

모인 영가 아차일편향 생종일편심 원
某人 靈駕 我此一片香 生從一片心 願

차향연하 훈발본진영 절이생사교사 한서질천 기
此香煙下 熏發本眞明 切以生死交謝 寒暑迭遷 其

래야 전격장공 기거야 파징대해 모령 생연이진
來也 電擊長空 其去也 波澄大海 某靈 生緣已盡

대명아천 요제행지무상 내적멸이위락 공의대중
大命俄遷 了諸行之無常 乃寂滅而爲樂 恭依大衆

숙예전진 송제성지홍명 천청혼어정토 앙빙대중
肅詣前進 誦諸聖之洪名 薦清魂於淨土 仰憑大衆

창화십념 청정법신비로자나불 원만보신노사나불
唱和十念 清淨法身毘盧遮那佛 圓滿報身盧舍那佛

천백억화신석가모니불 구품도사아미타불 당래하생
千百億化身釋迦牟尼佛 九品導師阿彌陀佛 當來下生

미륵존불 시방삼세일체제불 시방삼세일체존법 대
彌勒尊佛 十方三世一切諸佛 十方三世一切尊法 大

성문수사리보살 대행보현보살 대비관세음보살 대
聖文殊師利菩薩 大行普賢菩薩 大悲觀世音菩薩 大

원본존지장보살 願本尊地藏菩薩 諸尊菩薩摩訶薩 제존보살마하살 摩訶舶若婆羅蜜 마하반야바라밀

차진반상 次進飯床 (다음은 반상을 들이고)

아차일발반 我此一鉢飯 불하향적찬 不下香積饌

원차일미훈 顧此一味熏 선열포후후 禪悦飽饌饌

다게 茶偈

조주청다진영좌 趙州清茶進靈座 요표충정일편심 聊表冲情一片心

부음각지삼계몽 俯飲覺知三界夢 안심직도법왕성 安心直到法王城

보공양진언 普供養眞言

『옴 唵 아아나 哦哦那 삼바바 三婆娑 바아라 縛阿羅 훔』吽 (세번)

291

(차심경급소재주)

표백 表白

황매산하 親傳佛祖之心燈 친전불조지심등 臨濟門中 임제문중 永作人天 영작인천

黃梅山下

지안목 不忘本誓 불망본서 速還娑婆 속환사바 再明大事 재명대사 普利群生 보리군생

之眼目

장엄대지 念十方三世 염시방삼세 一切諸佛 일체제불 諸尊菩薩摩訶薩 제존보살마하살

莊嚴大智

마하반야바라밀

摩訶般若波羅蜜

제문 祭文

(비승려즉 표백문생략)

非僧侶則 表白文省略

유세차 某年月日 모년월일 某等 모등 謹以茶乳之奠 근이다유지전 敢昭告于 감소고우

維歲次

292

선화상지령 先和尚之靈

장엄현궁 將掩玄宮 영격자음 永隔慈降 기창종천지한 既創終天之恨 감 堪

구왕생지기 求往生之期 시봉무유 侍奉無由 진용여작 眞容如昨 금즉천지태기 今則遷止迫期 용 容

위수로 衛首露 호모망극 號慕罔極 운심약붕 殞心若崩 천헌빈번 薦獻蘋繁 이소즉사 以訴即事

복유상향 伏惟尚饗

⑨ 입감편 入龕篇 (시체를 관에 넣을때 외우는 글)

대중차도 大衆且道 고불야 古佛也 이마거 伊麼去 금불야 今佛也 이마거 伊麼去 모영 某靈

가야 駕也 이마거 伊麼去 하물불감괴 何物不敢壞 시수장견고 是誰長堅固 제인환지마 諸人還之麼

모령 某靈 여삼세제불 與三世諸佛 일시성도 一時成道 공십류군생 共十類群生 동일열반 同日涅槃

기혹미연 其或未然 유안석인제하루 有眼石人齊下淚 무언동자암차허 無言童子暗嗟嘘

입감필제문 入龕畢祭文 (입관을 마치고 상제들이 옷을 갈아입을때 읽는 제문)

유세차 維歲次 모년월일 某年月日 친족 親族 모등 某等 근이다과지전 감 謹以茶果之奠 敢

소고우 昭告于 선령지하 先靈之下 순적체자 順寂逮玆 감실사엄 호모망극 龕室斯掩 號慕罔極

신심운열 身心殞裂 근이박전고헌 복유상향 謹以薄奠告獻 伏惟尚饗

10 기감편 起龕篇 (관을 들고 밖으로 옮길때 외우는 글)

묘각현전 妙覺現前 선열위식 禪悅爲食 남북동서 南北東西 수처쾌활 수연여 隨處快活 雖然如

시감문대중 是敢問大衆 모령 某靈 열반노두 涅槃路頭 재습마처 처처녹양 在什麼處 處處綠楊

감계마 가가문외통장안 堪繫馬 家家門外通長安

반혼착어 返魂着語 (일단 옮겨모신 다음 영혼으로 하여금 정신을 가다듬어 향단에 내려오라 이르는 법어)

영명성각묘난사 靈明性覺妙難思
월타추담계영한 月墮秋潭桂影寒

※ 발인시 위패를 세우고 영축게를 치름.

금탁수성개각로 金鐸數聲開覺路
잠사진계하향단 暫辭眞界下香壇

영축염화시상기 靈鷲拈華示上機
궁동부목접맹귀 肯同浮木接盲龜

음광불시미미소 飲光不是微微笑
무한청풍부여수 無限淸風付與誰

자귀의불 自歸依佛 자귀의법 自歸依法 자귀의승

※ 다음은 다비법사가 진령三下후 신원적 모영가를 창한다.

만타청산위범찰 萬朵青山圍梵刹
일간홍일조서방 一竿紅日照西方

원승삼보가지력 顧承三寶加持力
고어운거향연방 高馭雲車向蓮邦

십이불 十二佛

나무서방극락세계〔南無西方極樂世界〕
대자대비아미타불〔大慈大悲阿彌陀佛〕
유원금대보좌〔唯願金臺寶座〕

승공이래〔乘空而來〕 접인차신〔接引此身〕
대자대비아미타불〔大慈大悲阿彌陀佛〕(중화〔衆和〕)
왕생정토 귀명변수불호〔往生淨土 歸命便隨佛號〕

나무서방극락세계〔南無西方極樂世界〕
대자대비아미타불〔大慈大悲阿彌陀佛〕(중화〔衆和〕)
귀명아미타불〔歸命阿彌陀佛〕

탈차계신〔脫此界身〕 신수봉행〔信受奉行〕
대자대비아미타불〔大慈大悲阿彌陀佛〕(중화〔衆和〕)
안락국토 유원아미타불〔安樂國土 唯願阿彌陀佛〕

나무서방극락세계〔南無西方極樂世界〕
대자대비아미타불〔大慈大悲阿彌陀佛〕(중화〔衆和〕)
귀명관음세지〔歸命觀音勢至〕

인도이행〔引導而行〕 수상선인〔隨上善人〕
대자대비아미타불〔大慈大悲阿彌陀佛〕(중화〔衆和〕)
유력불국 귀명경행보지〔遊歷佛國 歸命經行寶地〕

나무서방극락세계〔南無西方極樂世界〕
대자대비아미타불〔大慈大悲阿彌陀佛〕(중화〔衆和〕)
유원경행보지〔唯願經行寶地〕

유희원림〔遊戲園林〕 대오삼공〔大悟三空〕
대자대비아미타불〔大慈大悲阿彌陀佛〕(중화〔衆和〕)
불문팔고 귀명아미타불〔不聞八苦 歸命阿彌陀佛〕

나무서방극락세계〔南無西方極樂世界〕
대자대비아미타불〔大慈大悲阿彌陀佛〕(중화〔衆和〕)
유원아미타불〔唯願阿彌陀佛〕

나무서방극락세계〔南無西方極樂世界〕
대자대비아미타불〔大慈大悲阿彌陀佛〕
유원아유월지〔唯願阿唯越智〕

시불퇴심(是不退心) 증피무생(證彼無生)
달무생인(達無生忍) 〔중화·衆和〕
귀명아미타불(歸命阿彌陀佛)

나무서방극락세계(南無西方極樂世界)
대자대비아미타불(大慈大悲阿彌陀佛)
유원금사형수(唯願金沙瑩水)
귀명아미타(歸命阿彌陀)

보수부공(寶樹浮空) 오사총지(悟四總持)
나무서방극락세계(南無西方極樂世界)
대자대비아미타불(大慈大悲阿彌陀佛)
득육바라밀(得六波羅蜜) 〔중화·衆和〕
귀명금사형수(歸命金沙瑩水)

불(佛)

나무서방극락세계(南無西方極樂世界)
대자대비아미타불(大慈大悲阿彌陀佛)
유원우무량수(唯願遇無量壽)
귀명우무량수(歸命無量壽)

득무량광(得無量光) 자재우유(自在優遊)
나무서방극락세계(南無西方極樂世界)
대자대비아미타불(大慈大悲阿彌陀佛)
광상재등(光相齊等) 〔중화·衆和〕
귀명아미타불(歸命阿彌陀佛)

동상선인(同上善人) 득우여래(得遇如來)
나무서방극락세계(南無西方極樂世界)
대자대비아미타불(大慈大悲阿彌陀佛)
변문수기(便聞授記) 〔중화·衆和〕
유원친근지자(唯願親近智者)
귀명아미타불(歸命阿彌陀佛)

나무서방극락세계(南無西方極樂世界)
대자대비아미타불(大慈大悲阿彌陀佛)
유원득부동지(唯願得不動智)

成自在身 성자재신 五分香燃 오분향연 六度圓滿 육도원만 (衆和)(중화) 歸命阿彌陀佛 귀명아미타불

南無西方極樂世界 나무서방극락세계 大慈大悲阿彌陀佛 대자대비아미타불 唯願還同諸佛 유원환동제불

大化人天 대화인천 以淸淨身 이청정신 演淨妙法 연정묘법 (衆和)(중화) 歸命阿彌陀佛 귀명아미타불

南無西方極樂世界 나무서방극락세계 大慈大悲觀世音菩薩摩訶薩 대자대비관세음보살마하살 唯願 유원

觀音勢至 관음세지 大願流行 대원유행 指授花臺 지수화대 令生淨土 영생정토 (衆和)(중화) 歸 귀

命觀音勢至兩大菩薩 명관음세지양대보살

回向偈
회향게

※ 다음 법사는 무상게를 오방법사는 방위법을 낭독한후 공덕게로 세번 돕니다.

원이차공덕 보급어일체 아동여중생

당생극락국　동견무량수　게공성불도

※ 회양게가 끝나면 법주가 요령을 흔들고 다음 게송을 외웁니다.

永辭娑婆　往生西方　親見彌陀　是爲極樂
영사사바　왕생서방　친견미타　시위극락

普禮十方常住佛
보례시방상주불 (절)

普禮十方常住法
보례시방상주법 (절)

普禮十方常住僧
보례시방상주승 (절)

※ 게송이 끝나면 명정앞에서 하직을 하고 하직게를 외울때 종두는 종을 한번 칩니다.

下直偈
하직게

聖賢行步振虛空　已脫色身到淨邦　如今亡者亦如是
성현행보진허공　이탈색신도정방　여금망자역여시

不受五陰向樂方

불수오음향락방

<散花落>

『산화락』(세번)

南無大聖引路王菩薩

『나무대성인로왕보살』(세번) 　南無靈山會上佛菩薩 『나무영산회상불보살』(세번)

※「하직게」가 끝나면 다음 제문을 읽고 제문이 끝나면 상제들은 곡하고 재배합니다。

維歲次 유세차 某年 모년 某月 모월 某日 某日 모일 弟子等 제자등 謹以茶果珍羞 근이다과진수

之尊 지전 敢昭告于 감소고우 某堂大師之靈前 모당대사지영전 哀乎尊位 애호존위 今當終 금당종

天之變 천지변 浩嘆慈音之隔 호탄자음지격 嗚呼哀哉 오호애재 侍奉無由 시봉무유 眞容寂 진용적

寞 弟子某等 막 제자 모등 生前未做 생전미주 似三平之能 死後不報 사삼평지능 死後不報 사후불보

如丁蘭之孝 여정란지효 仰天扣地 앙천고지 自懷茫茫 자회망망 聊將精饌 요장정찬 用表眞 용표진

300

※ 다시 행여가 목적지에 도착하면 화장시는 화장준비가 완성될때까지 다음 글을 읽고 미타불공을 드립니다.

某靈 色身雖滅 法身常住 心體湛然 是名 大歇

모령 색신수멸 법신상주 심체담연 시명 대흘

之地 欲識眞住處 乾坤萬里通 某靈 性本廣大勝虛

지지 욕식진주처 건곤만리통 모령 성본광대승허

空 眞性卓然超法界 某靈 若有業障 先當懺悔 下

공 진성탁연초법계 모령 약유업장 선당참회 하

有眞言 謹當宣念

유진언 근당선념

恒也陀 唵 阿里多羅 娑婆訶

『다냐타 옴 아리다라 사바하』(세번)

※ 미타불 공할동안 화장할 준비를 하고 법사와 대중은 세번 돈 다음 법사가 종을 칩니다.

11 擧火篇 거화편 (불을 들고서서 외우는 글)

此一炬火 非三毒之火 是如來一燈三昧之火 其光

차일거화 비삼독지화 시여래일등삼매지화 기광

혁혁 변조삼제 기염황황 통철시방 득기광야등제
赫赫 遍照三際 其焰煌煌 洞徹十方 得其光也等諸

불어일조 실기광야 순생사지만겁 모령 회광반조
佛於一朝 失其光也 順生死之萬劫 某靈 廻光返照
得其光也等

돈오무생 이열뇌고 득쌍림락
頓悟無生 離熱惱苦 得雙林樂

⑫ 하화편 下火篇 (불을 놓으면서 외우는 글 一、五、九월에는 서쪽에서부터 놓고 三、七월에는 동쪽、四、八、十、十二월은 남쪽에서부터 놓읍니다)

정오구월서쪽불 이륙시월북쪽불 삼칠지월동쪽불
正五九月西先火 二六十月北先火 三七至月東先火

사팔납월남쪽불 삼연화합 잠시성유 사대이산 홀
四八臘月南先火 三緣和合 暫時成有 四大離散 忽

득환공 기년유어환해 금조탈각 경쾌여봉 대중차
得還空 幾年遊於幻海 今朝脫却 輕快如蓬 大衆且

도 모령 향습마처거 목마도기번일전 대홍염리방
道 某靈 向什麼處去 木馬倒騎翻一轉 大紅焰裡放

한풍
寒風

303

봉송편 奉送篇 (혼령이 잘 가시기를 봉송하면서 외우는 글)

절이 몰고비구 모령 기수연이순적 내의법이다비
切以 沒故比丘 某靈 既隨緣而順寂 乃依法而茶毘

분백년홍도지신 입일로열반지문 앙빙대중자조각로
焚百年弘道之身 入一路涅槃之門 仰憑大衆資助覺路

※ 다음은 십념을 외우고 표백에 들어간다.

표백 表白 (사실대로 여쭙는 글)

상래 청양성호 자천왕생 유원혜감분명 진풍산채
上來 稱揚聖號 資薦往生 惟願慧鑑分明 眞風散彩

보리원리 개부각의지화 법성해중 탕척신심지구
菩提圓裡 開敷覺意之花 法性海中 蕩滌身心之垢

고어운정 화남성중
高駅雲程 和南聖衆

※ 이때 대중과 법사는 염불송경하며, 불이 다 붙음을 본다음 오방번을 태우고 헌옷을 버리고 새옷을 갈아입도록 권하는 창의편을 외웁니다.

창의편 (영혼이 위패에 안주하도록 전하는 글)

인차향연강연석 因此香烟降筵席
증명창의견문지 證明唱衣見聞知
법신본래항청정 法身本來恒清淨

단제번뇌증보리 斷除煩惱證菩提
부운산이영불류 浮雲散而影不留
잔촉진이광자멸 殘燭盡而光自滅

금자우창 今玆佑唱
용표무상 用表無常
앙빙대중 仰憑大衆
염십념 念十念
상래창의 上來唱衣

염송공덕 念誦功德
봉위영가 奉爲靈駕
형탈근진 逈脫根塵
초출삼계 超出三界
맥답천성 驀踏千聖

지정로 之正路
유희일승지묘상 遊戲一乘之妙場
해천명월초생처 海天明月初生處
암수제원 岩水啼猿

정흘시 正歇時

15 기골편 起骨篇 (뼈를 두드리면서 외우는 글)

일점영명 點靈明
요무소애 了無所碍
일척번신 一擲翻身
다소자재 多少自在
무상무공 無相無空

無不空
무불공 즉시여래진실상

即是如來眞實相

16 습골편 拾骨篇 (남은 뼈를 주우면서 외우는 글)

毛火裡看 分明一掬黃金骨
모화리간 분명일국황금골

取不得 捨不得 正當伊麼時 如何委悉 咄 剔起眉
취부득 사부득 정당이마시 여하위실 돌 척기미

17 쇄골편 碎骨篇 (주운 뼈를 빻으면서 외우는 글)

若人透得上頭關 始覺山河大地寬 不落人間分別界
약인투득상두관 시각산하대지관 불락인간분별계

何拘綠水與青山 這個白骨 壞也未壞也 壞則猶與碧
하구녹수여청산 저개백골 괴야미괴야 괴즉유여벽

空 未壞則 青天白雲 靈識獨露 有在不在 還識這
공 미괴즉 청천백운 영식독로 유재부재 환식저

個麼 不離當處常湛然 覓則知君不可見
개마 불리당처상담연 먹즉지군불가견

18 산골편 散骨篇 (빵은 뼈를 흩으면서 외우는 글)

회비대야 灰飛大野 骨節何安 驀地一聲 始到牢關 咄 一點

골절하안 맥지일성 시도뇌관 돌 일점

영명비내외 靈明非內外 五臺空鎖白雲間 오대공쇄백운간

환귀본토진언·『옴바자나 사다모』(세번) 還歸本土眞言 唵婆左那 娑多謨

산좌송 散座頌

응물현형담저월 應物現形潭底月 體圓正坐寶蓮臺 체원정좌보련대

법신변만백억계 法身遍滿百億界 普放金色照人天 보방금색조인천

제三장 영결식 永訣式

영결식은 영가와 인연중생들이 서로 마지막 인사를 드리는 것입니다. 절이나 집 어느곳이고 정한 장소에 모이면 임시로 단을 차리고 제물을 정돈한 다음 제주

와 내빈이 좌우로 들어서서 식을 거행합니다.

一、 <ruby>開式</ruby>
개식

一、 法主着語
법주착어 (진령三下)

一、 新圓寂某靈
신원적 모령

靈明性覺妙難思　月墮秋潭桂影寒
영명성각묘난사　월타추담계영한 金鐸數聲傳淸信

暫辭眞界下香壇　普放光明香莊嚴
잠사진계하향단　보방광명향장엄 금탁수성전청신

一、 讀經
독경 (반야심경)

法主燒香後
법주소향후 (먼저 법주가 소향한후에)

一、 祭文朗讀
제문낭독 (추도문낭독 · 조사등낭독)

一、소향

一、소향 燒香 （상제가 소향한후 내빈이 절함.）

제四장 관 욕 편 灌浴篇

관욕은 영가의 다생의 죄구（罪垢）를 씻어주는 절차입니다

① 인예향욕편 引詣香浴篇 （향욕을 알리는 곳인데 천수반야심경을 외우고 정로진언을 하면 위패를 욕실로 옮깁니다）

상래이빙 上來已憑 불력법력 佛力法力 삼보위신지력 三寶威神之力 소청인도 召請人道 일체 一切

인륜 人倫 급 及 무주고혼 無主孤魂 유정등중 有情等衆 이계도량 已届道場 대중성발 大衆聲拔

청영부욕 請迎赴浴 차송대비주 次誦大悲呪 급 及 심경역득 心經亦得 （다음은 모든 대중이 함께 천수주문과 반야심경을 독송한다）

신묘장구대다라니 神妙章句大陀羅尼

309

나모라 다나 다라 야야 나막알약 바로기제 새바라야

모지 사다바야 마하 사다바야 마하가로 니가야 옴

살바 바예수 다라나 가라야 다사명 나막 가리다바

이맘 알야 바로기제 새바라 다바 이라간다 나막 하

리나야 마발다 이사미 살바다 사다남 수반 아예염

살바 보다남 바바마라 미수다감 다냐타 옴 아로계

아로가 마지로가 지간란제 혜혜하례 마하모지 사다

바사마라 사마라 하리나야 구로구로 갈마사다야 사

다야 도로도로 미연제 마하 미연제 다라다라 다린나

례새바라 자라자라 마라 미마라 아마라 몰제 예혜

혜로계 새바라 라아 미사미 나사야 나베 사미 사미

나사야 모하자라 미사미 나사야 호로호로 마라호로

하례 바나마 나바 사라사라 시리시리 소로소로 못자

못자 모다야 모다야 매다리야 니라간다 가마사 날사

남 바라 하라나야 마낙 사바하 삿다야 사바하 마하

삿다야 사바하 삿디유예 새바라야 사바하 니라간타

야 사바하 바라하 목카싱하 목카야 사바하 바나마

하따야 사바하 자가라 욕다야 사바하 상카섭나네 모

다나야 사바하 마하라 구타다라야 사바하 바마사간

타 이사체다 가릿나 이나야 사바하 먀가라 잘마

이바사나야 사바하 「나모라 다나다라 야야 나막알

야 바로기제 새바라야 사바하 「나모라 다나다라」

마하반야바라밀다심경

摩訶般若波羅蜜多心經

관자재보살 행심반야바라밀다시 조견 오온개공 도

311

일체고액 사리자 색불이공 공불이색 색즉시공 공즉
시색 수상행식 역부여시 사리자 시 제법공상 불생불
멸 불구부정 부증불감 시고 공중무색 무수상행식 무
안이비설신의 무색성향미촉법 무안계 내지 무의식계
무무명 역무무명진 내지 무노사 역무 노사진 무고집
멸도 무지역무득 이무소득고 보리살타 의반야바라밀
다고 심무가애 무가애고 무유공포 원리전도몽상 구
경열반 삼세제불 의반야바라밀 고득 아뇩다라삼먁
삼보리 고지 반야바라밀다 시대신주 시대명주 시무
상주 시무등등주 능체일체고 진실불허 고설 반야바
라밀다주 즉설주왈 「아제아제 바라아제 바라승아제
모제 사바하」 (세번)

312

정로진언 (길을 인도하는 진언)

『옴 소싯디 나자리다라 나자라다리 모라다예
<small>唵 蘇悉地 囉佐囉 滿多滿多 佐哩多囉 母羅多曳</small>

자라자라 만다만다 하나하나 훔바탁』(세번)
<small>佐囉佐囉 滿多滿多 賀那賀那 吽婆吒</small>

입실게 入室偈 (욕실방에 들기를 안내하는 진언)

一從違背本心王 일종위배본심왕
幾入三途歷四生 기입삼도역사생
今日滌除煩惱染 금일척제번뇌염
隨緣依舊自還鄉 수연의구자환향

(관욕을 알리는 종 다섯번을 친뒤에)

② 가지조욕편 加持澡浴篇

詳夫 淨三業者 상부 정상업자
無越乎澄心 무월호징심
潔萬物者 莫過乎淸水 결만물자 막과호청수

是以 謹嚴浴室 시이 근엄욕실
特備香湯 특비향탕
希一濯於塵勞 獲萬劫之 희일탁어진로 획만겁지

청정 하유목욕지계 대중수언후화
清淨 下有沐浴之偈 大衆隨言後和

관욕게
灌浴偈

아금이차향탕수 관욕고혼급유정
我今以此香湯水 灌浴孤魂及有情

신심세척영청정 증입진공상락향
身心洗滌令淸淨 證入眞空常樂鄕

목욕진언
沐浴眞言 (목욕을 알리는 진언)

양수무명지소지 내상차입 장우압좌 수이
兩手無名指小指 內相叉入掌右押左豎二

중지두 상주이두지 엽중지배상이대지 염
中指頭相柱二頭指 捻中指背上二大指捻

중지중절
中指中節

목욕진언을 외울때 짓는 인(印)인데 양손 무명지
와 새끼 손가락을 안으로 깍지껴서 손바닥속에 넣되 오른쪽 손가락이 왼손가락을
누르게 하고, 두장가락은 펴서 끝을 맞대고 양쪽 둘째가락으로는 장가락 등으을 누

314

르고 두엄지손가락으로 장가락 가운데 마디를 누릅니다.

『唵 婆 多 謨 婆 尼 沙 阿 謨 佉 阿 隷 吽
옴 바다모 사니사 아모까 아례 훔』(세번)

작양지진언　嚼 楊 枝 眞言
(버들가지로서 목욕을 돕는 진언)

左 手 大 折 指 捻 無 名 指 不 節 作 金 剛 拳
좌수대모지 엽무명지하절 작금강권
(왼손 엄지손가락으로 무명지가락 아랫마디를 누르고 주먹을 집니다)

『唵 縛 阿 羅 賀 娑 婆 訶
옴 바아라하 사바하』(세번)

수구진언　嗽 口 眞 言
(양치질을 하게 하는 진언)

左 手 結 金 剛 拳 伸 中 指 無 名 小 指
좌수결금강권 신중지무명소지
(왼손으로 주먹을 쥐고 장가락 무명지가락 새끼손가락을 폅니다)

『唵 度 度 哩 九 魯 九 魯 娑 婆 訶
옴 도도리 구로구로 사바하』(세번)

세수면진언 洗手面眞言 (손과 얼굴을 씻게하는 진언)

인법 印法 同嚼楊枝 동작양지

(모습은 작양지 진언의 인법과 같읍니다)

『옴 三滿多 婆哩 述帝 吽 삼만다 바리 숫제 훔』(세번)

---

3 가지화의편 加持化衣篇 (옷을 갈아입도록 일러주는 곳)

제불자 諸佛子灌浴既周 관욕기주 身心俱淨 신심구정 今以如來 금이여래 無上秘密之 무상비밀지

언 言加持冥衣 가지명의 願此一衣 원차일의 爲多衣以多衣 위다의이다의 爲無盡之衣 위무진지의

영청신형 令稱身形 부장부단 不長不短 불책불관 不窄不寬 승전소복지의 勝前所服之衣 변성 變成

해탈지복 解脫之服 고오불여래 故吾佛如來 유화의재 有化衣財 다라니 多羅尼 근당선념 謹當宣念

화의재진언 化衣財眞言

(종이옷을 태워서 법의로 만드는 진언)

차주무인법 유저용가지 무저구작 연화
此呪無印法 有杵用加持 無杵俱作 蓮花 二

합장 合掌

(금강저가 있으면 금강저를 쓰고 없으면 그림과 같이 합장하면 됩니다)

『나무사만다 못다남 옴 바자나 비로기제 사바하』(세번)

曩謨三滿多 没多南 唵 婆左那 毘盧枳帝 娑婆 訶

제불자 지주기주 화의이변 무의자 여의부체유의

諸佛子 持呪既周 化衣已遍 無衣者 與衣覆體有衣

자 기고환신 장예정단 선정복식

者 棄古換新 將詣淨壇 先整服飾

수의진언(授衣眞言) (옷을 주는 진언)

우수작권(右手作拳) 좌수취수(左手取水) 용쇄(用灑)

(오른손으로 주먹을 쥐고 왼손으로 물을 뿌려줍니다)

『옴(唵) 바리마라(婆里摩羅) 바라(婆縛) 아리니(阿里尼) 훔(吽)』 (세번)

착의진언(着衣眞言) (옷을 입게하는 진언)

양수대무지(兩手大拇指) 각안두지중지소지두(各按頭指中指小指頭)

(양손 엄지손가락으로 네손가락 끝을 눌러 주먹을 쥡니다)

『옴(唵) 바아라(縛日羅) 바사세(婆娑捷) 사바하(娑婆訶)』 (세번)

정의진언(整衣眞言) (옷을 단정히 입히는 진언)

印法 同前着衣眞言

인법 동전착의진언 (착의진언법과 같음)

『옴 삼만다 바다라나 바다메 훔박』(세번)

唵 三滿多 婆多羅那 婆多米 吽洋

4 출욕참성편 出浴參聖篇

(목욕을 마치고 부처님을 친견하도록 알리는 진언)

諸佛子 既周服飾 可詣壇場 禮三寶之慈尊 聽一乗

제불자 기주복식 가예단장 예삼보지자존 청일승

之妙法 請離香浴 當赴淨壇 合掌專心 徐歩前進

지묘법 청리향욕 당부정단 합장전심 서보전진

指壇眞言

지단진언

右手作金剛拳 頭指直伸指於壇門

우수작금강권 두지직신지어단문

(오른손으로 주먹을 쥐고 둘째손가락만 펴서 단을 가르칩니다)

『옴 예이혜 베로자나야 사바하』(세번)

唵 曳二惠 吠魯佐那野 娑婆訶

법신변만백억계 法身遍滿百億界
보방금색조인천 普放金色照人天

응물현형담저월 應物現形潭底月
체원정좌보련대 體圓正坐寶蓮臺

나무대성인로왕보살 (세번) 南無大聖引路王菩薩

정중게 庭中偈 (마당에 나가를 알리는 진언)

일보증부동 一步曾不動
내향수운간 來向水雲間 既到阿練若
기도아련야 入室禮金仙
입실예금선

개문게 開門偈 (문을 열고 나서기를 알리는 진언)

권박봉미륵 捲箔逢彌勒
개문견석가 開門見釋迦
삼삼예무상 三三禮無上 二
유희법왕가 遊戲法王家

[5] 가지예성편 加持禮聖篇 (부처님앞에 이르러 성현뵙기를 고하는 법어)

상래위 上來爲
명도유정 冥道有情 引入淨壇已竟
인입정단이경 今當禮奉三寶
금당예봉삼보

320

夫三寶者　三身正覺　五教靈文　三賢十聖之尊　四果

부삼보자　삼신정각　오교영문　삼현십정지존　사과

二乘之衆　汝等　既來法會　得赴香筵　想三寶之難逢

이승지중　여등　기래법회　득부향연　상삼보지난봉

傾一心而信禮　下有普禮之偈　大衆隨言後和

경일심이신례　하유보례지게　대중수언후화

보례삼보 (삼보님께 예배하는 게송)
普禮三寶

普禮十方常住　法身報身化身諸佛陀

보례시방상주　법신보신화신제불타

普禮十方常住　經藏律藏論藏諸達摩

보례시방상주　경장율장논장제달마

普禮十方常住　菩薩緣覺聲聞諸僧伽

보례시방상주　보살연각성문제승가

諸佛子　幸逢聖會　已禮慈尊　宜生罕遇之心　可發難

제불자　행봉성회　이례자존　의생한우지심　가발난

遭之想　請離壇所　當赴冥筵　同享珍羞　各求妙道

조지상　청이단소　당부명연　동형진수　각구묘도

321

法性偈
법성게

法性圓融無二相
법성원융무이상

諸法不動本來寂
제법부동본래적

無名無相絶一切
무명무상절일체

證智所知非餘境
증지소지비여경

眞性甚深極微妙
진성심심극미묘

不守自性隨緣成
불수자성수연성

一中一切多中一
일중일체다중일

一卽一切多卽一
일즉일체다즉일

一微塵中含十方
일미진중함시방

一切塵中亦如是
일체진중역여시

無量遠劫卽一念
무량원겁즉일념

一念卽是無量劫
일념즉시무량겁

九世十世互相卽
구세십세호상즉

仍不雜亂隔別成
잉불잡란격별성

初發心時便正覺
초발심시변정각

生死涅槃常共和
생사열반상공화

理事冥然無分別
이사명연무분별

十佛普賢大人境
십불보현대인경

能仁海印三昧中
능인해인삼매중

繁出如意不思議
번출여의부사의

雨寶益生滿虛空
우보익생만허공

衆生隨器得利益
중생수기득리익

是故行者還本際
시고행자환본제

匠息妄想必不得
파식망상필부득

무연선교착여의 無緣善巧捉如意
귀가수분득자량 歸家隨分得資糧
이다라니무진보 以陀羅尼無盡寶

장엄법계실보전 莊嚴法界實寶殿
궁좌실제중도상 窮坐實際中道床
구래부동명위불 舊來不動名爲佛

제불대원경 諸佛大圓境
필경무내외 畢竟無內外
야양금일회 爺孃今日會
미목정상시 眉目正相撕

6 수위안좌편 受位安座篇

(다시 자리에 앉기를 권하는 진언)

제불자 諸佛子
상래승불섭수 上來承佛攝受
장법가지 仗法加持
기무수계이임연 旣無因繫以臨筵

원획소요이취좌 願獲逍遙而就座
하유안좌지게 下有安座之偈
대중수언후화 大衆隨言後和

아금의교설화연 我今依敎說華筵
종종진수열좌전 種種珍羞列座前

대소의위차제좌 大小依位次第坐
전심제청연금언 專心諦聽演金言

수위안좌진언 受位安座眞言

323

唵 摩尼 軍茶尼 吽吽 娑婆訶

『옴 마니 군다니 훔훔 사바하』(세번)

百草林中一味新

백초임중일미신

趙州常勸幾千人

조수상권기천인

烹將石鼎江心水

팽장석정강심수 (절)

願使亡靈歇苦輪

원사망령헐고륜

願使孤魂歇苦輪

원사고혼헐고륜

願使諸靈歇苦輪

원사제령헐고륜

제五부 시식 편 施食篇

제一장 시련절차 侍輦節次

(초혼한 위패를 연대에 신고 법당까지 안치하는 과정)

① 옹호게 擁護偈

봉청시방제현성 奉請十方諸賢聖　범왕제석사천왕 梵王帝釋四天王

불사자비원강림 不捨慈悲願降臨　가람팔부신기중 伽藍八部神祇衆

헌좌진언 獻座眞言

아금경설보엄좌 我今敬設寶嚴座　봉헌일체성현전 奉獻一切聖賢前

속원해탈보리과 速圓解脫菩提果　원멸진로망상심 願滅塵勞妄想心

다게 茶偈

『옴 가마라 승하 사바하』(세번)

今將甘露茶
금장감로다　봉헌성현전 奉獻聖賢前　감찰건간심 鑑察虔懇心　원수애납수 願垂哀納受

行步偈
행보게

移行千里滿虛空
이행천리만허공　귀도정망도정방 歸道情忘到淨邦　삼업투성삼보례 三業投誠三寶禮

聖凡同會法王宮
성범동회법왕궁

散花落
『산화락(세번)

南無大聖引路王菩薩摩訶薩
나무대성인로왕보살마하살』(세번)

靈鷲偈
영축게

靈鷲拈花示上機
영축염화시상기　궁동부목접맹귀 肯同浮水接盲龜　음광불시미미소 飲光不是微微笑

無限清風付與誰
무한청풍부여수

普禮三寶
보례삼보

普禮十方常住佛　普禮十方常住佛　普禮十方常住佛

보례시방상주불　보례시방상주불　보례시방상주불

齋對靈

② **재대령** (재를 지낼 영가에 대하여 설하는 일체의 법문)

擧佛

거불

南無極樂導師阿彌陀佛　南無左右補處兩大菩薩

나무극락도사아미타불　나무좌우보처양대보살

南無接引亡靈引路王菩薩

나무접인망령인로왕보살

宣疏

선소 (절)

고혼소 (孤魂疏) 혹은 대령속 (對靈疏) 수설대회소라고 한다.

영혼을 상대해서 재를 지내는 지내게 된 연유를 밝히는 글로

皮封式

피봉식　소청문소배헌

삼태가친등중　석가여래 귀교제 자봉행 가지병법사문

修設大會疏

수설대회소

鐵圍山間獄焦山　火湯爐湯禽獸刀　八萬四千地獄門

철위산간옥초산　화탕로탕금수도　팔만사천지옥문

327

將秘呪力今日開　장비주력금일개

蓋聞　生死路暗　憑　佛燭而可明　告海波深仗　法船
개문　생사로암　빙　불촉이가명　고해파심장　법선

而可渡　四生六道　迷眞則　似儀巡環　八難三途　恣
이가도　사생육도　미진즉　사의순환　팔난삼도　자

情則　如蠶處繭　傷嗟生死　從古至今　未悟心源　那
정측　가잠처견　상차생사　종고지금　미오심원　나

能免矣　非憑佛力　難可超昇　娑婆世界　云云　今則
능면의　비빙불력　난가초승　사바세계（운운）금즉

天風肅靜　白日明明　夜漏沈沈　專列香花　以伸迎請
천풍숙정　백일명명（야루침침）전열향화　이신영청

南無一心奉請　大聖引路王菩薩　摩訶薩　右伏以一
나무일심봉청　대성인로왕보살　마하살　우복이　일

靈不昧　八職分明　歸届道場　領露功德　陳冤宿債
령불매　팔식분명　귀계도량　영첨공덕　진원숙채

應念頓消　正覺菩提　隨心便證　謹疏
응념돈소　정각보리　수심변증　근소

某年 모년　某月 모월　某日 모일　秉法沙門 병법사문　某 모○○○　謹疏 근소

振鈴三下後
（요령세번흔들어놓고）

今日 금일　至極之精誠 지극지정성　生前孝行 생전효행　死後 사후 （사십구일지재）　四十九日之齋

爇香壇前 설향단전　奉請 봉청　薦魂齋者 천혼재자　某市道 모시도　某區郡 모구군　某洞面 모동면

某里居住 모리거주　行孝子 행효자　某人伏爲 모인복위　追薦亡嚴父全州李公 추천망엄부전주이공○

○ 靈駕 영가

③ 착어 着語

今日灌浴 금일 관욕　某后人 모후인　某人 모인 靈駕 영가　生本無生 생본무생　滅本無 멸본무

滅 멸　生滅本虛 생멸본허　實相常住 실상상주　某后人 모후인　某人 모인 靈駕 영가　還會 환회

得無生滅底一句魔
득무생멸

良久 俯仰隱玄玄 視聽明歷歷
저일구마 (양구) 부앙은현현 시청명역력

若也會得 頓證法身
약야회득 돈증법신 영멸기허 기혹미연 승불신력
永滅飢虛 其惑未然 承佛神力

仗法加持
장법가지 부차향단 수아묘공 증오무생
赴此香壇 受我妙供 證悟無生

진령게
振鈴偈

以此振鈴伸召請
이차진령신소청 금일영가보문지 원승삼보력가지
今日靈駕普聞知 願承三寶力加持

今夜日今時來赴會
금야일금시내부회

普召請眞言
보소청진언·나무 보보제리 가리다리 다타 아다야 (세번)

증명청
證明請

南無一心奉請 千警千層之寶盖 身掛百福之華蔓 導
나무일심봉청 천경천충지보개 신괴백복지화만 도

330

청혼어 극락계중 인망령향벽련대반 대성인로왕보
清魂於 極樂界中 引亡靈香碧蓮臺畔 大聖引路王菩

살마하살 유원자비 강림도량 증명공덕
薩摩訶薩 唯願慈悲 降臨道場 證明功德

향화청 (세번) 가영
香花請 歌詠

신착화만수보개 자비광박변진방 신근보재명양고
身着華鬘手寶盖 慈悲廣博遍塵邦 辛勤普濟冥陽苦

접인망령도정방 고아일심 귀명정례
接引亡靈到淨邦 故我一心歸命頂禮

다게
茶偈

아금청정수 변위감로다 봉헌증명전 원수애납수
我今淸淨水 變爲甘露茶 奉獻證明前 願垂哀納受

원수자비애납수 원수자비애납수
願垂慈悲哀納受 願垂慈悲哀納受

고혼청
孤魂請

일심봉청 一心奉請

생종하처래 生從何處來　사향하처거 死向何處去　생야일편부운기 生也一片浮雲起

사야일편부운멸 死也一片浮雲滅　부운자체본무실 浮雲自體本無實　생사거래역여연 生死去來亦如然

독유일물상독로 獨有一物常獨露　감연불수어생사 湛然不隨於生死　원아금차 지의성 願我今次 至意誠

심 지극지정성 心 至極之精誠　설향단전 蘭香壇前　봉청천혼재자 奉請薦魂齋者　모시도 某市道

모구군 某區郡　모동면 某洞面　모리거주 某里居住　행효 行孝　모인 某人　복위 伏爲　추천 追薦

망엄부모후인모공모인영가 亡嚴父某后人某公某人靈駕　승불신력 承佛神力　금일금시 今日今時　내 來

예향단 詣香壇　수첨법공 受霑法供

（又一式）
（또 한가지식）

일심봉청 一心奉請　인연취산 因緣聚散　금고여연 今古如然　허철광대영통 虛徹廣大靈通　왕래 往來

자재무애 自在無碍 금일지극지정성 今日至極之精誠 천혼재자 薦魂齋者 모인복위 某人伏爲 모 某

인영가 人靈駕 승불신력 承佛神力 장법가지 仗法加持 내예향단 來詣香壇 수첨법공 受霑法供

又一式 (또한가지식)

일심봉청 一心奉請 실상이명 實相離名 법신무적 法身無跡 종연은현 從緣隱現 약경상지 若鏡像之

유무 有無 수업승침 隨業昇沈 여정륜고하 如井輪高下 의희면목 依稀面目 방불형용 彷彿形容

묘변막측 妙變莫測 환래하난원아금일 喚來何難願我今日 지극지정성 至極之精誠 천혼재자 薦魂齋者

(모처거주) 某處居住 모인복위 某人伏爲 모인영가 某人靈駕 승불신력 承佛神力 금일금 今日今

시 時 내예향단 來詣香壇 수첨법공 受霑法供

향연청 (세번) 香煙請 가영 歌詠

333

제령한진치신망　諸靈限盡致身亡
석화광음몽일장　石火光陰夢一場
삼혼묘묘귀하처　三魂杳杳歸何處

칠백망망거원향　七魄茫茫去遠鄉

모후인　某后人
모인　某人
영가　靈駕
기수건청　既受虔請
기강향단　己降香壇
방사제연　放捨諸緣

부흠사전　俯欽斯奠

모인영가　某人靈駕
일주청향　一炷清香
정시영가　正是靈駕
본래면목　本來面目
수점명등　数點明燈

정시영가　正是靈駕
착안시절　着眼時節
선헌조주다　先献趙州茶
후진향적찬　後進香積饌
어차　於此

물물환　物物還
착안마　着眼魔
(양구)　良久
저두앙면무장처　低頭仰面無藏處
운재청천수　雲在青天水

재병　在瓶
모인영가　某人靈駕
기수향공　既受香供
이청법음　已聽法音
합장전심　合掌專心
참　參

례금선　禮金仙

제二장 관음시식 觀音施食

거불 擧佛

南無 나무 極樂導師 극락도사 阿彌陀佛 아미타불 (절)

南無 나무 左右補處 좌우보처 觀音勢至 관음세지 兩大菩薩 양대보살 (절)

南無 나무 接引亡靈大聖引路王 접인망령대성인로왕 菩薩摩訶薩 보살마하살 (절)

※ 요령을 세번 흔들어 주위의 정적을 깨트린 다음 정중한 음성으로 다음 착어를 합니다.

착어 着語

據 거 娑婆世界 사바세계 南贍部洲 남섬부주 海東 해동 大韓民國 대한민국 某市道 모시도

某區郡 모구군 某洞面 모동면 某里 모리 某山下 모산하 某寺 모사 清淨水月道場 청정수월도량

내 원아금차 지의성심 생전효행 사후 (사십구일)
內 願我今次 至意誠心 生前孝行 死後 四十九日

지재 설향단전 봉청재자 (모처거주) 모인복위 추
之齋 燕香壇前 奉請齋者 某處居住 某人伏爲 追

천망 엄부모후인모공모인 영가 (삼설)
薦亡 嚴父某后人某公某人 靈駕 三說

※ 기제사에는 년년기일지재 (年年忌日之齋) 라고 합니다.

영가위주 당령복위기부 역위상서선망사존부모 누
靈駕爲主 當靈伏爲記付 亦爲上逝先亡師尊父母 累

세종친 제형숙백 자매질손 다생사장 오선육친
世宗親 弟兄叔伯 姉妹姪孫 多生師長 五旋六親

구현칠족 일체친속 각열위열명영가 억원 내지
九玄七族 一切親屬 各列位列名靈駕 抑願 乃至

차사 최초 창건이래 전후중간 중건중수 조불조
此寺 最初 創建以來 前後中間 重建重修 造佛造

탑 불향등촉 화주시주 도감별좌 조연양공 사사
塔 佛香燈燭 化主施主 都監別坐 助緣良工 四事

공양등 (供養等)

각열위열명 (各列位列名) 영가 (靈駕) 내지불전내외 (乃至佛前內外) 일용범제 (日用凡諸)

집물 (什物) 종종대소결연등 (種種大小結緣等) 각열명영가 (各列名靈駕) 억원 (抑願) 차도량내 (此道場內)

외 (外) 동상동하 (洞上洞下) 유주무주 (有主無主) 침혼체백 (沈魂體魄) 의산의수의초 (依山依水依草)

부목지정령 (付木之精靈) 인간음계 (人間陰界) 수부산림 (水府山林) 비명액사 (非命厄死) 호랑악 (虎狼惡)

사 (死) 만경창파 (萬頃蒼波) 우풍고탁 (遇風孤棹) 몰수이사 (沒水以死) 위국절사 (爲國節死) 충의 (忠儀)

장졸 (將卒) 간토굴지 (墾土屈地) 족답마멸 (足踏磨滅) 천파수사 (天破水死) 결항치사범 (結項致死凡)

동손상 (動損傷) 함원포한 (合怨抱恨) 구종횡사 (九種橫死) 형헌이종 (形憲以終) 산난이사 (産難而死) 내지 (乃至)

폭포낙사 (瀑怖落死) 일체애혼불자등 (一切哀魂佛子等) 각열명영가 (各列名靈駕) 억원 (抑願) 내지 (乃至)

철위산간오무간지옥 (鐵圍山間五無間地獄) 일일일야 (一日一夜) 만사만생 (萬死萬生) 수고함령 (受苦含靈)

등중 _{等衆} 각열명영가 _{各列名靈駕} 보여법계 _{普與法界 兼及法界} (겸급법계) 사생칠취 _{四生七趣}

삼도팔난 _{三途八亂} 사은삼유 _{四恩三有} 일체유주무주 _{一切有主無主} 애혼불자등 _{哀魂佛子等} 각 _各

별명영가 _{別名靈駕} 열명영가

① 착어 _{着語}

영원담적 _{靈源湛寂 無古無今} 무고무금 묘체원명 _{妙體圓明 何生何死 便是} 하생하사 변시 석 _釋

가세존 _{迦世尊 摩竭掩關之時節 達摩大師} 마갈엄관지시절 달마대사 소림면벽지가풍 _{少林面壁之家風}

소이 _{所以 泥蓮河側} 미연하측 곽시쌍부 _{槨示雙趺 葱嶺途中} 총령도중 수후쌍리제 _{手携雙覆諸}

불자 _{佛子 還會得} 환회득 담적원명지 _{湛寂圓明底 一句麼} 일구마 (조금 있다가) 부 _俯

앙은현현 _{仰隱玄玄 視聽明歷歷} 시청명역역 약야회득 _{若也會得 頓證法身 永滅飢} 돈증법신 영멸기

338

허
虛

기혹미연 其惑未然　승불신력 承佛神力　장법가지 仗法加持　부차향단 赴此香壇　수아 受我

묘공 妙供　증오무생 證悟無生

진령게 振鈴偈

이차진령신소청 以此振鈴伸召請　명도귀계보문지 冥途鬼界普聞知　원승삼보력가지 願承三寶力加持

금일금시내부회 今日今時來赴會

상래소청 上來召請　제불자등 諸佛子等 各　각 열명영가 列名靈駕

착어 着語

자광조처연화출 慈光照處蓮花出　혜안관시지옥공 慧眼觀時地獄空　우향대비신주력 又況大悲神呪力

중생성불찰나중 衆生成佛刹那中　천수일편위고혼 千手一片爲孤魂　지심제청 지심제 志心諦聽 志心諦

339

신묘장구대다라니
神妙章句大陀羅尼
(대중이 다함께 독송함)

나모라 다나 다라 야야 나막알약 바로기제 새바라야

모지 사다바야 마하 사다바야 마하가로 니가야 옴

살바 바예수 다라나 가라야 다사명 나막 가리다바

이맘알야 바로기제 새바라다바 이라간타 나막 하리

나야 말바다 이사미 살바타 사다남 수반 아예염 살

바보다남 바바마라 미수다감 다냐타 옴 아로계 아

로가 마지로가 지가란제 혜혜 하례 마하모지 사다바

사마라 사마라 하리나야 구로구로 갈마 사다야 사다

야 도로도로 미연제 마하 미연제 다라다라 다린나례

새바라 자라자라 마라 미마라 아마라 몰제 예혜혜

로계 새바라 라아미사미 나사야 나베 사미사미 나사

야 모하자라 미사미 나사야 호로호로 마라호로 하례

바나마 나바 사라사라 시리시리 소로소로 못자못자

모다야 모다야 매다리야 니라간다 가마사 날사남 바

라 하라나야 마낙 사바하 삿다야 사바하 마하 삿다

야 사바하 삿다유예 새바라야 사바하 니라간타야 사

바하 바라하 목카싱하 목카야 사바하 바나마 하따야

사바하 자가라 욕다야 사바하 상카섭나네 모다나야

사바하 마하라 구타다라야 사바하 바마사간타 이사

시체다 가릿나 이나야 사바하 마가라 잘마 이바사나

야 사바하 『나모라 다나다라 야야 나막알야 바로기

（세번）
　제 새바라야 사바하 ◯ ◯

약인욕요지　삼세일체불　응관법계성　일체유심조 （세번）
若人欲了知　三世一切佛　應觀法界性　一切唯心造

파지옥진언 · 『옴 가라지야 사바하』 （세번）
破地獄眞言

해원결진언 · 『옴 삼다라 가닥 사바하』 （세번）
解冤結眞言

보소청진언 · 『나무 보보제리 가리다리 다타 아다야』 （세번）
普召請眞言

나무상주시방불
南無常住十方佛

나무상주시방법
南無常住十方法

나무상주시방승
南無常住十方僧

나무대자대비 구고구난관세음보살
南無大慈大悲 救苦救難觀世音菩薩

나무 대방광불화엄경
南無 大方廣佛華嚴經

증명청
證明請

（영가의 인과업보를 증명해 줄 수 있는
대성인로왕보살 을 초청하는 청입니다）

나무 南無 一心奉請

일심봉청 천경천층지보개 千警千層之寶盖

신괘 身掛

백복지화만 百福之華鬘

도청혼어극락계중 導請魂於極樂界中

인망령 引亡靈 向碧蓮臺畔

향벽연대반 大聖引路王

대성인로왕

보살마하살 菩薩摩訶薩

유원자비 唯願慈悲

강림도량 降臨道場 證明功德

증명공덕

香花請

향화청 (세번)

歌詠

가영

修仁蘊德龍神喜

수인온덕용신희

念佛看經業障消

염불간경업장소

如是聖賢來接引

여시성현내접인

庭前高步上金橋

정전고보상금교

故我一心

고아일심

歸命頂禮

귀명정례

獻座眞言

헌좌진언 · 묘보리좌승장엄

妙菩提座勝莊嚴

제불좌이성정각

諸佛坐已成正覺

我今獻

아금헌

座亦如是

좌역여시

自他一時成佛道

자타일시성불도

『옴 바아라 미나야 사바하』 (세번)

343

🔔 **다게** 茶偈

금장감로다 今將甘露茶
봉헌증명전 奉獻證明前
감찰건간심 鑑察虔懇心
원수애납수 (세번) 願垂哀納受

🔔 **[2] 고혼청** 孤魂請

(외로운 혼령을 초대하는 청입니다)

일심봉청 一心奉請
생종하처래 生從何處來
사향하처거 死向何處去
생야일편부운기 生也一片浮雲起
사야일편부운멸 死也一片浮雲滅
부운자체본무실 浮雲自體本無實
생사거래역여연 生死去來亦如然
독유일물상독로 獨有一物常獨露
담연불수어생사 湛然不隨於生死
원아금차 願我今次

一심 지극지정성 心 至極至精誠
설향단전 蓺香壇前
봉청천혼재자 奉請薦魂齋者
모주소 某住所

二심 거주 居住某人
모인
복위 伏爲
모인영가 某人靈駕

승불위광 承佛威光
내예향단 來詣香壇
수첨법공 受霑法供

344

재설 (再說) · 일심봉청 (一心奉請) 인연취산 (因緣聚散) 금고여연 (今古如然) 허철광대령통 (虛徹廣大靈通)

왕래자재무애 (往來自在無碍) 원아금차 (願我今次) 지극지정성 (至極至精誠) 발원재자 모 (發願齋者某)

주소거주 (住所居住) 모인복위 (某人伏爲) 모인영가 (某人靈駕)

승불위광 (承佛威光) 내예향단 (來詣香壇)

수첨법공 (受霑法供)

삼설 (三說) · 일심봉청 (一心奉請) 실상이명 (實相離名) 법신무적 (法身無跡) 종연은현 (從緣隱現) 약 (若)

경상지유무 (鏡像之有無) 수업승침 (隨業昇沈) 여정륜지고하 (如井輪之高下)

묘변막측 (妙變莫測) 환 (幻)

래하난 (來何難) 원아금차 (願我今次) 지극지정성 (至極至精誠) 설향단전 (爇香壇前) 봉청천혼 (奉請薦魂)

재자 (齋者) 모주소거주 (某住所居住) 모인복위 (某人伏爲) 모인영가위주 (某人靈駕爲主)

당령복위기부 (當靈伏爲記付) 역위상서선망 (亦爲上逝先亡) 사존부모 (師尊父母) 누세종친 (累世宗親)

제형숙백 弟兄叔伯　자매질손 姉妹姪孫　다생사장 多生師長　오족육친 五族六親　구현칠족 九玄七族

일체친속 一切親屬　각열위열명영가 各列位列名靈駕　억원 抑願　내지 차사 최초 乃至 此寺 最初

창건이래 創建以來　전후중문 前後中聞　중건중수 重建重修 造佛造塔等各列　조불조탑 불향등촉 佛香燈燭

화주시주 化主施主　도감별좌 都監別座　조연양토 助緣良土　사사공양등 각열 四事供養等各列

위열명영가 位列名靈駕　내지 乃至　불전내외 佛前內外　일용종종범제집물대 日用種種凡諸什物大 此道場內

소결연 수희동참 小結緣 隨喜同參　각열위열명영가 各列位列名靈駕　억원 抑願 此願　차도장내

외동상동하 外同上同下　의산의수 依山依水　의초부목지정령 依草付木之精靈　인간음계 人間陰界　차도장내

수부산림 水府山林　비명액사 非命厄死　호량악사 虎狼惡死　천파수사 天破水死　결항지사 結項致死

위국절사 爲國節死　충의장졸 忠義將卒　간토굴지 懇土屈地　족답마멸 足踏磨滅　범동손상 凡動損傷

함원포한 含怨抱恨 구종횡사 九種橫死 형헌이종 形憲而終 산난이사 産難而死 폭포낙사 瀑怖落死

호랑악사 虎狼惡死 만경창파 萬頃蒼波 우풍고탁 遇風孤棹 몰수이사 沒水而死 一切哀魂 일체애혼

제불자등 諸佛子等 각열명영가 各列名靈駕 抑願 억원 乃至 내지 鐵圍山間 철위산간 五無 오무

간지옥 間地獄 일일야 一日一夜 만사만생 萬死萬生 受苦含靈等衆 수고함령등중 各列名 각열명

영가 靈駕 乃至 내지 普與法界 보여법계 四生七趣 사생칠취 三途八難 삼도팔난 四恩三 사은삼

유 有 一切有主無主 일체유주무주 哀魂佛子等 애혼불자등 各列名靈駕 각열명영가 承佛威 숭불위

광 光 來詣香壇 내예향단 受霑法供 수첨법공

향화청(세번) 香煙請 가영 歌詠

제령한진치신망 諸靈限盡致身亡 석화광음몽일장 石火光陰夢一場 삼혼묘묘귀하처 三魂杳杳歸何處

347

칠백망망거원향 七魄茫茫去遠鄉　제불자등 諸佛子等　각열위열명영가 各列位列名靈駕　상래 上來

승불섭수 承佛攝受　장법가지 仗法加持　기무수계이임연 既無囚繫以臨筵　원획소요이취 願獲逍遙而就

안좌게 安座偈

좌 座　하유안좌지게 下有安座之偈　대중수언후화 大衆隨言後和

아금의교설화연 我今依教設華筵　종종진수열좌전 種種珍羞列座前　대소의위차제좌 大小依位次第坐

전심제청연금언 專心諦聽演金言

수위안좌진언 受位安座眞言·『옴 마니 군다니 훔 훔 사바하』(세번)

백초임중일미신 百草林中一味新　조수상권기천인 趙州常勸幾千人　팽장석정강심수 烹將石鼎江心水

원사망령헐고륜 願使亡靈歇苦輪　원사고혼헐고륜 願使孤魂歇苦輪　원사제령헐고륜 願使諸靈歇苦輪

宣密加持　身田潤澤　業火清凉　各求解脱

선밀가지　신전윤택　업화청량　각구해탈

變食聲言
변식진언·『나막 살바다타 아다 바로기제 옴 삼바라 삼바라 훔』(세번)

施甘露水眞言
시감로수진언·『나무 소로바야 다타아다야 다냐타 옴 소로소로 바라소로 바라소로 사바하』(세번)

一字水輪觀眞言
일자수륜관진언·『옴 밤 밤 밤밤』(세번)

乳海眞言
유해진언·『나무 사만다 못다남 옴 밤』(세번)

運心供養眞言
운심공양진언

願此香供遍法界　普供無盡三寶海　慈悲受供增善根
원차향공변법계　보공무진삼보해　자비수공증선근

영법주세보불은 令法住世寶佛恩

『나막 살바다타 아제비약미 살바모계 비약 살바다캄

오나아제 바라혜맘 옴 아아나캄 사바하』 (세번)

③ 칭양성호 稱揚聖號

나무 다보여래 南無 多寶如來　원제고혼 願諸孤魂　파제간탐 破除慳貧　법재구족 法財具足

나무 묘색신여래 南無 妙色身如來　원제고혼 願諸孤魂　리추루형 離醜陋形　상호원만 相互圓滿

나무 광박신여래 南無 廣博身如來　원제고혼 願諸孤魂　사육범신 捨六凡身　오허공신 悟虛空身

나무 리포외여래 南無 離怖畏如來　원제고혼 願諸孤魂　리제포외 離諸怖畏　득열반락 得涅槃樂

나무 감로왕여래 南無 甘露王如來　원아각각 願我各各　열명영가 列名靈駕　인후개통 咽喉開通

350

🍵 마하반야바라밀다심경

관자재보살 행심반야바라밀다시 조견 오온개공 도일

체고액 사리자 색불이공 공불이색 색즉시공 공즉시

색 수상행식 역부여시 사리자 시 제법공상 불생불멸

불구부정 부증불감 시고 공중무색 무수상행식 무 안

이비설신의 무색성향미촉법 무안계 내지 무의식계

무무명 역무무명진 내지 무노사 역무 노사진 무고집

멸도 무지역무득 이무소득고 보리살타 의반야바라밀

다고 심무가애 무가애고 무유공포 원리전도몽상 구

경열반 삼세제불 의반야바라밀다 고득 아뇩다라삼먁

삼보리 고지 반야바라밀다 시대신주 시대명주 시무

상주 시무등등주 능제일체고 진실불허 고설 반야바

라밀다주 즉석주왈

『아제아제 바라아제 바라승아제 모제 사바하』(세번)

願此加持食 普遍滿十方 食者除飢渴 得生安養國
원차가지식 보편만시방 식자제기갈 득생안양국

施鬼食眞言
시구식진언·『옴 미기미기 야야미기 사바하』(세번)

施無遮法食眞言
시무차법식진언·『옴 목역능 사바하』(세번)

普供養眞言
보공양진언·『옴 아아나 삼바바 바아라 훔』(세번)

普回向眞言
보회향진언·『옴 삼마라 삼마라 미마나 사라마하 자

가라바 훔』(세번)

352

受我此法食
수아차법식
何異阿難饌
하이아난찬
飢腸咸飽滿
기장함포만
業火頓淸涼
업화돈청량

頓捨貪嗔癡
돈사탐친치
常歸佛法僧
상귀불법승
念念菩提心
염념보리심
處處安樂國
처처안락국

凡所有相
범소유상
皆是虛妄
개시허망
若見諸相非相
약견제상비상
即見如來
즉견여래

여래십호
如來十號

如來 應供
여래 응공
正遍智
정변지
明行足
명행족
善逝世間解
선서세간해
無上士
무상사

調御丈夫
조어장부
天人師
천인사
佛 世尊
불 세존

諸法從本來
제법종본래
常自寂滅相
상자적멸상
佛子行道已
불자행도이
來世得作佛
내세득자불

諸行無常
제행무상
是生滅法
시생멸법
生滅滅已
생멸멸이
寂滅爲樂
적멸위락

願我眞生無別念
원아진생무별념
阿彌陀佛獨相隨
아미타불독상수
心心常係玉毫光
심심상계옥호광

염념불리금색상 (念念不離金色相)

아집염주법계관 (我執念珠法界觀)

허공위승무불관 (虛空爲繩無不觀)

평등사나무하처 (平等舍那無何處)

관구서방아미타 (觀求西方阿彌陀)

나무서방대교주 (南無西方大敎主)

무량수여래불 (無量壽如來佛)

나무아미타불 (열번) (南無阿彌陀佛)

극락세계십종장엄 (極樂世界十種莊嚴)

법장서원수인장엄 (法藏誓願修因莊嚴)

사십팔원원력장엄 (四十八願願力莊嚴)

미타명호수광장엄 (彌陀名號壽光莊嚴)

삼대사관보상장엄 (三大士觀寶像莊嚴)

미타국토안락장엄 (彌陀國土安樂莊嚴)

보하청정덕수장엄 (寶河淸淨德水莊嚴)

보전여의누각장엄 (寶殿如意樓閣莊嚴)

주야장원시분장엄 (晝夜長遠時分莊嚴)

이십사락정토장엄 (二十四樂淨土莊嚴)

삼십종익공덕장엄 (三十種益功德莊嚴)

④ 미타인행사십팔원 (彌陀因行四十八願)

악취무명원 惡趣無名願
무타악도원 無墮惡道願
동진금색원 同眞金色願
형모무차원 形貌無差願

성취숙명원 成就宿命願
생획천안원 生獲天眼願
생획천이원 生獲天耳願
실지심행원 悉知心行願

신족초월원 神足超越願
정무아상원 淨無我想願
결정정각원 決定正覺願
광명보조원 光明普照願

수량무궁원 壽量無窮願
성문무수원 聲聞無數願
중생장수원 衆生長壽願
개획선명원 皆獲善明願

제불칭찬원 諸佛稱讚願
십념왕생원 十念往生願
임종현전원 臨終現前願
회향개생원 回向皆生願

구족묘상원 具足妙相願
함계보처원 咸階補處願
신공타방원 晨供他方願
소수만족원 所須滿足願

선입본지원 善入本智願
나라연력원 那羅延力願
장엄무량원 莊嚴無量願
보수실지원 寶樹悉知願

획승변재원 獲勝辯才願
대변무변순 大辯無邊願
국정보조원 國淨普照願
무량승음원 無量勝音願

몽광안락원 蒙光安樂願
성취총지원 成就摠持願
영리여신원 永離女身願
문명지과원 聞名至果願

천인경례원 天人敬禮願

무제근결원 無諸根缺願

공불견고원 供佛堅固願

수의수념원 須衣隨念願

현증등지원 現證等持願

욕문자문원 欲聞自聞願

자생심정원 纔生心淨願

문생호귀원 聞生豪貴願

보리무퇴원 菩提無退願

수현불찰원 樹現佛刹願

구족선근원 具足善根願

현획인지원 現獲忍地願

5 제불보살십종대은 諸佛菩薩十種大恩

발심보피은 發心普被恩

난행고행은 難行苦行恩

일향위타은 一向爲他恩

수형육도은 隨形六途恩

수축중생은 隨逐衆生恩

대비심중은 大悲深重恩

은승창열은 隱勝彰劣恩

위실시권은 爲實示權恩

시멸생선은 示滅生善恩

비념무진은 悲念無盡恩

보현보살십종대원 普賢菩薩十種大願

예경제불원 禮敬諸佛願

칭찬여래원 稱讚如來願

광수공양원 廣修供養願

참제업장원 懺除業障願

수회공덕원 隨喜功德願　청전법륜원 請轉法輪願　청불주세원 請佛住世願　상수불학원 常隨佛學願

항순중생원 恒順衆生願　보개회향원 普皆廻向願

석가여래팔상성도 釋迦如來八相成道

도솔내의상 兜率來儀相　비람강생상 毘藍降生相　사문유관상 四門遊觀相　유성출가상 踰城出家相

설산수도상 雪山修道相　수하항마상 樹下降魔相　녹원전법상 鹿苑轉法相　쌍림열반상 雙林涅槃相

다생부모십종대은 多生父母十種大恩

회탐수호은 懷耽守護恩　임산수고은 臨産受苦恩　생자망우은 生子忘憂恩　연고토감은 咽苦吐甘恩

회간취습은 廻乾就濕恩　유포양육은 乳哺養育恩　세탁부정은 洗濯不淨恩　원행억념은 遠行憶念恩

위조악업은 爲造惡業恩　구경연민은 究竟憐憫恩

오종대은명심불망
五種大恩銘心不忘

각안기소국왕지은 生養劬勞父母之恩 流通正法師長
各安其所國王之恩 생양구로부모지은 유통정법사장

之恩 四事供養檀越之恩 琢磨相成朋友之恩 當可爲
지은 사사공양단월지은 탁마상성붕우지은 당가위

報唯此念佛
보유차염불

고성염불십종공덕
高聲念佛十種功德

一者功德能排睡眠 二者功德天魔驚怖 三者功德聲遍
일자공덕능배수면 이자공덕천마경포 삼자공덕성변

十方 四者功德三途息苦 五者功德外聲不入 六者功
시방 사자공덕삼도식고 오자공덕외성불입 육자공

德念心不散 七者功德勇猛精進 八者功德諸佛歡喜
덕념심불산 칠자공덕용맹정진 팔자공덕제불환회

九者功德三昧現前 十者功德往生淨土
구자공덕삼매현전 십자공덕왕생정토

청산첩첩미타굴 (青山疊疊彌陀窟)
창해망망적멸궁 (滄海茫茫寂滅宮)
물물염래무가애 (物物拈來無罣碍)

기간송정학두홍 (幾看松亭鶴頭紅)
극락당전만월용 (極樂堂前滿月容)
옥호금색조허공 (玉毫金色照虛空)

약인일념칭명호 (若人一念稱名號)
경각원성무량공 (頃刻圓成無量功)
삼계유여급정륜 (三界猶如汲井輪)

백천만겁역미진 (百千萬劫歷微塵)
차신불향금생도 (此身不向今生度)
갱대하생도차신 (更待何生度此身)

천상천하무여불 (天上天下無如佛)
시방세계역무비 (十方世界亦無比)
세간소유아진견 (世間所有我盡見)

일체무유여불자 (一切無有如佛者)
찰진심념가수지 (刹塵心念可數知)
대해중수가음진 (大海中水可飲盡)

허공가량풍가계 (虛空可量風可繫)
무능진설불공덕 (無能盡說佛功德)
가사정대경진겁 (假使頂戴經塵劫)

신위상좌변삼천 (身爲狀座徧三千)
약불전법도중생 (若不傳法度衆生)
필경무능보은자 (畢竟無能報恩者)

아차보현수승행 (我此普賢殊勝行)
무변승복개회향 (無邊勝福皆回向)
보원침익제중생 (普願沈溺諸衆生)

속왕무량광불찰 速往無量光佛刹
아미타불재하방 阿彌陀佛在何方
착득심두절막망 着得心頭切莫忘

염도염궁무념처 念倒念窮無念處
육문상방자금광 六門常放紫金光
보화비진요망연 報化非眞了妄緣

법신청정광무변 法身淸淨廣無邊
천강유수천강월 千江有水千江月
만리무운만리천 萬里無雲萬里天

아석소조제악법 我昔所造諸惡業
개유무시담진치 皆有無始貪瞋痴
종신구의지소생 從身口意之所生

일체아금개참회 一切我今皆懺悔
죄무자성종심기 罪無自性從心起
심약멸시죄역망 心若滅時罪亦忘

죄망심멸양구공 罪亡心滅兩口空
시즉명위진참회 時即名爲眞懺悔
사대각리여몽중 四大各離如夢中

육진심식본래공 六塵心識本來空
욕식불조회광처 欲識佛祖回光處
일락서산월출동 日落西山月出東

세존당입설산중 世尊當入雪山中
일좌불지경육년 一坐不知經六年
인견명성운오도 因見明星云悟道

언전소식변삼천 言詮消息遍三千
원공법계제중생 願共法界諸衆生
동입미타대원해 同入彌陀大願海

진미래제도중생 자타일시성불도

나무서방정토 극락세계 삼십육만억 일십일만 구

천오백 동명동호 대자대비 아등도사 금색여래

아미타불

나무서방정토 극락세계 불신장광 상호무변 금색

광명 변조법계 사십팔원 도탈중생 불가설 불가

설전 불가설 항하사 불찰미진수 도마죽위 무한

극수 삼백육십억 일십일만 구천오백 동명동호

대자대비 아등도사 금색여래 아미타불

나무문수보살　南無文殊菩薩

나무보현보살　南無普賢菩薩

나무관세음보살　南無觀世音菩薩

나무대세지보살　南無大勢至菩薩

나무금강장보살　南無金剛藏菩薩

나무제장애보살　南無除障碍菩薩

나무미륵보살　南無彌勒菩薩

나무지장보살　南無地藏菩薩

나무일체청정대해중보살마하살　南無一切清淨大海衆菩薩摩訶薩

원공법계제중생　동입미타대원해　願共法界諸衆生　同入彌陀大願海

시방삼세불　아미타제일　구품도중생　위덕무궁극　十方三世佛　阿彌陀第一　九品度衆生　威德無窮極

아금대귀의　참회삼업죄　범유제복선　지심용회향　我今大歸依　懺悔三業罪　凡有諸福善　至心用回向

원동염불인　진생극락국　견불요생사　여불도일체　願同念佛人　盡生極樂國　見佛了生死　如佛度一切

원아임욕명종시　진제일체제장애　면견피불아미타　願我臨欲命終時　盡除一切諸障碍　面見彼佛阿彌陀

즉득왕생안락찰　원이차공덕　보급어일체　아등여중　即得往生安樂刹　願以此功德　普及於一切　我等與衆

생 生
당생극락국 當生極樂國　동견무량수 同見無量壽　개공성불도 皆共成佛道

봉송고혼편 奉送孤魂篇
(다라니봉송) 陀羅尼奉送

태백산개대다라니 太白山開大陀羅尼　성불축구대다라니 成佛遂求大陀羅尼　부정존성대다 不淨尊聖大陀

라니 羅尼　무애대비대다라니 無碍大悲大陀羅尼

봉송고혼계유정 奉送孤魂泊有情　지옥아귀급방생 地獄餓鬼及傍生　아어타일건도량 我於他日建道場

불위본서환래부 不違本誓還來赴　(위패를 불사를때 위패를 들고 부처님 잎을 향하여 서서한다)

상래소청 上來所請　제불자등 諸佛子等　각열위열명영가 各列位列名靈駕　기수향공 이 既受香供 已

청법회 聽法會　금당봉송 今當奉送　갱의건성 更宜虔誠　봉사삼보 奉謝三寶

보례시방상주불 普禮十方常住佛 (절)　보례시방상주법 普禮十方常住法 (절)

보례시방상주승 (절) 普禮十方常住僧

행보게 行步偈

이행천리만허공 移行千里滿虛空
귀도정망도정방 歸途情忘到淨邦
삼업투성삼보례 三業投誠三寶禮

성범동회법왕궁 (삼설삼배) 聖凡同會法王宮 三説三拜

산화락 (세번) 散花落

나무 南無
대성인로왕보살 大聖引路王菩薩
마하살 (세번) 摩訶薩

법성게 法性偈
(법성게를 봉송하면서 밖으로 나간다)

법성원융무이상 法性圓融無二相
제법부동본래적 諸法不動本來寂
무명무상절일체 無名無相絶一切

증지소지비여경 證智所知非餘境
진성심심극미묘 眞性甚深極微妙
불수자성수연성 不守自性隨緣成

일중일체다중일 一中一切多中一
일즉일체다즉일 一即一切多即一
일미진중함시방 一微塵中含十方

일체진중역여시 一切塵中亦如是
무량원겁즉일념 無量遠劫即一念
일념즉시무량겁 一念即是無量劫

구세십세호상즉 九世十世互相即
잉불잡란격별성 仍不雜亂隔別成
초발심시변정각 初發心時便正覺

생사열반상공화 生死涅槃常共和
이사명연무분별 理事冥然無分別
십불보현대인경 十佛普賢大人境

능인해인삼매중 能仁海印三昧中
번출여의부사의 繁出如意不思議
우보익생만허공 雨寶益生滿虛空

중생수기득이익 衆生隨器得利益
시고행자환본제 是故行者還本際
파식망상필부득 叵息妄想必不得

무연선교착여의 無緣善巧捉如意
귀가수분득자량 歸家隨分得資糧
이다라니무진보 以陀羅尼無盡寶

장엄법계실보전 莊嚴法界實寶殿
궁좌실제중도상 窮坐實際中道床
구래부동명위불 舊來不動名爲佛

나무 南無
동방해탈주세계 東方解脫主世界
허공공덕 虛空功德
청정미진 清淨微塵
등목단 等目端

정(正) 공덕상(功德相) 광명화(光明華) 파두마(波頭摩) 유리광보체상(琉璃光寶體相) 최상향(最上香)

공양흘(供養訖) 종종장엄정계(種種莊嚴頂髻) 무량무변(無量無邊) 일월광명(日月光明) 원력장(願力莊)

엄변화장엄(嚴變化莊嚴) 법계출생(法界出生) 무장애왕(無障礙王) 여래아라하(如來阿羅訶) 삼(三)

막삼불타(藐三佛陀)

6 지소대(至燒臺) (소대로 간다음)

금차문외봉송재자(今此門外奉送齋者) 모주소거주(某住所居住) 모인복위(某人伏爲) 모인영가(某人靈駕)

당령위주(當靈爲主) 복위기부(伏爲記付) 역위상서선망사존부모(亦爲上逝先亡師尊父母) 누세종(累世宗)

친(親) 제형숙백(弟兄叔伯) 자매질손(姉妹姪孫) 다생사장(多生師長) 오족육친(五族六親) 구현(九玄)

칠족(七族) 일체권속(一切眷屬) 각열명영가(各列名靈駕) 내지(乃至) 불전내외(佛前內外) 일용(日用)

범제집물 凡諸什物 종종대소결연등 種種大小結緣等 열명영가 列名靈駕 억원 抑願 차도량 此道場

내외 內外 동상동하 洞上洞下 의산의수 依山依水 의초부목지정 依草付木之精 인간음계 人間陰界

수부산림 水府山林 비명액사 非命厄死 호랑악사 虎狼惡死 만경창파 萬頃蒼波 우풍고도 遇風孤悼

몰수이사 没水以死 천파수사 天破水滅 결항치사 結項致死 위국절사 爲國節死 충의장졸 忠義將卒

간토굴지 懇土屈地 족답마멸 足踏磨滅 범동손상 凡動損傷 함원포한 含怨抱恨 구종횡사 九種橫死

형헌이종 形憲而終 산난이사 産難而死 폭포락사 瀑怖落死 일체애혼불자등 一切哀魂佛子等 각 各

열명영가 列名靈駕 억원내지 抑願乃至 철위산간 鐵圍山間 오무간지옥 五無間地獄 일일 일일 一日一

야 夜 만사만생 萬死萬生 수고함령등중 受苦含靈等衆 열명영가 列名靈駕 내지 乃至 보여 普與

법계 法界 사생칠취 四生七趣 삼도팔난 三途八難 사은삼유 四恩三有 일체유주무주 一切有主無主

367

애혼불자등 (哀魂佛子等) 각열위열명영가 (各列位列名靈駕) 상래시식풍경 (上來施食風經) 염불공 (念佛功)

덕리 (德離) 망연야 (忘緣耶) 리망연즉 (離忘緣則) 천당불찰 (天堂佛刹)

임성소요 (任性逍遙) 불리망연즉 (不離忘緣則) 구청산승 (具聽山僧) 말후일게 (末後一偈)

사대각리여몽중 (四大各離如夢中) 육진심식본래공 (六塵心識本來空) 욕식불조회광처 (欲識佛祖回光處)

일락서산월출동 (日落西山月出東) 염 (念) 시방삼세 (十方三世) 일체제불 (一切諸佛) 제존보살 (諸尊菩薩)

마하살 (摩訶薩) 마하반야바라밀 (摩訶般若波羅蜜)

원왕생 (願往生) 원왕생 (願往生) 왕생극락견미타 (往生極樂見彌陀) 획몽마정수기별 (獲蒙摩頂授記別)

원왕생 (願往生) 원왕생 (願往生) 원재미타회중좌 (願在彌陀會中座) 수집향화상공양 (手執香華常供養)

원왕생 (願往生) 원왕생 (願往生) 원생화장연화계 (願生華藏蓮花界) 자타일시성불도 (自他一時成佛道)

소전진언·『옴 바로기제 사바하』(세번) 燒錢眞言

봉송진언·『옴 바아라 사다 목차목』(세번) 奉送眞言

상품상생진언·『옴 마니다니 훔훔 바탁 사바하』(세번) 上品上生眞言

처세간 여허공 불착수 심청정 초어피
處世間 如虛空 不着水 心淸淨 超於彼

계수례 무상존 귀의불
稽首禮 無上尊 歸依佛

양족존 귀의법 이욕존 귀의승 중중존 귀의불경
兩足尊 歸依法 離欲尊 歸依僧 衆中尊 歸依佛竟

귀의법경 귀의승경 선보운정 복유진중
歸依法竟 歸依僧竟 善步雲程 伏惟珍重

보회향진언·『옴 삼마라 삼마라 미마나 사라마하 자가라 바 훔』(세번) 普回向眞言

火蕩風搖天地壞
화탕풍요천지괴

寥寥長在白雲間
요요장재백운간

一聲揮破金城壁
일성휘파금성벽

但向佛前七寶山
단향불전칠보산

諸佛者 各列名靈駕
제불자 각열명영가

願往生
원왕생

今日齋者 各各等保體
금일재자 각각등보체

壽命長
수명장

南無
나무

回向藏菩薩摩訶薩
회향장보살마하살

南無
나무

歡喜藏摩尼寶積佛
환희장마니보적불

南無
나무

團滿藏菩薩摩訶薩
원만장보살마하살

제三장 화엄시식 (華嚴施食)

南無阿彌陀佛
나무아미타불

南無觀世音菩薩
나무관세음보살

南無大勢至菩薩
나무대세지보살 (세번)

佛身充滿於法界
불신충만어법계

普現一切衆生前
보현일체중생전

隨緣赴感靡不周
수연부감미부주

① **진령삼하** 振鈴三下

（요령을 세번 흔들고 조금 있다 가 다음 법음으로 들어갑니다）

거 사바세계 據 娑婆世界

차사천하 남섬부주 해동 대한민국 此四天下 南瞻部洲 海東 大韓民國

모처 모사 청정수월도량 금일지성 설향단전 （모 某處某寺 清淨水月道場 今日至誠 燕香壇前 某

처거주） 봉청재자 모인복위 （소천망부모） 모인영가 處居住 奉請齋者 某人伏爲 所薦亡父母 某人靈駕

역위상서선망 누세종친 원근친척 제형숙백 자매 亦爲上逝先亡 累世宗親 遠近親戚 弟兄叔伯 姊妹

질손 각열명영가 차사 최초창건이래 중건중수 姪孫各列名靈駕 此寺 最初創建以來 重建重修

조불조탑 불량등촉 내지 불전내외 일용범제집물 造佛造塔 佛糧燈燭 乃至 佛前內外 日用凡諸什物

화주시주 도감별좌 조연양공 사사시주등 각열명 化主施主 都監別座 助緣良工 四事施主等 各列名

영가(靈駕) 차도량내외(此道場內外) 동상동하(洞上洞下)

유주무주(有主無主) 고혼불자등(孤魂佛子等)

각열명영가(各列名靈駕) 철위산간(鐵圍山間) 오무간옥(五無間獄) 일일야(一日一夜) 만사만(萬死萬)

생(生) 수고함령등(受苦含靈等) 각열명영가(各列名靈駕) 내지(乃至) 겸급법계(兼及法界) 사생(四生)

칠취(七趣) 삼도팔난(三途八難) 사은삼유(四恩三有) 유정무정(有情無情) 애혼불자등(哀魂佛子等)

각열명영가(各列名靈駕) 승불신력(承佛神力) 내예향단(來詣香壇) 동첨법공(同霑法供) 증오무(證悟無)

생(生)

보방광명향장엄(普放光明香莊嚴)
종종묘향집위장(種種妙香集爲帳)
보방시방제국토(普放十方諸國土)
공양일체대덕존(供養一切大德尊)

보방시방제국토(普放十方諸國土)
공양일체영가중(供養一切靈駕衆)

공양일체대덕존(供養一切大德尊)
우방광명다장엄(又放光明茶莊嚴)
종종묘다집위장(種種妙茶集爲帳)
보방시방제국토(普放十方諸國土)

우방광명미장엄(又放光明米莊嚴)

보방광명향장엄(普放光明香莊嚴)
종종묘향집위장(種種妙香集爲帳)
보방시방제국토(普放十方諸國土)

우방광명명미장엄(又放光明米莊嚴)

종종묘미집위장　種種妙米集爲帳　보방시방제국토　普放十方諸國土　공양일체고혼중　供養一切孤魂衆

우방광명법자재　又放光明法自在　차광능각일체중　此光能覺一切衆　영득무진다라니　令得無盡陀羅尼

실지일체제불법　悉持一切諸佛法

법력난사의　法力難思議　대비무장애　大悲無障礙　입립변시방　粒粒遍十方　보시주법계　普施周法界

금이소수복　今以所修福　보첨어귀취　普沾於鬼趣　식이면극고　食已免極苦　사신생낙처　捨身生樂處

보공양진언·『옴 아아나 삼바라 바아라 훔』(세번)　普供養眞言

변식진언·『나막 살바다타 아다 바로기제 옴 삼바라 삼바라 훔』(세번)　變食眞言

삼바라 훔』(세번)

시감로수진언·『나무 소로바야 다타아다야 다냐타 옴　施甘露水眞言

소로소로 바라소로 바라소로 사바하」(세번)

一字水輪觀眞言
일자수륜관진언·『옴 밤 밤 밤밤』(세번)

乳海眞言
유해진언·『나무 사만다 못다남 남』(세번)

運心供養眞言
운심공양진언

願此香供遍法界 普供無盡三寶海 慈悲受供增善根
원차향공변법계　보공무진삼보해　자비수공증선근

令法住世寶佛恩
영법주세보불은

『나막 살바다타 아제비약미 살바 모계비약 살바타캄』

오나아제 바라혜맘 옴 아아나캄 사바하』(세번)

願此加持食 普遍滿十方 食者除飢渴 得生安養國
원차가지식　보변만시방　식자제기갈　득생안양국

施鬼食眞言
시귀식진언·『옴 미기미기 야야미기 사바하』(세번)

374

施無遮法食眞言
시무차법식진언·『옴 목역능 사바하』(세번)

發菩提心眞言
발보리심진언·『옴 모지잣다 못다 바나야 믹』(세번)

普回向眞言
보회향진언·『옴 삼마라 삼마라 미마나 사라마하 자

가라바 훔』(세번)

受我此法食 수아차법식　何異阿難饌 하이아난찬　飢腸咸飽滿 기장함포만　業火頓清涼 업화돈청량

頓捨貧嗔癡 돈사탐진치　當歸佛法僧 당귀불법승　念念菩提心 염념보리심　處處安樂國 처처안락국 (세번)

② 십념 十念

南無清淨法身毗盧遮那佛 나무 청정법신비로자나불　圓滿報身盧舍那佛 원만보신노사나불 千百 천백

億化身釋迦牟尼佛 억화신석가모니불　九品導師阿彌陀佛 구품도사아미타불　當來下生彌勒 당래하생미륵

尊佛 존불

十方三世一切諸佛 시방삼세일체제불　十方三世一切尊法 시방삼세일체존법　大智文 대지문

殊舍利菩薩 수사리보살　大行普賢菩薩 대행보현보살　大悲觀世音菩薩 대비관세음보살　大願地 대원지

藏菩薩 장보살　諸尊菩薩摩訶薩 제존보살마하살　摩訶般若波羅蜜 마하반야바라밀

③ 안과편 安過篇

(위패를 사르지 아니할때 안과편을 읽는다)

上來所請 상래소청　諸佛子等 제불자등　各 각　列名靈駕 열명영가　既來華筵 기래화연　飽饌 포찬

禪悅 선열　放下身心 방하신심　安過而住 안과이주

擧佛 거불

제四장 상용영반 常用靈飯

南無 나무　極樂導師 극락도사　阿彌陀佛 아미타불

나무(南無) 좌우보처(左右補處) 관음세지(觀音勢至) 양대보살(兩大菩薩)

나무(南無) 접인망령(接引亡靈) 인로왕보살(引路王菩薩)

※ 요령을 세번 흔들고 조금 있다가 다음 법음으로 들어갑니다.

1 청혼(請魂)

거(據) 사바세계(娑婆世界) 남섬부주(南瞻部洲) 해동(海東) 대한민국(大韓民國) 모처(某處) 모(某)

산하(山下) 모사(某寺) 청정수월도량내(清淨水月道場內) 복원금차(伏願今次) 지의성심(至意誠心)

지극정성발원재자(至極精誠發願齋者) 모주소거주(某住所居住) 모인복위(某人伏爲) 모인영가(某人靈駕) 위주(爲主) 소천망(所薦亡)

부모(父母) 모인영가(某人靈駕) 모인복위(某人伏爲) 모인영가(某人靈駕) 위주(爲主) 당령복(當靈伏)

위(爲) 기부(記付) 역위상서선망사존부모(亦爲上逝先亡師尊父母) 누세종친(累世宗親) 제형숙(弟兄叔)

백자매질손 伯姉妹姪孫 다생사장 多生師長 오족육친 五族六親 구현칠족 九玄七族 일체 一切

친속 親屬 각열명영가 各列名靈駕 연후원 然後願 차사 此寺 최초 最初 창건 創建

이래 以來 전후중간 前後中間 중건중수 重建重修 조불조탑 造佛造塔 불향등촉 佛香燈燭 화 化

주시주 主施主 도감별좌 都監別座 사사공양등 四事供養等 각열명영가 各列名靈駕 억원 抑願

내지 乃至 불전내외 佛前內外 일용범제집물 日用凡諸汁物 종종대소결연등 種種大小結緣等 각 各

열명영가 列名靈駕 내지 乃至 차도량내외 此道場內外 동상동하 洞上洞下 유주무주 有主無主

침혼체백 沈魂體魄 위국절사 爲國節死 충의장졸 忠義將卒 간토굴지 懇土屈地 족답마멸 足踏磨滅

범동손상 凡動損傷 함원포한 含怨抱恨 폭포락사 瀑怖落死 호랑악사 虎狼惡死 만경창파 萬頃蒼波

우풍고도 遇風孤悼 몰수이사 沒水以死 형헌이종 形憲而終 산난이사 産難而死 천파수사 天破水死

378

結項致死　一切哀魂佛子等　各列名靈駕　抑願　乃至

결항치사　일체애혼불자등　각열명영가　억원　내지

鐵圍山間　五無間地獄　一日一夜　萬死萬生　受苦含

철위산간　오무간지옥　일일일야　만사만생　수고함

靈等衆　各列名靈駕　乃至普與法界　四生七趣　三

령등중　각열명영가　내지　보여법계　사생칠취　삼

途八難　四恩三有　一切哀魂佛子等　各列位列名靈駕

도팔난　사은삼유　일체애혼불자등　각열위열명영가

착어 着語

靈明性覺妙難思　月墮秋潭桂影寒　金鐸数聲開覺路

영명성각묘난사　월타추담계영한　금탁수성개각로

暫辭眞界下香壇

잠사진계하향단

진령게 振鈴偈

以此振鈴伸召請　冥途鬼界普聞知　願承三寶力加持

이차진령신소청　명도귀계보문지　원승삼보력가지

379

今日今時來赴會
금일금시내부회

上來所請 諸佛子等 各列位列名靈駕
상래소청 제불자등 각열위열명영가

착어 着語

慈光照處蓮花出 慧眼觀時地獄空 又況大悲神呪力
자광조처연화출 혜안관시지옥공 우항대비신주력

衆生成佛刹那中 千手一片爲孤魂 志心諦聽 志心諦
중생성불찰나중 천수일편위고혼 지심제청 지심제

수受

신묘장구대다라니
神妙章句大陀羅尼

나모라 다나 다라 야야 나막알약 바로기제 새바라야

모지 사다바야 마하 사다바야 마하가로 니가야 옴

살바 바예수 다라나 가라야 다사명 나막 가리다바

이맘알야 바로기제 새바라 다바 이라간다 나막 하리

나야 마발다 이사미 살바다 사다남 수반 아예염 살

바 보다남 바바마라 미수다감 다냐타 옴 아로계 아

로가 마지로가 지가란제 혜혜하례 마하모지 사다바

사마라 사마라 하리나야 구로구로 갈마 사다야 사다

야 도로도로 미연제 마하 미연제 다라다라 다린나례

새바라 자라자라 마라 미마라 아마라 몰제 예혜혜

로계 새바라 라아 미사미 나사야 나베 사미사미 나

사야 모하자라 미사미 나사야 호로호로 마라호로 하

례 바나마 나바 사라사라 시리시리 소로소로 못자못

자 모다야 매다리야 니라간다 가마사 날사남

바라 하리나야 마낙 사바하 삿다야 사바하 마하 삿

다야 사바하 삿다유예 새바라야 사바하 니라간다야

사바하 바라하 목카싱하 목카야 사바하 바나마 하따

야 사바하 자가라 욕다야 사바하 상카섭나네 모다나

야 사바하 마하라 구타다라야 사바하 바마사간타 이

사시체다 가릿나 이나야 사바하 마가라 잘마 이바

사나야 사바하

『나모라 다나다라 야야 나막알야 바로기제 새바라야

사바하』

若人欲了知 三世一切佛 應觀法界性 一切唯心造

약인욕요지 삼세일체불 응관법계성 일체유심조 (세번)

破地獄眞言

파지옥진언·『옴 가라지야 사바하』(세번)

解寃結眞言

해원결진언·『옴 삼다라 가닥 사바하』(세번)

보소청진언·『나무 보보제리 가리다리 다타 아다야』(세번)

一心奉請 生緣已盡 大命俄遷 既作黃泉之客 已爲

일심봉청 생연이진 대명아천 기작황천지객 이위

追薦之魂 彷佛形容 依稀面目 願我今此 娑婆世界

추천지혼 방불형용 의희면목 원아금차 사바세계

至極之誠心 設香奉請齋者 某處居住 行孝子 某人

지극지성심 설향봉청재자 (모처거주) 행효자 모인

伏爲 所薦 亡父母 某貫后人 某人靈駕 承佛威光

복위 소천 망부모 모관후인 모인영가 승불위광

來詣香壇 受霑法供

내예향단 수첨법공

香煙請　　　歌詠

향연청 (세번) 가영

諸靈限盡致身亡　石火光陰夢一場　三魂杳杳歸何處

제령한진치신망　석화광음몽일장　삼혼묘묘귀하처

七魄茫茫去遠鄉

칠백망망거원향

383

수위안좌진언·『옴 마니 군다니 훔훔 사바하』(세번)

백초임중일미신 조주상권기천인 팽장석정강심수
<small>百草林中一味新 趙州常勸幾千人 烹將石鼎江心水</small>

원사망령헐고륜 원사고혼헐고륜 원사제령헐고륜
<small>願使妄靈歇苦輪 願使孤魂歇苦輪 願使諸靈歇苦輪</small>

상래소청 제불자등 각열위영가
<small>上來召請諸佛子等 各列位靈駕</small>

향설오분지진향 훈발대지 등연반석지명등 조파혼
<small>香爇五分之眞香 薰發大智燈燃般石之明燈 照破昏常</small>

구 다헌조주지청다 돈식갈정 과헌선도지진품 상
<small>衢茶獻趙州之淸茶 頓息渴情 果獻仙都之眞品 常</small>

조일미 식진향적지진수 영절기허
<small>助一味食進香積之珍羞 永絶飢虛</small>

모인복위 모인영가 어차물물 종종진수 부종천강
<small>某人伏爲某人靈駕 於此物物種種珍羞 下從天降</small>

비종지용 단종재자지일편 성심유출 나열영전복유
<small>非從地聳 但從齋者之一片 誠心流出 羅列靈前伏惟</small>

※ 이후는 관음시식과 동일하게 변식진언부터 끝까지 한다.

제五장 구병시식 救病施食

1 거불 擧佛

南無常住十方佛 나무상주시방불

南無常住十方法 나무상주시방법

南無常住十方僧 나무상주시방승 (세번)

南無 大慈大悲 救苦救難 觀世音菩薩 摩訶薩 나무 대자대비 구고구난 관세음보살 마하살 (세번)

據 娑婆世界 南贍部洲 海東 大韓民國 某處居住 거 사바세계 남섬부주 해동 대한민국 모처거주

今夜日 特爲 某人 嘖主鬼神靈駕 承佛威神 仗法 금야일 특위 모인 책주귀신영가 승불위신 장법

加持 就此清淨之寶座 飽饌禪悅之法供 가지 취차청정지보좌 포찬선열지공법 (세번)

진령게 振鈴偈

이차진령신소청 以此振鈴申召請 명도귀계보문지 冥道鬼界普聞知 원승삼보력가지 願承三寶力加持

금일금시래부회 今日今時來赴會

착어 着語

자광조처연화출 慈光照處蓮花出 혜안관시지옥공 慧眼觀時地獄空

중생성불찰나중 衆生成佛刹那中 천수일편위고혼 千手一片爲孤魂

又況大悲神呪力
우항대비신주력

至心諦聽 至心諦
지심제청 지심제

수 受

신묘장구대다라니 神妙章句大陀羅尼

나모라 다나 다라 야야 나막알약 바로기제 새바라야

모지 사다바야 마하 사다바야 마하가로 니가야 옴 살

바바예수다라나 가라야 다사명 나막 가리다바 이

맘 알야 바로기제 새바라 다바 이라간다 나막 하리

나야 마발다 이사미 살바다 사다남 수반 아예염 살

바 보다남 바바마라 미수다감 다냐타 옴 아로계 아

로가 마지로가 지가란제 혜혜 하례 마하모지 사다바

사마라 사마라 하리나야 구로구로 갈마 사다야 도로

도로 미연제 마하 미연제 다라다라 다린나례 새바라

자라자라 마라 미마라 아마라 몰제 예혜혜 로계 새

바라 라아 미사미 나사야 나베 사미사미 나사야 모

하자라 미사미 나사야 호로호로 마라호로 하례 바나

마 나바 사라사라 시리시리 소로소로 못자못자 모다

야 모다야 매다리야 니라간다 가마사 날사남 바라

하리나야 마낙 사바하 삿다야 마하

사바하 삿다유예 새바라야 사바하 삿다야

하 바라하 목카싱하 목카야 사바하 바나마 하따야 사바

사바하 자가라 욕다야 사바하 상카섭나네 모다나야

사바하 마하라 구타다라야 사바하 바마사간타 이사

시체다 가릿나 이나야 사바하 마가라 잘마 이바 사

나야 사바하

『나모라 다나다라 야야 나막알야 바로기제 새바라야

사바하』

약인욕요지(若人欲了知) 삼세일체불(三世一切佛) 응관법계성(應觀法界性) 일체유심조(一切唯心造) (세번)

파지옥진언(破地獄眞言)·『옴 가라지야 사바하』(세번)

388

解冤結眞言
해원결진언·『옴 삼다라 가닥 사바하』(세번)

滅惡趣眞言
멸악취진언·『옴 아모가 미로자나 마하 모나라 마니 바나마 아바라바라 밋다야 훔』(세번)

召餓鬼眞言
소아귀진언·『옴 직나직가 예혜혜 사바하』(세번)

普召請眞言
보소청진언·『나무 보보제리 가리다리 다타 아다야』(세번)

維歲次 유세차 某年 모년 某月 모월 某日 모일 某市道某區郡某洞面 모시도 모구군 모동면 某里居住 모리거주 某人 모인 得病難除 득병난제 撲床呻吟 박상신음 謹備香燈 근비향등 飯 반 餅錢馬 병전마 邀請嘖 요청책 主鬼神靈駕 주귀신영가 及與五方諸位靈祗靈魂 급여오방제위영기영혼 以伸供養伏願 이신공양 복원 某人 모인 嘖主鬼神諸位靈魂來臨醮 책주귀신 제위영혼 내림조

좌 수첩법공 해원석결 병환소제 신강역족 소구
座 受露法供 解冤釋結 病患消除 身強力足 所求

여원 일일성취
如願 所求成就

절이 명로망망 고혼요요 혹입유관 영세초독 혹
切以 冥路茫茫 孤魂擾擾 或入幽關 永世楚毒 或

처중음 장겁기허 사앙사고 난인난당 천재미획 초
處中陰 長劫飢虛 斯殃斯苦 難忍難當 千載未獲 超

승지로 사시영무형재지의 호구사방 종무일포 행
昇之路 四時永無享祭之儀 糊口四方 終無一飽 幸

탁재색이손물 역부주식이침입 혹불망정애이추심
托財色而損物 亦付酒食而侵入 或不忘情愛而追尋

혹미석원증이핍박 혹인정부조옹 출납이생화 혹연
或未釋冤憎而遍迫 或因鼎釜槽甕 出納而生禍 或緣

와석토목범동이유재 범부불지병근이통상 귀신요지
瓦石土木犯動而流災 凡夫不知病根而痛傷 鬼神了知

죄상이침책 귀불지인지고뇌이망노 인부지귀지기처
罪相而侵嘖 鬼不知人之苦惱而妄怒 人不知鬼之飢處

而徒憎
이도승 불가관음지위신 영석인귀지결한 사이운
不假觀音之威神 寧釋人鬼之結恨 肆以運

心平等
심평등 설식무차 원제무주고혼 앙장관음묘력 함
設食無遮 願諸無主孤魂 仰仗觀音妙力 咸

脫苦趣
탈고취 내부법연 근병일심 선
來赴法筵 謹秉一心 先

南無一心奉請
나무일심봉청 승권기교 보제기허 위구어악도중생
乘權起教 普濟飢虛 爲救於惡道衆生

故現此
고현차 왕리지상 대성초면귀왕 비증보살마하살
尨羸之相 大聖焦面鬼王 悲增菩薩摩訶薩

唯願不違本誓
유원부위본서 강림도량 증명공덕
降臨道場 證明功德

香花請
향화청 (세번) 가영
歌詠

悲增示跡大菩薩
비증시적대보살 권현유형시귀왕 존귀위중유부주
權現有形是鬼王 尊貴位中留不住

盧花明月自茫茫
노화명월자망망 고아일심 귀명정례
故我一心 歸命頂禮

献座眞言 헌좌진언 · 我今敬説寶嚴座 아금경설보엄좌　普献一切證明前 보헌일체증명전　願滅滅滅 원멸멸

塵勞想心 진노상심　速願解脱菩提果 속원해탈보리과　『옴 가마라 승하 사바하』 (세번)

茶偈 다게

今將甘露茶 금장감로다　普献證明前 보헌증명전　鑑察慶懇心 감찰건간심　願垂哀納受 원수애납수

願垂慈悲哀納受 원수애납수　원수자비애납수

一心奉請 일심봉청　某人嘖主鬼神靈駕 모인책주귀신영가　爲主 위주　先亡父母 선망부모　多生 다생

師長 사장　五族六親 오족육친　列名靈駕 열명영가　内護竈王大神 내호조왕대신　外護山王大神 외호산왕

大神 대신　外方動土神 외방동토신　五方龍王 오방용왕　五方聖者 오방성자　東方甲乙青 동방갑을청

色神 색신　南方丙丁赤色神 남방병정적색신　西方庚辛白色神 서방경신백색신　北方壬癸黑 북방임계흑

색신

색신 色神 중방무기황색신 中方戊己黃色神 제일몽다라니등 第一夢陀羅尼等 칠귀신 七鬼神 동 東

방 方 청살신 青殺神 남방 南方 적살신 赤殺神 서방백살신 西方白殺神 북방흑살신 北方黑殺神

중앙황살신 中央黃殺神 오온 五蘊 행건귀신 行件鬼神 객건귀신 客件鬼神 근계토공신 近界土公神

근계첨귀신 近界砧鬼神 근계칙귀신 近界廁鬼神 근계도로신 近界道路神 근계정중신 近界庭中神

근계란중신 近界欄中神 천건귀신도전 天件鬼神都前 지건귀신도전 地件鬼神都前 인건귀신 人件鬼神

도전 都前 온건귀신도전 蘊件鬼神都前 행건귀신도전 行件鬼神都前 객건귀신도전 客件鬼神都前

노건귀신도전 路件鬼神都前 산건귀신도전 山件鬼神都前 수건귀신도전 水件鬼神都前 각병권 各並眷

속 屬 승 承 삼보력 三寶力 내림초좌 來臨醮座 수첨법공 受霑法供

향연청 香煙請 (세번) 가영 歌詠

393

책유주인원유두 噴有主人寛有頭 지인증애미증휴 只因憎愛未曾休 여금설식겸양법 如今設食兼揚法

돈오무생해결수 頓悟無生解結讐 상래소청 上來召請 책주귀신 各 열위영가 列位靈駕

🔔 **수위안좌진언**·『옴 마니 군다니 훔훔 사바하』(세번)
受位安座眞言

백초임중일미신 百草林中一味新 조주상권기천인 趙州常勸幾千人 팽장석정강심수 烹將石鼎江心水

원사망령헐고륜 願使亡靈歇苦輪 원사고혼헐고륜 願使孤魂歇苦輪 원사제령헐고륜 願使諸靈歇苦輪

선밀가지 宣密加持 신전윤택 身田潤澤 업화청량 業火清凉 각구해탈 各求解脱

변식진언·『나막 살바다타 아다 바로기제 옴 삼바라 삼바라 훔』(세번)
變食眞言

시감로수진언·『나무 소로바야 다타아다야 다냐타 옴
施甘露水眞言

소로소로 바라소로 바라소로 사바하」(세번)

일자수륜관진언·『옴 밤 밤 밤밤』(세번)
一字水輪觀眞言

유해진언·『나무 사만다 못다남 옴 밤』(세번)
乳海眞言

운심공양진언
運心供養眞言

원차향공변법계 普供無盡三寶海 보공무진삼보해 慈悲受供增善根 자비수공증선근
願此香供遍法界

영법주세보불은
令法住世報佛恩

『나막 살바다타 아제비약미 살바모계 비약 살바다캄

오나아제 바라혜맘 옴 아아나캄 사바하』(세번)

칭양성호 (각삼설)
稱揚聖號 各三說

나무 다보여래 원제고혼 파제간탐 법재구족
南無 多寶如來 願諸孤魂 破除慳貪 法財具足

나무南無 묘색신여래妙色身如來 원제고혼願諸孤魂 이추루형離醜陋形 상호원만相好圓滿

나무南無 광박신여래廣博身如來 원제고혼願諸孤魂 사육범신捨六凡身 오허공신悟虛空身

나무南無 이포외여래離怖畏如來 원제고혼願諸孤魂 이제포외離諸怖畏 득열반락得涅槃樂

나무南無 감로왕여래甘露王如來 원아각각願我各各 열명영가列名靈駕 인후개통咽喉開通

획감로미獲甘露味

🔔 마하반야바라밀다심경 摩訶般若波羅蜜多心經

관자재보살 행심반야바라밀다시 조견 오온개공 도

일체고액 사리자 색불이공 공불이색 색즉

시색 수상행식 역부여시 사리자 시제법공상 불생불

멸 불구부정 부증불감 시고 공중무색 무수상행식 무

안이비설신의 무색성향미촉법 무안계 내지 무의식계

무무명 역무무명진 내지 무노사 역무 노사진 무고집

멸도 무지역무득 이무소득고 보리살타 의반야바라밀

다고 심무가애 무가애고 무유공포 원리전도몽상 구

경열반 삼세제불 의반야바라밀 고득 아뇩다라삼먁

삼보리 고지 반야바라밀다 시대신주 시대명주 시무

상주 시무등등주 능제일체고 진실불허 고설 반야바

라밀다주 즉설주왈

『아제아제 바라아제 바라승아제 모제 사바하』(세번)

원차가지식 普遍滿十方 食者諸飢渇 得生安養國
願此加持食 보변만시방 식자제기갈 득생안양국

(세번)

시귀식진언·『옴 미기미기 야야미기 사바하』(세번)
施鬼食眞言

施無遮法食眞言
시무차법식진언 『옴 목역능 사바하』(세번)

普供養眞言
보공양진언 『옴 아아나 삼바바 바아라 훔』(세번)

普回向眞言
보회향진언 『옴 삼마라 삼마라 미마나 사라마하 자 가라 바 훔』(세번)

受我此法食
何異阿難饌
飢腸咸飽滿
業火頓淸凉
수아차법식 하이아난찬 기장함포만 업화돈청량

頓捨貪嗔痴
常歸佛法僧
念念菩提心
處處安樂國
돈사탐진치 상귀불법승 염념보리심 처처안락국 (세번)

凡所有相
皆是虛妄
若見諸相非相
即見如來
범소유상 개시허망 약견제상비상 즉견여래 (세번)

如來十號
여래십호

如來 應供 正遍知 明行足 善逝 世間解 無上士
여래 응공 정변지 명행족 선서 세간해 무상사

조어장부 천인사 불 세존 (세번)
調御丈夫 天人師 佛 世尊

제법종본래 상자적멸상 불자행도이 내세득작불 (세번)
諸法從本來 常自寂滅相 佛子行道已 來世得作佛

제행무상 시생멸법 생멸멸이 적멸위락 (세번)
諸行無常 是生滅法 生滅滅已 寂滅爲樂

원아진생무별념 아미타불독상수 심심상계옥호광
願我盡生無別念 阿彌陀佛獨相隨 心心常係玉毫光

염념불리금색상 아집염주법계관 허공위승무불관
念念不離金色相 我執念珠法界觀 虛空爲繩無不貫

평등사나무하처 관구서방아미타 나무서방대교주
平等舍那無何處 觀求西方阿彌陀 南無西方大教主

무량수여래불 나무아미타불 (열번)
無量壽如來佛 南無阿彌陀佛

2 극락세계십종장엄
極樂世界十種莊嚴

법장서원수인장엄 사십팔원원력장엄 미타명호수광
法藏誓願修因莊嚴 四十八願願力莊嚴 彌陀名號壽光

莊嚴
장엄　三大士觀寶像莊嚴　삼대사관보상장엄　彌陀國土安樂莊嚴　미타국토안락장엄　寶河清　보하청

淨德水莊嚴　정덕수장엄　寶殿如意樓閣莊嚴　보전여의누각장엄　晝夜長遠時分莊嚴　주야장원시분장엄

二十四樂淨土莊嚴　이십사락정토장엄　三十種益功德莊嚴　삼십종익공덕장엄

미타인행사십팔원

彌陀因行四十八願

惡趣無名願　악취무명원　無墮惡道願　무타악도원　同眞金色願　동진금색원　形貌無差願　형모무차원

成就宿命願　성취숙명원　生獲天眼願　생획천안원　生獲天耳願　생획천이원　悉知心行願　실지심행원

神足超越願　신족초월원　淨無我想願　정무아상원　決定正覺願　결정정각원　光明普照願　광명보조원

壽量無窮願　수량무궁원　聲聞無數願　성문무수원　衆生長壽願　중생장수원　皆獲善名願　개획선명원

諸佛稱讚願　제불칭찬원　十念往生願　십념왕생원　臨終現前願　임종현전원　回向皆生願　회향개생원

400

구족묘상원 具足妙相願
함계보처원 咸階補處願
신공타방원 晨供他方願
소수만족원 所須滿足願

선입본지원 善人本智願
나라연력원 那羅延力願
장엄무량원 莊嚴無量願
보수실지원 寶樹悉知願

획승변재원 獲勝辯才願
대변무변원 大辯無邊願
국정보조원 國淨普照願
무량승음원 無量勝音願

몽광안락원 蒙光安樂願
성취총지원 成就摠持願
영리여신원 永離女身願
문명지과원 聞名至果願

천인경례원 天人敬禮願
수의수염원 須衣隨念願
자생심정원 纔生心淨願
수현불찰원 樹現佛刹願

무제근결원 無諸根缺願
현증등지원 現證等持願
문생호귀원 聞生豪貴願
구족선근원 具足善根願

공불견고원 供佛堅固願
욕문자문원 欲聞自聞願
보리무퇴원 菩提無退願
현획인지원 現獲忍地願

제불보살십종대은
諸佛菩薩十種大恩

발심보피은 發心普被恩
난행고행은 難行苦行恩
일향위타은 一向爲他恩
수형육도은 隨形六途恩

隨逐衆生恩 — 수축중생은
大悲深衆恩 — 대비심중은
隱勝彰劣恩 — 은승창열은
爲實示權恩 — 위실시권은
示滅生善恩 — 시멸생선은
悲念無盡恩 — 비념무진은

보현보살십종대원 普賢菩薩十種大願

禮敬諸佛願 — 예경제불원
稱讚如來願 — 칭찬여래원
廣修供養願 — 광수공양원
懺除業障願 — 참제업장원
隨喜功德願 — 수희공덕원
請轉法輪願 — 청전법륜원
諸佛住世願 — 제불주세원
常隨佛學願 — 상수불학원
恒順衆生願 — 항순중생원
普皆廻向願 — 보개회향원

석가여래팔상성도 釋迦如來八相成道

兜率來儀相 — 도솔내의상
毘藍降生相 — 비람강생상
四門遊觀相 — 사문유관상
踰城出家相 — 유성출가상
雪山修道相 — 설산수도상
樹下降魔相 — 수하항마상
鹿苑轉法相 — 녹원전법상
雙林涅槃相 — 쌍림열반상

다생부모십종대은 多生父母十種大恩

회탐수호은 懷耽守護恩
임산수고은 臨産受苦恩
생자망우은 生子忘憂恩
연고토감은 咽苦吐甘恩

회건취습은 廻乾就濕恩
유포양육은 乳哺養育恩
세탁부정은 洗濯不淨恩
원행억념은 遠行憶念恩

위조악업은 爲造惡業恩
구경연민은 究竟憐愍恩

오종대은명심불망 五種大恩銘心不忘

각안기소국왕지은 各安其所國王之恩 生養劬勞父母之恩
생양구로부모지은 流通正法師長之恩
지은 四事供養檀越之恩
사사공양단월지은 琢磨相成朋友之恩
탁마상성붕우지은 當可爲
유통정법사장
당가위

보유차염불 報唯此念佛

고성염불십종공덕 高聲念佛十種功德

일자공덕능배수면 一者功德能排睡眠
이자공덕천마경포 二者功德天魔驚怖
삼자공덕성변 三者功德聲遍

시방 十方
사자공덕삼도식고 四者功德三途息苦
오자공덕외성불입 五者功德外聲不入
육자공 六者功

덕염심불산 德念心不散
칠자공덕용맹전진 七者功德勇猛前進
팔자공덕제불환희 八者功德諸佛歡喜

구자공덕삼매현전 九者功德三昧現前
십자공덕왕생정토 十者功德往生淨土

청산첩첩미타굴 青山疊疊彌陀窟
창해망망적멸궁 滄海茫茫寂滅宮
물물염래무가애 物物拈來無罣碍

기간송정학두홍 幾看松亭鶴頭紅
극락당전만월용 極樂堂前滿月容
옥호금색조허공 玉毫金色照虛空

약인일념칭명호 若人一念稱名號
경각원성무량겁 頃刻圓成無量劫
삼계유여급정륜 三界猶如汲井輪

백천만겁역미진 百千萬劫歷微塵
차신불향금생도 此身不向今生度
갱대하생도차신 更待何生度此身

천상천하무여불 天上天下無如佛
시방세계역무비 十方世界亦無比
세간소유아진견 世間所有我盡見

일체무유여불자 一切無有如佛者

찰진심념가수지 刹塵心念可數知

대해중수가음진 大海中水可飲盡

허공가량풍가계 虛空可量風可繫

무능진설불공덕 無能盡說佛功德

가사정대경진겁 假使頂戴經塵劫

신위상좌변삼천 身爲狀座遍三千

약불전법도중생 若不傳法度衆生

필경무능보은자 畢竟無能報恩者

아차보현수승행 我此普賢殊勝行

무변승복개회향 無邊勝福皆回向

보원침익제중생 普願沈溺諸衆生

속왕무량광불찰 速往無量光佛刹

아미타불재하방 阿彌陀佛在何方

착득심두절막망 着得心頭切莫忘

염도염궁무념처 念到念窮無念處

육문상방자금광 六門常放紫金光

보화비진요망연 報化非眞了妄緣

법신청정광무변 法身淸淨廣無邊

천강유수천강월 千江有水千江月

만리무운만리천 萬里無雲萬里天

세존당입설산중 世尊當入雪山中

일좌부지경육년 一坐不知經六年

인견명성운오도 因見明星云悟道

언전소식변삼천 言詮消息遍三千

원공법계제중생 願共法界諸衆生

동입미타대원해 同入彌陀大願海

진미래제도중생 (盡味來際度衆生) 자타일시성불도 (自他一時成佛道)

나무서방정토 (南無西方淨土) 극락세계 (極樂世界) 삼십육만억 (三十六萬億) 일십일만 (一十一萬九) 구 (九)

천오백 (千五百) 동명동호 (同名同號) 대자대비 (大慈大悲) 아미타불 (阿彌陀佛)

나무서방정토 (南無西方淨土) 극락세계 (極樂世界) 불신장광 (佛身長廣) 상호무변 (相好無邊金色) 금색 (金色)

광명 (光明) 변조법계 (遍照法界) 사십팔원 (四十八願) 도탈중생 (度脫衆生) 불가설 (不可說) 불가 (不可)

설전 (說轉) 불가설 (不可說) 항하사 (恒河沙) 불찰미진수 (佛刹微塵數) 도마죽위 (稻麻竹葦無限) 무한 (無限)

극수 (極數) 삼백육십만억 (三百六十萬億) 일십일만 (一十一萬) 구천오백 (九千五百) 동명동호 (同名同號)

대자대비 (大慈大悲) 아등도사 (我等導師) 금색여래 (金色如來) 아미타불 (阿彌陀佛)

나무 (南無) 무견정상상상 (無見頂上相) 아미타불 (阿彌陀佛) 나무 (南無) 정상육계상상아미 (頂上肉髻相阿彌)

타불 나무 발감유리상 아미타불 나무미간백호상
아미타불 나무 미세수양상 아미타불 나무안목청
정상 아미타불 나무 의문제성상 아미타불 나무
비고원직상 아미타불 나무 설대법라상 아미타불
나무신색진금상 아미타불 나무보현
보살 나무관세음보살 나무문수보살
보살 나무대세지보살 나무금강장
나무제장애보살 나무미륵보살 나무지장보살
나무일체청정대해중보살 마하살
보살 원공법계제중생
동입미타대원해

407

시방삼세불 (十方三世佛)
아미타제일 (阿彌陀第一)
구품도중생 (九品度衆生)
위덕무궁극 (威德無窮極)

아금대귀의 (我今大歸依)
참회삼업죄 (懺悔三業罪)
범유제복선 (凡有諸福善)
지심용회향 (至心用回向)

원동염불인 (願同念佛人)
진생극락국 (盡生極樂國)
견불요생사 (見佛了生死)
여불도일체 (如佛度一切)

원아임욕명종시 (願我臨欲命終時)
진제일체제장애 (盡除一切諸障碍)
면견피불아미타 (面見彼佛阿彌陀)
즉득왕생안락찰 (即得往生安樂刹)

원이차공덕 (願以此功德)
보급어일체 (普及於一切)
아등여중생 (我等與衆生)
당생극락국 (當生極樂國)
동견무량수 (同見無量壽)
개공성불도 (皆共成佛道)

상래봉청 (上來奉請)
시식염불 (施食念佛)
풍경공덕 (諷經功德)
특위모인 (特爲某人)
책주귀신 (嘖主鬼神)

영가위수 (靈駕爲首)
일체친속 (一切親屬)
열명영가 (列名靈駕)
제위영기영혼불자 (諸位靈祇靈魂佛子)

함원이핍뇌자즉 (含冤而逼惱者則)
속증법희지묘과 (速證法喜之妙果)
인아이침책자즉 (因餓而侵嘖者則)

永飽禪悅之珍羞 영포선열지진수

之覺海 지각해

願承觀音大悲之威光 共入彌陀大願 원승관음대비지위광 공입미타대원

念十方三世 一切諸佛 諸尊菩薩摩訶薩 摩訶般若 넘시방삼세 일체제불 제존보살마하살 마하반야

波羅蜜 바라밀

願往生 願往生 往生極樂見彌陀 獲蒙摩頂受記別 원왕생 원왕생 왕생극락견미타 획몽마정수기별

願往生 願在彌陀會中坐 手執香華常供養 원왕생 원왕생 원재미타회중좌 수집향화상공양

願往生 願往生華藏蓮華界 自他一時成佛道 원왕생 원왕생 왕생화장연화계 자타일시성불도

燒錢眞言 소전진언 ·『옴 비로기제 사바하』(세번)

奉送眞言 봉송진언 ·『옴 바아라 사다 목차목』(세번)

상품상생진언 上品上生眞言 · 『옴 마니다니 훔훔 바탁 사바하』(세번)

처세간여허공 여련화 불착수 심청정 초어피 계
處世間如虛空 如蓮花 不着水 心淸淨 超於彼稽

수례 무상존 귀의불 귀의법 귀의승 양
首禮 無上尊 歸依佛 歸依法 歸依僧 兩

족존 귀의법 이욕존 귀의승 중중존 귀의불경
足尊 歸依法 離欲尊 歸依僧 衆中尊 歸依佛竟

귀의법경 귀의승경 선보운정 복유진중
歸依法竟 歸依僧竟 善步雲程 伏惟珍重

보회향진언 普回向眞言 · 『옴 삼마라 삼마라 미마나 사라마하 자

가라 바 훔』(세번)

화탕풍요천지괴 요요장재백운간 일성휘파금성벽
火蕩風搖天地壞 寥寥長在白雲間 一聲揮破金城壁

단향불전칠보산
但向佛前七寶山

南無 나무 歡喜藏摩尼寶積佛 환희장마니보적불 　南無 나무 圓滿藏菩薩摩訶薩 원만장보살마하살

南無 나무 回向藏菩薩摩訶薩 회향장보살마하살

解百生冤家陀羅尼 해백생원가다라니·『옴 아아암악』(백팔번 봉송)

※ 錢馬를 태우고 모든 불을 끈 다음 팥을 뿌립니다.

※ 錢馬를 만들지 않고 종이에 쓸 경우 男子는 天馬, 女子는 婦馬라 씁니다.

3 종사영반 宗師靈飯

거불 擧佛

南無常住十方佛 나무상주시방불　南無常住十方法 나무상주시방법　南無常住十方僧 나무상주시방승

據 거　娑婆世界 사바세계　南贍部洲 남섬부주　海東 해동　大韓民國 대한민국　某處 모처 모

山某庵 산모사암　清淨水月道場 청정수월도량　今此第當 금차제당　某日之辰 (모일) 지신

至極之誠心 設香奉請齋者 行孝受法弟子 某人伏爲

지극지성심 설향봉청재자 행효수법제자 모인복위

先恩法師 某堂 大禪師 覺靈

선은법사 모당 대선사 각영

着語

착어

一段眞身觸處通 本無南北與西東 振鈴正坐蒲團上

일단진신촉처통 본무남북여서동 진령정좌포단상

奉重威音那畔容

봉중위음나반용

振鈴偈

진령게

以此振鈴伸召請 圓寂覺靈普聞知 願承三寶力加持

이차진령신소청 원적각영보문지 원승삼보력가지

今日今時來赴會

금일금시래부회

普召請眞言

보소청진언 · 『나무 보보제리 가리다리 다타 아다야』 (세번)

南無一心奉請 智冥眞諦
나무일심봉청 지명진제 桂輪孤朗於碧天 悲化含生 계륜고랑어벽천 비화함생

寶筏妙浮於蒼海 禪門影響 佛法笙簧 今此第當受法
보벌묘부어창해 선문영향 불법생황 금차제당 (모

日之辰 至極之誠心 設香奉請齋者 行孝受法
일) 지신 지극지성심 설향봉청 재자 행효 수법

第子某人等伏爲 所薦先法師 某堂大禪師 覺靈
제자 모인등복위 소천 선법사 모당대선사 각영

唯願 承佛威光 來詣香壇 受此供養
유원 승불위광 래예향단 수차공양

香花請 歌詠
향화청(세번) **가영**

禪旨西天爲骨髓 教談東土作笙簧 摧邪顯正歸黃道
선지서천위골수 교담동토작생황 최사현정귀황도

五葉一花啓萬邦 故我一心 歸命頂禮
오엽일화계만방 고아일심 귀명정례

獻座眞言 我今敬設寶嚴座 奉獻諸位覺靈前 願滅塵
헌좌진언·아금경설보엄좌 봉헌제위각령전 원멸진

413

勞妄想心 途願解脱菩提果
노망상심 속원해탈보리과 『옴 가마라 승하 사바하』(세번)

茶偈
다게

無底鉢警禪悦味 穿心椀貯趙州茶
무저발경선열미 천심완저조주다 慇懃奉勸禪陀客
은근봉권선다객

薦取南泉玩月華 某堂大禪師覺靈
천취남천완월화 모당 대선사각령 於此物物種種
어차물물종종

珍羞不從天降 非從地聳 但從弟子之一片 誠心流出
진수 부종천강 비종지룡 단종제자지일편 성심유출

出羅列靈前 伏唯尚饗
출 나열영전 복유상향

普供養眞言
보공양진언 『옴 아아나 삼바바 바아라 훔』(세번)

普回向眞言
보회향진언 『옴 삼마라 삼마라 미마나 사라마하 자
가라 바 훔』(세번)

마하반야바라밀다심경

摩訶般若波羅蜜多心經 （대중이 다 함께 독송합니다）

관자재보살 행심반야바라밀다시 조견 오온개공 도 일

체고액 사리자 색불이공 공불이색 색즉시공 공즉시

색 수상행식 역부여시 사리자 시 제법공상 불생불멸

불구부정 부증불감 시고 공중무색 무수상행식 무 안

이비설신의 무색성향미촉법 무안계 내지 무의식계

무무명 역무무명진 내지 무노사 역무 노사진 무고집

멸도 무지역무득 이무소득고 보리살타 의반야바라밀

다고 심무가애 무가애고 무유공포 원리전도몽상 구

경열반 삼세제불 의반야바라밀다 고득 아뇩다라삼먁

삼보리 고지 반야바라밀다 시대신주 시대명주 시무

상주 실무등등주 능제일체고 진실불허 고설 반야바

라밀다주 즉설주왈

『아제 아제 바라아제 바라승아제 모제 사바하』(세번)

황매산하 친전불조지심인 임제문중 영작인천지안
(黃梅山下 親傳佛祖之心印 臨濟門中 永作人天之眼)

목 불망본서 속환사바 재명대사 보리군생
(目 不忘本誓 速還娑婆 再明大事 普利群生)

④ 십 념 十念

나무 청정법신비로자나불 원만보신노사나불 천백
(南無 清淨法身毘盧遮那佛 圓滿報身盧舍那佛 千百)

억화신석가모니불 구품도사아미타불 당래하생미륵
(億化身釋迦牟尼佛 九品導師阿彌陀佛 當來下生彌勒)

존불 시방삼세 일체제불 시방삼세 일체존법 대
(尊佛 十方三世 一切諸佛 十方三世 一切尊法 大)

지문수사리보살 대행보현보살 대비관세음보살 대
(智文殊舍利菩薩 大行普賢菩薩 大悲觀世音菩薩 大)

願本尊地藏菩薩 원본존지장보살 諸尊菩薩摩訶薩 제존보살마하살 摩訶般若波羅蜜 마하반야바라밀

5 파산계 罷散偈

十方諸佛刹 시방제불찰 莊嚴悉圓滿 장엄실원만 願須歸淨土 원수귀정토 哀念忍界人 애념인계인

417

제一장 불상불화점안 佛像佛畵點眠

1 거 목 學目

南無 金剛會上佛菩薩　南無 切利會上聖賢衆
나무 금강회상불보살　나무 도리회상성현중

南無 擁護會上靈祇等衆
나무 옹호회상영기등중

가영 歌詠

擁護聖衆滿虛空　都在毫光一道中　信受佛語常擁護
옹호성중만허공　도재호광일도중　신수불어상옹호

奉行經典永流通　故我一心　歸命頂禮
봉행경전영류동　고아일심　귀명정례

다게 茶偈

418

청정명다약 清淨茗茶藥 능제병혼심 能除病昏沈 유기옹호중 唯冀擁護衆 원수애납수 願垂哀納受 (세번)

탄백 歎白

옹호성중혜감명 擁護聖衆慧鑑明 사주인사일념지 四洲人事一念知 애민중생여적자 哀愍衆生如赤子

시고아금공경례 是故我今恭敬禮

할향 喝香

전단목주중생상 栴檀木做衆生像 급여여래보살형 及與如來菩薩形 만이천두수각이 萬而千頭雖各異

약문훈기일반향 若聞薰氣一般若

등게 燈偈

계정혜해지견향 戒定慧解知見香 변시방찰상분복 遍十方刹常芬馥 원차향연역여시 願此香烟亦如是

419

훈현자타오분신 (薰現自他五分身)

삼지심 (三志心)

지심귀명례 (志心歸命禮) 시방상주일체 (十方常住一切) 불타야중 (佛陀耶衆)

지심귀명례 (志心歸命禮) 시방상주일체 (十方常住一切) 달마야중 (達磨耶衆)

지심귀명례 (志心歸命禮) 시방상주일체 (十方常住一切) 승가야중 (僧伽耶衆)

지심귀명례 (志心歸命禮) 시방상주일체 (十方常住一切)

합장게 (合掌偈)

합장이위화 (合掌以爲花)

신위공양구 (身爲供養具)

성심진실상 (誠心眞實相)

찬탄향연부 (讚嘆香烟覆)

고향게 (告香偈)

향연변부삼천계 (香烟遍覆三千界)

정혜능개팔만문 (定慧能開八萬門)

유원삼보대자비 (唯願三寶大慈悲)

文차신향임법회 聞此信香臨法會

개계·상부

詳夫 水含清淨之功 香有普薰之德 故將法水

開啓

특훈묘향 쇄사법연 성우정토

特薰妙香 灑斯法筵 成于淨土

수함청정지공 향유보훈지덕 고장법수

쇄수게 灑水偈

관음보살대의왕 감로병중법수향 쇄탁마운생서기

觀音菩薩大醫王 甘露瓶中法水香 灑濯應雲牛瑞氣

소제열뇌획청량

消除熱惱獲清凉

천수경 千手經

（정구업진언부터 사방찬까지 독송하는데

신묘장구대다라니는 필히 삼편을 봉독한다）

화취진언 火聚眞言

『옴 살바바바 못다남 하나 바아라야 사바하』(백팔번)

도량게 (道場偈)

도량청정무하예 (道場淸淨無瑕穢) 삼보천용강차지 (三寶天龍降此地)

원석자비밀가호 (願賜慈悲密加護) 아금지송묘진언 (我今持誦妙眞言)

참회게 (懺悔偈)

백겁적집죄 (白劫積集罪) 일념돈탕제 (一念頓蕩除) 여화분고초 (如火焚枯草)

멸진무유여 (滅盡無有餘) 참회개참회 (懺悔皆懺悔) 참회영참회 (懺悔永懺悔)

참회개실영참회 (懺悔皆悉永懺悔) 참회발원이 (懺悔發願已) 종신귀명례삼보 (終身歸命禮三寶)

거불 (擧佛)

나무청정법신비로자나불 (南無淸淨法身毘盧遮那佛) 나무원만보신노사나불 (南無圓滿報身盧舍那佛)

南無千百億化身　釋迦牟尼佛

나무천백억화신　석가모니불

普召請眞言
보소청진언·『나무 보보제리 가리다리 다타 아다야』(세번)

[2] 仰告篇
앙고편

仰告 十方無盡三寶 天地一切虛空賢聖 不捨慈悲
앙고 시방무진삼보 천지일체 허공현성 불사자비

許垂朗鑑 今此地香 是金剛地 我今欲立 點眼道場
허수랑감 금차지향 시금강지 아금욕립 점안도량

開秘密教 難思議法門 故我結界 護持佛法善神王
개비밀교 난사의법문 고아결계 호지불법 선신왕

等及與一切 天地靈祇 隨意而住
등 급여일체 천지영기 수의이주

淨眞地言 潔淨器世間 寂光華藏印 即以定慧水觀
정지진언·결정기세간 적광화장인 즉이정혜수관

念離塵法
념이진법

『옴 나유바아다 살바달마』(세번)

해예진언·『옴 소리마리 마마리 소소마리 사바하』(세번)

정삼업진언

雙膝長跪已 쌍슬장괴이 合掌虛心住 합장허심주 誠心盡陳說 성심진진설 三業一切衆 삼업일체중

我從過去世 아종과거세 流轉於生死 유전어생사 今我對聖尊 금아대성존 盡心而懺悔 진심이참회

如先佛所懺 여선불소참 我今亦如是 아금역여시 願承加持力 원승가지력 衆生悉清淨 중생실청정

以此大敬故 이차대경고 自他獲垢無 자타획구무

『옴 사바사바 수다살바 달마 사바바바 수도함』(세번)

도향진언·진언행보살 應當善修習 응당선수습 塗香遍塗手 도향변도수

부용소향훈 復用燒香薫

정법계진언 · 『옴 바아라 언제혹』(세번)

나자색선백 공점이엄지 여피길명주
치지어정상 진언동법계 무량중죄제
일체촉예처 당가차자문

羅字色鮮白 空點以嚴之 如彼髻明珠
置之於頂上 眞言同法界 無量重罪除
一切觸穢處 當加此字門

『나무 산만다 못다남 남』(세번)

개단진언 · 『옴 바아라 노아로 다가다야 삼마야 바라 베 사야훔』(세번)

건단진언 · 『옴 난다난다 나지나지 난다바리 사바하』(세번)

결계진언 · 『옴마니미야예 다라다라 훔훔 사바하』(세번)

부동존진언·『혹이부동존 성변일체사 호신처령정

不動尊眞言 或以不動尊 成辨一切事 護身處令淨

결제방등계

結諸方等界

다라다함 맘』(세번)

『나모 삼만다 바아라남 전나 마하로사나 살바다야 훔

護身被甲眞言 用是嚴身故 諸應爲所障 及與惡心類

호신피갑진언·용시엄신고 제마위소장 급여악심류

도지함사산

逃之咸四散

『옴 바아라 아니바라 닙다야 사바하』(세번)

항마진언

降魔眞言 (법주가 새로 조성한 불상위에 팥을 뿌리면서 독송한다)

아이금강 삼등방편 신승금강 반월풍륜 단상구방

我以今剛 三等方便 身乘金剛 半月風輪 壇上口放

남자광명 소여무명 소적지신 역칙천상 공중지하

嚙字光明 燒汝無明 所積之身 亦勅天上 空中地下

所有一切　作諸障難　不善心者　皆來胡跪　聽我所説

소유일체 작제장난 불선심자 개래호괴 청아소설

加持法音　捨諸暴惡　悖逆之心　於佛法中　咸起信心

가지법음 사제폭악 패역지심 어불법중 함기신심

擁護道場　亦護施主　降福消除

옹호도량 역호시주 강복소제

『옴 소마니 소마니 훔 하리한나 하리한나 하리한

나바나야 훔 아나야흑 바아밤 바아라 훔 바탁』(세번)

발보리심진언 發菩提心眞言

妙菩提心如意寶　能滿諸願滅塵勞　三昧智念由此生

묘보리심여의보 능만제원멸진로 삼매지념유치생

是故我今勤守護　能發所發並發事　如是三發如響焰

시고아금근수호 능발소발병발사 여시삼발여향염

願共法界諸衆生　同發無上菩提心

원공법계제중생 동발무상보리심

427

執杵眞言
『옴 모지짓다 모다바나약 믹』(세번)

執鈴眞言
집저진언·『옴 바아라 건제혹』(세번)
二
집령진언·『옴 바아라 건다훔』(세번)

動鈴眞言
동령진언

以此振鈴傳法語 이차진령전법어 十方佛刹普聞知 시방불찰보문지

無邊佛聖咸來集 무변불성함래집 願此鈴聲遍法界 원차령성변법계

『옴 바아라 건다도 사야 훔』(세번)

佛部召請眞言
불부소청진언

佛智廣大同虛空 불지광대동허공 普遍一切衆生心 보변일체중생심

悉了世間諸妄想 실료세간제망상

불기종종이분별 (不起種種異分別)

『나무 삼만다 못다남 옴 다타 아다나 바바야 사바하』(세번)

연화부소청진언 (蓮花部召請眞言)

획득금강안온락 (獲得金剛安穩樂)

인이대비청정수 (仁以大悲淸淨手) 섭수억념제중생 (攝受憶念諸衆生) 영어일체액난중 (令於一切厄難中)

『나모 사만다 못다남 옴 바나마 바바야 사바하』(세번)

금강부소청진언 (金剛部召請眞言)

묘색담연상안락 (妙色湛然常安樂) 불위시절겁소천 (不爲時節劫所遷) 대성광겁행자비 (大聖曠劫行慈悲)

획득금강불괴신 (獲得金剛不壞身)

429

나모 사만다 못다남 옴 바아라나 바바야 사바하」(세번)

유 치 由致

봉불제자 奉佛弟子 사바세계 娑婆世界 남섬부주 南瞻部洲 해동 海東 대한민국 大韓民國 모 某

처거주 處居住 건명 乾命 모생 某生 모인복위 某人伏爲 경청양공 敬請良工 (신조성 新造成 某

신화성 新畵成 중수도분개금 重修塗粉改金 모불모보살존상) 某佛某菩薩尊像 금기필공 今旣畢功

안우모산모사 安于某山某寺 청정진계 淸淨眞界 이금월금일 以今月今日 특배점안법연 特排點眼法筵

근비향등공구 謹備香燈供具 훈근작법 薰勲作法 점개오안십안 點開五眼十眼 천안무진안 千眼無盡眼

자우복이 者右伏以 진체지체 眞體之體 담연무형 湛然無形 법신지신 法身之身 소연이 蕭然離

상 담연무형고 相湛然無形故 포함법계 包含法界 소연이상고 蕭然離相故 변만태허 遍滿太虛

430

기포법계이위형 언유근진지상호 역변태허이작체

既包法界以爲形 焉有根塵之相好 亦遍太虛而作體

본무안이지명언 연 욕제사계지 미륜구 진방지고

本無眼耳之名言 然 欲濟娑界之 迷倫救塵邦之苦

류 내시현어삼십이상 역 장엄어팔십종호 가위

類 乃示現於三十二相 亦莊嚴於八十種好 可謂

삼신구이사지성 오안명이십호족 복원 삼신사지

三身具而四智成 五眼明而十號足 伏願 三身四智

오족여래 운 무연지대비 민 유정지미간 함강향

五族如來 運 無緣之大悲 愍 有情之微懇 咸降香

연 증명공덕 근병일심 선진삼청

筵 證明功德 謹秉一心 先陳三請

나무일심봉청 상주법계 진언궁중 반야해회 최상

南無一心奉請 常住法界 眞言宮中 般若海會 最上

무변 불가사의 오륜보망세계 청정무염 법성해신

無邊 不可思議 五輪寶網世界 淸淨無染 法性海身

암밤남함캄 대교주 비로자나불 유원자비 강림도

暗鑁喃含次 大教主 毘盧遮那佛 唯願慈悲 降臨道

량(場)

증명공덕(證明功德)

향화청 (세번)(香花請)

가영(歌詠)

법신성해초삼계(法身性海超三界) 묘용하방구오근(妙用何妨具五根) 담적응연상각료(湛寂凝然常覺了)
인간무수총점은(人間無數總霑恩) 고아일심(故我一心) 귀명정례(歸命頂禮)

나무일심봉청(南無一心奉請) 상주법계(常住法界) 진언궁중(眞言宮中) 반야해회(般若海會) 금강(金剛)
연화장세계(蓮華藏世界) 불가설(不可說) 불가설(不可說) 구경원만(究竟圓滿) 무애대장(無碍大藏)
아바라하카(阿縛羅賀佉) 법계주(法界主) 노사나불(盧舍那佛) 유원자비(唯願慈悲) 강림도량(降臨道場)

증명공덕(證明功德)

향화청 (세번)(香花請)

가영(歌詠)

인원과만증여여 因圓果滿證如如

의정장엄상호수 衣正莊嚴相好殊

구경천중등보좌 究竟天中登寶座

보리수하현금구 菩提樹下現金軀

고아일심 故我一心

귀명정례 歸命頂禮

나무일심봉청 南無一心奉請

상주법계 常住法界

진언궁중 眞言宮中

반야해회 般若海會

사바 娑婆

세계하현무변 世界化現無邊

불가칭수 不可稱數

오탁겁중 五濁劫中

감수백세아 減收百歲阿

라바좌나 羅縛左那

일대교주 一代教主

석가모니불 釋迦牟尼佛

유원자비 唯願慈悲

강림도 降臨道

량 場

증명공덕 證明功德

향화청 (세번) 香花請

가영 歌詠

도솔야마영선서 兜率夜摩迎善逝

수미타화견여래 須彌他化見如來

동시동회동여차 同時同會同如此

월인천강불가시 月印千江不可猜

고아일심 故我一心

귀명정례 歸命頂禮

433

나무일심봉청(南無一心奉請) 상주법계(常住法界) 진언궁중(眞言宮中) 반야해회 동방(般若海會 東方)

금강부(金剛部) 대원경지(大圓境智) 금강견고자성신(金剛堅固自性身) 가지주 아촉불(加持主阿閦佛)

등 일체제불(等一切諸佛) 유원자비(唯願慈悲) 강림도량(降臨道場) 증명공덕(證明功德)

향화청(香花請) (세번)
가영(歌詠)

동방아촉무군훈(東方阿閦無群勳) 반야궁중자성지(般若宮中自性持) 상주안심환희국(常住安心歡喜國)
금강경지사수미(金剛境智似須彌) 고아일심 귀명정례(故我一心歸命頂禮)

나무일심봉청(南無一心奉請) 상주법계(常住法界) 진언궁중(眞言宮中) 반야해회 남방(般若海會 南方)

보성부(寶性部) 평등성지(平等性智) 복덕장엄취신(福德莊嚴聚身) 관정주 보성불등(灌頂主寶性佛等)

일체제불(一切諸佛) 유원자비(唯願慈悲) 강림도량(降臨道場) 증명공덕(證明功德)

香花請

향화청 (세번)　가영 歌詠

南方寶性如來佛
남방보성여래불
常住寶光般若宮 福德莊嚴皆具足
상주보광반야궁 복덕장엄개구족

圓明性智接群蒙
원명성지접군몽
故我一心 歸命頂禮
고아일심 귀명정례

南無一心奉請
나무일심봉청
常住法界 眞言宮中 般若海會 西方蓮
상주법계 진언궁중 반야해회
三魔地主 觀自在佛
관자재불

華部 妙觀察智 蓮華敬愛聚身 三魔地主 觀自在佛
화부 묘관찰지 연화경애취신 삼마지주 관자재불

等 一切諸佛 唯願慈悲 降臨道場 證明功德
등 일체제불 유원자비 강림도량 증명공덕

香花請

향화청 (세번)　가영 歌詠

位寄彌陀般若宮 妙觀自在放神通 雖然常住三魔地
위기미타반야궁 묘관자재방신통 수연상주삼마지

運智興悲一體同
운지흥비일체동
故我一心 歸命頂禮
고아일심 귀명정례

南無一心奉請 나무일심봉청 常住法界 상주법계 眞言宮中 진언궁중 般若海會 北方 반야해회 북방

毘首竭磨部 비수갈마부 成所作智 성소작지 海雲聚身 해운취신 廣大供養主 不空 광대공양주 불공

成就佛等 성취불등 一切諸佛 일체제불 唯願慈悲 유원자비 降臨道場 證明功德 강림도량 증명공덕

香花請 **향화청** (세번)

歌詠 **가영**

珍重北方智海雲 진중북방지해운 雲龍長雨利群生 운용장우이군생 海含諸寶深無碍 해함제보심무애

般若宮中智月明 반야궁중지월명 故我一心 歸命頂禮 고아일심 귀명정례

南無一心奉請 나무일심봉청 常住法界 상주법계 眞言宮中 진언궁중 般若海會 中央 반야해회 중앙

寂而常照部 적이상조부 寶法竭磨 보법갈마 四波羅密菩薩 사바라밀보살 東方金愛慈手 동방금애자수

四大菩薩 사대보살 南方普光幢笑 남방보광당소 四大菩薩 사대보살 西方法利因語 서방법리인어

四大菩薩
사대보살 北方業護牙眷 북방업호아권 사대보살 四大菩薩 鉤索鎖鈴 구색쇄령 四攝 사섭

菩薩喜鬘歌舞 보살 희만가무 內四供養菩薩 내사공양보살

燒散燈塗 소산등도 外四供養菩薩 외사공양보살 五部大曼多羅會上 오부대만다라회상

一切菩薩摩訶薩 일체보살마하살 唯願慈悲降臨場道 유원자비 강림도량 證明功德 증명공덕

香花請 **향화청** (세번) 歌詠 **가 영**

四方四大菩薩 사방사대보살 常住金剛般若宮 상주금강반야궁 五部多羅諸聖王 오부다라제성왕

常持佛法證圓通 상지불법증원통 故我一心歸命頂禮 고아일심 귀명정례

新佛請 **신불청**

南無一心奉請 나무일심봉청 (新造成 신조성 新畵成 신화성 重修塗金塗粉改金 중수도금도분 개금

437

개분 모불 보살 모존상기위 유원자비 강
改粉 某佛 菩薩 某尊像幾位 唯願慈悲 降

림도량 증명공덕
臨道場 證明功德

향화청 (세번)
香花請

가 영
歌詠

자재치성여단엄 명칭길상급존귀 여시육덕개원만
白在熾盛與端嚴 名稱吉祥及尊貴 如是六德皆圓滿

응당총호바가범 고아일심 귀명정례
應當惣號薄伽梵 故我一心 歸命頂禮

옹호청
擁護請

나무일심봉청 상어일체 작법지처 자엄등시 위작
南無一心奉請 常於一切 作法之處 慈嚴等施 爲作

옹호 상방대범천왕 제석천왕 동방제두나타천왕
擁護 上方大梵天王 常釋天王 東方提頭賴吒天王

남방비로륵차천왕 서방비로박차천왕 북방비사문천
南方毘盧靭叉天王 西方毘盧博叉天王 北方毘沙門天

王
왕

下界當處
하계당처

土地護法善神　山川嶽瀆
토지호법선신　산천악독

一切靈祇等
일체영기등

衆
중

降臨場道　擁護法筵
강림도량　옹호법연

◉ 향화청 (세번) 香花請

가영 歌詠

梵王帝釋四天王
범왕제석사천왕

佛法門中誓願堅　列立招提千萬歲
불법문중서원견　열입초제천만세

自然神用護金仙
자연신용호금선

故我一心　歸命頂禮
고아일심　귀명정례

降生偈　我佛釋師子
강생게·아불석사자

從兜率天宮　降神下閻浮
종도솔천궁　강신하염부

入摩耶胎藏
입마야태장

福資諸衆生　發無上道心
복자제중생　발무상도심

願今亦如是
원금역여시

入此空像中　甚深寂然定　久住於世間
입차공상중　심심적연정　구주어세간

施作大佛事　自他共成佛
시작대불사　자타공성불

439

※ 法主가 오색사진언을 부를때 화공이 오색실로 연꽃잎을 만들어 다섯자간위에 꿰어서 색실을 오른쪽 귀에 걸고 그 실들을 부처님의 손끝까지 늘어 놓는다. 만약 탱화인 경우에는 오른쪽에서 걸어 그 막대 뒤로 해서 시주의 손끝에 잡게 한다

五色絲眞言
오색사진언·『옴 바아라 삼매야 소다남 아리마리 사 바하』

3、오불례 五佛禮

南無清淨法身毘盧遮那佛
나무청정법신비로자나불

南無圓滿報身盧舍那佛
나무원만보신노사나불

南無千百億化身釋迦牟尼佛
나무천백억화신석가모니불

南無當來下生彌勒尊佛
나무당래하생미륵존불

南無東方滿月世界藥師琉璃光佛
나무동방만월세계약사유리광불

赫赫雲音振
혁혁운음진

群聾盡豁開
군롱진활개

不起靈山會
불기영산회

瞿曇無去來
구담무거래

點眼唱佛 諸佛菩薩

점안창불 (제불보살)

羅漢은 六通 天王十王은 五通、
五力 佛菩薩은 入眼임

菩薩 尊像幾位

보살 존상기위

南無 新造成 新畵成 塗金塗粉 重修改金 某佛某

나무 신조성 신화성 도금도분 중수개금 모불모

※ 法主는 팥을 뿌린다

육안성취상 肉眼成就相
천안성취상 天眼成就相
혜안성취상 慧眼成就相
법안성취상 法眼成就相
불안성취상 佛眼成就相

육안청정상 肉眼清淨相
천안청정상 天眼清淨相
혜안청정상 慧眼清淨相
법안청정상 法眼清淨相
불안청정상 佛眼清淨相

육안원만상 肉眼圓滿相
천안원만상 天眼圓滿相
혜안원만상 慧眼圓滿相
법안원만상 法眼圓滿相
불안원만상 佛眼圓滿相

십안성취상 (十眼成就相)
천안성취상 (千眼成就相)
무진안성취상 (無盡眼成就相)

십안청정상 (十眼清淨相)
천안청정상 (千眼清淨相)
무진안청정상 (無盡眼清淨相)

십안원만상 (十眼圓滿相)
천안원만상 (千眼圓滿相)
무진안원만상 (無盡眼圓滿相)

4、중단점안 (中壇點眼)

※(諸佛菩薩일때는 위와같이 하고 中壇일때는 다음과 같다)

나무 (南無) 신조성 (新造成) 신화성 (新畵成) 도금도분 (塗金塗粉) 중수개금개분 (重修改金改粉)

모성상기위 (某聖像幾位)

천안통성취상 (天眼通成就相)
천안통청정상 (天眼通清淨相)

천이통성취상 (天耳通成就相)
천이통 (天耳通)

청정상 (清淨相)

타심통성취상 (他心通成就相)
타심통청정상 (他心通清淨相)

신경통성취상 (神境通成就相)
신경통 (神境通)

청정상 (清淨相)

숙명통성취상 (宿命通成就相) 숙명통청정상 (宿命通清淨相) 누진통성취상 (漏盡通成就相) 누진통 (漏盡通)

청정상 (清淨相)

신통력성취상 (神通力成就相) 신통력청정상 (神通力清淨相) 용맹력성취상 (勇猛力成就相) 용맹력 (勇猛力)

청정상 (清淨相)

자비력성취상 (慈悲力成就相) 자비력청정상 (慈悲力清淨相) 보살력성취상 (菩薩力成就相) 보살력 (菩薩力)

청정상 (清淨相)

여래력성취상 (如來力成就相) 여래력청정상 (如來力清淨相) 나무 (南無) 모대왕 (某大王) 모종관 (某從官)

개안광명진언 (開眼光明眞言)

※ (부처님께 씌웠던 꼬깔을 벗기고 공양(죽)을 올린 다음)

443

불개광대청련안 佛開廣大青蓮眼
묘상장엄공덕신 妙相莊嚴功德身
인천공찬불능량 人天共讚不能量

비약만류귀대해 比若萬流歸大海

『옴 작수작수 삼만다 작수미수다니 사바하』

安佛眼眞言
안불안진언·『옴 살바라도 바하리니 사바하』

灌浴篇
관욕편·여래강생지시 如來降生之時 구룡토수 九龍土水 관욕금신 灌浴金身 일체제 一切諸

불 佛 제대보살 諸大菩薩 역부여시 變復如是 아금근이청정향수관욕금신 我今謹以清淨香水灌浴金身

沐浴眞言
목욕진언

아금관욕제성중 我今灌浴諸聖衆 정지공덕장엄취 正智功德莊嚴聚 오탁중생영이구 五濁衆生令離垢

당증여래정법신 當證如來淨法身

『나모 사만다 못다남 옴 아아나 삼마삼마 사바하』

施水眞言
시수진언

我今持此吉祥水 아금지차길상수
灌注一切衆生頂 관주일체중생정
塵勞熱惱悉消除 진로열뇌실소제

自他紹讀法王位 자타소독법왕위

『옴 도니도니 가도니 사바하』

安相眞言 안상진언 · 『옴 소바라 지실지세 바아라 나바바야 사바하』

三十二相眞言 삼십이상진언 · 『옴 마하가로나야 사바하』

八十種好眞言 팔십종호진언 · 『옴 마하다 바다라 모나라야 사바하』

안장엄진언·『옴 바아라 바라나 미보사니 사바하』
安莊嚴眞言

헌좌진언 ※ (상단과 하단)
獻座眞言

묘보리좌승장엄　제불좌이성정각
妙菩提座勝莊嚴　諸佛坐已成正覺

자타일시성불도　아금헌좌역여시
自他一時成佛道　我今献座亦如是

『옴 바아라 미나야 사바하』

아금경설보엄좌　보헌일체명왕중
我今敬設寶嚴座　普献一切冥王衆

속원해탈보리과　원멸진로망상심
速願解脱菩提果　願滅塵勞妄想心

『옴 가마라 승하 사바하』

다게
茶偈

446

목여조출제호미 성도당시선래헌 아금헌공역여시
牧女造出醍醐味 成道當時先來献 我今献供亦如是

원수자비애납수
願垂慈悲哀納受

※권공＝(勸供) 권공을 할 것. (상단인 경우에는 대웅전 불공을 하고 중단일때에는 신중단)

⑤、점안운필법 (點眼運筆法) (심동필부동) (心動筆不動)

육안청정원만상시 (肉眼清淨圓滿相時) (캄자) (次字) 안존상안하 (安尊像眼下)

천안청정원만상시 (天眼清淨圓滿相時) (함자) (合字) 안존상안청 (安尊像眼晴)

혜안청정원만상시 (慧眼清淨圓滿相時) (남자) (喃字) 안존상안상 (安尊像眼上)

법안청정원만상시 (法眼清淨圓滿相時) (밤자) (鑁字) 안존상미상 (安尊像眉上)

불안청정원만상시 (佛眼清淨圓滿相時) (암자) (暗字) 안존상미간 (安尊像眉間)

십안청정원만상시 十眼清淨圓滿相時 (훔자) 吽字 안존상흉상 安尊像胸中

천안청정원만상시 千眼清淨圓滿相時 (아자) 阿字 안존상구중 安尊像口中

무진안청정원만상시 無盡眼清淨圓滿相時 (옴자) 唵字 안존상정상 安尊像頂上 (이상여래보살) 以上如來菩薩

천안통성취청정상시 天眼通成就清淨相時 (함자) 含字 안존상안청 安尊像眼晴

천이통성취청정상시 天耳通成就清淨相時 (하자) 訶字 안존상양족 安尊像兩足

타심통성취청정상시 他心通成就清淨相時 (사바자) 娑婆字 안존상양경 安尊像兩脛

신경통성취청정상시 神境通成就清淨相時 (제자) 帝字 안존상양액 安尊像兩腋

숙명통성취청정상시 宿命通成就清淨相時 (준자) 準字 안존상제중 安尊像臍中

누진통성취청정상시 漏盡通成就清淨相時 (례자) 隷字 안존상양견 安尊像兩肩 (이상나한천왕) 以上羅漢天王

신통력성취청정상시 (레자) 안존상양견
神通力成就清淨相時 隷字 安尊像兩肩

용맹력성취청정상시 (준자) 안존상흉중
勇猛力成就清淨相時 準字 安尊像胸中

자비력성취청정상시 (레자) 안존상정상
慈悲力成就清淨相時 隷字二頭上 安尊像

보살력성취청정상시 (제자) 안존상구중
菩薩力成就清淨相時 帝字 安尊像口中

여래력성취청정상시 (옴자) 안존상정상 (이상천왕시왕)
如來力成就清淨相時 吽字安尊像頂上 以上天王十王

6、 불상증명창불
佛像證明唱佛

나무대교주 청정법신 비로자나불
南無大教主 清淨法身 毘盧遮那佛

나무법계주 원만보신 노사나불
南無法界主 圓滿報身 盧舍那佛

나무사바교주 천백억화신 석가모니불
南無娑婆教主 千百億化身 釋迦牟尼佛

나무동방금강부 南無東方金剛部　대원경지 大圓鏡智　가지주 加持主　아촉여래불 阿閦如來佛

나무남방보성부 南無南方寶性部　평등성지 平等性智　관정주 灌頂主 寶生如來佛　보성여래불

나무서방연화부 南無西方蓮花部　묘관찰지 妙觀察智　삼마지주 三摩地主　관자재여래불 觀自在如來佛

나무북방비수갈마부 南無北方毘首碣摩部　성소작지 成所作智　광대공양주 廣大供養主 不空成就　─불공성취

7、여래불 如來佛

나무중앙적이상조부 南無中央寂而常照部　보법갈마 寶法碣摩　사바라밀보살 四波羅密菩薩

나무동방금애자수 南無東方金愛慈手　사대보살 四大菩薩　나무남방보광당소 南無南方普光幢笑　사 四

대보살 大菩薩

나무서방법리인어 南無西方法利因語 ─ 사대보살 四大菩薩　나무북방업호아권 南無北方業護牙眷　사 四

大菩薩
대보살

南無拘索鎖鈴
나무구색쇄령

四攝菩薩
사섭보살

南無喜鬘歌舞
나무희만가무

內四供養菩薩
내사공양보살

南無燒散燈塗
나무소산등도

外四供養菩薩
외사공양보살

南無五部大曼多羅會上
나무오부대만다라회상

諸大菩薩摩訶薩
제대보살마하살

南無道場教主
나무도량교주

觀世音菩薩摩訶薩
관세음보살마하살

南無爲作證明法師
나무위작증명법사

西天國百八代祖師
서천국백팔대조사

提羅博陀尊者
제라박타존자

指空大和尚
지공대화상

南無爲作證明法師
나무위작증명법사

高麗國恭愍王師
고려국공민왕사

普濟尊者 懶翁
보제존자 나옹

大和尚
대화상

南無爲作證明法師
나무위작증명법사

朝鮮國太祖王師 妙音尊者
조선국태조왕사—묘음존자

無學
무학

大和尙 唯願 爲作證明 成就佛事

대화상 유원 위작증명 성취불사

제二장 조탑점안 (造塔點眼)

(※ 모든 法式은 불상점안에 준한다)

1、유 치 (由致)

盖聞 示滅雙林 廣化塵刹 收 五色之舍利 起 七

개문 시멸쌍림 광화진찰 수 오색지사리 기 칠

寶之支提 於焉而西域星羅 自此而東丘雁列 今有此

보지제 어언이서역성라 자차이동구안열 금유차

日 娑婆世界 南瞻部洲 海東 大韓民國 某市道

일 사바세계 남섬부주 해동 대한민국 모시도

某區郡 某洞面 某里居住 某人伏爲 特命良工 敬

모구군 모동면 모리거주 모인복위 특명양공 경

成某塔 某層一座 內安 某佛尊像 建于某事庭中 敬

성모탑 모층일좌 내안 모불존상 건우모사정중 경

慶設點眼道場 謹備供具 薰勤作法 仰祈妙援者 右

건설점안도량 근비공구 훈근작법 앙기묘원자 우

복이 伏爲
보급장엄 寶級莊嚴
약청련지용출 若青蓮之湧出
자용정묘 慈容正妙
여교월 如皎月

지단원 之圓圓
삼신구이사지성 三身具而四智成
오안명이십호족 五眼明而十號足
시방삼보 十方三宝

불사자비 不捨慈悲
강부향연 降赴香筵
근병일심 謹秉一心
선진삼청 先陳三請

※ (청사와 제진언 및 권공등은 상단을 인용할것)

제三장 가사점안 袈裟點眼

※ 중명단을 설치한후 중명단에서

(1) 삼화상청 三和尚請

거목·나무서천국 백대조사 제라박타존자지공대
舉目 南無西天國 百代祖師 提羅縛陀尊者指空大

화상 和尚

나무고려국 공민왕사 보제존자 나옹대화상
南無高麗國 恭愍王師 普濟尊者 懶翁大和尚

南無朝鮮國 太祖王師 妙嚴尊者 無學大和尚
나무조선국 태조왕사 묘엄존자 무학대화상

普召請眞言
보소청진언 · 『나무 보보제리 가리다리 다타 아다야』(세번)

①、유치 由致

仰惟爲作證明
앙유위작증명

三大法師者
삼대법사자

三慧具足
삼혜구족

二利圓成 歷
이리원성 역

代心印宗下
대심인종하

已得密傳之旨
이득밀전지지

十方佛事門中 常作證明
시방불사문중 상작증명

之位有求皆遂
지위유구개수

無願不從
무원부종

是以
시이

娑婆世界 大韓民
사바세계 대한민

國某山某寺
국모산모사

淸淨道場
청정도량

以今月今日
이금월금일

虔設淨饌供
건설정찬공

養證明功德
양증명공덕

三大尊者
삼대존자

暫辭於三關蓮臺
잠사어삼관연대

畧降於一
약강어일

間蘭若曲昭微誠
간난야곡조미성

成就佛事
성취불사

仰表一心
앙표일심

先陳三請
선진삼청

南無一心奉請

나무일심봉청

智證無相 總該萬類於一眞

지증무상 총해만류어일진

悲心有情

비심유정

咸脫三界於九品

함탈삼계어구품

往來無碍 任運騰騰 空花道場

왕래무애 임운등등 공화도량

隨

수

順應應 提納縛陀尊者 指空大和尚 普濟尊者 懶翁

순응응 제립박타존자 지공대화상 보제존자 나옹

大和尚 妙嚴尊者 無學大和尚 唯願慈悲 降臨道場

대화상 묘엄존자 무학대화상 유원자비 강림도량

受此供養

수차공양

香花請

향화청 (세번)

歌詠

가 영

指空和尚西天號 懶翁無學東國名 唯願三祖作證明

지공화상서천호 나옹무학동국명 유원삼조작증명

成就佛事度衆生 故我一心 歸命頂禮

성취불사도중생 고아일심 귀명정례

座眞言 我今敬設寶嚴座 奉獻三大和尚前 願滅塵

헌좌진언·아금경설보엄좌 봉헌삼대화상전 원멸진

勞妄想心 速願解脫菩提果

로망상심 속원해탈보리과

『옴 가마라 승하 사바하』(세번)

2、 가사피봉식
裂裟皮封式

僧伽梨 上品上一領 奉獻于帝釋菩薩前 證明比丘
승가리 상품상일영 봉헌우제석보살전 증명비구

某 誦呪比丘 某 良工比丘 某 化主比丘 某 施
모 송주비구 모 양공비구 모 화주비구 모 시

主 某人 謹封
주 모인 근봉

3、 가사점안피봉식 (가사를 상단에 봉안한다)
裂裟點眼皮封式

大施主 姓名某人 保體 敬造僧伽梨 四長一短 二
대시주 성명모인 보체 경조승가리 사장일단 이

十五條 上品上一領 奉獻于十方三寶 慈尊前
십오조 상품상일영 봉헌우시방삼보 자존전

3, 점 안 點眼 ※(불상점안법식에 준한다)

4、가사통문불 袈裟通門佛

나무가사당세계(南無袈裟幢世界) 상품회상(上品會上) 제일금강당불(第一金剛幢佛) 제이아미타불(第二阿彌陀佛) 제삼석가모니불(第三釋迦牟尼佛) 제사미륵존불(第四彌勒尊佛) 제오아촉불(第五阿閦佛) 제육묘색신불(第六妙色身佛) 제칠묘음성불(第七妙音聲佛) 제팔향적광불(第八香積光佛) 제구대통지승여래불(第九大通智勝如來佛)

나무가사당세계(南無袈裟幢世界) 중품회상(中品會上) 제일유위불(第一維衛佛) 제이시기불(第二尸棄佛) 제삼패엽불(第三貝葉佛) 제사구류손불(第四拘留孫佛) 제오구나함모니불(第五拘那含牟尼佛) 제육가엽불(第六迦葉佛) 제칠교주석가모니불(第七教主釋迦牟尼佛)

나무가사당세계 하품회상 제일청정법신비로자나불

제이원만보신노사나불 제삼천백억화신석가모니불

제사구품도사아미타불 제오당래하생미륵존불

나무위작증명법사 삼대화상 유원삼보 대자대비

위작증명 성취불사

거불 擧佛

나무천백억화신석가모니불

나무청정법신비로자나불 나무원만보신노사나불

보소청진언 普召請眞言 · 『나모 보보제리 가리다리 다타 아다야』(세번)

유치(由致)

앙유 가사자 여래상복 보살대의 피지자 능작복
仰唯袈裟者 如來上服 菩薩大衣 被之者 能作福

전 성지자 이위승과 대범제석 좌 남북이옹호
田成之者 易爲勝果 大梵帝釋坐 南北而擁護

사방천왕립 사유이시위 용왕괘체 금무독해지심
四方天王立 四維而侍衛 龍王掛體 禽無毒害之心

염사피신 수유공경지념 발원자 천재설소 조성자
獵士被身 獸有恭敬之念 發願者 千災雪消 造成者

백복운흥 금유차일 사바세계 남섬부주 해동 대
百福雲興 今有此日 娑婆世界 南瞻部洲 海東 大

한민국 모시도 모구군 모동면 모리거주 모인복
韓民國 某市道 某區郡 某洞面 某里居住 某人伏

위 이모월모일 건성노력 불석진재 경조승가리
爲以某月某日 虔誠努力 不惜塵財 敬造僧伽梨

모장모단모조모품모영 잉정옥입 시설명향 헌우시
某長某短某條某品某領 仍呈玉粒 時設茗香 獻于十

459

방 (方)

무진삼보 (無盡三寶) 불사자비 (不捨慈悲) 함강향연 (咸降香筵) 근병일심 (謹秉一心) 선진 (先陳)

삼청 (三請)

나무일심봉청 (南無一心奉請) 연화장세계 (蓮華藏世界) 청정법신 (清淨法身) 비로자나불 (毘盧遮那佛)

유원자비 (唯願慈悲) 강림도량 (降臨道場) 증명공덕 (證明功德)

향화청 (香花請) (세번) 가영 (歌詠)

위광변조만건곤 (威光遍照滿乾坤) 진계무위해탈문 (眞界無爲解脫門) 운암일명신내영 (雲暗日明身內影)

나무일심봉청 (南無一心奉請) 산청수벽경중흔 (山青水碧鏡中痕) 고아일심 (故我一心) 귀명정례 (歸命頂禮)

나무일심봉청 (南無一心奉請) 천화대 (千花臺) 연장계 (蓮藏界) 원만보신 (圓滿報身) 노사나불 (盧舍那佛)

유원자비 (唯願慈悲) 강림도량 (降臨道場) 증명공덕 (證明功德)

향화청 香花請 (세번) 가영 歌詠

인원과만증여여 因圓果滿證如如
의정장엄상호수 依正莊嚴相好殊 구경천중등보좌 究竟天中登寶座

보리수하현금구 菩提樹下現金軀
고아일심 귀명정례 故我一心歸命頂禮

나무일심봉청 南無一心奉請
천화상 백억계 千花上百億界 천백억화신석가모니 千百億化身釋迦牟尼

불 유원자비 佛唯願慈悲
강림도량 증명공덕 降臨道場證明功德

향화청 香花請 (세번) 가영 歌詠

도솔야마영선서 兜率夜摩迎善逝
수미타화견여래 須彌他化見如來 동시동회동여차 同時同會同如此

월인천강불가시 月印千江不可猜
고아일심 귀명정례 故我一心歸命頂禮

나무일심봉청 南無一心奉請
가사당세계 袈裟幢世界 금강견고불등 金剛堅固佛等 일체제불 一切諸佛

唯願慈悲 유원자비 　降臨道場 강림도량 　證明功德 증명공덕

香花請 향화청 (세번)

歌詠 가영

六根互用俱無碍 육근호용구무애 　四智圓明悉混融 사지원명실혼융 　稽首法王無上士 계수법왕무상사

共垂十力接群蒙 공수십력접군몽 　故我一心 고아일심 　歸命頂禮 귀명정례

南無一心奉請 나무일심봉청 　東方琉璃世界 동방유리세계 　藥師琉璃光等 약사유리광등 　一切諸 일체제

佛唯願慈悲 불유원자비 　降臨道場 강림도량 　證明功德 증명공덕

香花請 향화청 (세번)

歌詠 가영

東方世界名滿月 동방세계명만월 　佛號琉璃光皎潔 불호유리광교결 　頭上旋螺青似山 두상선라청사산

眉間毫相白如雪 미간호상백여설 　故我一心 고아일심 　歸命頂禮 귀명정례

나무일심봉청 (南無一心奉請)

서방극락세계 (西方極樂世界)

사십팔원 (四十八願)

아미타불등 (阿彌陀佛等)

일체제불 (一切諸佛) 유원자비 (唯願慈悲) 강림도량 (降臨道場) 증명공덕 (證明功德)

향화청 (세번) (香花請)

가영 (歌詠)

무량광중화불다 (無量光中化佛多) 앙첨개시아미타 (仰瞻皆是阿彌陀) 응신각정황금상 (應身各挺黃金相)

보계도선벽옥라 (寶髻都旋碧玉螺) 고아일심 (故我一心) 귀명정례 (歸命頂禮)

나무일심봉청 (南無一心奉請) 도솔천 (兜率天) 내원궁 (內院宮) 자씨미륵존불등 (慈氏彌勒尊佛等) 일 (一)

체제불 (切諸佛) 유원자비 (唯願慈悲) 강림도량 (降臨道場) 증명공덕 (證明功德)

향화청 (세번) (香花請)

가영 (歌詠)

고거도솔허제반 (高居兜率許劑攀) 원사용화조우난 (遠埃龍華遭遇難) 백옥호휘충법계 (白玉毫輝充法界)

463

자금의상화진환　고아일심　귀명정례
紫金儀相化塵寰　故我一心　歸命頂禮

나무일심봉청　진허공변법계　과현미래　불법승삼보
南無一心奉請　盡虛空遍法界　過現未來　佛法僧三寶

유원자비　강림도량　증명공덕
唯願慈悲　降臨道場　證明功德

향화청 (세번)　가영
香花請　　　　　歌詠

불신보변시방중　삼세여래일체동　광대원운항부진
佛身普遍十方中　三世如來一切同　廣大願雲恒不盡

왕양각해묘난궁　고아일심　귀명정례
汪洋覺海妙難窮　故我一心　歸命頂禮

나무일심봉청　상어일체　작법지처　자엄등시　위작
南無一心奉請　常於一切　作法之處　慈嚴等施　爲作

옹호　상방대범천왕　제석천왕　동방지국천왕　남방
擁護　上方大梵天王　帝釋天王　東方持國天王　南方

증장천황　서방광목천왕　북방다문천왕　하계당처
增長天皇　西方廣目天王　北方多聞天王　下界當處

토지가람 호법선신 일체영기등중
土地伽藍 護法善神 一切靈祇等衆

유원승 삼보력 강림도량 수차공양
唯願承 三寶力 降臨道場 受此供養

범왕제석사천왕 불법문중서원공 열립초제천만세
梵王帝釋四天王 佛法門中誓願空 列立招提千萬歲

자연신용호금선 고아일심 귀명정례
自然神用護金仙 故我一心 歸命頂禮

헌좌진언 · 묘보리좌승장엄 제불좌이성정각
獻座眞言 妙菩提座勝莊嚴 諸佛坐以成正覺

아금헌좌역여시 자타일시성불도
我今獻座亦如是 自他一時成佛道

『옴 바아라 미나야 사바하』(세번)

정법계진언 · 『옴 남』(세번)
淨法界眞言

다게 · 금장감로다 봉헌증명전 감찰건간심
茶偈 今將甘露茶 奉獻證明前 鑑察虔懇心

465

원수애납수 願垂哀納受

원수애납수 願垂哀納受

원수자비애납수 願垂慈悲哀納受

진언권공 眞言勸供

향수나열 재자건성 욕구공양지주원 香羞羅列 齋者虔誠 欲求供養之周圓

화 앙유삼보 특석가지 化 仰唯三寶 特賜加持

나무시방불 南無十方佛

나무시방승 南無十方僧

수장가지지변 須仗加持之變

나무시방법 南無十方法

무량위덕 자재광명승묘력 변식진언 (세번)

無量威德 自在光明勝妙力 變食眞言

『나막 살바다타 아다 바로기제 옴 삼바라 삼바라 훔』

시감로수진언 · 『나무 소로바야 다타아다야 다냐타 옴

施甘露水眞言

소로소로 바라소로 바라소로 사바하』(세번)

466

일자수륜관진언 一字水輪觀眞言·「옴 밤 밤 밤밤」(세번)

유해진언 乳海眞言·『나무사만다 못다남 옴 밤」(세번)

운심공양진언 運心供養眞言

願此香供遍法界 普供無盡三寶海 慈悲受供增善根

원차향공변법계 보공무진삼보해 자비수공증선근

令法住世報佛恩

영법주세보불은

「나막 살바다타 아제비약미 살바다캄 오나아제 바라

혜맘 옴 아아나캄 사바하」(세번)

예 참 禮懺 (상단예불을 말한다)

보공양진언 普供養眞言·『옴 아아나 삼바바 바아라 훔」(세번)

467

淨食眞言
정식진언·『옴 다가바라 훔』(세번)

普回向眞言
보회향진언·『옴 삼마라 삼마라 미마나 사라마하 자 가라 바 훔』(세번)

가사정대게 袈裟頂戴偈

인이대비청정수 (仁以大悲清淨手)
섭취억념제중생 (攝取憶念諸衆生)
영어일체액난중 (令於一切厄難中)

획득무우안온락 (獲得無憂安穩樂)
재자보체획복원 (齋者保體獲福願)
조성가사금정대 (造成袈裟今頂戴)

현증복수무재해 (現增福壽無災害)
화곡풍등일점흥 (禾穀豊登日漸興)
일생재해불부침 (一生災害不復侵)

후득무상보리과 (後得無上菩提果)
일문권속이제난 (一門眷屬離諸難)
동득이익영청정 (同得利益令清淨)

5、수가사 受袈裟

(가사를 받아 수할때)

대덕일심 염아제자 모 차승가리 모장모단 모조

大德一心 念我弟子 某 此僧伽梨 某長某短 某條

모품 일영 활절 의지

一領 割截 衣之

頂戴眞言 善哉鮮脱服 無上福田衣 我今頂戴受

정대진언·선재해탈복 무상복전의 아금정대수

世世常得被 세세상득피 『옴 마하가바바다 숫제 사바하』(세번)

469

제一장 상단예불 上壇禮佛

①、사미십계 沙彌十戒

거불·나무불타야중광림법회 擧佛 南無佛陀部衆光臨法會

나무달마부중광림법회 南無達麼部衆光臨法會

나무승가부중광림법회 南無僧伽部衆光臨法會

보소청진언·『나모 보보제리 가리다리 다타 아다야』(세번) 普召請眞言

유치 由致

개문 묘묘홍파 수위제도 혼혼암실 숙작명등 아 盖聞 渺渺洪波 誰爲濟度 昏昏暗室 孰作明燈 我

대성각황 수자현상 (大聖覺皇 垂慈現相)

포교망이노롱법계 지요로이현 (布教網而撈攬法界 指要路而顯)

환진승 기개방변지문 (煥眞乘 旣開方便之門)

수계수행지로 시이 초담녹 (遂啓修行之路 是以 初談鹿)

원 명소도어 교진 (苑 明小道於 僑陳)

종화학림 부일승어가엽 양유 (終化鶴林 付一乘於迦葉 良由)

법운법우 구첨흡어군생 (法雲法雨 俱霑洽於群生)

재가출가 진심승어성훈 (在家出家 盡深承於聖訓)

이신찬탄 차서청사 (已伸讚嘆 次叙請辭)

근병일심 선진삼청 (謹秉一心 先陳三請)

나무일심봉청 삼신정묘 사지원명 자비접물 희사 (南無一心奉請 三身淨妙 四智圓明 慈悲接物 喜捨)

리생 수궁삼제 횡변시방 청정법계 진여불보일 (利生 竪窮三際 橫遍十方 淸淨法界 眞如佛寶一)

진본적 만법무언 위리유정 교분십이 청정법계 (眞本寂 萬法無言 爲利有情 敎分十二 淸淨法界)

평등소유 오교삼승 심심법보 돈오점오 비증지증 (平等所流 五敎三乘 甚深法寶 頓悟漸悟 悲增智增)

一乘三乘
일승삼승 동체별체(同體別體) 수성이리(修成二利) 이증삼명(已證三明) 십성삼현(十聖三賢)

清淨僧寶
청정승보 유원동수응감(唯願同受應感) 함작증명(咸作證明) 보동공양(普同供養)

香花請
향화청 (세번)

歌詠
가 영

威光遍照十方中
위광변조시방중 월인천강일체동(月印千江一切同) 사지원명제성사(四智圓明諸聖士)

貴臨法會利群生
분림법회이군생 고아일심(故我一心) 귀명정례(歸命頂禮)

獻座眞言
헌좌진언 · 묘보리좌승장엄(妙菩提座勝莊嚴) 제불좌이성정각(諸佛坐已成正覺)

我今獻座亦如是
아금헌좌역여시 자타일시성불도(自他一時成佛道)

『옴 바아라 미나야 사바하』(세번)

淨法界眞言
정법계진언 · 『옴 남』(세번)

472

다게

공양시방삼세불 용궁해장묘만법 보살연각성문승

供養十方三世佛 龍宮海藏妙萬法 菩薩緣覺聲聞僧

원수애납수 원수애납수 원수자비애납수

願垂哀納受 願垂哀納受 願垂慈悲哀納受

※ 수계자가 불전에 분향하고 三拜후 꿇어앉아 합장한다.

귀의대성존 능발삼도고 역원제중생 보입무위락

歸依大聖尊 能拔三途苦 亦願諸衆生 普入無爲樂

※ 受戒者가 다시 분향하고 戒師、法師、證師에게 세번 절하고 꿇어앉아 합장 한다.

상보사중은 하제삼도고 출가수선도 원수애청허

上報四重恩 下濟三途苦 出家修善道 願垂哀聽許

※ 受戒者가 父母님이 계시는 方向을 향하여 향을 올린 다음 세번 절하고 무릎을 꿇고 합장한다.

유전삼계중 은애미능탈 기은입무위 진실보은자

流轉三界中 恩愛未能脫 棄恩入無爲 眞實報恩者

※ 受戒者는 俗衣를 벗고 僧衣를 입은후 佛前에 세번 절하고 꿇어앉아 합장한다.

毀形守志節 割愛辭所親 出家弘聖道 願度一切人

훼형수지절 활애사소친 출가홍성도 원도일체인

※ 受戒者는 다시 父母님 전에 나아가 분향 삼배한후 꿇어앉아 합장한다.

假使恩愛久共處 時至終命有離別 見此無常須臾間 是故我金求解脫

가사은애구공처 시지종명유이별 견차무상수유간
시고아금구해탈

※ 수계자가 삭발도구를 받들고 大衆앞을 순회한 다음 戒師앞에 나아간다.

집도게 執刀偈

寶殿主人曾作夢 無明草茂幾多年 今向金剛鋒下落
無限光明照大千 最後一結謂之周羅 唯佛一人乃

보전주인증작몽 무한광명조대천 무명초무기다년 금향금강봉하락
최후일결 위지주라 유불일인 내

能斷之 我今爲汝 除去頂髮 汝今許否

능단지 아금위여 제거정발 여금허부

※ 사미(沙彌)가 대답하여 가이 (세번 묻고 세번 답한다) 한다.

※ 佛名과 受戒證을 받는다。

선재대장부 능료세무상 기속취이원 희유난사의

善哉大丈夫 能了世無常 棄俗就泥恒 希有難思議

※ 沙彌는 가사를 받은 다음 정례합장한다。

선재해탈복 무상복전의 아금정대수 세세상득피

善哉解脱服 無上福田衣 我今頂戴受 世世常得被

『옴 마가 가바바다 삿제 사바하』(세번)

2、**경청육사** (敬請六師)

(경건히 諸佛菩薩과 諸天을 청하여 六師를 삼는다)

경청석가모니불 예위화상아사리

敬請釋迦牟尼佛 詣爲和尚阿闍梨

경청문수대지사 예위갈마아사리

敬請文殊大智士 詣爲竭磨阿闍梨

경청당래미륵존불 예위교수아사리

敬請當來彌勒尊佛 詣爲教授阿闍梨

경청시방제여래 예위증계아사리

敬請十方諸如來 詣爲證戒阿闍梨

경청시방제보살　예위동학반여중

敬請 釋梵諸天衆　詣爲 擁護莊嚴衆

경청석범제천중　예위옹호장엄중

3、 사미십계 沙彌十戒 (戒師가 受戒에 대한 説法을 한다음 十戒를 설한다)

第一 不殺生

제일 불살생・구원망한심 미록입정중 久冤忘恨心 麋鹿人庭中

살생을 하지 아니하면 구원생래(久遠生來)에 원수의 집에서 한심(恨心)을 잊어 다시는 과보를 받지 않게되고 날고기는 짐승들이 모두 집에 들어와서 두려움 없이 뛰어들고 독해(毒害)가 없으므로 곰, 호랑이도 능히 그를 알아보고 해치지 않는다.

殺生斷汝慈悲種　割他皮肉宴親賓　異日三途還債處

살생단여자비종 활타피육연친빈 이일삼도환채처

只將性命作人情

지장성명작인정

화엄경에 전하기를 『살생의 죄는 삼악도에 떨어지고 설사 사람으로 태어난다해도 단명, 다병(多病)의 두가지 과보를 가진다하였다. 살기를 좋아하고 죽기를 싫어하는 것은 생명이 있는 것은 모두 똑같다. 또한 육도사생이 너의 다생에(多生)에 부모님이-없다.

이들 모든 생류가 악취에 빠져 큰 고통을 받고 있는데 구제는 하지 못할지언정 어떻게 고기를 먹겠는가 만일 굳게 가지지아니하면 영원히 자비의 덕을 끊게 될것이니 게송을 들어라』하고 다음 게송을 외운다.

第二 不偸盜 剝士放屠刀 諸天與衣食

제이 불투도·박사방도도 제천여의식

도둑질하면 소의과보를 받는다. 남의 물건을 훔치는 자가 없으면 세상에 소가 없게 될 것이니 도난인들 있겠는가? 비록 가난하더라도 절개를 지켜 도둑질하지 말라. 절개를 지키면 하늘이 도와 반드시 먹고 입을것이 저절로 생기게 된다.

偸盜斷汝福德種 得使宜處失便宜 只爲貪他些子利 來生換面畜生皮

투도단여복덕종 득사의처실편의 지위탐타사자리 내생환면축생피

그러므로 화엄경에 전하기를 『도둑질하면 삼도(三途)의 고통을 받고 설사 사람으로 난다해도 ①빈궁하고 ②재산권에 자유가 없는 자가 된다하였다. 재

478

물을 보고 바름을 생각하는것은 속인도 그러한데

하물며 중으로써 이를 지키지 못하겠는가 엄격히

이 계를 가지도록 하라』하고 다음 게송을 외운다.

제삼 第三 不邪婬 君王分輦坐 鬼神欽道德 불사음 · 군왕분연좌 귀신흠도덕 二

옛날 당나라 측전무후가 국사를 선택하기 위해서

혜안(慧晏) · 신수(神秀) 두 스님을 궁중에 청하여

궁녀로 하여금 목욕시중을 들게 했는데 신수는 마

음을 동했으나 혜안은 동치않아 『물에 들어 큰 사

람을 볼수 있다』하고 드디어 봉연을 함께타고 다녔

다한다. 또 남산의 도선율사(道宣律師)는 계행이

엄정하기로 유명하였는데 밤에 길을 가다가 실족

하여 넘어지니 갑자기 갑옷을 입은 한 장군이 와서

일으키는지라 『네가 누구냐』 물으니 『북방 천왕의

아들 장경이라』하면서 『스님의 도덕이 훌륭하여 항

상 가까이 모셨다』하였다.

사음단여청정종　오예본래진법신　단간확탕노탄반
邪婬斷汝淸淨種　汚穢本來眞法身　但看護湯爐炭畔

지시당년파계인
盡是當年破戒人

화엄경에서는 『음을 범하면』 삼도의 고가 있고 사

람으로 태어나도 ①정조바른 아내와 ②말 잘듣는 권

속을 만나기 어렵다』하였으니 어찌 패덕으로 망신

하겠는가? 마땅히 청정을 지킬지어다.

제사　불망어 · 염왕경업경　옥졸방추겸
第四　不妄言　閻王傾業鏡　獄卒放鎚鉗

480

인간이 거짓말하면 염라대왕이 업경대를 가지고 비

추어 손발을 묶고 혀를 베는 고통을 주고 옥졸들

이 갖는 고통을 다주나니 마치 소가 밭을 가는것

같은 고통이 온다.

망어단여진실종　망성기현천불용　妄語斷汝眞實種　罔聖欺賢天不容

종사득리발설옥　縱使得離拔舌獄

부위아조보인흉　復爲鴉鳥報人凶

화엄경에 『거짓말하면 삼도의 고통이 있고 사람으

로 태어나도 ①비방과 ②구설투쟁을 면치 못하여

마치 물불의 화난을 당하는 것처럼 가족이 모두

흩어지고 형제가 우애하지 못한다』하였다. 삼가하

고 삼가할 일이로다.

제오 不飮酒 寒林明月人 幽谷宿雲開
第五

불음주・한림명월입 유곡숙운개

술에 취하면 생각이 구름속에 달과같고 안개가 숲

을 덮은 것과 같이 동서를 구분하지 못하게 된다.

飮酒斷汝智慧種　世世昏迷似醉人　佛說不持五戒者

음주단여지혜종　세세혼미사취인　불설부지오계자

來生決定失人身

내생결정실인신

음주의 죄는 삼도의 고통을 부르고①바보의 과보와

②천치의 과보를 받는다하고 36종의 허물을 들었

다。어찌 36종뿐이겠는가？ 팔만사천의 진노가 모

두 이를 반연하여 있게되니 삼가하고 삼가할 일이

로다。

제육 不坐臥高廣大床
第六

불좌와고광대상 （높고 넓은 당상에
　　　　　　　　　앉고 눕지 말라）

482

第七 不着華鬘瓔珞 香油塗身

제칠 불착화만영락 향유도신 (꽃다발 영락을 사용하지 말고 화장하지 말라)

第八 不自歌舞作唱 故往觀聽

제팔 불자 가무작창 고왕관청 (노래와 춤을 하지말고 그런것이 있는 곳에 가서보고 듣지 말라)

第九 不捉金銀錢寶

제구 불착금은전보 (금은 전보를 갖지말라)

第十 不非時食 不養家畜

제십 불 비시식 불양가축 (때아닌 음식을 먹지 말고 가축을 기르지 말라)

※ 이렇게 십계(十戒)를 설한다음 일일히들어 확신여부를 물으면 행자가 『꼭 갖겠다』다짐하고 입지게를 외운다.

입지게 立志偈

自從今身至佛身 堅持禁戒不毁犯 唯願諸佛作證明

자종금신지불신 견지금계불훼범 유원제불작증명

寧捨身命終不退 立志大發願已 歸命禮三寶

영사신명종불퇴 입지대발원이 귀명례삼보

※ 受戒者는 戒師와 大衆에게 三拜한다.

위재치불자 하인불수희 부념여시회 아금획법리

偉哉致佛者 何人不隨喜 復念與時會 我今獲法利

※ 부처님께 향을 올리고 세번 절한다.

상래수계법 개실보회향 공덕실원만 이익제함식

上來修戒法 皆悉普回向 功德悉圓滿 利益諸含識

※ 沙彌를 大衆의 끝자리에 앉히고 父母가 절을 한다.

설만삼천계 조어진금탑 권일자출가 공덕승어피

設滿三千界 造於眞金塔 勸一字出家 功德勝於彼

운심공양진언

運心供養眞言

원차향공변법계 보공무진삼보해 자비수공증선근

願此香供遍法界 普供無盡三寶海 慈悲受供增善根

영법주세보불은

令法住世報佛恩

『나막 살바다타 아제비약미 새바 모계비약 살바타캄

오나아제 바라혜맘 옴 아아나캄 사바하』(세번)

普供養眞言 보공양진언·『옴 아아나 삼바바 바아라 훔』(세번)

普回向眞言 보회향진언·『옴 삼마라 삼마라 미만나 사라마하 자가라바 훔』(세번)

願成就眞言 원성취진언·『옴 아모카 살바다라 사다야 시베 훔』(세번)

補闕眞言 보궐진언·『옴 호로호로 사야목게 사바하』(세번)

祝願 축 원

仰告 앙고 十方三世 시방삼세 帝網重重 제방중중 無盡三寶 무진삼보 慈尊前 자존전 不捨 불사

慈悲 자비 許垂證明 허수증명 願我今此 원아금차 娑婆世界 사바세계 南贍部洲 남섬부주 海東 해동

大韓民國 대한민국 某市道 모시도 某區郡 모구군 某洞面 모동면 某里 모리 某山下 모산하

모사암 某寺庵

청정수월도량 清淨水月道場

출가득도 出家得度

수계사미 受戒沙彌

모보체 某保體

수지정계 受持淨戒

영불퇴전 永不退轉

참선즉 參禪則

의단독로 疑團獨露

염불즉 念佛則

삼 三

매현전 昧現前

간경득 看經則

혜안통투 慧眼通透

획몽제불대광명 獲蒙諸佛大光明

소멸무 消滅無

량중죄장 量衆罪障

획득무량대지혜 獲得無量大智慧

돈성무상최정각 頓成無上最正覺

광도법 廣度法

계제중생 界諸衆生

이보제불막대은 以報諸佛莫大恩

세세상행보살도 世世常行菩薩道

구경원 究竟圓

성살반야 成薩般若

마하반야바라밀 摩訶般若波羅蜜

중단권공 中壇勸供

이차청정향운공 以此清淨香雲供

봉헌제대신중전 奉獻諸大神衆前

감찰단나건간심 鑑察坦那慶懇心

원수애납수 願垂哀納受

원수애납수 願垂哀納受

원수자비애납수 願垂慈悲哀納受

志心頂禮供養
지심정례공양 金剛菩薩 明王衆
금강보살 명왕중

志心頂禮供養
지심정례공양 梵釋四王 諸天衆
범석사왕 제천중

志心頂禮供養
지심정례공양 護法善神 靈祇等衆
호법선신 영기등중

唯願
유원 神衆慈悲受此供 悉皆受供發菩提 是作佛事度
신중자비수차공 실개수공발보리 시작불사도

衆生
중생

普供養眞言
보공양진언·『옴 아아나 삼바바 바아라 훔』(세번)

普回向眞言
보회향진언·『옴 삼마라 삼마라 미만나 사라마하 자 가라바 훔』(세번)

普闕眞言
보궐진언·『옴 호로호로 사야목계 사바하』(세번)

帝釋天王慧鑑明 四洲人事一念知 哀愍衆生如赤子
제석천왕혜감명 사주인사일념지 애민중생여적자

比丘尼戒
제二장 비구니계 （上壇獻供 및 사미계의 敬請六師까지는 동일하다）

1、팔경계 八敬戒 （비구니가 비구를 공경하는 여덟가지 계율）

제일 第一 百歲比丘尼 禮初夏 比丘足 백세비구니 예초하 비구족 （백세 비구니도 처음 비구니가 된 이에게 절한다）

제이 第二 不得罵謗比丘 부득매방비구 （비구니를 꾸짖지 못한다）

제삼 第三 不得擧比丘過 부득거비구파 （비구의 허물을 독촉치 못한다）

제사 第四 從僧受具戒 종승수구계 （비구에게서 구족계를 받아야한다）

제오 第五 有過從僧懺 유과종승참 （허물없는 비구를 따르면 참회한다）

제육 第六 半月從僧教誡 반월종승교계 （반달마다 비구를 따라 교계를 받는다）

제칠 의승삼월안거 _{第七 依僧三月安居} (비구니를 의지하여 안거한다)

제팔 하흘종승자자 _{第八 夏訖從僧自恣} (안거후에 비구를 따라 자자한다)

본기경(本起經)에 부처님께서 성도하신뒤 十二년 대애도(大愛道)가 출가코져 하였으나 부처님께서 거절하였읍니다. 아난이(阿難) 거듭 간청하므로 『여자가 많으면 집안이 쇠약해지니 불법으로 찬가 지다』하시면서 이상여덟가지 계율을 실천한다면 출가시키라 하였읍니다. 마

가시키라 하였읍니다.

2 、비구니팔기계 _{比丘尼八棄戒} (비구니가 지켜야 할 여덟가지 계율)

제일 불살생 _{第一 不殺生} (의사미계살생 _{依沙彌戒殺生}) (살생하지 말라)

第二
제이 불투도 (의사미계투도) 不偸盜 依沙彌戒偸盜
(도둑질 하지 말라)

第三
제삼 불사음 (의사미계사음) 不邪婬 依沙彌戒邪婬
(사음하지 말라)

第四
제사 불망어 (의사미계망어) 不妄語 依沙彌戒妄語
(거짓말 하지 말라)

第五
제오 위여남신상촉 기염욕심 謂與男身相觸 起染欲心
(남자와 몸을 부딪혀 음욕을 내지말라)

第六
제육 위여염심 남자양수상촉 혹촉기의 혹동입병 처공좌 혹공어혹공행 혹상의 혹여기상범등 팔종
謂與染心 男子兩手相捉 或捉其依 或同入屏 處 或共語或共行 或相倚 或與期相犯等 八種
(염심을 가지고 남자와 손을 붙잡거나 옷을 부딪치지 말고 혹 같은 곳에 마주앉아 말하지 말고 걷고 기대고 약속하지 말라)

第七
제칠 위차부죄상 불궁진로어대중 謂遮覆罪相 不肯陳露於大衆
(대중의 규율을 지키지 않고 자기마음대로 생활하지 말라)

第八
제팔 수 위불의승중엄규이 임자의 수피공주자야 隨 謂不依僧衆嚴規而 任自意 隨彼共住者也

490

若犯前記八條則 약범전기팔조즉 爲大衆所棄斥故 위대중소기척고 云八棄也 운팔기야

(이상 여덟가지를 범하면 대중으로부터 버림을 받게되는 까닭에 팔기계라 합니다.)

上來所受 상래소수 八敬戒八棄戒 팔경계팔기계 一一不得犯 일일불득범 能持否 능지부

受戒者答 수계자답 可爾 가이

(이상의 계율을 일일이 해설한다음 잘 지키겠는가 세번 물어 답하면 계를 줍니다.)

입지게 立志偈

自從今身至佛身 자종금신지불신 堅持禁戒不毁犯 견지금계불훼범

唯願諸佛作證明 유원제불작증명 寧捨身命終不退 영사신명종불퇴

立志大發願已 입지대발원이 歸命禮三寶 귀명례삼보

※ 沙彌尼는 戒師와 大衆에게 세번 절한다.

偉哉致佛者 何人不隨喜

위재치불자 하인불수희

※ 佛前에 헌향하고 세번 절한다.

復念與時會 我今獲今利

부념여시회 아금획금리

上來受戒法 皆悉普回向

상래수계법 개실보회향

※ 受戒者에게 父母가 합장한다.

功德悉圓滿 利益諸含識

공덕실원만 이익제함식

設滿三千界 造於眞金塔

설만삼천계 조어진금탑

※ 이후 계속 勸供 축원을 하며 사미계 절차에 준한다

勸一子出家 功德勝於彼

권일자출가 공덕승어피

제三장 거사계 居士戒 (사미계상공절차에 준한다)

※ 수계자가 불전에 헌향하고 삼배한 뒤에 무릎꿇고 합장하고 다음 게송을 외운다.

歸依大聖尊 能拔三途苦

귀의대성존 능발삼도고

※ 俗衣를 벗고 緇衣를 입는다.

亦願諸衆生 普入無爲樂

역원제중생 보입무위락

毀形守志節 割愛辭所親

휘형수지절 활애사소친

出家弘聖道 願度一切人

출가홍성도 원도일체인

假使恩愛久共處　時至命終有離別　見此無常須臾間

가사은애구공처　시지명종유리별　견차무상수유간

是故我今求解脫

시고아금구해탈

※ 法名과 受戒證을 받는다.

善哉大丈夫　能了世無常　棄俗就泥洹　希有難思議

선재대장부　능요세무상　기속취니원　희유난사의

※ 受戒者가 衣裟를 받고 삼배하고 합장한다.

善哉解脫服　無上福田衣　我今頂戴受　世世常得被

선재해탈복　무상복전의　아금정대수　세세상득피

『옴 마하 가바바타 실제 사바하』(세번)

1、경청육사 敬請六師

敬請 釋迦牟尼佛 詣爲和尚阿闍梨

경청 석가모니불 예위화상아사리

493

敬請　경청　文殊大智士　문수대지사　詣爲羯磨阿闍梨　예위갈마아사리

敬請　경청　當來彌勒佛　당래미륵불　詣爲敎授阿闍梨　예위교수아사리

敬請　경청　十方諸如來　시방제여래　詣爲證戒阿闍梨　예위증계아사리

敬請　경청　十方諸菩薩　시방제보살　詣爲同學伴侶衆　예위동학반여중

敬請　경청　釋梵諸天衆　석범제천중　詣爲擁護莊嚴衆　예위옹호장엄중

2、 三歸依戒　삼귀의계

我某甲　아모갑　條盡壽　종진수　歸依佛兩足尊　귀의불양족존　歸依法離欲尊　귀의법이욕존

歸依僧衆中尊　귀의승중중존　(세번)

我某甲　아모갑　歸依佛竟　귀의불경　歸依法竟　귀의법경　歸依僧竟　귀의승경　於釋迦牟尼　어석가모니

494

불법중(佛法中) 낙수오계(樂受五戒) 위우바새(爲優婆塞) 위우바이(爲優婆夷) 당증지(當證知) 종(從)

금이거(今已去) 칭불위사(稱佛爲師) 갱불귀의(更不歸依) 사마외도(邪魔外道) 유원삼보(唯願三寶)

자비섭수(慈悲攝受) 자민고(慈愍故) (세번)

여모갑(汝某甲) 청시불(聽是佛) 바가바(婆伽婆) 석가모니(釋迦牟尼) 다타아가도아(多陀阿伽度阿)

라하(羅訶) 삼먁삼불타(三藐三佛陀) 위우바새(爲優婆塞) 우바이(優婆夷) 설오계(說五戒) 범시(凡是)

우바새(優婆塞) 우바이(優婆夷) 당진수호지(當盡壽護持)

3、오계(五戒)

제일(第一) 불살생(不殺生) (의 사미계 불살생 依沙彌戒不殺生) (살생하지 말라)

제이(第二) 불투도(不偸盜) (의 사미계 불투도 依沙彌戒不偸盜) (도둑질하지 말라)

第三 제삼 불사음 不邪婬 (의사미계불사음) 依沙彌戒不邪婬 (사음하지 말라)

第四 제사 불망어 不妄語 (의사미계불망어) 依沙彌戒不妄語 (거짓말 하지 말라)

第五 제오 불음주 不飮酒 (의사미계불음주) 依沙彌戒不飮酒 (술마시지 말라)

※ 이상의 오계(五戒)를 죽을때까지 잘 지니겠는가 물어 세번 거듭『예、결정코 가지겠읍니다』하고 입지게를 발하면 계첩을 줍니다.

입지게 立志偈

영사신명종불퇴 寧捨身命終不退 입지 대발원이 立志 大發願已 귀명례삼보 歸命禮三寶

자종금신지불신 自從今身至佛身 견지금계불훼범 堅持禁戒不毁犯 유원제불작증명 唯願諸佛作證明

※ 受戒者는 戒師와 大衆에게 세번 절한다.

위재치불자 偉哉致佛者 하인불수회 何人不隨喜 부념여시회 復念與時會 아금획금리 我今獲今利

※ 佛前에 焚香하고 三拜한다.

上來受戒法　皆悉普回向
상래수계법　개실보회향　功德悉圓滿　공덕실원만　利益諸含識　이익제함식

設滿三千界　造於眞金塔　勸一子出家　功德勝於彼
설만삼천계　조어진금탑　권일자출가　공덕승어피

※ 이후의 勸供·축원은 사미계 절차에 준한다.

제四장 보살계 菩薩戒

보살계목설법문 菩薩戒目說法門

① 십중대계 十重大戒 （이 계를 범하면 보살의 자격이 박탈되므로 중계라 한것임）

1、살생하지 말라。 불자로써 온갖 생명있는 것을 제가 죽이거나 남을 시켜 죽이거나 수단을 써서 죽이거나 죽기를 찬탄하거나, 죽이는 것을 보고 기뻐하거나、 내지 주문(呪文)을 외워 죽게 해서는

안된다. 보살은 항상 자비심과 효순한 마음으로 방편을 다해서 일체 중생을 구호하여야 한다.

2、훔치지 말라. 불자로써 주인있는 물건이나, 도둑들의 훔친 것이나, 온갖 재물을 바늘 하나, 풀 하나라도 제가 훔치거나 남을 시켜 훔치거나, 수단을 써서 사기횡령하거나, 주문을 외워 도적질 해서도 안된다. 보살은 항상 모든 사람을 도와서 복이 되고 즐겁게 해야 한다.

3、사음하지 말라. 불자로써 제가 음란하거나 남을 시켜 음란하게 하거나 모든 이성(異性)에 대해 음심을 내어서는 안된다. 보살은 응당 효순한 마음으로써 일체 중생을 널리 구원하고 청정한 법을

일러 주어야 한다.

4、거짓말 하지 말라。 불자로써 제가 거짓말 하거나, 남을 시켜 거짓말 하거나、수단을 써서 거짓말 하여서는 안된다。 보살은 항상 올바른 말을 하고 올바른 소견을 가지며 일체 중생들께도 올바른 말을 하게 하고 올바른 소견을 가지게 하여야 한다。

5、술을 팔지 말라。 불자로써 온갖 술을 제가 팔거나、남을 시켜 팔게 해서는 안된다。 술은 죄를 저지르는 인연이 되는 것이다。 보살은 항상 일체 중생에게 밝고 통달한 지혜를 갖게 해 주어야 한다。

6、사부대중의 허물을 말하지 말라。 불자로써 출가

499

7, 자기 자랑을 하지 말고 남을 헐지 말라. 불자로 써 제 자랑만 하고 남을 헐거나 남을 시켜 자기 를 칭찬하고 남을 훼방해서는 안된다. 보살은 응 당 일체 중생을 대신하여 비방과 치욕을 받으며 나쁜 일은 자기에게 돌리고 좋은 일은 남에게 돌 려 주어야 한다.

한 보살이나, 재가(在家)한 보살이나, 비구나 비 구니의 허물을 제 입으로 말하거나, 남을 시켜말 해서는 안된다. 보살은 혹 나쁜 사람들이 불법에 대해서 좋지 못한 소리하는 것을 듣더라도 언제 나 자비심으로 이사람들을 타일러서 대승(大乘) 에 대한 신심을 내게 하여야 한다.

8、간탐부리고 욕설하지 말라. 불자로써 제가 인색하거나, 남을 시켜 간탐을 부리게 해서는 안된다. 보살은 온갖 가난한 이가 와서 달라하거든 그 사람의 요구하는대로 무슨 물건이나 아낌없이 나누어 주고 그리고 좋은 말로 법문도 가르쳐 주어야 한다.

9、진심을 내지 말고 화해하라. 불자로써 제가 성내거나, 남을 시켜 성내게 해서, 온갖 중생이나 그 밖에 것에 대하여 나쁜 욕설을 하며, 주먹질이나 매질을 하고, 그 사람이 좋은 말로 참회하여도 성내는 마음을 풀지 안해서는 안된다. 보살은 언제나 끝없는 자비심으로 모든 중생을 평화롭게 하

며, 자비한 마음과 효순한 마음을 내게 하여야 한다.

10, 삼보를 비방하지 말라. 불자로써 불, 법, 승 삼보를 제가 비방하거나, 남을 시켜 비방해서는 안된다. 보살은 언제나 신심과 효순심을 내며 만일 외도나 악한 사람의 한 마디라도 부처님 법문 비방하는 말을 들으면 삼백대의 창칼로 나의 심장을 찌르는듯 여겨야 한다.

2, **사십팔 경구계** 四十八 輕垢戒 (이계를 범하면 대중앞에서 참회하여 허물을 뉘우쳐야 함으로 경구계라함)

1, 보살계를 받은 이는 일체 선신(善神)들이 그의 몸을 보호하리니, 반드시 보살계를 받으라. 그리고 스승과 벗을 공경하고 공양하여야 한다.

2, 술 때문에 생기는 허물이 한량 없어서, 술잔을 남에게 권하고도 오백생동안 손없는 과보를 받는다。일부러 마시지 말고 남에게 먹이지도 말라。

3, 고기를 먹으면 자비의 종자를 끊게 되어서, 중생들이 보고는 달아나게 된다。고기를 먹는것은 무량한 죄가 되니 일체 중생의 고기를 먹지말라。

4, 마늘·부초·파·달래·흥거 등 오신채(五辛菜)를 무슨 음식에나 넣어 먹지 말라。(생으로 먹으면 嗔心을 도우고, 익혀 먹으면 음심(淫心)을 돋우며, 나쁜 냄새로 선신들은 멀리하고 악귀신은 입맞추어, 위신과 복덕이 감해진다。)

5, 허물있는 사람을 보고 그냥 두지 말고 잘 가르쳐

서 참회하게 하라.

6、법사나 도인(道人)을 보거든 정성껏 잘 모시되, 예배하고 공양하며 몸을 잊어버리고 부지런히 법을 배우라.

7、설법하는 곳이 있거든 어디든지 부지런히 가서 법을 들으라.

8、외도(外道)들의 그릇된 소견이나, 소승들의(小乘) 경율을 믿지 말고 대승법만을 잘 믿으라.

9、팔복전(八福田) 가운데에 간병(看病)하는 것이 제일가는 복전이다. 병든 사람을 보거든 부처님 같이 받들어서 잘 간호하라.

10、보살은 설사 부모를 죽인 이에게도 원수를 갚지

않아야 한다。 중생을 죽이는 기구는 무엇이나 마

련해 두지 말라。

11、 잇속을 위하는 나쁜 마음으로 그릇된 나라의 심

부름을 하지 말라。

12、 노예나 동물 매매 관(棺) 장사 같은 나쁜 장사를

하지 말라。

13、 나쁜 마음으로 남을 중상하고 모략하여 불행하게

만들지 말라。

14、 함부로 불을 놓아 산림(山林)이나 그밖에 온갖 물

건을 손상하지 말라。

15、 모든 사람에게 소승법을 가르치지 말고、 대성 성

율을 일러주어 모두 보리심을 발하게 하라。

16, 이익을 탐하여 비위를 맞추려고 부처님 말씀을 꺼꾸로 지꺼려서 삼보를 욕되게 해서는 안된다. 좋은 마음으로 대승법을 절차에 따라 가르쳐서 소신연비연지(燒身燃臂燃指) 같은 어려운 행도 하게 하고, 다음에 정법을 말하여 마음이 열리고 뜻이 통하게 하여야 한다.

17, 세력있는 이에게 아부하여 그 행세를 믿고서 나쁜 짓을 하며 온갖 명예와 재물을 악구(惡求) 하지 말라.

18, 경전을 배우고 계를 잘 지니며, 그 뜻을 통달해야 하는데 아무것도 모르면서 거짓 아는체 하여 남의 스승이 되어서는 안된다.

19, 나쁜 생각으로 이간을 붙여서 화합을 깨뜨리거나 착한 이들을 비방하고 업신여기지 말라.

20, 자비심으로 방생업을 행하여, 죽게 된 생명을 구제하라. 그리고 친한 이가 죽은 날에는 법사를 청하여 보살계 경율을 강하여 망령에게 복이 되게 하라.

21, 마주 성내고 마주 때려서는 안된다. 부모를 죽인 원수라도 죽인다고 원수 갚는 것은 아니다. 어떠한 원수이거나 갚으려 하지 말고 자비심으로 대하라.

22, 법사를 대하여 문벌이나 성바지나 나이나 인물등을 따지지 말라. 온갖 교만한 마음을 버리고, 법

23、사 앞에 나아가서 올바른 법을 청하여야 한다.

보살계를 받을 적에 천리(千里) 안에 계를 줄 법사가 없거든 불보살 형상 앞에서 지극하게 기도하여 서상(瑞相)을 보아서 받고, 법사 앞에서 받을 적에는 지중한 마음을 내어야 한다. 그리고 법사로서는 새로 발심한 이가 경율의 뜻을 물을 때에 교만한 마음으로 업신여기지 말고 일일이 잘 가르쳐 주어야 한다.

24、부처님의 정법을 부지런히 배워 익히지 않고 잡되고 속된 공부를 배우지 말라.

25、한 회상(會上)에 책임자가 되거나 여러가지 소임을 맡거든 대중의 화합을 힘쓰고 삼보의 물건을

잘 수호하여야 한다.

26、자기가 있는 곳에 객스님이 오거든 반가히 맞아 정성껏 대접하며 혹 신도에게 공양청(供養請)을 받더라도 객스님 몫을 생각하여야 한다.

27、신도가 올리는 공양은 시방승(十方僧)에 속하는 것이요, 팔복전에 드는 물건인데 제 혼자 별청(別請)을 받아 수용하지 말라.

28、칠불(七佛)은 별청법이 없다. 복전인 스님네를 청할 적에는 어떤이만을 따로 청하지 말고 평등한 마음으로 차례대로 청해서 똑같이 대접하라.

29、옳지 못한 생각으로 잇속만을 위하여 매음하거나 점(占)을 치거나 독약같은 것을 파는 나쁜 직업

을 하지 말라.

30、행동은 유(有)에 걸리면서 입으로만 공(空) 했다 고 지꺼려서 삼보를 욕되게 해서는 안된다. 신도 들을 잘 가르쳐서 육재일(六齋日)과 삼장재일(三 長齋日) 같은 좋은 때에는 특히 재계(齋戒)를 지 키게 하여야 한다.

31、나쁜 세상에 몹쓸 사람들이 불상이나 경전을 훔 쳐다 팔거나 스님네나 발심보살 도인들이 팔려와 서 욕 당하는 것을 보거든 어떤 방편으로든지 건 져내어야 한다.

32、중생을 상해하는 무기를 팔거나 속이는 저울과 적게 드는 말(斗)로 장사하거나 남의 다된 공을

33、방일한 마음을 가지고 온갖 남녀의 싸움구경이나 군진(軍陣) 전쟁치는것을 구경하거나、또는 마음을 방탕하게 하는 온갖 음악소리를 듣거나 여러 가지 노름과 여러가지 점을 치는 일과 쓸데없는 심부름을 하지 말라。

깨뜨리거나 여러가지 살생할 동물을 기르는등 중생을 해롭게 하는 일을 하지 말라。

34、생각 생각 보리심을 발하여야 하나니、잠시라도 소승이나 외도의 마음을 일으켜서는 안된다。그리고 계율을 금강(金剛)과 같이 굳게 지니고 부랑(浮襄)을 차고 바다를 건너는 것과 같이 하여 풀에 매였던 비구(草繫比丘)와 같이 하여 항상 대

511

승에 대한 신심을 내어야 한다.

35、올바른 선지식과 좋은 도반을 만나기 원을 세우며 또한 여러가지 거룩한 원을 발해서 생각 생각에 잊지 말라.

36、원을 발하고서는 어떠한 일이 있을지라도 삼세제불의 계율을 범하지 않고 끝까지 바른 길로 정진 할것을 굳게 맹세하라.

37、위태하고 험난한 곳에 함부로 다니지 말고 열여덟가지 물건(十八種物)을 지녀야 하며 반월(半月)마다 「포살」하되 계율을 외우고 서로 잘못을 참회하라.

38、계 받은 차례대로 앉으되 사부대중「비구、비구니、

512

우바새 우바이)을 구별하여 높고 낮은 차례로 앉으라.

39, 중생을 널리 교화하여 절과 탑을 세우고 보살계 경율을 많이 독송하고 강설하여 복덕과 지혜를 갖추고 닦게 하라.

40, 칠역죄(七逆罪)를 지은 사람을 제하고는 계 받을 일을 차별하지 말라. 그리고 계 받으며 몸에 입은 가사(袈裟)는 五色을 합해 물드려 괴색(壞色) 해서 격에 맞게 하여 입을 것이며, 이러한 옷을 입어 출가한 사람은 임금이나 부모에게도 절하지 말며 친척이나 귀신에게도 경례하지 않아야 한다.

41, 명예와 이익을 위하여 모르는 경율을 아는척 하

면서 제자를 많이 두려고 해서는 안된다. 십중계(十重戒)를 범한 사람은 불보살 형상 앞에서 기도하되 피눈물로 참회해서 서상(瑞相)을 보도록 하고 사십팔 경계를 범한 이는 법사를 대하여 참회하면 죄가 소멸되는 것이니 가르쳐 주는 법사는 이런 법에 내용과 또한 경율 가운데에 온갖 미묘한 법의 깊은 뜻도 모두 통달해서 잘 알아야 한다.

42、이익을 위하여 보살과를 받지 않는 외도, 악인, 사견인(邪見人)에게 이천불(千佛)의 대계(大戒)를 함부로 설하지 말라.

43、신심으로 출가하여 부처님 계를 받고서 일부러 파

514

계(破戒)할 마음을 내어서는 안된다. 파계한 자는 오천(五千) 대귀(大鬼)들이 항상 앞을 막고 「대적(大賊!)」이라고 욕하면서 그 발자국을 쓸며 세상사람들은 모두 「불법안에 도둑!」이라고 꾸짖으며 일체중생이 다 보기 싫어 할 것이다. 파계한 몸으로 절대 시주공양을 받지 말라.

44、경전과 율문을 일심으로 독송하고 정성을 다해서 항상 금은(金銀) 칠보(七寶)와 좋은 향화(香華)로서 주머니를 만들어 담아 놓고 지성으로 모셔야 한다.

45、항상 대비심(大悲心)을 일으켜서 일체 중생을 볼 적마다 「삼귀의(三歸依)」와 十戒를 받으라고 가

515

르치며 어떤 동물을 보든지 「보리심(菩提心)을 발하라」고 속으로 생각하고 입으로 말해 주어야 한다。

46、설법할 적에는 반드시 높은 자리에서 해야 한다。 그리고 엄숙하고 정중하며 법답게 예식을 갖추어야 하고, 듣는 이들은 향화(香華)로 공양하고 정성을 다 바치도록 한다。

47、신심으로 부처님 계를 받은 임금이나 관리들은 자기들이 고귀하다 하더라도 부처님 교단의 자유를 구속하는 법률이나 명령을 내려서는 안된다。 보살은 바로 일체 사람들의 공양을 받을 존재인 것이니 이 삼보를 보호해야 한다。

48、좋은 생각으로 출가했으면서 명예와 이익을 위해서 임금이나 관리들과 결탁하여 같은 스님네를 속박하게 하거나 교단을 파괴하는 인연을 지어서 마치 사자의 몸 속에서 생긴 벌레가 사자의 살을 파먹듯 해서는 안된다. 보살은 차라리 지옥에 들어가서 백겁동안을 지낼지언정 불법을 비방하고 파괴하는 소리 한번 듣는 것을 더욱 괴로워 해야 할 것이며 불법보호하기를 외아들 사랑하듯 부모 섬기듯 하여 파괴되지 않게 하여야 한다.

※ 모든 불자 들은 자세히 들으라.

이 십중 사십팔경계는 삼세의 여러 부처님이 모두 외우는 것이니 너희 보살계를 받은 이도 마땅히 받아 지니고 읽어 외우라.

517

제팔부 방생 편

제一장 방생법식및 발원문 放生法式 發願文

한 마음으로 봉청하옵니다. 사바세계의 자모이시고 소리 소리마다 감응하시는 관세음보살이시여 이 도량에 내려 오시여 이 물을 살피시고 큰 공덕을 갖추게 하여 저 생명들에게 뿌리면 그들의 몸과 마음이 청정하여 미묘한 법문을 듣게 하시옵소서. 시방삼보 석가본사 아미타불 보승여래 관세음보살 유수장자와 천태영명등 여러 성현들께 고하노니 자비를 내리시어 증명하시고 호념하소서.

지금 허공과 육지와 물에 사는 중생들이 잡히어
죽게 된 것을 저희들이 보살행을 닦으면서 자비심을
내고 오래 살 인연을 지어 방생하는 일을 행하고저
죽게 된 생명을 사서 자유롭게 살아 가도록 놓아주
고 여래설법인 대승의 방등경에 따라 삼귀의계를 일
러주며 여래의 열가지 명호를 외우고 십이 인연법을
설하려 하옵는데 이 중생들의 업장이 두텁고 심성이
흐리오니 바라옵건데 삼보의 위신력으로 보살펴 불
쌓히 여겨 거두어 주시옵소서. 이 앞에 있는 이 중
생들,

『귀의불, 귀의법, 귀의승』(세번) 이 앞에 있는 이
중생들.

『귀의불경、 귀의법경、 귀의승경』(세번)

『이제부터는 부처님을 스승으로 섬기고 다시는 삿된 악마와 외도들에게 의지하지 말라』(세번)

모든 불제자들이여。 이제 불법승 삼보께 귀의하였으므로 다시 너희들을 위하여 보승여래의 십호공덕을 말하리니 너희들이 들으면 저일만 고기들처럼 천상에 태어나게 되리라。

『나무 보승여래 응공 정변지 명행족 선서 세간해 무상사 조어장부 천인사 불세존』(세번)

모든 불자들이여 내가 이제 십이인연이 생기고 없어지는 모양을 다시 말하리라。

너희들이 이 나고 없어지는 법을 여실히 알면 생

하지도 않고 없어지지도 않는 법을 깨달아 부처님과 같이 열반을 얻게 되리라.

이른바 무명은 행을 연기하고 행은 식을 연기하고 식은 명색을 연기하고 명색은 육입을 연기하고 육입은 촉을 연기하고 촉은 수를 연기하고 수는 애를 연기하고 애는 취를 연기하고 취는 유를 연기하고 유는 생을 연기하고 생은 노사와 우비고뇌를 연기하느니라.

또한 무명이 멸하면 행이 멸하고 행이 멸하면 식이 멸하고 식이 멸하면 명색이 멸하고 명색이 멸하면 육입이 멸하고 육입이 멸하면 촉이 멸하고 촉이 멸하면 수가 멸하고 수가 멸하면 애가 멸하고 애가 멸하면 취가 멸하고 취가 멸하면 유가 멸하고 유가 멸하면 생이 멸하고 생이 멸하면 노사와 우비고뇌도 멸하나니라. 모든 불자들이여 내가 지금 대승경전에 의지하여 너희들에게 삼귀의계와 십호와 십이인연을 말하였으니 이제는 삼보앞에서 죄과를 낱낱이 말하고 참회를 간절히 구하여 너희 죄업이 잠간 동안에 사라지고 좋은 곳에 태어나서 부처님의 수기를 받게 하리라. 너희들은 지극한 마음으로 나를 따라 참회할 것이니라.

『지난 세상 내가 지은 온갖 죄악은 몸과 말과 마음으로 지은 탐심 진심 치심 탓이니 끝이 없는 모든 죄를 부처님께 참회합니다.』(세번)

522

『나무 청량지보살 마하살』 (세번)

원하건데 풀여난 뒤에는 다시 악마에게 먹히거나

그물에 걸리지 말고 마음놓고 자유롭게 오래 살다가

목숨이 다한 뒤에는 삼보의 힘과 보승여래의 자비한

원력에 힘입어 저 도리천에 나거나 인간계에 나서

계율을 지키고 선행을 닦아 지극한 마음으로 염불하

여 원대로 극락세계에 태어날지어다.

오늘 방생하는 선근을 지은 제자들은 보리의 행과

원이 더 늘어가며 고통 받는 중생들을 내몸처럼 구

제하고 이러한 인연으로 극락세계에 왕생하여 아미

타불과 여러 성현들을 뵈옵고 무생법인을 얻으며 한

없는 세계에 분신을 나타내어 많은 중생을 제도하여

다 함께 깨달을지어다.

대중들이여, 소리를 함께 하여 화엄경의 회양품을
외울지어다.

『대방광불화엄경 십회향품 수순견고 일체 선근회
향』(세번)

불자들이여, 보살마하살이 큰 나라 임금이 되어
모든 법에 자재하고 명령을 내려 살생하는 일을 엄
금하니라. 남섬부주의 여러 도시나 시골에서 온갖 살
생하는 일을 금하게 하여 두발 가진 중생 네발 가진
중생 여러발 가진 중생 발없는 중생들에게 두려움이
없는 일로써 보시하고 빼앗으려는 마음이 없고 보살
의 온갖 행을 닦으며 자비와 선한 마음으로 중생을

대하여 조금도 괴롭히거나 시끄럽게 하는 일이 없고
착한 마음을 내어 편안케 해 주며, 여러 부처님께 큰
선원을 세워 스스로 세가지 깨끗한 계율을 지니면서
중생들에게도 그렇게 머물게 하느니라.

보살마하살이 중생들로 하여금 다섯가지 훌륭한 계
행에 머물러 살생하는 업을 영원히 짓지않게 하고
그 선근으로 이렇게 향하노라.

원하건데, 모든 중생이 모두 보리심을 내고 지혜
를 갖추어 목숨을 보존하되 끝이 없어지이다.

모든 중생이 한량없는 세월을 두고 살면서 여러 부
처님께 공경하고 공양하며 수행하여 수명이 장수 하
여지이다.

모든 중생이 늙고 죽지 않는 법을 원만하게 닦아

서 온갖 재앙이 그들의 목숨을 해치지 못하게 하여

지이다. 모든 중생이 근심없고 병 없는 몸을 이루어

마음대로 오래 살고 뜻대로 왕생하게 하여지이다.

모든 중생이 끝없는 목숨을 얻어, 오는 세월이 다

하도록 보살행을 닦으면서 여러 중생을 교화하고 조

복하여지이다. 모든 중생이 목숨의 문이 되어 열가

지 힘의 선근이 그 안에서 자라게 하여지이다. 모든

중생의 선근이 원만해서 끝없는 수명을 얻고 큰 원

을 이루게 하여지이다.

　모든 중생이 부처님을 뵈옵고 섬기며 공양하여 끝

없는 목숨을 누리면서 선근을 닦게 하여지이다. 모

든 중생이 부처님 계신데서 배울것을 배우고 성인의 법열을 얻고 수명이 무궁하여지이다. 모든 중생이 항상 늙지 않고 병 나지 않고 사는 목숨을 얻어 용맹하게 정진하여 부처님의 지혜에 들어가지이다. 이것이 보살마하살이 세가지 청정한 계율에 머물러서 영원히 살생하는 마음을 끊어버린 선근으로 회향하는 것이니 중생들로 하여금 부처님의 열가지 힘을 얻어 지혜를 원만케 하려는 것이니다.

이렇게 방생한 인연공덕으로 네가지 은혜를 보답하고 삼계 중생들을 고루 도와주어 온 법계의 중생이 모두 일체종지를 원만히 이루게 하여지이다.

『시방삼세 일체불 일체보살마하살 마하반야바라밀』(세번)

527

서방 극락세계 아미타 부처님께 제자 ○○○는 한결같은 마음으로 예배하고 받들어 지성 귀의하나이다.

제가 오늘 부처님의 가르침으로 얼마 안되는 생류들을 발생하였사오니 이 공덕으로 저의 죄업이 소멸되고 원결이 풀리오며 수행하는 선근이 날마다 자라서 목숨이 마칠 때에 몸과 마음 평안하고 바른 생각 분명하오며 부처님의 공덕을 받아 화장극락세계의 칠보연못 연꽃속에 왕생하였다가 연꽃 피옵거든 부처님 뵈옵고 무생법인 얻사오며 부처님의 위신력으로써 지혜를 구족하고 오늘 제가 방생한 모든 생명과 시방세계의 중생들이 모두 해탈을 얻어 위없는 보리

를 성취하기 원하옵나니 바라옵건데 부처님께서 대

자대비로 불쌍히 여기시어 거두어 주옵소서. 끝

2 방생법식 放生法式 (合掌) 거 찬 擧讚

양지정수 楊枝淨水 변쇄삼천 遍灑三千 성공팔덕이인천 性空八德利人天

복수광증연 福壽廣增延 멸제죄건 滅除罪愆 화염화홍련 火焰化紅蓮 나무청량지보살 南無清涼地菩薩

마하살 摩訶薩 (세번)

나무일심봉청 南無一心奉請 진허공변법계 盡虛空遍法界 시방상주불법승 十方常住佛法僧 (세번)

나무사생자모 南無四生慈母 광대영감 廣大靈感 성백의관세음보살 聖白衣觀世音菩薩 유원가 唯願加

지차수 持此水 구대공훈 具大功勳 쇄점군품 灑霑群品 영피신심청정 令彼身心清淨 감문묘 堪聞妙

법法

나무南無 감로왕보살마하살 甘露王菩薩摩訶薩 (세번)

신묘장구대다라니 神妙章句大陀羅尼 (대중과 함께 독송함)

나모라 다나 다라 야야 나막알약 바로기제 새바라야

모지 사다바야 마하 사다바야 마하가로 니가야옴 살

바바예수 다라나 가라야 다사명 나막 가리다바 이

맘 알야 바로기제 새바라 다바 이라간다 나막 하리

나야 마발다 이사미 살바타 사다남 수반 아예염 살

바보다남 바바마라 미수다감 다냐타 옴 아로계 아

로가 마지로가 지가란제 혜혜하례 마하모지 사다바

사마라 사마라 하리나야 구로구로 갈마사다야 사다

야 도로도로 미연제 마하 미연제 다라다라 다린나례

새바라 자라자라 마라 미마라 아마라 몰제 예혜혜로

계새바라 라아 미사미 나사야 나베 사미사미 나사

야 모하자라 미사미 나사야 호로호로 마라호로 하례

바나마 나바 사라사라 시리시리 소로로 못자못자

모다야 모다야 매다리야 니라간타 가마사 날사남 바

라하리나야 마낙 사바하 싯다야 사바하 마하 싯다

야 사바하 싯다유예 새바라야 사바하 니라간타야 사

바하 바라하 목카상하 목카야 사바하 바나마 하따야

사바하 자가라 욕다야 사바하 상카섭나네 모다나야

사바하 마하라 구타다라야 사바하 바마사간타 이사

시체다 가릿나 이나야 사바하 마가라 잘마 이니 사

나 야 사바하.

『나모라 다나다라 야야 나막알야 바로기제 새바라

야 사바하』 (세번)

앙고(仰告) 아본사(我本師) 석가모니불(釋迦牟尼佛) 삼계의왕(三界醫王) 약사여래불(藥師如來佛)

극락도사(極樂導師) 아미타불(阿彌陀佛) 도량교주(道場教主) 관세음보살(觀世音菩薩) 유명교(幽冥教)

주(主) 지장보살(地藏菩薩) 자존전(慈尊前) 유원(唯願) 자비(慈悲) 증지호념(證知護念) 금유(今有)

수족(水族) 모군우류(毛群羽類) 제중생등(諸衆生等) 위타망포(爲他網捕) 장입사문(將入死門) 행(幸)

치시주(值施主) 모인등(某人等) 수보살행(修菩薩行) 발보리심(發菩提心) 작장수인(作長壽因) 행(行)

방생업(放生業) 구기신명(救其身命) 방사소요(放使消遙) 삼보제자(三寶弟子) 모자(某者) 앙원(仰願)

대승방등경전 大乘方等經典
대위참회수여 代爲懺悔授與
삼귀의 三歸依
병청칠불여래 並稱七佛如來

명호 名號
복위선설 復爲宣說
십이인연 十二因緣
단이차류중생 但以此類衆生
죄장심중 罪障深重

신식혼미 神識昏迷
불능요지 不能了知
방등심법 方等深法
앙걸삼보 仰乞三寶
위덕명가 威德冥加

영기개오 令其開悟
조득해탈 早得解脫
애민섭수 哀愍攝受
귀의삼보 歸依三寶
귀의불양 歸依佛兩

족존 足尊
귀의법이욕존 歸依法離欲尊
귀의승중중존 歸依僧衆中尊
현전이류제불자 現前異類諸佛子

등 等
아념여등 我念汝等
다생업중 多生業重
타재축생 墮在畜生
금위여등 今爲汝等
대삼 對三

보전 寶前
발로죄건 發露罪愆
여당지성 汝當至誠
수아참회 隨我懺悔
아석소조제악 我昔所造諸惡

업 業
개유무시탐진치 皆由無始貪瞋痴
종신구의지소생 從身口意之所生
일체아금개참 一切我今皆懺

회 悔
죄무자성종심기 罪無自性從心起
심약멸시죄역망 心若滅是罪逆妄
죄망심멸양구 罪妄心滅兩俱

공 시즉명위진참회
空 是則名爲眞懺悔

칠불여래멸죄진언 · 이바이바제 구하구하제 다리니제
七佛如來滅罪眞言

이하라제 비리니제 마하갈제 진영갈제 사바하 (세번)

나무구참회보살 마하살
南無求懺悔菩薩 摩訶薩

참회진언 · 옴 살바못자 모지 사다야 사바하 (세번)
懺悔眞言

이류제불자등 여등불문삼보 불해귀의 소이윤회삼
異類諸佛子等 汝等不聞三寶 不解歸依 所以輪回三

유 금타축생 아금수여등삼귀의 여금제청 현전이
有 今墮畜生 我今授汝等三歸依 汝今諦聽 現前異

류제중생등 귀의불 귀의법 귀의승 현전이류제중
類諸衆生等 歸依佛 歸依法 歸依僧 現前異類諸衆

생등 귀의불 양족존 귀의법이욕존 귀의승중중존
生等 歸依佛 兩足尊 歸依法離欲尊 歸依僧衆中尊

현전이류제중생등 (現前異類諸衆生等)
귀의불경 (歸依佛竟) 법경 (法竟) 승경 (僧竟) 현전이류 (現前異類)

제중생등 (諸衆生等)
종금이후 (從今以後) 칭불위사 (稱佛爲師) 갱불귀의사마외도 (更不歸依邪魔外道) 종금이왕 (從今以往)

종금이왕 (從今以往) 칭법위사 (稱法爲師) 갱불귀의외도전적 (更不歸依外道典籍) 종금이왕 (從今以往)

의승위사 (依僧爲師) 갱부귀의외도사중 (更不歸依外道邪衆) (세번) 금위여등 (今爲汝等)

제불자등 (諸佛子等) 귀의삼보이경 (歸依三寶已竟) 칭양보승여래 (稱揚寶勝如來)

십호공덕 (十號功德) 영여득문 (令汝得聞) 여피십천유어즉득생천 (如彼十千遊魚即得生天) 등무유 (等無有)

이 (異)
나무 과거보승여래 (南無 過去寶勝如來) 응공 (應供) 정변지 (正遍知) 명행족 (明行足) 선서세 (善逝世)

간해 (間解) 무상사 (無上士) 조어장부 (調御丈夫) 천인사 (天人師) 불 (佛) 세존 (世尊)

제불자등(諸佛子等) 아금갱위여등(我今更爲汝等) 설십이인연생상멸상(說十二因緣生相滅相) 영여(令汝)

등(等) 내지생멸지상(乃知生滅之相) 오불생멸지법(悟不生滅之法) 당처구경(當處究竟) 당처청(當處清)

정(淨) 당처자재(當處自在) 일구경(一究竟) 일체구경(一切究竟) 일청정(一清淨) 일체청정(一切清淨)

일자재(一自在) 일체자재(一切自在) 동어제불(同於諸佛) 증대열반(證大涅槃) 소위(所謂) 무명(無明)

연행(緣行) 행연식(行緣識) 식연명색(識緣名色) 명색연육입(名色緣六入) 육입연촉(六入緣觸) 촉(觸)

연수(緣受) 수연애(受緣愛) 애연취(愛緣取) 취연유(取緣有) 유연생(有緣生) 생연노사(生緣老死)

우비고뇌(憂悲苦惱) 무명멸즉행멸(無明滅則行滅) 행멸즉(行滅則) 식멸(識滅) 식멸즉명색(識滅則名色)

멸(滅) 명색멸즉(名色滅則) 육입멸(六入滅) 육입멸(六入滅) 즉촉멸(則觸滅) 촉멸즉수멸(觸滅則受滅)

수멸즉애멸(受滅則愛滅) 애멸즉취멸(愛滅則取滅) 취멸즉유멸(取滅則有滅) 유멸즉생멸(有滅則生滅)

생멸즉 生滅則 노사우비고뇌멸 老死憂悲苦惱滅 무명무성 無明無性 본시제불 本是諸佛 부동 不動

지체 智體 여등집착 汝等執着 망기무명 妄起無明 비여병목 臂如病目 견공중화기 見空中花既

지시이 知是已 무명즉멸 無明即滅 이류제불자등 異類諸佛子等 재위여등 再爲汝等 갱청사 更稱四

홍서원 弘誓願 영여등득문 令汝等得聞 의불발원 依佛發願 의원수행 依願修行 여금지심 汝今至心

제청제청 諦請諦請

중생무변서원도 衆生無邊誓願度 번뇌무진서원단 煩惱無盡誓願斷 법문무량서원학 法門無量誓願學

불도무상서원성 佛道無上誓願成 자성중생서원도 自性衆生誓願度 자성번뇌서원단 自性煩惱誓願斷

자성법문서원학 自性法門誓願學 자성불도서원성 自性佛道誓願成

이류제불자등 異類諸佛子等 아금갱위여등 我今更爲汝等 칭찬여래 稱讚如來 길상명호 吉祥名號

능령여등 영리삼도팔난지고 당위여래진정불자 (能令汝等 永離三途八難之苦 當爲如來眞淨佛子)

나무다보여래 나무보승여래 나무묘색신여래 나무 (南無多寶如來 南無寶勝如來 南無妙色身如來 南無)

광박신여래 나무이포외여래 나무감로왕여래 나무 (廣博身如來 南無離怖畏如來 南無甘露王如來 南無)

아미타여래 (阿彌陀如來)

이류제불자등 차칠여래 이서원력 발제중생 삼칭 (異類諸佛子等 此七如來 以誓願力 拔諸衆生 三稱)

기명 천생이고 증무상도 나무청량지보살마하살(세번) (其名 千生離苦 證無上道 南無清涼地菩薩摩訶薩)

※ (法師가 물그릇을 들고 산고기류에 물을 뿌리는 동안 신도들은 부처님께 예배한다)

유원여등 방생이후 영불조악마 탄감망포 우유자 (唯願汝等 放生以後 永不遭惡魔 吞瞰網捕 優遊自)

재 획진천년 승삼보력 보승여래 본원자력 명종 (在獲盡天年 承三寶力 寶勝如來 本願慈力 命終)

538

지후 혹생도리 혹생인간 지계수행 불부조악 신

<small>之後 惑生忉利 或生人間 持戒修行 不復造惡 信</small>

심념불 수원왕생 갱기시주 (모인) 현생여의 타

<small>心念佛 隨願往生 更祈施主 某人 現生如意 他</small>

보수심 보리행원 염념증명 구고중생 당여삼상

<small>報隨心 菩提行願 念念增明 救苦衆生 當如三想</small>

이시인연 득생안양 견아미타불 급제성중 증무생

<small>以是因緣 得生安養 見阿彌陀佛 及諸聖衆 證無生</small>

인 분신진찰 광도유정 구성정각

<small>忍 分身塵刹 廣度有情 俱成正覺</small>

불설왕생정토진언 · 나무아미다바야 다타아다야 다지

<small>佛說往生淨土眞言</small>

야타 아미리 도바비 아미리다 삿담바비 아미리다 비

가란제 아미리다 비가란다 가미니 가가나 갓다가례

사바하 (세번)

대방광불화엄경 십회향품 수순견고 일체선근회향

<small>大方廣佛華嚴經 十回向品 隨順堅固 一切善根回向</small>

불자 佛子 보살마하살 菩薩摩訶薩 작대국왕 作大國王 어법자재 於法自在 보행교령 普行教令

영제살업 令除殺業 염부제내 閻浮提內 성읍취락 城邑聚落 일체도살 一切屠殺 개영금단 皆令禁斷

무족이족사족다족 無足二足四足多足 종종생류 種種生類 보시무외 普施無畏 무욕탈심 無欲奪心

광수일체 廣修一切 보살행 菩薩行 인자우물 仁慈祐物 불행침노 不行侵勞 발묘보심 發妙寶心

안온중생 安穩衆生 어제불소 於諸佛所 입심지락 立深志樂 상자안주정계 常自安住淨戒 역영 亦令

중생 衆生 여시안주 如是安住 보살마하살 菩薩摩訶薩 영제중생 令諸衆生 주어오계 住於五戒

영단살업 永斷殺業 이차선근 以此善根 여시회향 如是回向 소위원일체중생 발 所謂願一切衆生 發

보리심 菩提心 구족지혜 具足智慧 영보수명 永保壽命 무유종진 無有終盡 원일체중생 願一切衆生

주무량겁 住無量劫 공일체불 供一切佛 공경근수 恭敬勤修 갱증수명 更增壽命 원일체중 願一切衆

생(生) 구족수행(具足修行) 이노사법(離老死法) 일체재독(一切災毒) 불해기명(不害其命) 원일(願一)

체중생(切衆生) 구족성취무병뇌신(具足成就無病惱身) 수명자재(壽命自在) 능수의주(能隨意住) 원(願)

일체중생(一切衆生) 득무진명(得無盡命) 궁미래겁(窮未來劫) 주보살행(住菩薩行) 교화조복(教化調伏)

일체중생(願一切衆生) 위수명문(爲壽命門) 십력선근(十力善根) 어중증(於中增)

장(長) 원일체중생(願一切衆生) 선근구족(善根具足) 득무진명(得無盡命) 성만대원(成滿大願) 원(願)

일체중생(一切衆生) 실견제불(悉見諸佛) 공양승사(供養承事) 주무진수(住無盡壽) 수습선근(修習善根)

원일체중생(願一切衆生) 어여래처(於如來處) 선학소학(善學所學) 득성법회(得聖法喜) 무진수(無盡壽)

명(命) 원일체중생(願一切衆生) 득불로불병(得不老不病) 상주명근(常住命根) 용맹전진(勇猛前進) 무진수(無盡壽)

입불지혜(入佛智慧) 시위보살(是爲菩薩) 마하살(摩訶薩) 주삼취정계(住三聚淨戒) 영단살업(永斷殺業)

선근회향善根回向 위영중생爲令衆生 득불시방得佛十方 원만지고圓滿智故 동득해탈同得解脱

공증진상共證眞常

이류제불자등異類諸佛子等 태란습화胎卵濕化 다겁침미多劫沈迷 귀의삼보歸依三寶 발보發菩

리심提心 득면망롱得免網籠 해활천비海濶天飛 수불생도리隨佛生忉利 나무승천계南無昇天界

보살마하살菩薩訶摩薩 (세번)

회향게 回向偈

방생공덕수승행放生功德殊勝行 무변승복개회향無邊勝福皆回向 보원침익제중생普願沈溺諸衆生

속왕무량광불찰速往無量光佛刹 나무사바교주南無娑婆敎主 본사석가모니불本師釋迦牟尼佛

나무동방만월세계南無東方滿月世界 약사유리광불藥師琉璃光佛 나무서방정토극南無西方淨土極

락세계 아미타불 나무도량교주 관세음보살 나무
樂世界 阿彌陀佛 南無道場教主 觀世音菩薩 南無

유명교주 지장보살 나무일체청정 대해중보살
幽冥教主 地藏菩薩 南無一切清淨 大海衆菩薩

원이차공덕 장엄불정토 상보사중은 하재삼도고
願以此功德 莊嚴佛淨土 上報四重恩 下濟三途苦

약유견문자 실발보리심 진차일보신 동생극락국
若有見聞者 悉發菩提心 盡此一報身 同生極樂國

원왕생 원왕생 왕생극락 견미타 획몽마정 수기
願往生 往生極樂 見彌陀 獲蒙摩頂授記

별원왕생 원왕생 원재미타 회중좌 수집향화
別願往生 願往生 願在彌陀 會中座 手執香華

상공양 원왕생 원왕생 왕생화장 연화계 자타일
常供養 願往生 願往生 往生華藏 蓮花界 自他一

시 성불도 (세번)
時 成佛道 祝願

축원

仰告　앙고

十方三世　시방삼세

帝網重重　제망중중

無盡三寶　무진삼보

慈尊前　자존전

願我　원아

今此　금차

娑婆世界　사바세계

南贍部州　남섬부주

海東　해동

大韓民國　대한민국

某市道　모시도

某區郡　모구군

某洞面　모동면

某里居住　모리거주

至極之誠心　지극지성심

放生齋者　방생재자

乾命　건명

某生　모생

某人　모인

保體　보체

各各等保體　각각등보체

以此放生因　이차방생인

緣功德　연공덕

一切病苦　일체병고

厄難災難等　액난재난등

永爲消滅　영위소멸

四大強建　사대강건

六根淸淨　육근청정

安過太平　안과태평

壽命長遠　수명장원

子孫昌盛　자손창성

富貴榮華　부귀영화

心中所求所願　심중소구소원

萬事如意　만사여의

圓滿亨通之大願　원만형통지대원

抑願　억원

四恩弘報　사은홍보

三有資均　삼유자균

法界衆生　법계중생

同願種智　동원종지

摩訶般若 波羅蜜

마하반야 바라밀

③ 칠종불살생
七種不殺生

第一生日不殺生
제일생일불살생

第二解産時不殺生
제이해산시불살생

第三祭日不殺生
제삼제일불살생

第四婚禮日不殺生
제사혼례일불살생

第五宴會不殺生
제오연회불살생

第六所願日不殺生
제육소원일불살생

第七重大經營不殺生
제칠중대경영불살생

④ 칠종방생
七種放生

第一求子孫者放生
제일구자손자방생

第二孕胎者放生
제이잉태자방생

545

第三所願者放生
제삼소원자방생

第四項修者放生
제사예수자방생

第五齋戒者放生
제오재계자방생

第六求禄者放生
제육구록자방생

第七念佛信仰者放生
제칠염불신앙자방생

第一 放生儀軌
제일、 방생의식

擧讚
거 찬

楊枝淨水　遍灑三千　性空八德利人天　福壽廣增延
양지정수　변쇄삼천　성공팔덕이인천　복수광증연

滅除罪愆　火焰化紅蓮
멸제죄건　화염화홍련

南無清涼地菩薩摩訶薩
나무청량지보살마하살 (세번)

범생물을 수도수방하되 불가구시니 공살물명이니
凡生物 隨到隨放 不可拘時 恐傷物命

라 의향외설안호대 안양지수매정수 일기성척일편
宜向外設案 安楊枝數枚淨水 一器醒尺一片

하라 법사여시주는 작례하며 대중은 이자안으로시
法師與施主 作禮 大衆 以慈眼視 復念三寶

제이물호대 염기침미하야 심생애민하고 부렴삼보
諸異物 念其沈迷 深生哀愍

유대위력하사 능구지하나니라。 법사 집향로박운
有大威力 能救之 法師 執香爐白云

나무일심봉청진허공변법계시방상주불 법승(세번)
南無一心奉請盡虛空遍法界十方常住佛 法僧

나무사생자모 광대영감 성백의관세음보살
南無四生慈母 廣大靈感 聖白衣觀世音菩薩

유원가지차수 구대공훈 쇄첨군품 영피신심청정
惟願加持此水 具大功勳 灑霑群品 令彼身心清淨

감문묘법
堪聞妙法

신묘장구대다라니 (운운세번)

法師白云仰告我本師南無甘露王菩薩摩訶薩

법사백운앙고아본사 나무감로왕보살마하살 (세번)

釋迦牟尼佛 三界醫王藥師如來佛 極樂導師阿彌陀佛

석가모니불 삼계의왕약사여래불 극락도사아미타불 (세번)

道場教主觀世音菩薩 幽冥教主地藏菩薩

도량교주관세음보살 유명교주 지장보살하사옵노니

唯願慈悲 證知護念

유원자비로 증지호념하소서

衆生等 爲他網捕 將入死門

중생등이 위타망포하야 장입사문일새

今有水族 毛群羽類諸 幸值施主某

금유수족 「모군우류」제 행치시주모

修菩薩行 發菩提心 作長壽因 行

하야 수보살행하고 발보리심하야 작장수인하고 행

放生業 救其身命 放使逍遙 三寶

방생업하여 구기신명하고 방사소요케 하온바 보삼

弟子某仰順大乘方等經典 代爲懺悔 授與三

제자모앙순대승방등경전하여 대위참회하고 수여삼

귀의하며 병청칠불여래명호하고 부위선설십이인연
歸依 並稱七佛如來名號 復爲宣說十二因緣

호되 단이차류중생의 죄장이 심중하고 신식이 혼
但以此類衆生 罪障 深重 神識 昏

미하여 불능요지방등심법일새 앙걸심보는 위덕명
迷 不能了知方等深法 仰乞三寶 威德冥

가로 영기개오하여 조득해탈토록 애민섭수하소서
加 令其開悟 早得解脱 哀愍攝受

(대중은 고성으로 창삼귀의하고 법사는 무척일하
大衆 高聲 唱三歸依 法師 撫尺一下

운) 현전이류제불자등아 아렴여등이 다생업중하여
云 現前異類諸佛子等 我念汝等 多生業重

타재축생일새 금위여등하여 대보삼전하여 발로죄
墮在畜生 今爲汝等 對三寶前 發露罪

건하노니 여당지성으로 수아참회하라 아석소조제
懇 汝當志誠 隨我懺悔 我昔所造諸

악업운운죄무자성종심기운운
惡業云云 罪無自性從心起云云

549

칠불여래멸죄진언
七佛如來滅罪眞言

이바이바제 구하구하제 다라니제 니하라제 비리니제

마하갈제 진영갈제 사바하
南無求懺悔菩薩摩訶薩

나무구참회보살 마하살

懺悔眞言

참회진언 · 옴 살바못자 모지사다야 사바하

異類諸佛子等 汝等 不聞三寶 不解歸依

이류제불자등아 여등이 불문삼보하고 불해귀의하

所以輪回三有 今墮畜生 我今授汝等三

니 소이윤회삼유하고 금타축생일새 아금수여등삼

歸依 汝今諦聽 現前異類諸衆生等 歸

귀의하노니 여금제청하라 현전이류제중생등아 귀

依佛歸依法歸依僧 現前異類諸衆生等 歸依

의불귀의법 귀의승하라 현전이류제중생등아 귀의

불양족존 법이욕존 승중중존하라 현전이류제중생
_{佛兩足尊 法離欲尊 僧衆中尊 現前異類諸衆生}

등아 귀의불경법경승경하라 현전이류제중생등아
_{等 歸依佛竟法竟僧竟 現前異類諸衆生等}

금이왕으로 칭불위사하고 갱불귀의사마외도하며 종
_{今以往 稱佛爲師 更不歸依邪魔外道 從}

금이왕으로 칭법위사하고 갱불귀의외도전적하며 종
_{今以往 稱法爲師 更不歸依外道典籍 從}

금이왕으로 칭법위사하고 갱불귀의외도사중하라 (세번)
_{今以往 稱法爲師 更不歸依外道邪衆}

제불자등아 귀의삼보이경하니 금위여등하여 칭
_{諸佛子等 歸依三寶已竟 今爲汝等稱}

양보승여래십호공덕하여 영여득문하고 여피십천유
_{揚寶勝如來十號功德 令汝得聞 如彼十千遊}

어즉득생천과 등무유이하리라。
_{魚即得生天 等無有異}

나무과거 보승여래 응공 정변지 명행족 선서세
_{南無過去寶勝如來 應供 正遍知 明行足 善逝世}

間解 無上士 調御丈夫 天人師 佛世尊 法
간해 무상사 조어장부 천인사 불세존 (세번) 법

師撫尺一下云
사무척일하운

諸佛子等 我今更爲汝等 説十二因緣生相滅相
제불자등아 아금갱위여등하여 설십이인연생상멸상

令汝等 乃知生滅之相 悟不生滅之法
하여 영여등으로 요지생멸지상하고 오불생멸지법

當處究竟 當處清淨 當處自在
하여 당처구경이며 당처청정이며 당처자재이며일

究竟一切究竟 一切清淨 一切自在
구경이 일체구경이오 일체청정이오 일

同於諸佛 證大涅槃 所
재가 일체자재라 동어제불하여 증대열반하리라。 소

謂無明 緣行 行緣識 識緣名色 名色
위무명이 연행하고 행연식하며 식연명색하고 명색

緣六入 六入緣觸 觸緣受 受緣愛
연육입하며 육입연촉하고 촉연수하며 수연애하고

애_{愛緣}연취하며 취_{取緣}연유하고 유_{有緣}연생하며 생_{生緣}연노사우_{老死憂}

비_{悲苦惱}고뇌하니라 무_{無明滅則行滅}명멸직행멸하고 형_{行滅則識滅}멸직식멸하며식_識

멸_{滅則名色滅}직명색멸하고 명_{名色滅則六入滅}색멸직육입멸하며 육_{六入滅則觸滅}입멸직촉멸

하고 촉_{觸滅則受滅}멸직수멸하며 수_{受滅則愛滅}멸직애멸하고 애_{愛滅則取滅}멸직취멸

하며 취_{取滅則有滅}멸직유멸하고 유_{有滅則生滅}멸직생멸하며 생_{生滅則老死}멸직노사

우_{憂悲苦惱滅}비고뇌멸하나니라。(수_{遂撫尺一下云}무척일하운) 무_{無明無性本}명무성이본

시_{是諸佛}제불에 부_{不動智體}동지체어늘 여_{汝等}등이 집_{執着}착하여 망_{妄起無明}기무명

이니 비_{譬如病目}여병목에 견_{見空中花}공중화니라 기_{既知是已}지시이하면 무_{無明}명

이 즉_{即滅}멸하리라 이_{異類諸佛子等}류제불자등아 재_{再爲汝等}위여등하여 갱_{更稱}청

四弘誓願

사홍서원하여 영여등으로 득문하고 의불발원하며
依願修行 의원수행케 하리니 여금지심으로 제청제청하라. 중
生無邊誓願度 云云乃至 생무변서원도 (운운내지) 자성불도서원성 이류제불
子等 我今更爲汝等 자등아 아금갱위여등하여 칭찬여래길생명호하여능
令汝等 령여등으로 영리삼도팔난지고하고 당위여래진정불
子 자하리라.

南無多寶如來 나무다보여래 나무보승여래 나무묘색신여래 나무
廣博身如來 광박신여래 나무이포외여래 나무감로왕여래 나무
阿彌陀如來 아미타여래

이류제불자등아 차칠여래는 이서원력으로 발제중
異類諸佛子等 此七如來 以誓願力 拔諸衆

생하시나니 삼칭기명이면 천생이고하고 증무상도
生 三稱其名 千生離苦 證無上道

하리라。

나무처량지보살마하살 (세번)
南無清涼地菩薩摩阿薩

타회중은 향불작례하고 법사는 수집수기하여 변쇄
他會衆 向佛作禮 法師 遂執水器 遍灑

제생물상하며 창운유원여등은 방생이후로 영부조
諸生物上 唱云惟願汝等 放生以後 永不遭

악마에 탐담망포하며 우유자재하여 획진천년하며
惡魔 吞瞰網捕 優遊自在 獲盡天年

승삼보력과 보승여래본원자력하여 명종지후에 혹
承三寶力 寶勝如來本願慈力 命終之後 或

생도리커나 혹생인간하여 지계수행하며 불부조악
生忉利 或生人間 持戒修行 不復造惡

하고 신심염불하야 수원왕생하며 갱기시주모의 현

<small>信心念佛 隨願往生 更祈施主某現</small>

생여의와 타보수심하여 보리행원을 염염증명하며

<small>生如意 他報隨心 菩提行願 念念增明</small>

구고중생을 당여기상하며 이시인연으로 득생안양

<small>救苦衆生 當如己想 以是因緣 得生安養</small>

하여 견아미타불과 급제성중하고 증무생인하며 분

<small>見阿彌陀佛 及諸聖衆 證無生忍 分</small>

신진찰하여 광도유정하고 구성정각할지어다.

<small>身塵刹 廣度有情 俱成正覺</small>

현전대중은 일심으로 제송불설왕생정토신주하라.

<small>現前大衆 一心 齊誦佛說往生淨土神呪</small>

불설왕생정토진언

<small>佛說往生淨土眞言</small>

나무아미다바야 다타아다야 다지야타 아미리 도

<small>南無阿彌多婆野 多陀阿多野 多地野陀 阿彌里 度</small>

바비아미리다 싯담바비아미리다 비가란제 아미리

<small>婆比阿彌里多 悉談婆比阿彌里多 比可難帝 阿彌里</small>

다 비가란다 가미니 가가나 깃다가레 사바하
(多 比可難多 加彌尼 伽可那 其多可隸 娑婆訶)

(송필에 대중은 명소목어하며 제송대승경전하라)
誦畢 大衆 鳴 小木魚 齊誦 大乘 經典

대방광불화엄경십회향품수순견고일체선근회향에 운
大方廣佛華嚴經 十回向品 隨順堅固 一切善根 回向 云

불자야 보살마하살이 작대국왕하여 어법에 자재하며
佛子 菩薩摩訶薩 作大國王 於法 自在

보행교령하여 영제살업하되 염부제내와 성읍취락에
普行教令 令除殺業 閻浮提內 城邑聚落

일체도살을 개령금단하며 무족이족사족다족종종생류
一切屠殺 皆令禁斷 無足二足四足多足種種生類

를 보시무외하며 무욕탈심하고 광수일체보살선행 하
普施無畏 無欲奪心 廣修一切菩薩善行

며 인자우물하여 불행침로하며 발묘보심하여 안온중
仁慈祐物 不行侵勞 發妙寶心 安穩衆

생하며 어제불소에 입심지락하여 상자안주정계 하고
生 於諸佛所 立深志樂 常自安住淨戒

역령중생으로 여시안주하며 보살마하살이 영제중생

으로 주어오계하여 영단살업하며 이차선근으로 여시

회향하되 소위 원일체중생으로 발보리심하여 구족지

혜하며 영보수명하여 무유종진하며 원일체중생으로

주무량겁하여 공일체불하며 공경근수하여 갱증수명

하며 원일체중생으로 구족수행하여 이노사법하고 일

체재독이 불해기명하며 원일체중생으로 구족성취무

병노신하여 수명자재하고 능수의주하며 원일체중생

으로 득무진명하여 궁미래겁토록 주보살행하여 교화

558

조복일체중생하며 원일체중생으로 위수명문하여 십

력선근으로 어중증장하며 원일체중생으로 선근구족

하며 득무진명하여 성만대원하며 원일체중생으로 실

견제불하여 공양승사하며 주무진수하여 수습선근하

며 원일체중생으로 어여래처에 선학소학하며 득성법

회하여 무진수명하며 원일체중생으로 득불로불병 하

고 상주명근하여 용맹정진하며 입불지혜케 하리라 하

나니 시위보살마하살이 주삼취정계하여 영단살업하

고 선근회향하며 위령중생으로 득불십력하여 원만지

559

고로 동득해탈하여 공증진상케 하나니라.

故 同得解脫 共證眞常

이류제불자등아 태란습화로 다겁침미라가 귀의삼

異類諸佛子等 胎卵濕化 多劫消迷 歸依三

보하고 발보리심하여 득면망롱하고 해활천비하야

寶 發菩提心 得免網籠 海闊天飛

수불생도리하라.

隨佛生忉利

나무승천계보살마하살 (세번)

南昇天界菩薩摩訶薩 三說

설회향게방생 공덕수승행 무변승복개회향 보원

說回向偈放生 功德殊勝行 無邊勝福皆回向 普願

침익제중생 속왕무량광불찰

沈溺諸衆生 速往無量光佛刹

나무사바교주 본사석가모니불

南無娑婆教主 本師釋迦牟尼佛

나무동방만월세계약사유리광불

南無東方滿月世界藥師琉璃光佛

南無西方淨土 나무서방정토 極樂世界 극락세계 阿彌陀佛 아미타불

南無道場教主 나무도량교주 觀世音菩薩 관세음보살

南無幽冥教主 나무유명교주 地藏王菩薩 지장왕보살

願以此功德 원이차공덕 莊嚴佛淨土 장엄불정토

若有見聞者 약유견문자 悉發菩提心 실발보리심

盡此一報身 진차일보신 同生極樂國 동생극락국

上報四重恩 상보사중은 下濟三途苦 하제삼도고

南無一切淸淨大海衆菩薩 나무일체청정대해중보살

接誦往生呪三遍後 引磬小魚 念佛齊送放生
(접송왕생주삼변후에 인경소어하고 염불로 제송방생하며

法師祝願云
생하며 법사—축원운)

上來放生功德 四恩普報 三有均資 法界
상래방생공덕으로 사은보보하고 삼유균자하며 법계

衆生 同願種智
중생으로 동원종지하여지이다.

念十方三世一切諸佛諸尊菩薩摩訶薩訶薩訶般若波羅蜜

제二장 권방생문

1 유계전등법사방생회권중서

幽溪傳燈法師放生會勸衆序

부계살은 내칙은지단이오 방생은 위자비지점이라 양

夫戒殺 乃惻隱之端 放生 爲慈悲之漸 良

이원원잡류막불탐생하고 준준미도개지외사하나니 괴

以元元雜類莫不貪生 蠢蠢迷途皆知畏死 豈

유문기성이불인식기육이리오. 우부추기리이역유소부

唯聞其聲而不忍食其肉 又復推其理而亦有所不

당살사야라 하자오 이일체중생이 차신은 수멸이나신

當殺者也 何者 以一切衆生 此身 雖滅 神

식이 상존하여 사생취생에 윤전불식하니 안지금일

識 常存 捨生取生 輪轉不息 安知今日

지소천이 비오석일지소존호아 범망경에 운일체 남자

之所賤 非吾昔日之所尊乎 梵網經 云一切男子

는 시아부오 일체여인은 시아모라 생생에 무불종지

是我父 一切女人 是我母 生生 無不從之

수생이라 고로 육도중생이 개시아부모어늘 이살이식

受生 故 六道衆生 皆是我父母 而殺而食

자는 즉살아부모로다. 오호라 이기능타ㅣ수족쾌기나

者 即殺我父母 於乎 以己陵他 雖足快己

공행시역이 어여에 안호아 차소위추기리이역유소부

公行弑逆 於汝 安乎 此所謂推其理而亦有所不

당살자일야오 우이혈기지속이 필유각지하나니 이차

當殺者一也 又以血氣之屬 必有覺知 以此

각지ㅣ명위불성이라 안지금일지소천이 비오이일지소

覺知 名爲佛性 安知今日之所賤 非吾異日之所

존호아 고로 대각세존이 초성정각하시고 위연탄왈진

尊乎 故 大覺世尊 初成正覺 謂然嘆曰眞

여계내에 절생불지가명하고 평등성중에 무자타지형

如界內 絕生佛之假名 平等性中 無自他之形

상이언만은 양이중생망상으로 부자증득하고 막지능

相 良以衆生妄想 不自證得 莫之能

563

반야라하느니 오호라 이현재지중생으로 살미래지제

불하여 공행시역이 어여에 안호아 차소추위기리이역

유소부당살자이야오 우이대성비심이 무찰불현일새.

수형이도하여 방편도생하시나니 안지육안지소천이비

피천안지소존호아 고로 대비현생어흡리하시고 여래

응상어저치하시니 즉차이험컨대 하류불창이리오. 오

호라 이하천지범부로 살지존지대성하여 공행시역이

어여에 안호아 차직추기리이역유소부당살자ㅣ삼야요

우이육도순환하여 윤회불이호대 이살상보는 형영무

차하니 안지금일지살피는 이비타일지살아호아 능엄

差 安知今日之殺彼 而非他日之殺我乎 楞嚴

경에 운탐애동자하여 탐부능지라 직제세간에 란화습

經 云貪愛同滋 貪不能止 則諸世間 卵化濕

태ー수력강약하여 체상탐담하되 이인식양커던 양사

胎 隨力強弱 遞相呑噉 以人食羊 羊死

위인하고 인사위양하여 여시내지십생지류ー사사생생

爲人 人死爲羊 如是乃至十生之類 死死生生

하여 호래상담하고 악업구생하여 궁미래제라하니 오

互來相瞰 惡業俱生 窮末來際 於

호라 도삼촌지비감하여 결백천지수대하되 공행시역

乎 饗三寸之肥甘 結百千之讐對 公行弑逆

이어여에 안호아 차직추기리이역유소부당살자ー사

於汝 安乎 此則推其理而亦有所不當殺者 四

야오 차성품이 최령하여 숙비군자리오. 자비칙은을

也且性稟最靈 孰非君子 慈悲惻隱

아고유지면 하당집방내지국담하여 미환중지지교하고

我固有之 何當執方內之局談 迷寰中之至教

565

불구후과하며 不懼後果 불험전인하고 不驗前因 부중불성지영하며 不重佛性之靈 불귀 不貴

기심지묘하고 己心之妙 감심취악하며 甘心趣惡 인의상생하여 忍意傷生 명명장야 冥冥長夜

지중에 之中 방편영입하고 方便永入 척척유도지내에 惕惕幽途之內 이견상구 하리 已見常驅

니 가위통심질수자의라 可謂痛心疾首者矣 자즉천자비지도문하되 개보 玆則闡慈悲之度門 開菩

리지각로하여 提之覺路 보권인인계살하고 각각방생하되 지물 普勸人人戒殺 各各放生 知物

명이 命己 균기명하여 均己命 공수유지인하고 오물심이 동기심 共樹流水之因 悟物心同己心

하여 조계가문지회하면 장사진대지 개위효자하고솔 早契迦文之懷 將使盡大地 皆爲孝子率

천하구시인인이라 물아 석적겁지구하고 자타결동심 天下俱是仁人 物我 釋積劫之仇 自他結同心

지호하여 자풍이 기선에 재악이 수소면 비유현세에 之好 慈風 旣扇 災惡 隨消 非唯現世

566

참회연연이라 억역장래에 무병장수하리니 순불심이

면 무구불가며 단살기면 하왕불상이리오 변가화번뇌

하여 위보리하고 변사바하여 위극락이리니 고시여래

대사요 성비소소인연일새 근권하노이다.

2 연지대사일곱가지불살생

첫째는 생일에 살생하지말라. 상서에 가라사대 슬프[

다부모시여 나들 낳아수고 하셨다하셨으니 내몸이

출생하던 날은 어머니께서 거의 죽을뻔하던때라 이

날은 결코 살생을 경계하며 재계를 가지고 널리 선

사를 행하여 망부모로 일찍이 초승을 얻게하고 현재

부모로 복수를 증장케 함이어늘 어찌하여

어머니 곤란격던 경위를 잊고 망령되어 생명을 살해

하여 위로 부모에게 누를 끼치고 아래로 자기몸을 이

롭지 못하게 하는고 이것이 온세상에 습관이 되어 그

른줄을 알지 못하니 참으로 통곡하고 장탄식할 일이

로다.

둘째는 자식을 낳으면 살생하지 말라. 대저 사람이

자식이 없을땐 슬퍼하고 자식이 있을땐-기뻐하면서 일

체금수도 각각 그 새끼 사랑함을 생각지 못하는도다.

나의 자식이 태어남을 좋게 여겨 남의 자식을 죽게 함

은 마음이 편안하겠는가 대저 어린것이 처음 남에 적덕

을 못할지언정 도리어 살생하여 업을 짓는것은 가장

어리석음이라 이것이 온 세상에 습관이 되어 그른줄

을 알지 못하니 참으로 통곡하고 장탄식할 일이로다.

셋째는 제사지냄에 살생하지 말라. 망령의 기일과

춘추소분에 마땅히 살생을 경계하여 명복을 자뢰함

이거늘 살생하여 제사지내는 것은 한갓 악업만 더할

지라 대저(大抵) 팔진미(八珍味)를 망령앞에 놓을지라도 어찌 구천(九泉)에 가신 유골(遺骨)을 일으키어 흠향(歆饗)토록 하겠는가 조금도 이익(利益)은 없고 해(害)만 되거늘 이것이 온세상에 습관(習慣)이 되어 그른줄을 알지 못하니 참으로 통곡(痛哭)하고 장탄식(長歎息)할 일이로다.

넷째는 혼례(婚禮)에 살생(殺生)하지 말라. 대저(大抵) 혼인(婚姻)이라는 것은 생민(生民)의 시초(始初)가 아닌가 생(生)하자는 시초(始初)로서 살생(殺生)을 하는것은 이치(理致)가 벌써 틀린 것이요, 또 혼례(婚禮)는 길사(吉事)인데 길일(吉日)로써 흉(凶)한 일을 행(行)함이 또한 참혹(慘酷)치 않은가

또는 결혼식을 하면 반드시 부처해로를 축사하나니

사람은 해로하기를 원하면서 금수는 먼저 죽기를 좋

아 하겠는가。또 시집보내는 집에서 삼일동안 촛불을

끄지 않는것은 모녀가 서로 헤어짐을 아쉬워하니 사람

은 이별을 괴롭다하면서 금수는 이별을 낙으로 하겠는

가 혼례살생이 온세상에 습관이 되어 그 잘못됨을

알지 못하니 참으로 통곡하고 장탄식할 일이로다。

다섯째는 연회할적에 살생을 말라。양진미경에 주빈

이 상대하여 담담한 다과와 소사채갱이 말근 취미에

방해됨이 없거늘 어찌 살생을 많이 하여 목을 조르고

배를 가름에 슬픈 소리가 끊어지지 아니하니 사람의

마음으로서야 어찌 비참치 아니하랴. 만일 식탁

에 아름다운 맛이 도마위에 고통으로까지 왔다고 하여

저에 극한 원한으로 나에 극한 환락을 만들었다고

생각 한때는 비록 먹더라도 목이 메일것이며

연회살생이 온세상에 습관이 되어 그 잘못됨을 알지

못하니 참으로 통곡하고 장탄식할 일이로다.

여섯째는 기도에 살생하지 말라. 세상사람이 병이 들

면 살생기도하여 복받기를 바랄 뿐이고 자기가 기도
하는 목적이 죽기를 면하고 살기를 구하는줄 생각지
못함이로다. 남의 목숨을 죽여다가 나의 목숨을 늘
리고져함이 벌써 천리에 어긋나지않는가. 목숨은 늘
리지도 못하고 살생업만 더하는 것이다. 다시 살생
하여 자식을 구하고 살생하여 재물을 구하고 살생하
야 벼슬을 구하면서 그 아들과 재물과 벼슬이 다 본
인이 분정한 것이고, 귀신의 능력이 아님은 알지 못
하는도다. 어쨌든 원대로 되게 되면 이는 귀신이 신

573

령하다하여 더욱 믿고 더욱 행하나니 참으로 통곡하

고 장탄식할 일이로다.

일곱째는 직업을 경영함에 살생하지 말라. 세상사람

이 의식을 위해서 혹전엽도 하며 혹 고기도 잡으며

혹 소도 잡고 개도 잡아서 생계를 하지만은 나는 생

각하기를 이노릇을 안하더라도 밥먹고 옷입어서 굶어

죽거나 얼어죽었다는 말을 듣지 못하였노라. 살생으

로 직업을 시작하면서부터 천리를 어김이라. 지

옥에 깊은 인을 심고 내세에 악보를 받음이 이보

다 심함이 없거늘 어찌하여서 별로 생계를 구하지 못하는고 참으로 통곡하고 장탄식할 일이로다.

③ **적석도인의 일곱가지 방생**

첫째는 자식없는 자가 반드시 방생하라. 세상사람이 자식을 두고져함에 약먹기로 힘을 쓰나니 그러나 왕왕히 한평생 먹더라도 효험을 못보는 자 많은지라, 그럼으로 나는 말하기를 병이 있거든 약을 먹고 자식이 없거든 방생하라 하노니, 대저 천지에 큰 덕은 가로대 생함이라, 그럼으로 사람을 생하고 만물을 생해

서 생생지이가 끊어지지 않으니 진실로 생해주는 마

음으로 마음을 삼아서 저를 생해주는것이 반드시 나

를 생함이라 방생만 하고 보면 꼭 다남자의 경사를

얻을 것이라.

둘째는 자식을 배거든 반드시 방생하여서 산모를 보

전하라. 세상사람은 자식을 배매 혹 귀신에게 빌어

서 생산에 안녕을 바라고 방생하여서 만전지책이 있

음을 알지 못하는도다. 대저 잉태해서 자식을 보는

것은 사람과 만물이 다르지않고 사람과 만물은 천지

의 생(生)한바라 짐승의 새끼뱀을 내가 구(救)하여주는데 내

가 자식(子息)뱀이 있으면 하늘이 어찌 보호하지 않으랴.

셋째는 기도(祈禱)함에 반드시 방생(放生)하여서 복(福)을 받아라。세(世)

상사람이 말하기를 부처님은 소식(素食)하고 귀신(鬼神)은 혈식(血食)

한다하니 이는 크게 오해(誤解)이다。대저 부처님은 천(天)

과 신(神)의 스승이요, 신(神)이란 자(者)는 부처님을 받들어 어

김이 없는 자(者)이라 호생지덕(好生之德)神佛이 같은배니 진(眞)

실로 신불(神佛)의 호생지덕(好生之德)을 체달(體達)하여 금수만물(禽獸萬物)이 급한

경우를 당(當)하거든 다소(多小)를 불구(不拘)하고 보는데로 사서 놓

아 줄지며 만일 금전이 없어 어찌할 수 없는 때는

염불이라도 하여 주면 자연히 상천이 감동되어 복을

얻음이 한량 없을 것이니라.

넷째는 예수코져 하거든 방생부터 먼저 하라. 세상

사람이 매양 중을 청해서 불사를 작하여 미리 닦는

것은 진실로 죽은 뒤에는 육도에 윤회함에 업식이

망망할지라. 미리 불보살을 불쌍히 생각하여줌을 구

함이 아닌가. 대저 세간자선은 방생보다 더 좋은게

없으니 내가 자비지심으로 방생하여 불보살의 자비

지덕에 감동되면 반드시 불보살의 복을 입을 것이니

라.

다섯째는 재계를 가짐에 반드시 방생하라. 제불보살

이 중생의 재계가짐을 좋아하심은 만물의 자비심 두

기를 바램이라. 일체중생이 불자아님이 없나니 진실

로 재계를 가지는 날에 더욱이 방생으로 힘을 써면

제불보살이 몇배나 환희심을 내지 않겠는가.

여섯째는 녹을 구함에 먼저 방생하여 복을 쌓으라개

미가 송기에게 보은하고 용자가 사막에게 보은하였

으니 放生하여 이익을 利益 얻음은 결코 決 헛됨이 아니라!

대저 부귀명복은 富貴命福 요행으로 僥倖 되지 않고 오직 복을 福 짓

는 자— 者 반드시 명복을 命福 얻나니 사람이 어진 마음으로

물을 物 아끼어서 그 목숨을 구제할것 救濟 같으면 나의 구 救

제를 濟 입은 자가 者 기회를 期會 보아 보답할것은 報答 정한 이치가 定理致

아니겠는가.

일곱째는 염불함에 念佛 반드시 방생부터 放生 하라. 산중에서 山中

참선을 參禪 오래도록 하다가 하루 아침에 견성오도함 見性悟道

은 말할것도 없지만은 홍진중에 紅塵中 있어서 염불하는 자는 念佛 者

자비심으로써 방생(放生)을 주로 할지라 물을 구제함이 인(人)을 구제(救濟)함보다 낫다함은 아니지만은 사람이 극형(極刑)을 범하는것은 대개(大槪) 자작장난이나 동물(動物)은 무슨 죄로 참혹(酷)한 환난(患難)을 자주 만나는가. 누구든지-연지대사와 영명연수선사의 방생(放生)으로써 급무삼음(急務)을 보아 깨칠지니라.

아! 얼마나 거룩하신 말씀인가. 대저 방생은 불타의 마음이요, 천인의 마음이라. 그럼으로 나는 생각하기를 불타에게 공양올림을 게을리 할지라도 방생부터 부지런히 하라 하노니 어찌함인가 보라

581

어떤 사람이 자식을 많이 두었는데 다 각각 자작지화로 어떤 자식은 옥에 갇히었고 어떤 자식은 수화 중에 빠져 있는데 이웃사람이 그 여러 자식들의 고통은 모른체하고 진수성찬을 차리어 그 아버지에게 받든다 하면 아버지된 자가 그 밥맛이 있다 하겠는가. 한사람은 그와 반대로 옥에 갇힌 자식을 도와주고수 화에 든 자식을 건져준다 하면 그 아버지는 밥을 아 니먹어도 배가 부를것이고 또 건져준 사람에 대하여 감사한 생각이 먼저 밥을 주는 자에 비하겠는가. 대저 부처님은 태란십화사생을 적자같이 생각하는지 라 일중생이라도 고통을 받는다면 부처님의 대자대 비로서 뼈가 녹는듯 불쌍히 여기실지라그 고통받는중생을 건져 주는 자에 대하여 복을 주심이 공양 받드는 자보다 천만억배나 수승할것은 정한 이치가 아니겠는가. 공자께서도 부모의 입과 몸을 양함보다 부모의 마음을 양함이 참으로 효자라 하였으니 우리 불교신자도 불타의 본회를 체달하며 연지대사와 적석도인의 말씀을 실행함이 급선무라 하여 힘써 행할지어다.

제一장 모연문 및 권선문

1 사찰 창건 모연문

부처님의 광대무변한 광명 우주에 충만하고 보살
의 무시무종한 자비 법계에 창일하여 멀리 시공
의 윤곽을 벗어 났으며 생사의 유한을 초월했읍니다 마
는 어둡고 어리석은 중생으로서는 아직도 암야의
미로를 탈출하지 못하고 번뇌의 속박을 형출하지 못
하였으니 참으로 가엾기 그지 없는 처지이며 애석하

기 겨눌데 없는 현실이 아닐 수 없읍니다.

華嚴經
화엄경에 이런 말이 있읍니다.

어두운데 있는 보배는 등불이 아니면 볼수가 없고

불법이란 남을 위해 說 설하지 않으면 슬기 있는 사람

이라도 알 수가 없다는 것입니다.

절이 하나 창건된다는 것은 精神修鍊 정신수련의 人格陶冶 인격도야

를 할 수 있는 道場 도량이 마련된다는 말이며 轉迷開悟의 전미개오의

神聖 法殿 建立 신성한 법전이 건립된다는 것을 의미하는 것입니다.

自性 迷暗 자성이 미암의 구렁에 빠져 있으면서도 빠져 있는줄

까지 모르고 허덕이는 어리석은 중생을 자비의 대광

명으로 건져줄 수 있는 터전이 이룩되는 것이며 사

생육취의 윤회속에서 영겁의 고통을 면하지 못하고

업해파랑에 부침하는 군미들에게 감로정법을 공급할

수 있는 복전이 마련되는 것입니다.

이러한 뜻에서 이번 산자수명한 이곳을 불법의 유

연찰토로 정하고 불우를 건축하여 안으로 자기완성

의 성지를 만들고 밖으로 광도중생의 대원을 홍포코

져 하옵는바 빈도의 약한 힘으로 도저히 완공의 -성

취를 기하기 어려워 부득이 뜻 높으신 청신사 청신

녀 여러분들의 지대하신 원호와 물심양면의 위법정

신을 바라는 동시에 이 장엄거대한 불사가 하루빨

리 성취 되도록 수희동참하여 주시기를 지극히 빌

고, 비는 마음 간절할 뿐입니다.

2 군법당 창건 모연문

화엄경에 말하기를 일체유심조라고 분명히 일러놓

았읍니다.

마음 한번 잘 가지면 성불이 되는 것이며 한번 잘

못 가지면 영원히 지옥고(地獄苦)를 면치 못하는 것입니다.

마음이 훌륭한 사람을 위대한 사람이라 하는 것이며,

마음이 편협(偏狹)하고 무지(無智)한 사람을 소인(小人)이니 악인(惡人)이니 하는 것입니다.

불교는 어디까지나 인간(人間)의 길을 올바로 걸어 최고(最高)의 인격(人格)이 완성되도록 하는데 있는 것입니다.

이것을 가르쳐 열반(涅槃)이니 성불(成佛)이니 해탈(解脫)이니 하는 것입니다.

군인(軍人)이란 안으로는 보살의 자비(慈悲)를 소장(所藏)하고 겉으

588

로는 규범(規範)과 강직한 충심(忠心)으로 연마된 인격의 완성이(人格 完成)

있어야 할 것입니다.

다시 말해 파사현정의(破邪顯正) 기백과(氣魄) 담혼이(膽魂) 투철하게 단(鍛)

련된(鍊) 훌륭한 인격이(人格) 쌓아지지 않아서는 결코 안될 것

입니다.

명철한(明哲) 슬기 정확한(正確) 판단(判斷) 훈련된(訓鍊) 체력(體力) 자비의(慈悲) 포(심)

용 노도(容怒濤) 같은 용기(勇氣) 이러한 모든 조건들이 빠짐없이

갖추어지지 않아서는 호국안민의(護國安民) 대업을(大業) 절대로 성(成)

취하기(就) 어려울 것입니다.

그러므로 불교의 精神 정신으로 武裝 무장되고 보살의 大乗 대승

思想 사상으로 熏化 훈화되지 않아서는 軍人 군인의 本質 본질을 達成할

수 없을 것이며 高度 고도의 人格 인격을 完成 완성할 수 없을 것입

니다. 정신이 堅實 견실하지 못하고 마음이 私念 사념과 妄執 망집

의 散亂 산란이 있어서는 그 崇嚴莫重 숭엄막중한 目的 使命 목적과 사명이

이루어질 수 없을 것이며 護國安民 호국안민의 道 達成 도를 달성할 수

없다는 것은 이제 새삼 再言 必要 재언이 필요하지 않을 것입

니다.

그리하여 정신무장의 精神武裝 支柱 지주이며 人格陶冶 인격도야의 本殿 본전이

되는 법당을(法堂建立) 건립하여 정신통일의(精神統一) 도장을(道場) 만들고 파(破)

사현정의(邪顯正) 굳센 수련을(修鍊) 쌓고져 하옵는바 이것은 국가(國家)

의 기둥을 다듬는 중대한(重大) 일이며 민족의(民族) 안위를(安危) 보(保)

장하는(障) 지고한(至高) 사명이라는(使命) 것을 안찰하시와(按察) 신남 신(信男)

녀의(女) 물심원호는(物心援護) 물론 사회제언의(社會諸彦) 절대하신(絶對) 관심과(關心)

아낌 없는 호념이(護念) 드리워 주시기를 기원하는(祈願) 바이올

시다.

③ 통일(統一) 기원탑(祈願塔) 건립(建立) 모연문(募緣文)

탑이란(塔) 정성의(精誠) 응결체이며(凝結體) 기원의(祈願) 결정체입니다.(結晶體)

591

돌 하나를 모우고 깎고 다듬는데서 부터 터를 닦고 쌓아 올리는 그것이 그대로 정진(精進)이요 기원(祈願)입니다.

더구나 통일(統一)이란 두말 할것 없이 민족(民族)의 피맺힌 숙원(宿願)이며 천추 원한(千秋 怨恨)의 과업(課業)이란 것은 이제 새삼 두말이 필요하지 않습니다.

국토 분단(國土 分斷)을 더 이상 두고 볼 수는 없는 것이며 동족반목(同族反目)을 더 이상 연장(延長)시킬 수는 없는 것입니다.

옛말에 정신일도(精神一到)에 금석(金石)을 가투라 하지 않았읍니까?

민족(民族)의 뜨거운 염원(念願)이 서린 기원(祈願)의 결정(結晶)으로 탑(塔)을

모우고 비통(悲痛)이 구비 구비 서린 원한(怨恨)의 정(情)이 층(層)마다

쌓여진 여기에서 일념(一念) 순정(純情)으로 통일(統一)을 기망(祈望)하는 성(聖)

스러운 법연(法筵)을 베풀고자 전성(全誠)을 기우려 이 불사(佛事)를

조성(造成)하겠다는 오직 일편단심(一片丹心)이 있을 뿐입니다.

여기에는 어떤 특지(特志)의 희사(喜捨)도 좋습니다 마는 그 보

다는 전민족(全民族)의 참여(參與)가 더욱 뜻이 클 것이며 오천만(五千萬)

동포(同胞)의 뜨거운 정성(精誠)이 진정 의의(意義)가 있는 것입니다.

그리하여 이러한 취지(趣旨)를 널리 천하(天下)에 호소(呼訴)하오니

성스러운 이 불사(佛事)가 조속(早速)히 성취(成就)되도록 거족적(擧族的) 호응(呼應)이 있어 주시기만 지도 지도(至禱 至禱) 하나이다.

4 사찰 중주(寺刹 重修) 권선문(勸善文)

절이란 세심 수도(洗心 修道)의 도량(道場)이며 성불작조(成佛作祖)의 전당(殿堂)입니다.

다생다겁(多生多劫)으로 업해파랑(業海波浪)에 침륜(沈淪)된 자성(自性)을 불지(佛智)로 연마(鍊磨)하고 탐진(貪瞋) 번뇌(煩惱)에 오염(汚染)된 심신(心神)을 세척(洗滌) 해탈(解脱)토록 하는 곳이 바로 사찰(寺刹)인 것입니다.

일체중생(一切衆生)의 영원한 작복처(作福處)이며 사생(四生) 육취(六趣)의 장구(長久)

귀의처입니다. 歸依處

더구나 우리 해동은 불상이 지중하사 자광이 청구 海東 佛像 慈光 青丘

에 뻗혀진지 이미 이천재의 연륜이 쌓여가고 있으며 二千載 年輪

일초일목과 산천 강하가 그대로 불국정토의 찬란한 一草一木 山川 江河 佛國淨土

장엄이라는 것은 이제 새삼 재론의 여지가 없는 것 莊嚴 再論

입니다.

절이 아니면 정법 천양의 기본 도량이 있을 수 없 正法闡揚 基本道場

는 것이며 전등포법의 혜명상속이 부지될 수 없을뿐 傳燈布法 慧命相續 扶持

아니라 신남 신녀의 작복기원이 이루어질 수 없을것 信男信女 作福祈願

이며 전미개오의 밝은 법륜이 구르지 못할 것입니다。

본사는 신라 초창으로 그 연조가 유구할 뿐 아니

라 산명수려하고 기절뇌락한 경관은 가히 기도치성과

수행정진의 적지이오나 연구세심토록 중수의 손이

미치지 못하고 보축 수리의 틈을 가지지 못하여

전각이 괴손되고 요사가 붕도직전의 위기에 처해 있

으므로 시불산승으로서는 공구하기 그지 없으며 신

불남녀로서도 비탄의 한숨을 금할길 없아옵기로 부

득이 이제 중수의 대원을 발하고 강호제현의 원호를

596

기다리오니 동수정업(同修淨業)의 거룩한 불사(佛事)가 원만히 이루

어지도록 물심양면(物心兩面)의 지대(至大)한 가호(加護)가 있어 주시기 바

라옵나이다.

5 불상(佛像) 조성(造成) 권선문(勸善文)

불교(佛教)란 일심(一心)을 수련(修鍊)하여 번뇌(煩惱)의 속박(束縛)으로 부터 해(解)

탈(脫)되는 것을 지상(至上)의 목표(目標)로 삼는 종교(宗教)인 것입니다.

그러므로 그 정신(精神)을 수련(修鍊)함에 있어 산란(散亂)이 방지(防止)되

어야 하는 것이며, 정심(靜心)의 표적(標的)이 있어야 하는 것입

니다.

불상(佛像)이란 대자대비(大慈大悲)하신 부처님을 표상(表象)하여 일체중생(一切衆生)으로 하여금 귀의(歸依)토록 하는 집심(集心)의 존상(尊像)이며 근행(勤行)

기원(祈願)에 있어 무언(無言)의 감화(感化)와 위신력(威信力)을 드리워주는 절대(絶對)의 대상(對象)인 것입니다.

다시 말해 신심(信心) 발양(發揚)의 귀의처(歸依處)이며 자비도생(慈悲度生)의 대(大)본원(本願)인 것입니다.

이로 인(因)해 고해파랑(苦海波浪)에 허덕이는 군미(群迷)들이 정로(正路)의 법광(法光)을 바로 받을 수 있으며 피안(彼岸)의 해탈(解脫)을 얻을 수 있는 것입니다.

불상이 조성된다는 말은 곧 광도군미의 거룩한 태양이 새롭게 솟았다는 말과 같을 것이며 고해업풍을 소멸시키고 장엄정토가 이룩되었다는 뜻과 동일하다는 것입니다.

다시 말해 불상이란 곧 부처님이라는 것입니다. 부처님이 계시지 않는 절이란 있을 수가 없는 것입니다.

그리하여 이번 본사에 모실 불상을 조성코져 기원 정진하면서 신남 신녀 여러분들의 원호를 바라오니 특별하신 신심으로 거룩한 이 불사가 원만히 성취되도록 물심(物心)으로 도와 주시기만 바라옵나이다.

⑥ 단청(丹青) 불사(佛事) 권선문(勸善文)

부처님의 묘리(妙理)는 삼세(三世)에 걸림이 없고 시방(十方)에 구애(拘碍) 됨이 없으며 생멸(生滅)의 한계(限界)가 있을 수 없고 성(盛)과 쇠(衰)의 장단(長短)이 초월(超越)되었으니 이 어찌 신묘(神妙)의 극(極)이라 하지 않을 수 있으며, 절정(絶頂)의 종(終)이라 하지 않을 수 있겠읍니까?

경전(經典)에서도 말한 바와 같이 성중(聖中)의 성(聖)이며, 천중(天中)의 천(天)이란 추호(秋毫)의 과장(誇張)이 아니며 사말(些末)의 허언(虚言)이 아닐 것입니다.

존엄한 성상(尊嚴 聖像)을 봉안(奉安)하여 탐진 오욕(貪瞋 五慾)에 오염된(汚染) 자성(自性)을 세척(洗滌)하고 전미개오(轉迷開悟)의 보살대도(菩薩大道)를 닦아 열반(涅槃)의 상(常)락(樂)을 증득(證得)토록 하자는 것이 사찰(寺刹)의 지고한 목적(至高 目的)이며 또한 본분(本分)일 것입니다.

그러므로 불도량(佛道場)을 장엄(莊嚴)하고 법당(法堂)을 단청함은(丹靑) 곧 자기 자신(自己 自身)의 마음을 장엄(莊嚴)하는 것이며 나아가 정진(精進) 근행과 직결되는(勤行 直結) 지대한 수행(至大 修行)이라 보아야 할 것입니다.

부처님의 성전을(聖殿) 단장하여(丹裝) 세심구도의(洗心求道 誠) 성을 다하

고 진구 번뇌를 제거시키는 것이 불사중 가장 위대

한 불사이며 공덕중 가장 지미한 공덕이라는 것은

이제 새삼 논의할 필요가 없을 것입니다.

본사는 신라 초창으로 그 유현 신엄함이 국내의

백미이며 산수가 가려하고 도량이 기절하여 치성기

도의 적지로서 옛부터 그 명성이 천하에 관절하였으

나 연구세심함에 따라 단청이 퇴색되어 가히 불자의

안목으로 볼 수가 없으며 간도 기원의 단성이 전일

되지 못하기 때문에 부덕을 불고하고 단청불사

를 성취코져 이에 지대한 발원을 하옵는 바 여기에

는 신남 신녀 여러분들의 절대하신 원호와 사해제언

의 지도협조가 반드시 수반되지 않아서는 도저히 성

스러운 이 불사를 완수할 수 없으므로 이 뜻을 널리

시방에 호소하오니 자리이타의 근본사상과 동입미타

의 대원이 자타일시에 달성되도록 하여 주시기 지도

지도하나이다.

7 개금 불사 권선문

세존 성교는 그 뜻이 미묘하사 횡으로 시방에 두

603

루하시고 보살 대용(菩薩 大用)은 그 이치 깊고 멀어 수로 삼제(竪 三際)를 관철(貫徹)하였으니 진실로 높고 높으기 절정(絶頂)에 달했으며 넓고 넓음이 가이 없읍니다.

우리 해동(海東)은 불연(佛緣)이 지중하사 고구려 소수림왕(小獸林王)이 년에 그 광명(光明)과 법우(法雨)가 이땅에 넘쳤으며 그 뒤 나려(羅麗) 성대(盛大)에 고승 석덕(高僧 碩德)이 대법(大法)을 건곤(乾坤)에 포양(布揚)하고 지고(至高) 지미(至美)한 예술(藝術)이 시공(時空)을 초월(超越)하였으니 우리 한국(韓國)은 일(一) 초일목(草一木)이 그대로 불토(佛土)의 장엄(莊嚴)이요 산천 강하(山川 江河)가 그대로 청정법신(清法淨身)이 아닐 수 없읍니다. 한 없는 중생을 제도(濟度)함에 있어 방편(方便)의 권교(權敎)가 없을 수 없으며 우암(愚暗)의 군미(群迷)를 계도(啓導)함에 있어 어찌 소상의 봉안(奉安)을 등한(等閑)히 할 수 있겠읍니까?

본사(本寺) 본존불(本尊佛)은 원만(圓滿)한 덕상(德相) 신엄(神嚴) 단아(端雅)한 종호(種好)가히(可) 비길데 없는 거룩한 존상(尊像)이오나 개금(改金)의 연대(年代)가 너무 깊어 퇴색(褪色) 남루(襤褸)의 지경에 도달(倒達)되었으므로 시불(時佛)의 사문(沙門)으로 눈물겨웁지 않을 수 없으며 봉교(奉敎)의 불(佛)자로써 한탄스럽지 않을 수 없는 바이올시다. 불상(佛像)을 장엄(莊嚴)한다는 것은 곧 자기(自己)의 내면(內面)에 존재하(存在)

605

는 청정법성을 장엄하는 것이며 개금으로 공양하는

것은 자신의 미암과 치애를 제거시키는 커다란 행원

일 것입니다。 불가사의한 무량공덕 가운데 불신에

개금하는 이상 더 큰 공덕이 있을 수 없고 여기에—따

를 수 있는 더 큰 선행 기도가 있을 수 없는 것이다。

이제 소납은 모든 부덕과 부재를 불고하고 이 불사

를 기어히 성취 회향코져 하는 굳은 신념으로 청신

사 청신녀 여러분들에게 간절히 호소하오니 다 같이

청정법석에 동참의 승기를 맺어 주시고 무량무변한

공덕대해에 동왕의 기연이 마련되도록 하여 주시기

기원 복축하나이다.

8 장경 불사 권선문

세존의 성교는 광대 호한하여 시공이 초월되었으며 그 진리 진실로 유현하여 불생불멸의 대과를 증득토록 하였으니 높고 높은 이치와 넓고 넓은 행원을 참으로 범속의 사량이 미칠 수 없으며 인천은 궁리로 엿볼 수 없도다.

사십구년 가지가지의 설법은 그대로 금구성언의 결

집이며 패엽삼장의 총화라 할 수 있읍니다.

아무리 현묘한 진리라 하더라도 경전이 없으면 중생제도의 노정을 알 수 없을 것이며 자성발견의 현도를 찾지 못할 것입니다.

이것을 동토에 펴기 위해 수 많은 삼장들은 유사천리에 한 많은 고골을 남겼었고 총령만리에 풍우노숙의 고통은 얼마나 컸겠읍니까?

참으로 소중하기 그지 없으며 존귀하기 난사난량이 아닐 수 없읍니다.

경전(經典)은 곧 부처님과 동일(同一)한 것입니다.

그러기 때문에 법보(法寶)라 하는 것입니다.

이렇게 소중한 법보(法寶)를 인출(印出)하여 어두운 거리에 헤

매는 중생들에게 부처님의 바른 길을 열어주고자 하

오나 인출(印出)의 비용(費用)이 불소(不少)하옵기로 부득이 신남 신녀(信男 信女)

여러분들에게와 사해유지 제위(四海有志 諸位)에게 이 뜻을 호소하

오니 크고 넓은 공덕(功德)을 다 같이 짓는 동시 일체(一切)중생

에게 영원한 복전(福田)을 만들어 주시고 어두운 거리에

밝은 횃불이 되도록 함과 아울러 자타 일시 성불(自他 一時 成佛)의

회향을 맺도록 하여 주시기 바라옵나이다.

9 범종 불사 권선문

원하오니 이 종소리가 법계에 고루 퍼져 캄캄한 지옥속에 환희 밝게 하여 주옵소서 삼악도의 고통없고 검수도산 부서져서 일체중생 모두 같이 성불하게 하옵소서.

이것이 종에 대한 발원이오 또한 소망입니다.

사찰의 기물 가운데는 종보다 더 중요한 것이라곤 있을 수가 없읍니다.

어두운 곳을 환희 밝게 하는 동시 어리석음에 잠

들어 있는 중생을 깨우쳐 주는 거룩한 도구입니다.

아침 저녁으로 이러한 원을 세워 우리들은 항상

기원하고 있읍니다.

종이란 불음의 생명이오 경각의 법기이기 때문에

무엇보다 우선해야 되는 것이며 존중해야 되는 것입

니다.

본사에서는 지금까지 가장 소중한 종을 가지지 못

했다는 이것은 진실로 유감스럽기 그지 없는 일이며

611

사찰의 지대한 사명 가운데 커다란 허점이 아닐 수

없읍니다.

그리하여 모든 역량이 부족한 것을 자인하면

서도 감히 이 불사만은 기어이 성취하겠다는 커다란

발원 아래 외람되히 합장하고 일어서게 되었읍니다.

오직 여기에는 청신사 청신녀 여러분들의 뛰어난

신심과 특별하신 원호가 있어 주어야 할 것이며 사

해제위의 부단하신 지도와 편달이 있어 주어야 할

것입니다.

612

엎드려 바라오니 거룩한 이 불사(佛事)가 원만히 이루어

지도록 모든 가호(加護)가 있으시기만 빌고 빌 뿐입니다.

⑩ 가사(袈裟) 불사(佛事) 권선문(勸善文)

가사란 법의(袈裟 法衣)입니다.

다시 말해 부처님의 상의(上衣)입니다. 이것은 옷이라기

보다는 차라리 장엄정중(莊嚴鄭重)한 법(法)이라 해야 될 것입니다.

지고지대(至高至大)한 법(法)을 설(説)하실때 반드시 이것을 입으셨

으며 거룩한 종교의식(宗教儀式)이 집행(執行)될때 이것을 착(着)했던 신(神)

성하고도 존엄스러운 표정(表情)입니다.

이 옷속에는 대자대비가 들어 있으며 광도중생의

홍원이 들어 있으며 천마외도가 경복귀의할 수 있는

감화와 위덕이 들어 있으며 그대로 부처님을 대신할

수 있는 모든 지와 덕이 갖추어진 정의라 할 수 있

을 것입니다.

그러기 때문에 불가에서는 사자상속의 전법에 있

어 반드시 의발이 소중되는 것입니다.

가사란 곧 불가의 생명이오 승가의 지보라 할 수

있을만큼 그는 극존극귀한 성의입니다.

그러한 법의(法衣)를 조성(造成)하여 많은 법려(法侶)들에게 착용토(着用)록 하는 것은 이것이 그대로 불사중(佛事中)에 으뜸 가는 대(大)공덕(功德)일 것이며 크게 보아 부처님의 거룩한 법광(法光)이 더욱 넓어졌다는 것을 의미하는 것이라 보아야 할 것입니다.

이러한 뜻에서 이번 본사(本寺)에서는 가사불사(袈裟佛事)를 일으켜 안으로는 부처님의 위대(偉大)하신 행위(行儀)를 한층 가법토(加法)록 하는 동시 밖으로는 청신사(清信士) 청신녀(清信女) 여러분들의 무(無)량(量)한 복덕(福德)과 견고(堅固)한 신심(信心)을 발양(發揚)토록 하고자 하옵는

바 절대하신 원호와 특별하신 발심이 있어 주시기를

바라옵나이다.

11 관음기도 권선문

불교의 본지는 자비에 있는 것이며 또한 자리와

이타에 있는 것입니다.

관세음보살은 자비의 상징이며 이타의 절정이라할

수 있읍니다.

천수천안으로 생사의 고통속에 허덕이는 중생을

살펴 건지시고 감로약수로써 오욕의 뜨거운 불길에

타고 있는 군미(群迷)를 청량(淸凉)의 피안(彼岸)으로 옮겨 놓기를 영(永)

겁(劫)의 행원(行願)으로 삼고 있는 대성자모(大聖慈母)인 것입니다.

삼십이응신(三十二應身)으로 쉴새 없이 화택(火宅)을 나드시고 무외(無畏)

대신력(大神力)으로 끊임 없이 사생(四生)을 제도하시나니 그 광대(廣大)

하신 비원(悲願) 진실로 측탁(測度)할 수 없으며 그 심원(深遠)하신 자(慈)

비(悲)로 무어라 칭송(稱頌)할 수 없읍니다.

박복(薄福) 무지(無智)한 말세(末世)의 중생으로 누구나 없이 관음대(觀音大)

성의 가피(加彼)를 구(求)하지 않을 수 없으며 오탁(五濁) 업풍(業風)에 오

염(染)된 군생(群生)으로 백의자모(白衣慈母)의 부드러운 손길을 바라지

617

않을 수 없읍니다.

유구개수라 하였으며 무원부종이라 하였읍니다.

구하는 대로 다 들어주고 원하는 대로 모두 따라

준다는 뜻입니다.

우리 어찌 구하는 것이 없으며 원하는 것이 없겠

읍니까?

하 많은 구와 원을 오직 관음대성에게 호소하고

백의자모에게 사정을 통해 보자는 것이 관음기도인

것입니다.

이러한 뜻에서 우리 절에서는 모든 정성(精誠)을 기우려

동참(同參) 발원(發願)으로 관음기도(觀音祈禱)를 다음과 같이 봉행(奉行)하고 다

같이 누겁(累劫)의 진구(塵垢)를 씻는 동시 구(求)하고 원(願)하는 바를

대성(大聖)에게 호소코져 하오니 신남(信男) 신녀(信女) 여러분들은 신(神)

성(聖)한 법연(法筵)에 참례하시어 무루(無漏) 청복(清福)을 얻도록 하여 주

시기 바라옵나이다.

12 위령재(慰靈齋) 권선문(勸善文)

부처님의 호막(浩漠)한 교리(教理) 언설(言説)로 가규(可窺)할 수 없으며

심오(深奧)한 진리(眞理)와 명철(明哲)한 이법(理法) 어찌 사량(思量)으로 측탁(測度)할 수

619

있겠읍니까?

무변한 허공과 광막한 법계에서 생사의 암야가 거

듭될때 한 없는 유연 무연의 고혼이 요요하고 원근

친척과 다생부모의 정령이 갈곳을 잃고 있을 뿐 아

니라 시방 삼세의 유주 무주 애혼들이 고통과 기아

를 견디지 못하는 참상이 잠간도 쉬지 않고 일어나

고 있다는 것을 알아야 할 것입니다.

비록 우리들의 육안에 보이지 않는다고 하더라도

그 비참한 형상과 슬픔의 절규는 우주에 충만하고

진찰(塵刹)에 가득하다는 것을 생각할때 일시(一時)라도 이들에 대한 구제(救濟)의 손길을 등한(等閑)히 할 수 없으며 불음(佛音)을 바로 일러 이고득락(離苦得樂)의 큰 길을 열어주지 않을 수 없읍니다.

중생(衆生)의 범안(凡眼)이란 항상 육안(肉眼)으로 볼 수 있는 현상(現象)세계(世界)에 대해서는 지대(至大)한 관심(關心)과 부단(不斷)의 주의력(注意力)을 경주(傾注)하지만 현상(現象)을 떠난 명계(冥界)에 대해서는 그 소홀(疎忽)과 등한(等閑)이 적지 않다는 것을 반성(反省) 개탄(慨嘆)치 않을 수 없는 바입니다.

그러나 부처님의 자안(慈眼)으로써는 현계(現界) 명계(冥界)가 구분(區分)

되지 않으며 사생(四生) 육취(六趣)가 일시평등(一視平等)한 것입니다.

그러므로 이번 본사(本寺)에서는 수륙(水陸) 공계(空界)에 체류(滯留) 수고(受苦)

하는 일체(一切) 영혼(靈魂) 불자(佛子)들에게 감로법우(甘露法雨)를 무차(無遮) 시여(施與)하

고 열반묘지(涅槃妙旨)를 직접 증득(直接證得)토록 하기 위해 위령대재(慰靈大齋)를

개설(開設)코져 하오니 각자(各者)의 선망부모(先亡父母)를 위하시는 효심(孝心)

과 시방세계(十方世界) 일체 애혼(一切哀魂)을 천도(薦度)하시는 광대(廣大)하신 신

심(心)으로 무루 동참(無漏同參)하시와 무차대회(無遮大會)가 여법(如法)히 이루어

지도록 원호(援護)하여 주시는 동시 준동함령(蠢動含靈)이 일시 성불(一時成佛)

13 천등(千燈) 불사(佛事) 권선문(勸善文)

화엄경에 이런 말이 있읍니다. 어두운 속에 들어

있는 보배는 등불이 아니면 볼 수가 없고 부처님의

법(法)이 아무리 좋다지만 설(説)하는 사람이 없으면 알 수가

없다고 하였읍니다.

등이란 밝히는 것이 사명(使命)이오 책임입니다.

아득한 세월 업(業)에 저리고 죄악(罪惡)에 물들어 있는 우리

들의 심성(心性)에 부처님의 광대무변(廣大無邊)한 자비(慈悲)의 광명(光明)이 아

니면 도저히 씻어낼 수 없으며 칠흑(漆黑)처럼 캄캄한 생(生)

사의 거센 물결을 건너감에 있어 지혜(智慧)의 등불이 아

니면 절대로 피안(彼岸)에 도달(到達)될 수 없는 것입니다.

그러기 때문에 등(燈)을 밝혀 짙은 죄장(罪障)을 참회하고

다생(多生)에 쌓여 있는 더러운 진구(塵垢)를 불살라 안으로는

보살(菩薩)의 육도만행(六度萬行)을 닦고 밖으로는 일체중생(一切衆生)을 널리

제도(濟度)하겠다는 홍원(弘願)을 한층 더욱 굳히기 위해 우리

절에서는 천등불사(千燈佛事)의 넓은 문(門)을 열어 놓고 자타(自他) 모

두 함께 성스러운 기도(祈禱)와 수행(修行)의 길을 걷고져 하옵

는바 신남(信男) 신녀(信女) 여러분들은 서로 권(勸)하고 서로 앞장

서 이 불사가 성황(盛況)을 이루어 지도록 힘써 주시기 바

라나이다.

14 전기 불사 권선문 (電氣 佛事 勸善文)

무량수(無量壽) 무량광(無量光) 상적광토(常寂光土)에서 쏟아지는 광명(光明) 삼제(三際)의

굽이가 가로막을 수 없으며 시방(十方)의 넓이가 제한될수

없읍니다.

그러기 때문에 법화경(法華經)에 말하기를 한 빛이 동쪽(東)

만팔천토(萬八千土)를 비추니 대지(大地) 산하(山河)가 해 뜨는 아침 같다

고 하지 않았읍니까?

이것이 부처님의 위대한 장엄이오 성덕의 묘지인
것입니다.

어두움을 밝혀 주는 것이 불법이오 치암을 제거시

키는 것이 성광 위덕인 것입니다.

절이란 부처님의 광대무변한 묘법을 선양하여 오

욕 탐진에 젖어 있는 일체중생을 제도하는 곳이며

어리석은 마음을 깨우치고 밝혀 불지를 얻도록 하는

도량입니다.

그러므로 그것을 표법(標法)하여 장명등(長明燈)을 밝히고 연등(燃燈)

을 하고 촛불을 켜는 것입니다.

우리 절은 신라(新羅) 고찰(古刹)로 그 사격(寺格)이 훌륭할뿐 아니

라 산천(山川)이 가려(佳麗)하고 도량(道揚)이 쇄락(灑落)한 성지(聖地)이오나 아직

도 전기(電氣)가 들어오지 못해 기도(祈禱) 치성(致誠)에 불편(不便)이 지대(至大)

하고 불사(佛事) 봉행(奉行)에 장애(障碍)가 막심(莫甚)하므로 소납(小衲) 지심(至心)으로

발원(發願)하여 전기(電氣) 불사(佛事)를 성취(成就)코져 하옵는바 신남(信男) 신녀(信女)

여러분의 특별하신 호념(護念)과 강호(江湖) 제현(諸賢)의 원조(援助)를 바랄

뿐입니다.

그리하여 자타(自他)가 일시에 왕생(往生)의 큰 길을 얻고 열

반(槃)의 대과(大果)를 증득(證得)하여 유종(有終)의 극미(極美)를 이루도록 지

지도하는 바입니다.

제二 제二장 법어(法言)

1 불탄절 법어(佛誕節 法語)

염송(拈頌)에 이런 말이 있읍니다.

〈미리도솔(未離兜率)하고 이강왕궁(已降王宮)하였으며 미출모태(未出母胎)하고 도생(度生)

이필(已畢)〉이라 하였읍니다.

다시 말하자면 세존(世尊)께서 도솔천을 떠나시지 않으

시고 정반왕궁(淨飯王宮)에 하강(下降)하였으며 마야부인(摩耶夫人)의 태중(胎中)에서 나오시지도 않으시고 일체중생(一切衆生)을 제도해 마쳤다는 말입니다.

이것이 부처의 본분(本分) 소식입니다. 오늘 사월(四月) 팔일(八日)을 부처님이 탄생하신 날이라고 생각하시지만 사실에 있어 부처란 도솔천에서 하강(下降)하실 수도 없는 것이며 마야부인(摩耶夫人)에게 입태(入胎)니 혹은 출태(出胎)니 하는 것도 있을 수가 없는 것입니다.

그러기 때문에 이런 말이 있지 않습니까?

〈옛 부처 나기전에(前) 원상(圓相) 하나 뚜렷했네 석가(釋迦)도 몰랐거니 가섭(迦葉)이 어찌 전(傳)할소냐?〉

부처란 그야말로 불생불멸(不生不滅)이오 불구부정(不垢不淨)이오 부증불감(不增不減)인 것입니다.

어찌 생사(生死) 출몰(出沒)이 있을 수 있으며 출입성쇠(出入盛衰)가 있을 수 있겠읍니까?

이러한 뜻으로 볼때 석가세존(釋迦世尊)의 팔상(八相) 시현(示現)은 중생 교화를 위한 권화방편(權化方便)이며 화신현적(化身現跡)인 것입니다.

한번 더 확실히 말하자면 오늘은 인간(人間) 석가세존(釋迦世尊)이

사바세계에 강탄하신(降誕) 날이올시다.

결코 본분의(本分) 부처는 강탄이(降誕) 있을 수 없는 것입니다.

본분의 부처란 진리이며(眞理) 마음이며 우주의(宇宙) 힘이기

때문에 생멸 천류에(生滅遷流) 물들지 않고 거래 왕복에(去來往復) 동요(動搖)

되지 않습니다.

시간과 공간을 초월한 무형무상의(無形無相) 존재이기(存在) 때문

입니다.

이러한 오묘(奧妙) 심심한(甚深) 뜻을 체달하여(體達) 우리들의 본래(本來)

의 면목을(面目) 바로 갖고 진루의(塵累) 업장에서(業障) 해탈하자는(解脫) 것

631

이 오늘을 맞는 가장 중대한(重大 意義) 의의라 생각하는 바이

올시다.

위대하신 석가세존께서(釋迦世尊) 탄생하신 날이라는 다만

피상적인(皮相的) 희열에(喜悅 陶醉) 도취되어 자가반성이(自家反省 薄弱) 박약하다거나

본래의(本來) 부처님을 망각(忘却 精進 懈怠) 혹은 정진이 해태되어서는 진

정 이날을 맞는 큰 뜻을(喪失 結果) 상실하는 결과라 하지 않을

수 없는 것입니다.

석가세존께서는(釋迦 三千年前) 삼천년전 그 밝고도 슬기로운 눈

으로 부처를 보셨는데 우리들은 석가세존께서(釋迦世尊) 부처

보는 방법을 자세한 설명과 간절하신 지도를 받으면

서도 아직까지 부처를 보지 못하고 고해의 파랑에서

생사출몰의 고통을 못면하는 이것이 어찌 통분과 회

한치 않을 수 있겠는가? 하는 것을 오늘 새삼 뼈아

프게 느끼지 않아서는 안될 것입니다.

부처와 중생이 결코 둘이 아니라는 대원리를 생각

해볼때 다 같은 부처의 자격과 본질을 가지고도 다

만 진여 법성을 바로 볼줄 아는 슬기로운 눈을 가지

지 못해 우리들은 한 없는 먼 세월을 업해풍랑에 시

달리고 생사윤회(生死輪廻)의 고통을 벗어나지 못했기 때문에

아직도 어둡고 어리석은 중생의 위치(位置)를 면하지 못하

고 있는 것입니다.

기신론(起信論)에 보면 순류문(順流門)이 있고 반류문(返流門)이 있다고 설(說)

명(明)되어 있읍니다.

순류문(順流門)이란 것은 생사윤회(生死輪廻)의 고해(苦海)속에 언제든지

업풍(業風)이 부는 대로 둥둥 떠 흘러가는 것을 말한 것이

며 반류문(返流門)이란 것은 무한한 세월을 생사업해(生死業海)에 표류(標流)

하다가 한 생각 도리켜 자성(自性)을 되 찾고 영원(永遠)한 생명(生命)

을 또 찾으려 발심 분발하는 것을 뜻하는 것입니다.

니다。

우리들은 한시 바삐 반류문으로 들어서야 할 것입

오늘 탄신절을 맞음에 있어 등 밝히고 공양 올리

고 노래 부르고 한갖 축제의 들뜬 기분으로 남의 탄

신을 축하하는 행사로만 만족할 수도 없는 것이며 또

이것이 진정 축하가 되는 것이라 생각해서는 결코

안되는 것입니다。

삼천년전 석가모니께서는 반류문으로 들어가 벌써

성불의 정상(頂上)에 올라가셨다는데 우리들은 다 같은 자(資)
격(格)과 본질(本質)을 가지고도 아직까지 순류(順流)의 업랑(業浪)에 시달
리고만 있어야 될것인가? 하는 대분심(大憤心)을 일으켜 지
금 부터라도 석가모니(釋迦牟尼)께서 걷던 그 길을 바로 걷고
석가모니(釋迦牟尼)께서 시키는 방법(方法)대로 수행(修行)과 정진(精進)을 열심(熱心)
히 하여 더러운 중생(衆生)의 위치(位置)에서 깨끗한 부처의 위(位)
치(置)로 바꾸어지는 것이 진정 오늘을 맞는 참뜻이 되
는 것이며 광대무변(廣大無邊)한 불은(佛恩)에 만분의 일(萬分一)이라도 보답(報答)
하는 길이며 또한 참다운 축하(祝賀)가 되는 것이라 생각

636

하는 바이올시다.

2 성도절 법어 _{成道節 法語}

우리 세존(世尊)께서는 약 삼천년전 오늘 새벽 동천(東天)에

떠 오르는 샛별을 보시고 우주(宇宙)의 진리(眞理)를 깨달아 성(成)

도(道)하셨다고 하는데 대중(大衆) 여러분께서는 오늘 새벽 샛

별을 보시고 무엇을 깨달았는지 궁금하기 그지 없읍

니다. 다 같은 섣달 다 같은 초여드레 다 같은 새벽

인데 어찌하여 석가모니(釋迦牟尼)는 성도(成道)를 하셨고 우리들은

지금까지 성도(成道)를 하지 못했는지 답답하지 않을 수가

없읍니다.

무엇인가 또는 어딘가 크게 잘못된 곳이 있는 것

만은 틀림 없읍니다.

그렇다면 그 성도(成道)라는 그것은 대관절 무엇을 뜻하

는 것인지 한번 고요히 살펴 보는 것이 첫째 긴요한

일이라 생각하는 바입니다.

목표(目標) 대상(對象)이 되는 성도(成道)라는 이것을 바로 알지 못

해서는 부질 없는 헛된 노력과 고생만 하게 되는 것

입니다.

목적지의 위치(位置)와 그 성격(性格)과 그를 추구(追求)할 수 있는
방법(方法)과 노정(路程)을 명확(明確)하게 미리 알고 난 다음 힘찬 출(出)
발(發)이 시작되어야 할 것입니다.

도(道)를 이루었다 하는 말은 우주(宇宙)의 본체(本體)가 되는 진(眞)
여 법성(法性)에 부합(符合) 귀일(歸一)되었다는 말입니다.

현재(現在) 우리 인간(人間)들은 청정본연(淸淨本然)한 자성에서 멀리 떨
어진 미망(迷妄)의 세계에서 전도(顚倒)와 몽상(夢想)을 실체(實體)로 알고
상락아정(常樂我淨)을 거꾸로 보아 참된 자기발견(自己發見)을 하지 못하
고 영겁(永劫)의 생사고륜(生死苦輪)을 벗어나지 못하기 때문에 이것

을 빨리 벗어나지 않아서는 안되겠다는 굳은 결심(決心)으

로 일대 분발심(一大憤發心)을 일으켜 용맹스런 정진(精進)과 피나는

수행(修行)으로 제이(第二)의 자기(自己)를 완전히 발견(發見)하여 우주(宇宙)의 본

체(體)가 되는 진여 법성(眞如法性)에 귀일(歸一)케 되는 것이며 이것을

최고의 인격완성(最高人格完成)이라 하는 것이며 열반(涅槃)이라 하는 것

이며 해탈(解脫)이라 하는 것이며 또한 성불(成佛)이라 하는 것

입니다.

말하자면 몹시도 어려운 과업(課業)이 아닐 수 없읍니다.

우리 세존(世尊)께서도 이러한 영원(永遠)의 생명(生命)을 얻기 위해

육년의 수도가 필요했던 것이며 왕궁의 부귀와 그
극위의 영화도 버렸던 것입니다.

동천의 샛별을 보시고 성도하셨다고 할때 동천에

어떤 뜻 깊은 이치가 있는 것도 아니며 샛별에 무슨

특별한 이유가 있는 것은 더구나 아니다.

혹, 업, 고 삼장이 무너지고 추혹 세혹이 완전히

소멸된 경지에서 성성한 적조의 불빛이 반짝이고 있

을 무렵 홀연히 동천의 샛별이 떠 오르는 것과 마주

칠때 모든 회의의 구름이 사라지고 우주의 대생명을

641

확철히 깨닫게 되는 장엄(莊嚴) 찬란한 순간을 의미하는 것

입니다.

이 부처는 불생불멸(不生不滅)이며 불구부정(不垢不淨)이며 거래(去來)와 명(名)

상(相)이 끊어졌으며 시간과 공간에 초월된 청정무구(清淨無垢)한

진여법성(眞如法性)입니다.

오늘의 성도(成道)는 우리 세존께서 이것을 증득(證得)하셨으

며 확철(廓徹)하신 것입니다.

이러한 뜻 깊은 날을 맞이함에 있어 대중(大衆) 여러분

께서는 어떠한 각오와 어떠한 결심(決心)과 어떠한 태도로

이 법석(法席)에 다다르시게 되었는가? 하는 것도 스스로

분명히 점검(點檢)해 보아야 할 것이며 출가(出家)의 본의(本義)와 불교(佛敎)

의 원리(原理)를 다시 한번 냉정(冷情)히 살펴 보아야 할 것입니

다.

삼천년전(三千年前) 우리 세존(世尊)께서 오늘 새벽 성도(成道)하셨다는

위대한 사실에 대하여 한갖 축하(祝賀)로 그친다거나 기념(紀念)

으로 생각한다거나 하는 무감각(無感覺) 무관심(無關心)한 태도로서

는 절대 불자(佛子)의 도리를 다 하는 것이 아닐 것이며

나아가 광대한 불은(佛恩)에 개하여 호말(毫末)의 보은도(報恩) 되지

못한다는 것을 절감(切感)해야 될 것입니다.

적어도 명년(明年) 이날 첫 새벽 저 샛별의 빛을 볼때는

다 같이 우리 세존(世尊)처럼 생사(生死)의 고륜(苦輪)을 벗어나고 영

원의 대생명(大生命)을 얻어 열반(涅槃)의 쾌락(快樂)을 맛보도록 되어야

할 것입니다.

오직 이것이 성도일(成道日)을 맞는 우리 불자(佛子)들의 자세(姿勢)일

것이며 또한 가져야 될 각오라 생각하는 바이올시다.

③ 열반절(涅槃節) 법어(法語)

오늘은 우리 대성(大聖) 석가모니(釋迦牟尼)께서 열반(涅槃)에 드신 날이

올시다.

이날을 기(期)하여 대중(大衆) 여러분들은 각자(各自) 취(取)해야 될

자세(姿勢)는 무엇이며 가져야 될 각오는 무엇이며 행(行)해야

될 사명(使命)은 무엇이겠읍니까?

〈욕식불조회광처(慾識佛祖廻光處) 일락서산월출동(日落西山月出東)〉이라 하였으니

열반(涅槃)의 뜻은 이것으로 어지간히 표현(表現)되었다고 해도

별(別)로 커다란 과오(過誤)는 아닐것 같습니다.

또 금강경 오가해(金剛經 五家解)에 〈막위자용난득견(莫謂慈容難得見) 불리기원대(不離祈園大)〉

도량(道揚)이란 말이 있는 것을 보면 더욱 더 선명(鮮明)하게

열반의 대의(大義)가 나타났다고 할 수 있을 것입니다.

더구나 원각경(圓覺經)에는 〈생사열반(生死涅槃)이 유여작몽(猶如昨夢)〉이라고

까지 설명(說明)되었으니 무슨 말씀이 더 필요하겠읍니까?

이러한 열반(涅槃)에 대하여 대중(大衆) 여러분들은 너무도 소

명(昭明)하고 당당한 우리 세존(世尊)의 열반(涅槃)을 어떻게 보시는

것인지 적이 궁금할 뿐입니다.

탄신(誕辰)이 있을 수 없고 열반(涅槃)이 있을 수 없는 것이

본분(本分)의 정확(正確)한 소식인데도 불구(不拘)하고 비람강생상(毘藍降生相)은 무

엇을 뜻하였으며 쌍림열반(雙林涅槃)은 무엇을 뜻하는 것입니까?

열반(涅槃)이란 말은 원적(圓寂)이라 표현(表現)된다고 하였읍니다.

인간(人間) 석가세존(釋迦世尊)께서 청정본연(淸淨本然)한 법신(法身)에 환원(還元)되었다는 말이겠읍니다 마는 본시 파생(本是 派生)된 것이 아닐진대

환원(還元)은 또 무슨 환원(還元)이란 말입니까?

우리들은 생멸(生滅)이 있는 곳에서 생멸(生滅)이 없는것을 보아야 할 것이며 왕복(往復)이 있는 곳에서 왕복(往復)이 없는 이치를 보아야 할 것입니다.

오늘을 흔히들 부처님께서 돌아 가신 날이라 하고 있읍니다.

647

그러나 이것은 너무도 어리석은 말이며 몽매(蒙昧)한 말

이라 하지 않을 수 없읍니다.

왕사성(王舍成) 밝은 달빛이 만고(萬古)에 기울지 않는 이치를

너무도 모르는 것이 한탄(恨嘆)스럽고 기원정사(祈園精舍)의 거룩한

삼십이상(三十二相)이 영원한 진겁(塵劫)에 없어지는 않는 도리를 모

르는 그것이 정말 아쉽기만 합니다.

그저 한갓 기념일(紀念日)로 생각한다든지 우리 세존(世尊)께서

입적(入寂)하신 날이라는 극히 외상적(外想的) 관념(觀念)으로 오늘을 맞

는다면 이것은 열반(涅槃)에 대한 참뜻과는 완전(完全)히 그 거(距)

리가 멀다는 것을 말하지 않을 수 없읍니다.

불교는 하나도 정진이오 둘도 정진입니다.

천경만론의 설법이거나 여운여우의 이론이라도 속

으로 알찬 정진이 없다면 이것은 계성풍색과 조금도

다를바 없는 것입니다.

고도의 인격이 완성되어 생사윤회를 영원히 면할

수 있는 그 자리에 들어가게 되는 것을 열반이라 하

는 것이며 이것을 얻기 위해 불교인들은 각고의 노

력과 부단의 정진이 계속되는 것입니다.

649

이것을 제외(除外)하고는 다른 일이란 절대 있을 수 없는 것이며 또 있어서도 안되는 것입니다.

다시 말해 최종(最終)의 정상(頂上)이 바로 열반(涅槃)이란 것을 알아야 할 것이며 여기에 도달(到達)되기 위해 수행(修行)과 정진(精進)이 부단(不斷)해야 되는 것입니다.

고요하고 영원하고 항상 즐겁고 대자유(大自由) 대평등(大平等) 대생명(生命)을 누리게 되는 바로 그 자리가 열반(涅槃)인 것입니다.

대중(大衆) 여러분 오늘을 맞음에 있어 우리 모두 하루

650

빨리 이곳으로 가기를 굳은 마음으로 결심(決心)하고 용맹

스런 정진(精進)이 계속되기를 바라나이다.

이것이 자타일시(自他一時) 성불(成佛)이며 미타대원해(彌陀大願海)에 들어가는

것이며 무량수 무량광(無量壽 無量光)을 얻는 길이라는 것을 더욱

한층 명심해야 할 것입니다.

4 우란분재(盂蘭盆齋) 법어(法語)

오늘은 시방 법계(十方法界)에 산재(散在)한 일체(一切) 유주(有主) 무주(無主) 영혼(靈魂)

불자(佛子)들이 고통(苦痛)을 여의고 법락(法樂)을 얻어 수의왕생(隨意往生)하는

불가(佛家)에서는 가장 뜻 깊은 날이올시다.

오늘을 백중(白衆)이라고도 하고 백종(百魄)이라고도 하고 백종(縱)이라고 하고 백중(百中)이라고도 하고 심지어 백종이라고까지 하는 여러가지의 이름이 있는 날이며 또한 자자일(自恣日)이니 우란분(盂蘭盆)이니 하는 유래 깊은 의미를 가진 날이기도 합니다.

백중(白衆)이란 말은 대중(大衆)에게 고백(告白)한다는 뜻입니다.

사월(四月)십오일(十五日)부터 이날까지 만 석달동안 결제(結制) 기간이기 때문에 그 동안에는 묵언(默言)으로 지내는 것이 거진 원칙(原則)으로 되어 하고 싶은 말이든지 묻고 싶은

말이든지 무슨 말이든지 일체(一切)를 참고 견디어 오다가

오늘 해제(解制)가 됨에 따라 그 동안에 쌓였던 하고 싶은

말들을 한꺼번에 끄집어 내어 대중(大衆)에게 고백 한다는

뜻입니다.

결제중(結制中)에 모였던 소감이나 공부(工夫)에 대한 의심의 질

문(問)이나 전부(全部)를 대중(大衆)앞에 털어 놓아 그 쌓였던 의문

과 느꼈던 의사(意思)를 숨김 없이 들어내고 또한 잘못된

것을 참회 반성하는 날이라 하여 불가(佛家)에서는 백중

곧 대중(大衆)에게 고백(告白)한다는 뜻으로 쓰여지는 것입니다.

653

그리고 백종(百種)이라고도 쓰여지는데 이것은 불가(佛家)와는 관계 없이 이때쯤 되면 백가지 햇곡식이 거의 익어 이처음 나는 햇곡식으로 술도 빚고 떡도 빚고 과일도 차려 조상(祖上) 사당(祠堂)에 천신(薦新)한다고 하여 백종(百種)이라 하는 것입니다.

다시 말해 백가지 종자의 새곡식이 나왔다는 것입니다.

그리고 백종이란 업(業)에 얽혀 고통의 굴레를 벗어나지 못하고 있던 영혼(靈魂)들이 부처님의 법력(法力)에 의(依)하여

해방된다고 하는 뜻에서 백종 곧 혼을 놓아 준다는

말이 붙게 되는 것입니다.

곧 혼이 해방된다는 말입니다.

또 백중이라고 흔히 쓰는데 이것은 일년 가운데

가장 중심되는 절기라는 뜻입니다.

마지막으로 백종이란 말도 있는데 이것은 발뒤꿈

치가 희여졌다는 말입니다.

농부들이 봄부터 일하기에 바빠 새벽 일찍 들에

나가고 저녁 늦게 들어오게 되므로 흙묻은 손발을

깨끗이 씻을 겨를이 없다가 이때쯤 되면 농사일도 거의 끝이 나고 한가하여 발뒤꿈치가 희어졌다고 하는데서 백종(白踵)이란 말이 오게 된 것입니다.

그리고 자자일(自恣日)이란 말은 스스로 뉘우친다는 뜻입니다.

위에서 말한대로 결제중(結制中)에 자기가 대중(大衆)과 같이 살아 오면서 잘못된 점을 반성(反省) 회오(悔悟)한다는 뜻입니다.

자기의 허물을 대중(大衆)앞에 숨김 없이 들어내어 참회(懺悔)하고 다시는 또 그런 허물을 되풀이 하지 않겠다고 맹세하는 것을 의미하는 것입니다.

누구나 이 세상에 사는 사람으로서는 가장 소중한 것이 반성(反省)이라고 하지 않을 수가 없읍니다.

하루 하루의 생활에 잘못이 있었나? 또는 없었나?

어찌하면 보다 나은 인간(人間)의 길을 걸을 수 있을까?

하는 것을 살펴서 어딘지 잘못된 곳이 있다면 그것을 시정하는데 힘을 기울어야 향상(向上)이 있고 또한 도야(陶冶)가 있고 발전(發展)이 있을 것입니다.

그러므로 자자일일(自恣日)이란 꼭 이날로 정해진(定) 것이 아니

라 어느날 어느 때라도 항상 자기의 각하(脚下)를 반성참회(反省懺悔)

회(悔)하는 것이 출가자(出家者)의 본분(本分)인 것이며 불자(佛子)의 사명(使命)일

것이며 나아가 인간(人間)의 도리(道理)일 것입니다.

그런데 특별히 이날을 자자일(自恣日)이라 한것은 위에서

도 말한바와 같이 석달동안 결제중(結制中)에 무엇인가 잘못

된 것을 발로 참회(發露懺悔)한다는 뜻이 들어 있는 것이라 생

각하는 바입니다.

마지막으로 우란분(盂蘭盆)이란 말은 번역하자면 구도현(救倒懸)이

란 의미인데 넓은 이 법계(法界)에 살고 있는 유주(有主) 무주(無主)

영혼들이 육도중에 떨어져 한없는 고통을 받고 있는

것을 오늘 부처님의 위신력과 대중의 지극한 정성으

로 이고득락케 하여 그 고통의 굴레에서 해탈되도록

한다는 뜻입니다.

여기 대한 전고로는 목련경이라는 책에 보면 목련

존자가 출가하기 이전 아버지의 이름은 부상이오 어

머니는 청제라는 부인이었는데 가산이 풍부한 장자

였다고 합니다.

그런데 부상장자가 병을 얻어 죽은 다음 남은 가

산을 삼등분하여 일부는 생활비로 쓰게 하고 일부는 숙은 아버지의 망령을 위해 매일 오백승재를 지내 천도하는데 쓰게 하고 남은 일부는 목련 자신이 가 지고 타국으로 장사하러 가기로 작정한 다음 목련은 어머니에게 아버지 천도를 신신 당부한 다음 먼길을 떠났다고 합니다.

삼년이 지나간 다음 목련이 돌아왔으나 그동안 어 머니 청제부인은 아버지의 천도재는 하지 않고 매일 같이 살생 음주와 방탕으로 날을 지냈다는 것입니다.

그러한 죄로 인해 청제부인은 아비무간 지옥에 떨어져 만사만생의 고통을 받게 되었으며 목련은 그 뒤 출가하여 석가세존의 십대제자중 신통 제일의 덕 높은 스님이 되셨읍니다.

그러나 항상 어머니가 생전에 악행을 많이 하였으므로 반드시 지옥에 떨어졌을 것이라 걱정하여 이 뜻을 석가세존에게 품고 하였든바 신통 위신력으로 지옥을 순방하여 어머니 소재를 알았으나 구출할 길을 찾지 못하고 있는 것을 다시 우리 세존께서 이날을

택하여 항하강변(恒河江邊)에 많은 스님들을 청해(請) 공양을 베풀

고 재(齋)를 지내 청제부인(青帝夫人)의 영혼(靈魂)을 이고득락(離苦得樂)케 하였음

은 물론 시방세계(十方世界) 일체애혼(一切哀魂)이 다 같이 고륜(苦輪)을 벗어

나 해탈(解脱)되었다는 내용입니다.

이것이 우란분재(盂蘭盆齋)의 내용이며 또한 연유(緣由)입니다.

그리하여 오늘을 백종(魄縱) 또는 구도현(救倒懸)의 날로 정해진

것입니다.

이것 역시 하필 오늘이 아니라 어느때라도 우리들

은 항상 선망부모(先亡父母)와 일체영혼(一切靈魂)을 위해 재계(齋戒)와 정진(精進)

과 발원을 게을리 해서는 안될 것입니다.

5 출가일 법어

출가란 말은 집에서 나갔다는 뜻입니다.

그런데 여기에 있어 가장 문제 되는 것은 집이란

이것입니다.

생사의 무서운 윤회를 벗어나고 대해탈 대열반을

얻겠다는 굳은 결심으로 일념정진의 대업을 시작하

는 사람으로서는 가족과 친지들을 떠나야 그 정신이

순수할 수 있고 정진이 전일할 수 있기 때문에 출가

하지 않을 수 없다는 것은 누구라도 긍정(肯定)해야 될 명(明)

료(瞭)한 사실이라 생각하는 바이올시다.

수행(修行)할 사람으로서는 반드시 출가(出家)가 불가결(不可缺)하다는

것은 두말의 여지가 없겠읍니다마는 가(家)라는 이것 곧

집이라는 것은 무엇을 가르킨 것일까? 하는 것을

다시 한번 생각하지 않을 수 없읍니다.

치문(緇門)에 보면 출가(出家)에는 삼종(三種)으로 구분해 놓았읍니

다。

사친출가(辭親出家)、오도출가(悟道出家)、증과출가(證果出家) 이것이 삼종출가(三種出家)

입니다.

첫째 가(家)라는 글자의 개념(概念)부터 한번 살펴보는 것이

좋을 것 같습니다.

가(家)란 곧 집이란 말인데 이것은 유형(有形)의 집도 있고

무형(無形)의 집도 있읍니다.

음악(音樂)을 전문(專門)으로 연구(研究)하는 사람을 음악가(音樂家) 문학(文學)을

전업(專業)하는 사람을 문학가(文學家), 두부를 전문(專門)으로 만들어

파는 집을 두부집, 담배를 전문(專門)으로 파는 집을 담배

집 이렇게 하여 무엇이라도 전문성(專門性)을 띠고 깊이 들

어가는 것이면 모두 가(家)라는 글자가 붙게 되는 것입

니다.

이러한 부류(部類)의 가(家)는 모두 무형(無形)의 가(家屬)에 속하는 것

이라 볼 수 있읍니다.

무형(無形)의 가(家)란 바꾸어 말할때 집착(執着)이란 말과 상통(相通)된

다고 할 수 있을 것입니다.

무엇에나 한군데 집착(執着)하여 항상 그것에만 정신(精神)을

경주몰두(傾注没頭)하게 된다면 가(家)라고 할 수 있는 것입니다.

누에가 고치를 짓고 그 안에 들어 앉아 있는 것처

666

럼 정신이 어느 한군데 집착된 그 테두리 안에 사로

잡혀 항상 좁은 자기세계에만 전념하고 있다면 이것

은 가라 볼 수 있는 것입니다.

자기 혼자서 생각하고 연구하는 그 방면에만 대하

여 정신을 집중시키고 있는 것을 가라 한다는 그 말

입니다.

이것은 분명히 무형의 집일 것입니다.

그와 반대로 기와집 초가집 네집 내집 큰집 작은

집 이러한 등으로 물질적이며 육안으로 볼 수 있는

집이라면 이것은 이설(異説)이 있을 수 없는 유형(有形)의 집일

것입니다.

불교(佛教)에서는 유형(有形)의 집이 문제되는 것보다 무형(無形)의

집이 더 큰 문제를 가지고 있다는 것을 알아야 할것

입니다.

집착(執着)이란 가장 무서운 적(敵)이며 또한 제거(除去)하기에 제

일 힘드는 일이기 때문입니다.

이것만 끊어지면 성불(成佛)이오 열반(涅槃)이오 해탈(解脱)이 되는

것입니다.

그런데 위에서 말한 삼종 출가(三種 出家)의 첫째가 되는 사(辭)

친출가(親出家)란 탈속(脫俗) 장부(丈夫)가 되어 생사윤회(生死輪廻)의 고통(苦痛)을 벗어나겠다는 확고(確固)한 결심(決心)을 세운 다음 부모형제와 가족(父母兄弟 家族)

친지들을 이별하고 떠나게 되는 용기(勇氣) 있는 첫걸음을 의미하는 것입니다.

또 한편으로는 집착(執着)과 아상(我相)의 집에 갇혀 그 굴레를 탈출(脫出)하지 못하다가 그것을 헤치고 부수어 밖으로 뛰어 나오는 것도 처음 되는 이 출가(出家)에 해당(該當)되는 것이라 보아야 할 것입니다.

다시 한번 더 쉽게 말하자면 어떤 철학자(哲學者)가 자기(自己)가 전공하는(專攻) 그 철학부분(哲學部分)에 사로 잡혀 있다가 그것을 탈출(脫出)하고 입산수도(入山修道)의 길을 걷기 시작하였다면 이것은 무형(無形)의 집에서 뛰쳐 나가 출가(出家)의 길에 오르게 된것이란 뜻입니다.

오도(悟道)란 뜻은 이제 부터는 자기가 가야 할 옳은 길을 바로 찾았다는 의미입니다.

목적지(目的地)까지 가는 데는 많은 길이 있읍니다.

험(險)한 길도 있고 먼 길도 있고 길 같은데 가다보면

길이 아닌 길도 있고 낮은 길도 있고 높은 길도 있

고 별별 길이 허다한 가운데서 오랫동안 자세히 관(觀)

찰(察)한 결과 가장 옳은 길을 찾아 냈다는 뜻입니다.

도(道)란 곧 길입니다.

바둑 두는 것을 기도(棋道)라 하고 낚시질 하는 것을 조(釣)

도(道) 하고 먹기 좋아하는 것을 식도(食道)라 하는 것입니

다.

도(道)라하니 대단한 것처럼 생각할지 모르지만 자기

가 어느 한곳으로 마음을 쏟게 되고 그쪽을 추구(追求)하

는 것을 도라(道) 할 수 있읍니다.

육신적(肉身的)으로 가는 길을 말하는 것이 아니라 정신적(精神的)으로 가는 길을 말하는 것입니다.

불교(佛教)에 있어 이제부터는 사혹(邪惑)에 빠지지 않고 성불(成佛)의 길로 바로 찾아 갈 수 있는 옳은 길을 얻었다는 것을 오도(悟道)라 할 것입니다.

여기에 있어 흔히 오도(悟道)와 성불(成佛)을 혼동(混同)하여 생각하는 분들이 많다는 것은 매우 잘못된 일이라 하지 않을 수 없읍니다.

오도(悟道)란 위에서도 말한 바와 같이 부처 되는 바른

길을 알았다는 것이며 이제부터 그 길을 부지런히

걸어가야 최종(最終) 목적지(目的地)가 되는 부처라는 곳에 도달될(到達)

수 있을 것이라는 것입니다.

길을 처음 알게 된 것을 가지고 목적지(目的地)로 오인해(誤認)

서는 커다란 착오(錯誤)가 생기는 것입니다.

서울을 목적지(目的地)로 하고 길 떠난 사람이 부산역을(釜山驛)

서울로 생각해서는 안된다는 말입니다.

부산역이(釜山驛) 서울 가는 빠르고 바른 길이라는 것을

알았으면 거기서 부터 기차(汽車)를 타고 오랜 시간을 지
내면서 서울에까지 가야 비로소 목적(目的)이 달성(達成)되는 것
입니다.

길하나 옳게 찾는다는 것이 결코 용이(容易)한 일이 아
닐 것입니다.

이제부터는 혼미(昏迷)에 헤매지 않고 밝고 빠르고 바른
길을 찾았다는 그것이 바로 오도출가(悟道出家)라 하는 것입
니다.

끝으로 증과출가(證果出家)라는 것인데 이것이야 말로 진정

완전무결(完全無缺)한 출가(出家)입니다.

증과(證果)란 뜻은 목적지(目的地)의 정상(頂上)을 정복(征服)했다는 것입니다.

다.

다시 말해 오랜 수행(修行)과 정진(精進)의 길을 걸어 이제는

다시 더 갈곳 없는 마지막 최고지(最高地)가 되는 이것을 삼(三)

계출가(界出家)라고도 하는 것인데 삼계화택(三界火宅)을 완전히 벗어

나서 영원히 업고(業苦)에 시달리지 않는 해탈(解脫)의 경지(境地)를

의미하는 것입니다.

해탈(解脫)이란 번뇌(煩惱)와 망상(妄想)과 혹업(惑業)에 얽매인 전박(纏縛)에서

풀어져 대자유(大自由)를 얻었다는 의미입니다.

여기까지 이르러야 출가(出家)의 뜻을 다한 것이며 또한

이렇게 된 것을 출가(出家)라 하는 것입니다.

우리들은 첫째가 되는 사친출가(辭親出家) 하나만은 겨우 형(形)

식상(式上) 했다고 할 수 있으나 오도출가(悟道出家)와 증과출가(證果出家)라는

창창한 먼 길이 남아 있다는 것을 항상 염두(念頭)에 잊지

말아야 할것이며 목적지(目的地)를 찾기 위한 옳은 길 부터

먼저 알아내는 것이 급선무(急先務)가 된다는 것을 잊지 말

아야 할 것입니다.

결제結制 법어法語

오늘을 일러 결제結制라 하는데 무엇으로 얽어 놓았기

에 결제結制라 하는지 알 수가 없읍니다.

본분本分의 큰 눈으로 볼때 결제結制는 무엇이며 해제解制는

무엇인지 도무지 분간되지 않습니다.

산하대지山河大地가 청정법신淸淨法身이오 삼라만상森羅萬象이 본래부터 부

처인데 결제結制는 어디다 하는 것이며 해제解制는 어디다

하는 것인지 분명한 대답을 기다리지 않을 수가 없

읍니다.

결제(結制)가 따로 없고 해제(解制)가 따로 없는 쇄락(灑落)한 장부(丈夫)

가 오늘에사 한층 더욱 그리워지기만 합니다.

금강경오가해(金剛經五家解)에 이런 말이 있지 않습니까?

〈득수반지미족기 현애살수장부아〉(得樹攀枝未足奇 縣崖撒手丈夫兒)

나무가지를 휘어잡아 붙드는 것도 신통할 것은 전

혀 없다. 벼랑에 손을 놓고 따로 설줄 알아야 장부(丈夫)

라 할 것입니다.

털끝 하나라도 미진(未盡)한 것이 있다면 안된다는 말입

니다.

빨간 알몸으로 건곤(乾坤)에 걸림이 없고 우주(宇宙)에 집착된 곳이 없는 적나라 적쇄쇄(赤裸裸 赤灑灑)한 자리에 때 묻은 결제(結制) 때 묻은 해제(解制) 이것이야 말로 참으로 가관(可觀)스럽지 않을 수 없고 어린 중생들이 철 없는 잠꼬대가 아닐 수 없읍니다.

한번 다시 말하거니와 결제(結制)가 있는 곳이라면 생사(生死)의 어두운 업풍(業風)이 따르는 곳이며 출몰(出沒)의 무서운 고(苦)통(痛)이 물결치는 곳이라는 것을 알아야 할 것입니다.

모든 속박(束縛)에서 해방(解放)되어 영원(永遠)한 대자유(大自由)를 얻자는

것이 우리들의 염원(念願)이라면 하루빨리 기반(羈絆)을 벗어나

야 할 것입니다.

대중(大衆)에게 이르노니 무애장부(無碍丈夫)가 있거든 주저치 말

고 어서 나와 건곤(乾坤) 밖의 큰 소리로 태평가(太平歌) 한 곡조

를 불러 분소한(紛騷) 이 자리를 안정(安定)시켜 주어야 할 것입

니다.

그러나 오늘의 결제(結制)는 또한 확실히 현실(現實)입니다.

전미개오(轉迷開悟)가 성불(成佛)의 요체(要諦)일진대 어두운 진구(塵垢)를 탈

각(殼)코져 함에 어찌 용맹(勇猛)스런 정진(精進)이 필요하지 않을수

있겠읍니까?

정진(精進) 없는 곳에 해탈(解脱)이 있을 수 없고 생사(生死)의 험한

물결을 건너갈 수 없다는 것은 너무나 평범(平凡)하고 너

무도 당연(當然)한 이치가 아니겠읍니까?

석달이란 기간을 설정(設定)하여 그 정해진 기간(期間)안에 수(遂)

행해야 될 과업(課業)은 너무도 중대(重大)하다는 것을 인식(認識)해야

될 것입니다.

윤회(輪廻)의 고통을 벗어나고 삼계(三界)를 초출(超出)하여 대자재(大自在)

대해탈(大解脱) 대열반(大涅槃)을 얻게 되는 것이며 정각(正覺)을 이루어

영원의 대생명(大生命)을 향유(享有)할 수 있는 커다란 작업(作業)을 성(成)취(就)하자는 것입니다.

이러한 거대(巨大)한 작업(作業)을 오늘부터 석달 동안에 기어이 완수(完遂)해야겠다는 굳은 결심(決心)과 비상한 각오(覺悟)와 엄청난 용기(勇氣)가 없어서는 진실로 오늘을 맞이하는 의의(意義)가 없는 것이라고 생각하지 않을 수 없읍니다.

다시 말해 곧 성불(成佛)의 준비작업(準備作業)이 시작되는 날이라는 말입니다.

어찌 보면 너무도 커다란 모험(冒險)이 아닐 수 없고 너

무도 도에 넘는 큰 일이 아닐 수 없읍니다마는 옛조(祖)

사(師) 옛 부처들이 모두 이러한 과정(過程)을 거쳐 생사윤회(生死輪廻)

의 고통을 벗어난 것이 확실한 이상 우리들이라고

어찌해서 안될 까닭이야 있겠읍니까?

오직 여기에는 대분심(大憤心)、 대포고(大怖苦)、 대용맹(大勇猛)、 대정진(大精進)이

있을 뿐입니다.

그리하여 오늘 이 자리에 같은 결심으로 모인 대(人)

중(衆) 여러분은 일치(一致)된 마음 한뜻으로 험(險)하고도 무서운

이 관문(關門)을 돌파(突破)하여 해제(解制)되는 날 첫 새벽 모두 함께

성불의 법좌(成佛 法座)에 빠짐 없이 오르기를 지심(至心)으로 기원하는 바입니다.

[7] 해제 법어(解制 法語)

해제(解制)라는 말은 모든 제약(制約)에서 풀려나는 것을 의미하는 것인데 본래(本來) 얽어 묶은 일이 없거늘 풀려나기는 어디서 풀려나는 것이며 누구가 풀려난단 말입니까?

대중 여러분들은 가슴에 손을 얹고 고요히 한번 생각하실 일이 아닐 수 없을 것입니다.

또 글자 그대로 해제(解制)라 한다면 여러분들은 정말 해제(解制)가 되었다고 생각해도 후회(後悔)와 미련(未練)이 없을 만큼 시원한 해제(解制)가 되었는지 이것 역시 매우 궁금하지 않을 수가 없읍니다.

금강경(金剛經) 오가해(五家解)에서 보면〈본래무남북이어늘 하처유(本來無南北 何處有) 동서(東西)〉란 말이 있읍니다.

무한(無限)한 시간 유원(悠遠)한 공간(空間) 불생불멸(不生不滅)의 진여(眞如) 여기 어찌 해제(解制)란 말이 붙을 수 있으며 결제(結制)란 말이 있을 수 있겠는가? 말입니다.

결제와 해제가 끊어진 곳에 참다운 결제와 해제가

있어야 하는 것이며 형식과 외모에 나타난 이것이

없는 곳에 진정한 이것이 있다는 것을 확실히 알아

야 할 것입니다.

시간과 공간에 초월된 결제가 아니면 결제라 볼 수

없을 것이며 우주와 건곤 밖의 격외적인 해제가 아

니면 또한 해제라 할 수 없을 것입니다.

〈죽영소계진부동 월천담저수무흔〉이란 말이 있지

않습니까?

대나무 그림자가 뜰을 쓸어도 티끌은 움직이지 않

고, 달빛이 못 바닥에 사무쳐도 물에는 흔적이 없다

고 한 말은 분명 무엇을 뜻하는 것일까요?

근실한 수행과 알찬 정진을 더욱 가중하기 위해

무형한 가운데서 유형한 기간을 설정한 것이라 한다

지만 우리들에게는 기간이라는 것이 있을 수 없으며

한도라는 것이 있을 수 없다는 것입니다.

입정 출정이 있을 수 없고 입선 방선이 있을수 없

는 것입니다.

오직 부단한 정진(精進)과 계속되는 수행(修行)이 있을 뿐입니다。

생사(生死)의 무서운 윤회(輪廻)가 구비치는 여기를 어떻게 해야 건너갈 수 있을까?

무상살귀(無常殺鬼)의 무서운 추격(追擊)과 삼계화택(三界火宅)의 뜨거운 암야(夜)를 어떻게 해야 뛰어날 수 있을까?

포고발심(怖苦發心)의 굳은 신심(信心)과 전미개오(轉迷開悟)의 비상한 각오로 시급한 자신(自身)을 구제하지 않아서는 안될 것이며 영생의 대생명(大生命)을 구(求)하지 않아서는 안될 것입니다。

오늘의 해제(解制)를 해제(解制)로 생각하는 안일(安逸)과 해태(懈怠) 이것

은 오히려 구도(求道)의 전진(前進)에 있어 커다란 장애(障碍)일 것이

며 생사고통(生死苦痛)에 있어 지대한 풍랑(風浪)이라는 것을 명심해

야 될 것입니다.

그리하여 대자유속에서 얻어지는 해제(解制) 대생명(大生命)속에

서 얻어지는 해제(解制) 이것이라야 참다운 해제(解制)일 것입니

다.

⑧ 사십구재(四十九齋) 법어(法語)

오늘 모(某) 영가(靈駕)의 사십구재(四十九齋)를 맞음에 있어 부처님

의 법음(法音)을 전달(傳達)하게 되고 정법(正法)을 바로 깨쳐 생사(生死)의 고륜(苦輪)을 벗어나도록 한다는 가장 뜻 깊고 장엄(莊嚴)하고 숙연한 의식(儀式)을 집행(執行)함에 대해서는 이것이 의식(儀式)에 그 친다거나 외식(外飾)의 절차(節次)로서 이루어질 수는 결코 없는 것입니다.

어디까지나 내실적(內實的)인 정성과 법력(法力)과 의범(儀範)에 의하여 재차 여러분들은 물론 우리 대중(大衆) 전부가 일치(一致)된 단성(丹誠)이 아니고서는 절대로 오늘의 천도(薦度)가 이루어질 수가 없는 것이라 생각합니다.

690

천도(薦度)란 뜻은 다른 것이 아니라 우리들의 생활(生活) 또는 행동(行動) 모든 행위(行爲)가 육식(六識)을 통해 아리야식(阿梨耶識)에 전달(傳達)되고 그것이 그곳에 저장(貯藏)되어 검은 그림자 처럼 뭉쳐진 것을 업(業)이라 하는 것입니다.

이 업(業)이 쌓이고 쌓여 그것의 경중(輕重)에 따라 육도(六途)에 왕환(往還) 승침(昇沈)하는 원소적 요인(元素的 要因)이 되는 것입니다.

불교(佛敎)란 다른 것이 아니라 이 검은 업(業)을 정화(淨化)하는 작업(作業)이 바로 정진(精進)이오 이것이 성취(成就)되는 것을 천도(薦度)라 하는 것입니다.

재(齋)라는 뜻도 바로 이 뜻입니다.

재자(齋者)의 지극한 정성(至極精誠)과 부처님의 위신력(威神力)과 대중(大衆)의

지성(至誠) 간도(懇禱)의 힘으로 영가(靈駕)의 검은 업(業)덩어리를 두드려

부수고 청정무구(淸淨無垢)한 본연(本然)의 대생명(大生命)에 귀일(歸一)토록 하는

것이 바로 재(齋)의 근본(根本) 의미가 되는 것입니다.

영가(靈駕)는 이미 육신(肉身)을 탈각(脫殼)하였기 때문에 형상(形相)으로

서나 음성(音聲)으로는 도저히 통할 길이 끊어졌습니다.

여기는 다만 마음의 관조(觀照)와 법력(法力)의 투사(投射)로서만 서

로가 통할 수 있는 길이 있을 뿐입니다.

정력(定力) 없는 고성염불(高聲念佛)이 미칠 수 없는 것이며 법력(法力)

없는 의식절차(儀式節次)가 상응(相應)할 수 없는 것입니다.

영가(靈駕)와 나와의 대화(對話)는 육신(肉身)의 형해(形骸)를 떠난 본분(本分)

본지(本旨)의 소식(消息)만으로써 가능(可能)을 기할 수 있는 것이며

일편단성(一片丹誠)이 한데 뭉쳐진 청정일념(淸淨一念)의 세계(世界)에서만 상(相)

통(通)될 수 있는 진실한 묘법(妙法)이 있는 것입니다.

경건(敬虔)과 정숙(靜肅)과 기도(祈禱)와 발원(發願)이 융합(融合)된 일심(一心) 일념(一念)으

로 영가(靈駕)의 누적(累積)된 업장(業障)을 소멸(消滅)시키는 이것이 바로

재(齋)의 목적(目的)이오 또한 근본(根本) 취지(趣旨)라는 것을 알아야 할

것이며 이러한 자세로 이 재를 봉행하여야 할 것입
니다.

칠칠재의 유래에 대해서는 매우 대단한 설명이 붙
게 됩니다.

본시 동양에서는 기수를 길상수라 하고 우수를 흉
수라 규정하여 무엇이라도 기수를 매우 좋아하는 풍
습이 있어 아이가 출생하더라도 칠칠일을 기하여 수
명과 복덕을 기원하고 사후에 대해서도 마찬가지로
칠일마다 재를 올려 명복을 기원하는 습속이 있는

것입니다.

진위는 확실히 알 수 없으나 시왕경이라는 책에

보면 사후의 영가를 엄밀히 그 행업을 조사하는데

있어 시왕이 있다고 하였읍니다.

칠일마다 하나씩 조사가 끝이 나는데 사십구일에

가서는 일곱째 대왕인 태산대왕이라는 분의 차례이

고 백일에 가서는 여덟째가 되는 평등대왕의 차례이

며 소상에는 도시대왕 대상에는 전륜대왕이 맡게 되

어 재판이 완전히 끝난 다음 그 업보의 경중에 따라

육도(六途)에 윤회(輪廻)하게 된다는 것입니다.

이 말대로 한다면 죽은 다음 부터 재판(裁判)이 끝날때 까지는 중음신(中陰神)의 형태(形態)로서 조사(調査)를 받게 된다는 것입 니다.

좌우간 이러한 논거(論據)를 떠나 위에서 말한바와 같이 본래(本來)부터 업행(業行)이 청정(清淨)하여 본연(本然)의 진계(眞界)에 귀일(歸一)되었 다면 재론(再論)이 필요(必要)치 않겠읍니다마는 만일 그렇지 못 하다면 오직 법력(法力)에 의하여 검은 업덩어리를 오늘 이 자리에서 소멸시키는 것이 재(齋)의 본뜻이라는 것을

깊이 명심하고 경건한 정성을 같이 쏟아 이 대업이

성취되도록 하여야 할 것입니다.

9 점안 불사 법어

본법상으로 볼때 점안이란 말 자체가 매우 의심스

럽기도 하고 또한 얼른 이해되지 않는것도 역연한

사실이 아닐 수 없읍니다.

어디를 가르쳐 부처의 눈이라 할 것이며 또는 어

디다 대고 점안을 한단 말인지 한량없이 우스운 말

이 아닐 수 없읍니다.

진사법계와 삼라만상이 전부 일원상 최청정법신일

진대 눈은 어디며 귀는 도대체 어디란 말이겠읍니까.

그렇다면 대중 여러분께 묻습니다.

오늘 점안은 진정 어디다 해야 옳단 말입니까?

부처란 고불 신불이 있을 수 없고 명호와 상모가

다를 수 없읍니다.

만일 여기에 있어 명호와 상모를 다르게 생각한다

든지 고불과 신불을 구분한다든지 하는 분별심을 일

으킨다면 이 사람은 확실히 사도를 행한다고 하지않

을 수가 없읍니다.

절대로 참 부처를 볼 수가 없을 것입니다.

그리고 오늘 점안하는 여기에 좁은 집착이거나

지 못할 가애를 가지게 되더라도 이 사람은 격외의

부처라든지 청정법신의 진체는 찾아 볼 수 없을 것

입니다.

그러나 이것은 너무도 차원 높은 법담이며 본연의

소식이기 때문에 일반 초신자로서는 이해하기 매우

어려울 것이므로 다시 한번 쉽게 풀이하고져 하는

바입니다.

유현한 진리 그리고 영원한 생명체는 명도 없고

상도 없고 시방을 초월하고 삼제를 관철하여 그 당체

의 지칭이 불가능에 가까우며 법신 진불을 보여줄수

없는 것이므로 부득이 방편이 가설되지 않을 수 없

고 비유가 성립되지 않을 수 없습니다.

한번 더 자세히 말하자면 불상이란 법신 진불을

찾으려는 사람들에게 이정표가 되는 것이며 안내자

가 되는 것입니다.

불상에 지성껏 예배함이 곧 법신 진불에 예배하는

것이며 성심을 기우려 정진하는 그것이 그대로 눈으

로 볼 수 없는 진여 법신에 정진하는 것이 된다는

것을 알아야 할 것입니다.

그것은 불상 그 자체가 영험하다기 보다는 순수한

자신의 굳센 신심에 의하여 성취하는 것이라는 것도

오달해야 될 것입니다.

불상에 대하여 영험 유무를 논한다거나 신통 변화

를 기대하는 따위의 생각이라면 이것은 미신이며 사

701

도일 것입니다.

오늘에 있어 점안이란 것은 이거 역시 하나의 정

진이며 기도인 것입니다.

다시 말하자면 과녁을 겨냥하여 활을 쏘는 사람이

라면 정신을 한데 모아 일심을 경주하지 않아서는 안

될 것입니다.

그와 같이 점안이란 흩어진 마음을 한군데로 집중

시켜 맑고 밝은 지혜의 횃불을 한곳으로 주입시키는

정진의 수단으로 생각해야 될 것입니다.

범위 넓게 흩으러진 마음으로서는 도저히 옳은 정

진이 될 수 없으므로 범위를 점안이라는 좁은 곳으

로 몰아 넣어 대중과 같이 정진하는 의식이며 하나

의 방편이며 하나의 수단이라는 것을 확실히 알아 일

심으로 오늘의 점안에 수행과 정진이 더욱 빛나기를

기원하는 바입니다.

10 사리탑 준공 낙성식 법어

사리란 영골이라 번역합니다.

누겁다생으로 갈고 닦아진 슬기의 결정이며 일심

일념으로 <ruby>一念<rt></rt></ruby> 수행과 <ruby>修行<rt></rt></ruby> 정진을 <ruby>精進<rt></rt></ruby> 계속한 정심의 <ruby>淨心<rt></rt></ruby> 응결체라 <ruby>凝結體<rt></rt></ruby> 할

수 있는 것입니다.

오욕과 <ruby>五慾<rt></rt></ruby> 탐진이 <ruby>貪嗔<rt></rt></ruby> 떨어지고 추혹과 <ruby>麤惑<rt></rt></ruby> 세혹이 <ruby>細惑<rt></rt></ruby> 소진된 <ruby>消盡<rt></rt></ruby> 자

리 한그루 보리수에서 <ruby>菩提樹<rt></rt></ruby> 맺어진 무루의 <ruby>無漏<rt></rt></ruby> 성과가 <ruby>聖果<rt></rt></ruby> 곧 사 <ruby>舍<rt></rt></ruby>

리인 것이며 <ruby>利<rt></rt></ruby> 업풍이 <ruby>業風<rt></rt></ruby> 고요히 가라앉고 식랑의 <ruby>識浪<rt></rt></ruby> 물결이

깨끗이 말라진 언덕 위에 지혜의 <ruby>智慧<rt></rt></ruby> 둥근 달빛이 어찌

면 사리일런지 <ruby>舍利<rt></rt></ruby> 알 수 없읍니다.

우리 대성 <ruby>大聖<rt></rt></ruby> 석가모니께서는 <ruby>釋迦牟尼<rt></rt></ruby> 사라쌍수에서 <ruby>沙羅雙樹<rt></rt></ruby> 열반에 <ruby>涅槃<rt></rt></ruby>

드신 다음 팔곡사두의 <ruby>八斛四斗<rt></rt></ruby> 오색사리가 <ruby>五色舍利<rt></rt></ruby> 쏟아져 ─유연국토에 <ruby>有緣國土<rt></rt></ruby>

널리 펴서 사생육취(四生六趣)에 자광(慈光)을 투사(投射)하였으며 그 뒤 명(明)

안조사(眼祖師)들의 하 많은 사리(舍利)가 재재처처(在在處處)에 수 많은 중

생을 발심수행(發心修行)의 큰 길로 이끌었다는 것은 너무도

소명(昭明)한 사실인 것입니다.

이번 모(某) 대종사(大宗師)께서는 대중(大衆) 여러분들이 잘 아시는

바와 같이 일생(一生)의 수행(修行)이 범도(凡徒)가 가히(可) 미칠 수 없는

절정의 고지에 도달(倒達)하셨으며 열반(涅槃)의 청정대로(清淨大路)를 확

철히 오달(悟達)하신 사자방장(獅子方丈)으로 인천(人天)의 안목(眼目)을 개착(開鑿)하

셨고 미륜(迷倫)의 앞길을 열어주신 황매(黃梅)의 정류(正流)이며 조계(曹溪)

의 적손(嫡孫)이라는 것은 이제 새삼 거론(擧論)의 여지(餘地)가 없을

것입니다.

종사(完師)께서 남기신 광명(光明) 영세(永世)의 귀감(龜鑑)이며 수훈(垂訓)의 유(遺)

적(跡) 길이 만대(萬代)의 횃불입니다.

열반노두(涅槃路頭)의 붉은 햇빛 철위흑암(鐵圍黑暗)을 깨뜨리시고 살(殺)

활자재(活自在)하신 조사(祖師)의 풍토(風度) 자타성불(自他成佛)의 큰 길을 열으셨

으니 진실로 종사(宗師)께서는 생사왕복(生死往復)이 있을 수 없고

시간과 공간의 구애(拘碍)가 가로 막을 수 없읍니다.

권화(權化)의 시적(示跡)으로 남기신 사리(舍利)를 봉안(奉安)하여 천추영(千秋永)

세의 지표를 삼고 위대하신 유덕을 진겁에 추모코져

이에 탑을 조성하여 오늘 낙성의 자리를 베풀게 된

것을 찬양하면서 이것으로 법어를 가름하나이다.

11 사찰 초창 낙성식 법어

화엄경에 이런 말이 있읍니다.

불신충만어법계　보현일체중생전

이항처차보리좌　수연부감미부주

부처님은 온 누리에 가득하여 모든 중생에 널리

비추네 인연 따라 미치지 않는 곳 없지만 항상 보리

707

좌를 떠나지 않네.

부처란 명과 상을 떠났으되 충만하지 않는 곳이

없으며 시방과 삼세를 초월하였으되 그 광명이 법계

에 창일하여 일초일목이라도 그 은혜에 젖지 않음이

없읍니다.

재재처처가 불찰불신이오 삼라만상이 청정법신입

니다.

어느곳 어디엔들 상적광토가 아닐 수 있으며 무량

수 무량광이 아닐 수 있겠읍니까마는 지혜가 암둔하

고 업장이 후중한 우리 중생들로서는 동정을 같이 하는 부처를 부처로 볼줄 모르면서 청정법신속에서 호흡을 같이 하고 살면서도 청정법신의 진체를 보지 못하는 것이 안타까웁기 그지 없고 답답하기 한량없는 바가 아닐 수 없읍니다.

사찰이 하나 초창되었다는 말은 부처의 화신이 하나 새롭게 나타났다는 말과 같은 것이며 짙은 업장을 소멸시킬 수 있는 도량이 또 한군데 건립 되었다는 말이 되는 것입니다.

709

사찰(寺刹)이란 대중(大衆)이 공동(共同)으로 마음에 묻어 있는 후중(厚重)

한 진구(塵垢)를 세척(洗滌)할 수 있는 성지(聖地)이며 대도만행(大道萬行)을 고

루 고루 수행(修行)하여 정각(正覺)의 절정(絶頂)에 오를 수 있는 신성(神聖)

장엄(莊嚴)한 영장(靈場)일 것입니다.

그렇다고 한다면 오늘의 낙성식(落成式)은 참으로 그 의의(意義)

자못 중대(重大)하기 이를데 없고 그 사명(使命)과 책임 진실로

언어도단(言語道斷)이라 하지 않을 수 없읍니다.

자리이타(自利利他)의 대원(大願)이 구현(具現) 성취(成就)되어야 할 것이며 일

시성불(時成佛)의 대과(大果)가 이곳에서 이루어져야 할 것입니다.

눈으로 볼 수 없는 누적의 죄업(累積罪業)이 여기서 해소되(解消)
어야 할 것이며 내성의 정진(內省精進)으로 증오(證悟佛果)의 불과를 여
기서 얻어야 할 것입니다.

인천의 안목(人天眼目)을 열 수 있는 명안종사(明眼宗師)가 이 도량(道場)에
서 쏟아져 나와 격외(格外)의 고준한 설법(高峻說法)으로 미륜(迷倫)을 제
도하는 산림법회(山林法會)가 끊어지지 않아야 할 것이며 강론(講論)
현담으로(玄談) 항상 법륜상전의 계기(法輪常轉契機)가 마련되어 고해(苦海)에
허덕이고 있는 군생을 상락아정(群生常樂我淨)의 언덕으로 인도할(引導)
수 있는 법열의 연대(法悅蓮臺)가 되어야 할 것입니다.

711

이것이 사찰 건립의 기본 정신이며 수행납자의 본

분 사명일 것입니다.

이러한 원대심현한 뜻으로 이곳에 사찰을 초창함

에 있어 물심양면의 다대한 원호아래 오늘 낙성의

결과를 보도록 하여 주신 청신사 청신녀 여러분에게

깊이 감사를 드리오며 사회 유지 여러분의 지대한

신심과 편달에 깊은 경의를 표함과 아울러 본사 주

지스님의 서원과 노고를 다시 한번 높이 찬양하는 바

이올시다.

712

12 사찰(寺刹) 중수(重修) 낙성식(落成式) 법어(法語)

절이란 일체중생(一切衆生)의 누겁다생(累劫多生)에 묻어 있는 후중(厚重)한 진구(塵垢)를 세척(洗滌)하고 자성(自性)을 바로 찾아 지고지대(至高至大)한 인격(人格)을 완성(完成)시키는 수련(修鍊)의 도장(道場)이며 회광반조(回光反照)의 선불성(選佛聖)지(地)라 볼 수 있는 곳입니다.

삼보(三寶)가 상주(常住)하여 유연(有緣) 무연(無緣)의 대비심(大悲心)을 진흥토록(振興) 하는 동시 청정(清淨)한 수행(修行)과 용맹스런 정진(勇猛精進)으로 이고득(離苦得)락(樂)의 극지(極地)이며 전미개오(轉迷開悟)의 전당(殿堂)입니다.

생사윤회(生死輪廻)의 업고(業苦)를 이곳이 아니면 벗어날 수 없을

것이며 육도(六途) 사생(四生)의 부단(不斷)한 승침(昇沈)을 이곳이 아니고는

면할(免) 길 없는 것입니다.

절이 세워졌다는 말은 부처님이 새롭게 탄생하셨

다는 말과 그 의미가 같은 것이며 절이 중수(重修)되었다

는 말은 부처님의 몸을 다시 장엄(莊嚴)했다는 말과 그 뜻

이 다를바 없는 것입니다.

세상(世上)에는 많은 공덕과 많은 덕행(德行)이 있기도 할것입

니다마는 부처님의 집을 중수(重修)했다는 것보다 더큰 공

덕은 있을 수가 없는 것이며 중생(衆生) 제도(濟度)의 도량(道場)이 새

714

로 단장되었다는 것보다 더 위대한 덕행은 다시 없

을 것입니다.

본사는 신라 초창으로 국내에서도 명성이 관절한

가람이었으나 다년간 보수의 손길이 미치지 못해 풍

마우세의 퇴락으로 많은 불자의 근심이 되어오던 것

을 이번 주지스님의 지대한 원력과 신남 신녀 여러

분들의 동공 발심의 결과로 오늘 중수의 낙성을 보

게 됨은 실로 천인 경찬의 불사이며 영원 불멸의 무

루행이라 하지 않을 수 없는 바이올시다.

오직 오늘이 있은 이후 이 지대한(至大) 공덕으로 인하

여 수 많은 중생이 이 도량(道場)에서 제도되고 성불작조(成佛作祖)

의 근원지(根源地)가 되어 광대무변(廣大無邊)한 불은(佛恩)을 만분(萬分)의 일이라

도 보답(報答)하는 동시 물심양면(物心兩面)으로 원호(援護)하신 여러분들

의 소원(所願)이 성취(成就)되시기를 진심(眞心)으로 비는 바이올시다.

13 **장경(藏經) 불사(佛事) 회향식(廻向式) 법어(法語)**

도서(都序)라는 책에 보면 〈선시불심(禪是佛心)이오 교시불어(教是佛語)〉란 말

이 있읍니다.

선(禪)이란 부처의 마음이오 교(教)란 부처의 말이란 뜻입

716

니다.

부처님의 말씀을 기록해 놓은 것이 장경입니다.

그러기 때문에 이것을 법보라 하는 것으로 제일 소중히 생각하는 것입니다.

만일 경이 없다고 한번 생각해 볼때 불법은 과연 어떻게 되겠읍니까?

아무리 부처님이 위대하신 성자라 하더라도 그의 사상과 말씀이 후세에 전해질 수가 없을 것이며 부처님의 가르쳐 주신 커다란 교법을 알아낼 수 없을

717

것입니다.

그렇게 생각해 볼때 경이란 곧 살아있는 부처님이라 할 수 있는 것입니다.

부처님께서는 열반(涅槃)에 들어 지금 계시지 않는다고 하더라도 그의 간곡하신 말씀은 모두가 그대로 경(經)에 담겨져 있다고 생각할때 경(經)에 들어 있는 소중한 의미는 진실로 무어라 표현(表現)해야 좋을지 알 수가 없읍니다.

더구나 지금은 사람들의 사상(思想)이 더욱 산만(散漫)하고 세(世)

계는 모두가 분열과 투쟁과 포악과 혼미와 잡다의 갈림길에서 자기가 자기를 잃고 이성을 망각하고 인간이 인간의 길을 찾지 못하는 가장 험난한 시기에도 달되어 있다고 보아야 할 현재에 있어 부처님의 말씀을 조금이라도 더 널리 전파하고 고해에 허덕이는 중생을 단 한 사람이라도 더 제도할 수 있는 경전을 인각 반포한다는 것은 참으로 성스러운 불사가 아닐 수 없으며 우주에 대한 커다란 광명이 아닐 수 없읍니다.

불교의 목적은 광도중생에 있는 것입니다.

또 경전에 이런 말이 있습니다.

〈비여암중보 무등불가견 불법무인설 수혜막능

지〉라 하였읍니다.

어둠속에 보배 같아서 등불이 아니면 볼 수가 없

으며 불법을 설하는 사람이 없으면 비록 슬기로워도

알 수가 없다는 말입니다.

아무리 좋은 불법이라도 그것을 말해 주는 이가 없

으면 비록 총명한 사람이라도 알 수가 없을 것입니

다。

금강경 오가해에 보면 〈막위자용난득견 불리기원

대도량〉이라 하였읍니다。

부처님의 자비스러운 얼굴을 볼 수가 없다고 한탄

하지 말라 기원정사 대도량을 영원히 떠나지 않으셨

다는 말입니다。

물론 이것은 본분상에 있어 하는 말이기도 하지만

위에서 말한바와 같이 부처님의 육신은 볼 수가 없

어도 그의 정신을 기록해 놓은 말씀은 영원히 경전

을 통해 살아 있는 것입니다.

이러한 경전을 본사에서는 주지스님의 특별하신

원력과 청신 남녀 여러분들의 뛰어난 신심에 의하여

이번 인출 반포되는 이 거룩한 공덕은 진실로 난사

난량이 아닐 수 없으며 불가사의라 하지 않을 수 없

읍니다.

오직 이 공덕이 널리 일체중생에게 미처 전미개오

와 자타성불의 지름길이 되기를 빌면서 법어를 그치

나이다.

가사 불사 회향식 법어 (袈裟 佛事 廻向式 法語)

가사란 부처님의 상의(上衣)입니다.

이 속에는 진구(塵垢)가 있을 수 없고 번뇌(煩惱)가 있을수 없고 망상(妄想)이 있을 수 없고 삼세(三細)와 육추(六麤)가 있을 수 없으며 사생(四生)과 육취(六趣)가 있을 수 없읍니다.

그러기 때문에 이 옷을 성의(聖衣)라 하는 것이며 또는 정의(淨衣)라 하는 것입니다.

무량항하사(無量恒河沙)의 공덕(功德)이 충만(充滿)되어 있으며 무량수(無量壽) 무량광(無量光)의 상적광토(常寂光土)가 감추어져 있으며 만덕(萬德)이 구족(具足)하

고 복혜가 쌍전되었을뿐 아니라 무외와 육도로 무량

한 중생을 제도하고 포마의 불덕으로 인천을 고해로

부터 여의게 하는 위신력이 갖추어진 옷입니다.

출가 사문의 위의가 이 옷으로 인하여 나타나는 것

이며 중마 사외가 이 옷으로 인하여 삼보에 귀의하

게 되는 것입니다.

만덕이 구유하고 자비가 함장되어 있읍니다. 가사

는 삼계도사의 법의이며 중생제도의 장엄일뿐 아니

라 전미개오가 여기서 부터 일어나게 되는 것이며

십악 중죄가 돈멸되는 신성한 법도입니다.

삼세제불의 고향이라 할 수 있으며 역대조사의 성

태라 할 수 있읍니다.

이러한 가사를 지어 불제자에게 공양함은 바로 그

대로 부처님을 조성함과 조금도 다를바 없는 것이며

그 지대한 공덕과 널리 사생육취에 미치게 되는 것

입니다.

이번 이러한 불사를 주도하신 본사 주지스님의 폭

넓은 신심과 여기에 호응하여 물심으로 원호 보시하

신 청신 남녀 여러분들의 장하신 공덕을 높이 경찬

하면서 이 빛나는 광명이 영겁토록 모든 중생에 널

리 미치기를 기원하며 법어를 그치나이다.

15 통일기원탑 준공 낙성식 법어

부처님 말씀에 공덕 가운데는 유루가 있고 무루가

있다고 하셨읍니다.

유루란 곧 언젠가는 새어 없어질 때가 있는 것을

의미하는 것이며, 무루란 영겁이 다하도록 결코 새

지 않는 것을 말하는 것입니다.

세상의 부귀영화(富貴榮華)란 모두가 유루복(有漏福)에 속하는 것입

니다.

아무리 지위(地位)가 높고 권력(權力)이 있고 돈이 많고 인물(人物)

이 훌륭하다고 하더라도 그것은 오래 가지 못하는

것입니다.

언젠가는 없어지고 말기 때문에 유루(有漏)에 속하는 것

입니다.

그러나 정신(精神)을 가다듬고 자성(自性)을 반조(返照)하고 원(願)을 세

우고 남을 위해 거룩한 일을 한다는 것은 영겁(永劫)이 다

하도록 새지 않는 무루복(無漏福)인 것입니다。

금강경(金剛經)에 이런 말이 있읍니다。

금、은(金銀)、유리등(琉璃等) 칠보(七寶)로 삼천대천세계(三千大千世界)가 가득하도

록 보시(布施)한 공덕보다 단 일분(一分) 동안이라도 자성(自性)을 반(返)

조(照)한 공덕이 더욱 크다고 말씀하셨읍니다。

금、은(金銀)、유리등(琉璃等) 물질적인 보배는 필경은 부서지고

흩어지고 없어지지만 마음을 깨끗이 닦은 공덕이란

결국 부처가 되는 영원한 공덕이 된다는 말입니다。

자경문(自警文)이란 책에 보면 〈삼일수심천재보(三日修心千載寶) 백년탐물(百年貪物)

일조진(一朝塵)이라 하였읍니다.

단 삼일(三日)동안 마음 닦는 공덕은 천년(千年)의 보배지만

백년(百年)동안 물질을 탐한 것은 하루 아침에 티끌이라는

뜻입니다.

탑이란 물질적(物質的)인 바탕으로 이루어진 것이 아니라

어디까지나 숭고(崇高)한 정신적(精神的)인 결정(結晶)인 것이며 더구나

통일(統一) 성업(聖業)으로 염원(念願)하는 거룩한 민족정신(民族精神)과 조국(祖國)의

평화(平和)를 기원(祈願)하는 이 땅에 살고 있는 오천만(五千萬)의 불타

는 절원(切願)이 뭉쳐진 응결체(凝結體)입니다.

이 얼마나 숭엄한(崇高) 불사(佛事)이며 비장한(悲莊) 정성(精誠)이겠읍니

까?

오늘의 낙성(落成)은 전민족(全民族)의 사상(思想)이 귀일(歸一)되었다는 것

을 의미하는 것이며 통일(統一) 성업(聖業)이 절박(切迫)했다는 것을

뜻하는 것이라 볼 수 있읍니다.

끝으로 이렇게 거창한 불사(佛事)를 선두(先頭)에서 지휘(指揮) 설도(說導)

하신 모사(某師)의 위대한(偉大) 공로(功勞)를 무엇으로 찬양(讚揚)할 것이며

여기에 호응하여(呼應) 대동(大同) 참여(參與)하신 신남(信男) 신녀(信女) 여러분들

의 불멸(不滅)의 단성(丹誠)과 애국(愛國) 평화(平和)를 희구(希求) 소원(祈願)하시는 그

⑯ 사십구재(四十九齋) 법문(法文)

오늘 모(某) 영가(靈駕)의 사십구재(四十九齋)를 맞음에 있어 부처님의 법음(法音)을 전달(傳達)하게 되고 정법(正法)을 바로 깨쳐 생사(生死)의 고(苦)륜(輪)을 벗어나도록 한다는 가장 뜻 깊고 장엄(莊嚴)하고 숙연(然)한 의식(儀式)을 집행(執行)함에 대해서는 이것이 의식(儀式)에 그친다거나 외식(外飾)의 절차(節次)로서 이루어질 수는 결코 없는 것입니다

어디까지나 내실적(內實的)인 정성(精誠)과 법력(法力)과 의범(儀範)에 의(依)하여

재자(齋者) 여러분들은 물론 우리 대중(大衆) 전부가 일치된(一致) 단(丹)

성이(誠) 아니고서는 절대로 오늘의 천도가(薦度) 이루어질 수

는 없는 것이라 생각합니다.

천도란(薦度) 다른 뜻은 다른 것이 아니라 우리들의 생활(生活) 또

는 행동(行動) 모든 행위가(行爲) 육식을(六識) 통해 아리야식에(阿梨耶識) 전달(傳達)

되고 그것이 그곳에 저장되어(貯藏) 검은 그림자처럼 뭉쳐

진 것을 업이라(業) 하는 것입니다.

이 업이(業) 쌓이고 쌓여 그것의 경중에(輕重) 따라 육도에(六途)

왕환(往還) 승침하는(昇沈) 원소적(元素的) 요인이(要因) 되는 것입니다.

불교란 다른 것이 아니라 이 검은 업을 정화하는
작업이 바로 정진이요 이것이 성취되는 것을 천도라
하는 것입니다.

재라는 뜻도 바로 이 뜻입니다.

재자의 지극한 정성과 부처님의 위신력과 대중의
지성 간도의 힘으로 영가의 검은 업덩어리를 두드려
부수고 청정무구한 본연의 대생명에 귀일토록 하는
것이 바로 재의 근본 의미가 되는 것입니다.

영가는 이미 육신을 탈각하였기 때문에 형상으로

733

서나 음성으로는 도저히 통할 길이 끊어졌읍니다.

여기는 다만 마음의 관조와 법력의 투사로만 서로

가 통할 수 있는 길이 있을 뿐입니다.

정력없는 고성염불이 미칠 수 없는 것이며 법력없

는 의식절차가 상응할 수 없는 것입니다.

영가와 나와의 대화는 육신의 형해를 떠난 본분

본지의 소식만으로써 가능을 기할 수 있는 것이며

일편단성이 한데 뭉쳐진 청정일념의 세계에서만 상

통될 수 있는 진실한 묘법이 있는 것입니다.

경건과 정숙과 기도와 발원이 융합된 일심 일념으

로 영가의 누적된 업장을 소멸시키는 것이 바로 재

의 목적이요 또한 근본 취지라는 것을 알아야 할 것

이며 이러한 자세로 이 재를 봉행하여야 할 것입니

다.

칠칠재의 유래에 대해서는 매우 다단한 설명이 붙

게 됩니다.

본시 동양에서는 기수를 길상수라 하고 우수를 흉

수라 규정하여 무엇이라도 기수를 매우 좋아하는 풍

735

習이 있어 아이가 出生하더라도 칠칠일을 期하여 수壽

命福德과 복덕을 祈願하고 死後에 대해서도 마찬 가지로

七日齋마다 재를 올려 冥福을 祈願하는 習俗이 있는

것입니다.

眞僞는 확실히 알 수 없으나 시왕경이라는 책十王經冊에 보

면 死後靈駕의 영가를 嚴密히 그 行業을 調査하는데 있

어 十王이 있다고 하였읍니다.

七日마다 하나씩 調査가 끝이 나는데 四十九日에

가서는 일곱째 大王인 泰山大王이라는 분의 차례이

736

고 백일(百日)에 가서는 여덟째가 되는 평등대왕(平等大王)의 차례이

며 소상(小祥)에는 도시대왕(都市大王) 전륜대왕(轉輪大王)이 맡게 되

어 재판(裁判)이 완전히 끝난 다음 그 업보(業報)의 경중(輕重)에 따라

육도(六途輪廻)에 윤회하게 된다는 것입니다.

이 말대로 한다면 죽은 다음부터 재판(裁判)이 끝날때

까지는 중음신(中陰神)의 형태(形態)로서 조사(調査)를 받게 된다는 것입

니다.

좌우간 이러한 논거(論據)를 떠나 위에서 말한 바와같이

본래부터(本來) 업행(業行)이 청정(淸淨)하여 본연(本然眞界)의 진계에 귀일(歸一)되었

다면 재론(再論)이 필요(必要)치 않겠읍니다마는 만일 그렇지 못하다면 오직 법력(法力)에 의하여 검은 업(業)덩어리 오늘 이 자리에서 소멸시키는 것이 재(齋)의 본뜻이라는 것을 깊이 명심하고 경건(敬虔)한 정성(精誠)을 같이 쏟아 이 대업(大業)이 성취(就)되도록 하여야 할 것입니다.

제十부 부록편[附録篇]

제一장 각종 식순[各種式順]

1 화혼의식

一、 개식[開式]

一、 내빈착석[來賓着席]

一、 주례법사 등단[主禮法師登壇]

一、 신랑 신부 입장[新郎新婦入場]

一、 신랑 신부 소개[新郎新婦紹介]

739

一、 삼귀의례 三歸依禮

一、 신랑 신부 경례 新郎 新婦 敬禮

一、 고유문 낭독 告諭文 朗讀

一、 상견례 相見禮

一、 헌화 獻花

一、 신물 교환 信物 交換

一、 유고 및 선서 諭告 宣誓

一、 찬불게 讚佛偈

一、 내빈축사 및 축전낭독 來賓祝辭 祝電朗讀

一、폐식 閉式

설명 說明

① 개식은 종을 다섯번 치던지 그렇지 않으면 목탁 開式 木鐸
으로 대행한다。代行

② 각종 악기 합주하에 인례가 신랑 신부 및 양가 各種 樂器 合奏下 引禮 新郎 新婦 兩家
친족과 일반 내빈을 인도하여 입장 착석함。(단 음악이 없을 親族 一般 來賓 入場 着席
없을 때는 인례의 안내에 의함)

③ 화동 화녀의 선도로 주례법사가 등단함。花童 花女 先導 主禮法師 登壇

④ 화동 화녀의 선도로 신랑 신부와 쌍방 부모 친척이 입장함。

⑤ 주례법사가 신랑 신부의 성명과 약력을 소개함。

⑥ 주례법사가 향을 꽂고 삼귀의를 선창하면 대중 일동은 기립하여 경례함。

⑦ 신랑 신부가 특별히 불전에 경례함。

주례법사가 다음과 같은 고유문을 불전에 향하여 고유함。

고유문

병법사는 모는 삼가 향 사르고 머리 숙여 고하옵
秉法沙門 某　告

나이다.

대자대비하신 석가모니 부처님이시여 밝고 크신
大慈大悲

광명 항상 미암의 구렁을 비추우시고 넓고 깊으신
光明　迷暗

자비 언제나 성신의 군기를 덮어주시어 오늘 사바세
慈悲　誠信　群機　娑婆世

계 해동 대한민국 모도 모군 모면 모리모교당 청정
界　海東　大韓民國　某道　某郡　某面　某里某教堂　清淨

한 도량에서 우바새모와 우바니 모가 깊은 인연에
道場　某　某　因緣

따라 백년의 가약을 다짐하였으며, 삼가 여래인행의
百年　佳約　如來因行

고사를 본받아 무상의 대도를 성취토록 굳게 맹세하
故事　無上　大道　成就

였으며 오경(五莖) 칠경(七莖)의 꽃을 바쳐 세세생생(世世生生)의 가연(佳緣)을

약속하였사오니 시방제불(十方諸佛)은 굽어 증명(證明)하시와 자비(慈悲)로

거두어 주시고 묘력(妙力)으로 가호(加護)를 드리워 주시어 금슬이

이 화해하고 신행(信行)이 양전(兩全)하여 귀학(龜鶴)의 상령(祥齡)으로 길이

무상대도(無上大道)에 귀의(歸依)토록 하여 주시기를 삼가 고유(告諭)하나이

이다.

⑧ 신랑 신부(新郎 新婦)가 정면(正面)으로 교배(交拜)함.

⑨ 헌화(獻花)는 칠경화(七莖花)가 꽂힌 병(瓶)과 오경화(五莖花)가 꽂힌 병(瓶)

합이개(合二個)의 병(瓶)을 별단(別壇)에 두었던 것을 신랑(新郎)이 먼저 칠(七)

744

경화병을 인례에게서 받아 주례에게 드리고 주례는

이것을 불탁 동편에 헌상한 다음 신부는 오경화병을

인례에게서 받아 주례에게 드리고 주례는 그것을 불

탁 서편에 헌상함.

⑩ 신물 교환은 있으면 하는 것이고 없으면 그만두

어도 무방함.

⑪ 유고 및 선서

유고 (례)

이 주례는 부처님을 대신하여 신랑 신부되시는 두

분에게 한말씀 드리는 바이올시다.

우리 부처님께서 말씀하시기를 한자리에 앉아 법(法)을 듣는 것도 오백생(五百生)의 인연이 있어야 하는 것이며, 한자리에 같이 앉아 얼굴을 대하는 것도 또한 오백(五百)생(生)의 인연이 있어야 된다는 것입니다.

다시 말하자면 우리 인생(人生)은 모두가 인연속에 살고 있다는 그 말입니다.

세상에서는 흔히 삼생연분(三生緣分)도 지중(至重)하다고들 합니다마는 오백생(五百生)의 인연이라 한다면 얼마나 지중지대하(至重至大하)

다는 것을 뜻한 것이겠읍니까?

더구나 백년(百年)의 먼 세월을 같이 살면서 희로애락(喜怒哀樂)을

동고동락(同苦同樂)하는 부부(夫婦)의 깊은 행로(行路)야말로 몇 억겁(億劫)의 인

연이라 하지 않을 수 있겠읍니까?

그렇다면 오늘 두분은 이 중대한 인연이 모이고 쌓

여 이루어진 한쌍의 거룩한 부부라는 것을 깊이 각

오하시고 앞으로 닥쳐오는 모든 고락(苦樂)을 같이 나누어

원만한 가정(家庭)을 이루는 동시 이 국가(國家)가 이 사회(社會)에 모범

이 되고 지도자(指導者)가 되어 주시기를 바라나이다.

선 서 宣誓 (주례가 신부를 대신하여 신랑에게 묻는다)

자기 처에 만족하여 다른 길을 걷지 않겠는가?

自己妻

부모 뜻에 순응하여 어긋남이 없도록 하겠는가?

父母 順應

검소하고 부지런하여 의식에 궁핍이 없도록 하겠는가?

衣食 窮乏

나라 일에 당하여 신명을 돌아보지 않겠는가?

身命

오직 남편의 도리를 다하여 항상 그 마음을 바로 가지겠는가? (신랑은 반배로써 조용히 답함)

男便

新郎

다음 주례가 신랑을 대신하여 신부에게 묻는다.

主禮

748

능히 부도(婦道)를 지켜 시종일관(始終一貫)으로 가정(家庭)을 잊지 않겠는가?

부모(父母)에게 효순(孝順)하여 신명(身命)을 아끼지 않겠는가?

검소(儉素)하고 절약하여 허영과 사치에 빠지지 않겠는가?

남편(男便)의 뜻을 따라 항상 화목(和睦)할 수 있겠는가?

남을 위해 노력하고 이웃을 사랑하며 항상 자비스(慈悲)러운 마음을 가지겠는가?

(신부는 반배로서 조용히 답함)

⑫ 찬불게 讚佛偈

천상천하무여불 天上天下無如佛　시방세계역무비 十方世界亦無比

세간소유아진견 世間所有我盡見　일체무유여불자 一切無有如佛者

⑬ 내빈 축사 來賓 祝辭

⑭ 사홍 서원 四弘 誓願

중생무변서원도 衆生無邊誓願度　번뇌무진서원단 煩惱無盡誓願斷

법문무량서원학 法門無量誓願學　불도무상서원성 佛道無上誓願成

⑮ 폐식 閉式

(주례의 세창에 따라 대중은 정례함)

② 성도절 식순 成道節 式順 (도를 이루신날 식 순서)

一、개 식=식이 열림. 開式

二、삼귀의례=부처님에게 와 부처님의 법과 그 법 三歸依禮
을 지키는 스님에게 의지함

三、독 경=부처님의 경전을 외움. 讀經 (여러 경전중 임의 선택함).

四、찬불가=부처님을 찬미하는 노래. 讚佛歌

五、입 정=마음을 조용히 가라 앉힘. 入定

六、설 교=부처님의 교법을 설함. 說法 教法 (대덕스님 또는 포교사가 설법함).

七、강 연（講演）＝성도의 참뜻을 설명함。（경우에 따라 생략해도 무방함）。

八、헌 공（獻供）＝부처님에게 공양（供養）을 올림。

九、예 참（禮懺）＝부처님에게 예배하면서 참회함。

十、축 원（祝願）＝원을 세워 부처님께 기원함。

十一、퇴 공（退供）＝공양을 물림。

十二、사홍서원（四弘誓願）＝네 가지의 큰 원을 맹세함。

十三、폐 식（閉式）＝식을 마침。

3、**열반절 식순**（涅槃節 式順）（부처님께서 입적하신 날 식 순서）

一、<ruby>開<rt>式</rt></ruby> 개 식＝식이 열림。

二、삼귀의례＝부처님에게 와 부처님의 법과 그 법을 지키는 스님에게 의지함。 _{三歸依禮}

三、독경＝부처님의 경전을 외움。 _{讀經}

四、입정＝마음을 조용히 가라 앉힘。 _{入定}

五、설교＝부처님의 교법을 설함。 _{說教} _{教法}

六、권공＝부처님께 공양을 권함。 _{勸供}

七、예참＝부처님께 예배하면서 참회함。 _{禮懺}

八、축원＝원을 세워 부처님께 기원함。 _{祝願}

九、退供 공＝공양을 물림。

사、四弘誓願 사홍서원＝네 가지의 큰 원을 맹세함。

十一、閉式 폐 식＝식을 마침。

4 住持 晋山 式順 **주지 진산 식순** (주지스님이 취임하는 식순)

一、開式 개 식＝식이 열림。

二、三歸依禮 삼귀의례＝부처님에게와 부처님의 법과 그 법을

지키는 스님에게 의지함。

三、式辭 식 사＝식에 대한 말씀。

四、新舊住持席次交換 신구주지 석차교환＝신구 주지가 자리를 바꿈。

五、 公印 引渡 印

　　공인 인도＝인을 바침。(사중에서 사용하는 모든 인장)

六、 經過報告

　　경과보고＝경과를 보고함。(신구주지가 지난 일을 보고한다)

七、 略歷報告

　　약력보고＝간단히 이력을 보고함。(신 주지의 약력을 보고함)

八、 祝電祝辭朗讀

　　축전 축사 낭독＝축하 전보와 축하의 말씀을 낭독함。

九、 來賓祝辭

　　내빈 축사＝오신 손님의 축하 말씀 (모인 손님중에서 함)。

十、 住持答辭

　　주지 답사＝주지스님의 답하는 말씀 (신 주지가 감사의 말씀을 함)。

十一、讃佛歌 **찬불가** (或 四弘誓願 혹 사홍서원)

부처님을 찬미하는 노래.

十二、閉式 **폐식**＝식을 마침.

⑤ 三冬結制榜 삼동 결제방

一、證明 **증명**＝부처님을 대신하는 큰 스님.

二、會主 **회주**＝이 모임의 주인격이 되는 큰 스님.

三、禪德 **선덕**＝덕이 높은 분으로 대중의 대표격이 되는 스님.

四、秉法 **병법**＝법도와 의식 절차에 밝은 스님.

五、어산 魚山 = 의식과 범패를 집행하는 스님.

六、범패 梵唄 = 주로 범패에 능숙한 스님.

七、지전 持殿 = 법당과 부처님을 시봉하는 스님.

八、창불 唱佛 = 예불할 때나 의식이 있을때 앞에서 먼저 소리를 내는 스님.

九、집주 執主 = 의식 집행에 있어 지휘격인 스님.

十、헌향 獻香 = 향로와 향에 대한 책임자.

十一、봉차 奉茶器 = 다기와 차에 대한 책임자.

十二、간당 看堂 = 집안을 항상 살피는 책임자.

二三, 송 자(頌子)=예불때나 기타 의식에 있어 게송을 범패로 부르는 책임자.

二四, 시 자(侍者)=큰 스님 곁이나 대중의 시봉을 맡은 책임자.

二五, 간 병(看病)=병든 스님을 구호하는 책임자.

二六, 종 두(鍾頭)=대중의 명령을 집행하는 책임자.

二七, 판 수(判首)=좌석이나 질서를 담당한 책임자.

二八, 표 백(表白)=대중에게 통고하는 책임자.

二九, 통 알(通謁)=대중 일동이 세배할때 선두에서 선창하는 책임자.

二十、시施식食＝영가靈駕에게 공양드리는 의식 책임자.

二十一、헌獻식食＝시식돌에 나아가 무주 고혼에게 공양시키는 책임자.

二十二、대對령靈＝영가를 맞이하는 의식의 책임자.

二十三、정淨통桶＝대중의 손 씻을 물을 준비하고 깨끗이 소제하는 책임자.

二十四、화火대臺＝땔감과 불에 대한 책임자.

二十五、지地배排＝마당 쓸고 도량道場을 청소하는 책임자.

二六、서書記 기 = 장부를 맡아 처리하는 책임자.

二七、별別座 좌 = 사중 음식과 기물을 관장하는 책임자.

二八、도都監 감 = 살림살이 전부를 감찰하는 책임자.

二九、찰察衆 중 = 대중의 동태를 살피는 책임자.

三十、지知客 객 = 손님 접대에 대한 책임자.

三一、입立繩 승 = 모든 법규와 질서를 확립시키는 책임자.

三二、유維那 나 = 기율과 법도를 총히 관장하여 지휘하는 책임자.

⑨ 추도 의식 追悼儀式

一、 개 식開式＝식이 열림。

二、 삼귀의례三歸依禮＝부처님에게와 부처님의 법과 그 법을

지키는 스님에게 의지함。

三、 독 경讀經＝부처님의 경전을 외움。

四、 묵 도黙禱＝속으로 조용히 기도함。

五、 추도문 낭독追悼文朗讀＝죽은 사람을 추도하는 글을 읽음。

六、 약력보고略歷報告＝간단히 이력을 보고함。

七、 추도사追悼辭＝죽은 사람을 추도하는 말씀。

八、 감 상感想＝느껴지는 생각 來賓中(내빈중)

761

九、소 향〈燒香〉＝향을 태움。（선유족 후내빈）先遺族 後來賓

十、답 사〈答辭〉＝답하는 말씀。（유족중）遺族中

十一、사홍서원〈四弘誓願〉＝네가지의 큰 맹세

十二、폐 식〈閉式〉＝식을 마침。

7 육 색 방〈六色榜〉（육소）六所

본시 육색이라 함은 음식을 부분적으로 관장하는 여섯 곳을 의미하는 것으로 조과〈造果〉、조병〈造餅〉、반두〈飯頭〉、숙두〈熟頭〉、다로〈茶露〉、공기〈工器〉이 여섯가지인데 근간에 와서 많은 종류가 불어났다。

一、조造화花＝꽃을 만드는 책임자。

二、조造과果＝과일을 주관하는 책임자。

三、조造병餅＝떡을 관리하는 책임자。

四、반飯두頭＝밥을 주관하는 책임자。

五、숙熟두頭＝나물을 주관하는 책임자。

六、채菜로露＝국을 주관하는 책임자。

七、공工기器＝그릇을 주관하는 책임자。

八、세細면麵＝국수를 주관하는 책임자。

九、자煮색色＝지짐을 주관하는 책임자。

十、반색盤色＝상을 주관하는 책임자.

十一、시색匙色＝수저를 주관하는 책임자.

十二、다각茶角＝차를 주관하는 책임자.

十三、지전持殿＝법당이나 부처님을 시봉하는 책임자.

十四、정통淨桶＝대중의 손 씻을 물을 준비하고 깨끗이 소제하는 책임자.

十五、급수汲水＝물을 공급하는 책임자.

十六、화대火臺＝땔감과 불에 대한 책임자.

十七、지배地排＝마당 쓸고 도량을 청소하는 책임자.

六、별別 좌座=사중 음식과 기물을 관장하는 책임자.

十九、도都 감監=살림살이 전부를 감찰하는 책임자.

二十、서書 기記=장부를 맡아 처리하는 책임자.

二十一、유維 나那=기율과 법도를 총히 관장하는 책임자.

8 사홍서원 四弘誓願

一、한없는 중생을 모두 건지오리다.

二、한없는 번뇌를 모두 끊으오리다.

三、한없는 법문을 모두 배우오리다.

四、위없는 불도를 기어이 이루오리다.

9 정기법회식순

(1) 開式(개식)

(2) 讚佛歌(찬불가)

(3) 三歸依(삼귀의)

(4) 讀經(般若心經)(독경·반야심경)

(5) 入定(입정)

(6) 請法(청법)

(7) 說法(설법)

(8) 精勤(정근)

(9) 發願文(발원문)

(10) 散會歌(산회가)

(11) 四弘誓願(사홍서원)

(12) 閉會(폐회)

10 佛誕節記念法會(불탄절기념법회)(부처님 오신날)

(1) 開式(개식)

(2) 三歸依(삼귀의)

(3) 讚佛歌(찬불가)

(4) 讀經(般若心經)(독경·반야심경)

(5) 入定(입정)

(6) 獻花(獻香)(헌화·헌향)

팔상예문 八相禮文

남南무無삼三계界대大사師 사四생生자慈부父 도兜솔率내來의儀상相 시是아我본本사師석釋가迦
모牟니尼불佛

남南무無삼三계界대大사師 사四생生자慈부父 비毘람藍강降생生상相 시是아我본本사師석釋가迦
모牟니尼불佛

南無三界大師 나무삼계대사
四生慈父 사생자부
四門遊觀相 사문유관상
是我本師釋迦 시아본사석가

牟尼佛 모니불
南無三界大師 나무삼계대사
四生慈父 사생자부
踰城出家相 유성출가상
是我本師釋迦 시아본사석가

牟尼佛 모니불
南無三界大師 나무삼계대사
四生慈父 사생자부
雪山修道相 설산수도상
是我本師釋迦 시아본사석가

牟尼佛 모니불
南無三界大師 나무삼계대사
四生慈父 사생자부
樹下降魔相 수하항마상
是我本師釋迦 시아본사석가

牟尼佛 모니불
南無三界大師 나무삼계대사
五生慈父 사생자부
鹿苑轉法相 녹원전법상
是我本師釋迦 시아본사석가

牟尼佛

南無三界大師 四生慈父 雙林涅槃相 是我本師釋迦

나무삼계대사 사생자부 쌍림열반상 시아본사석가

牟尼佛

모니불

南無 靈山會上 經藏律藏論藏 甚深法寶

나무 영산회상 경상율장논장 심심법보

南無 靈山會上 菩薩緣覺聲聞 清淨法寶

나무 영산회상 보살연각성문 청정법보

11

成道節 記念法會 (陰十二月八日)

성도절 기념법회

(1) 開式 개식
(2) 三歸依 삼귀의
(3) 讚佛歌 찬불가
(4) 讀經 독경
(5) 入定 입정
(6) 獻花(獻香) 헌화(헌향)
(7) 請法歌 청법가
(8) 說法 설법

(9) 祝辭_{축사}

(10) 献供_{헌공}

(11) 禮懺(八相禮文)_{예참 팔상례문}

(12) 發願文_{발원문}

(13) 成道歌_{성도가}

(14) 四弘誓願_{사홍서원}

(15) 閉式_{폐식}

12 涅槃節 記念法會(陰二月十五日)_{열반절 기념법회}

(1) 開式_{개식}

(2) 三歸依_{삼귀의}

(3) 讚佛歌_{찬불가}

(4) 讀經(般若心經)_{독경 반야심경}

(5) 入定_{입정}

(6) 献花_{헌화}

(7) 請法歌_{청법가}

(9) 献供_{헌공}

(10) 禮懺(涅槃禮文 혹은 八相禮文)_{예참 열반예문 팔상례문}

(11) 精勤_{정근}

(12) 發願文_{발원문}

(13) 涅槃歌_{열반가}

(14) 散會歌_{산회가}

(15) 四弘誓願_{사홍서원}

열반예문 涅槃禮文

지심정례공양 志心頂禮供養
열반교주감인세존 涅槃教主堪忍世尊 현 現
성광집중시신 聲光集衆時身

시아본사 是我本師 석가모니불 釋迦牟尼佛 수 受
순타시식시신 純陀施食時身

지심정례공양 志心頂禮供養
열반교주감인세존 涅槃教主堪忍世尊 와 臥
보상현병시신 寶床現病時身

시아본사 是我本師 석가모니불 釋迦牟尼佛
월애삼매시신 月愛三昧時身

지심정례공양 志心頂禮供養
열반교주감인세존 涅槃教主堪忍世尊 입 入
월애삼매시신 月愛三昧時身

지심정례공양 志心頂禮供養

지심정례공양(志心頂禮供養) 시아본사 석가모니불(是我本師 釋迦牟尼佛) 시 인천상호시신(示 人天相好時身)

지심정례공양(志心頂禮供養) 열반교주 감인세존(涅槃教主 堪忍世尊) 관 세간적정시신(觀 世間寂靜時身)

지심정례공양(志心頂禮供養) 시아본사 석가모니불(是我本師 釋迦牟尼佛) 입(入)

지심정례공양(志心頂禮供養) 열반교주 감인세존(涅槃教主 堪忍世尊) 입 사선멸도시신(入 四禪滅度時身)

지심정례공양(志心頂禮供養) 시아본사 석가모니불(是我本師 釋迦牟尼佛) 금관백첩시신(金棺白氎時身)

지심정례공양(志心頂禮供養) 열반교주 감인세존(涅槃教主 堪忍世尊) 시 음광쌍부시신(示 飲光雙趺時身)

지심정례공양 (志心頂禮供養)
시아본사 석가모니불 (是我本師 釋迦牟尼佛)

지심정례공양 (志心頂禮供養)
열반교주감인세존 입 향루화화시신 (涅槃教主堪忍世尊 入 香樓火化時身 如是)

지심정례공양 (志心頂禮供養)
시아본사 석가모니불 (是我本師 釋迦牟尼佛)

지심정례공양 (志心頂禮供養)
열반회상 소설법문 수다라장 여시 (涅槃會上 所說法門 修多羅藏 如是)

해회 심신법보 (海會 甚深法寶)
열반회상 소집성현 보살승 성각승 (涅槃會上 所集聖賢 菩薩僧 聲覺僧)

지심정례공양 (志心頂禮供養)
성문승중 (聲聞僧衆)

유원삼보 대자대비 수차공양 원공법계제중생 (唯願三寶 大慈大悲 受此供養 願共法界諸衆生)

동입미타대원해 (同入彌陀大願海)

13 受戒式順(수계식순)

(1) 開式(개식)
(2) 三歸依(삼귀의)
(3) 讚佛歌(찬불가)
(4) 讀經(般若心經)(독경 반야심경)
(5) 入定(입정)
(6) 受戒(수계)
　나, 司會者가 受戒者를 號命하여 세움。
　다, 受戒者 三拜
　라, 說戒(法師가 五戒를 설함)
　마, 燃臂(受戒者의 팔에 연비함)
　바, 受戒名授與(佛名을 줌)
(7) 說法(受戒의 功德과 意義)
(8) 四弘誓願(사홍서원)
(9) 散會歌(산회가)
(10) 閉式(폐식)

14 離 就任式(住持晋山式)(이취임식 주지진산식)

　가, 受戒師登壇
　나, 司會者가 受戒者를 號
(1) 開式(개식)
(2) 三歸依(삼귀의)
(9) 經過報告(경과보고)
(10) 略歷報告(약력보고)

(3) 讚佛歌(般若心經) 찬불가 반야심경
(4) 讀經(般若心經) 독경 반야심경
(5) 入定 입정
(6) 献花 및 献香 헌화 헌향
(7) 新舊任住持席次交換 신구임주지석차교환
(8) 公印引渡 공인인도

(11) 離、就任辭 이취임사
(12) 꽃다발贈呈 증정
(13) 來賓祝辭 내빈축사
(14) 發願文 발원문
(15) 四弘誓願 사홍서원
(16) 閉式 폐식

15 歡送法會 환송법회

(1) 開式 개식
(2) 三歸依 삼귀의
(3) 讚佛歌 찬불가
(4) 讀經(般若心經) 독경 반야심경

(7) 祝辭 축사
(8) 答辭 답사
(9) 功勞章 및 牌贈呈 공로장 패증정
(10) 四弘誓願 사홍서원

(6) 經過報告 (경과보고)
(5) 落成테이프絶斷 (낙성 절단)
(11) 閉式 (폐식)

16 除幕式順(塔、浮屠、碑石、銅像) (제막식순 탑 부서 비석 동상)

(1) 開式 (개식)
(2) 三歸依 (삼귀의)
(3) 國民儀禮 (국민의례)
(4) 經過報告 (경과보고)
(5) 除幕 (제막)
(6) 獻花 및 獻香 (헌화 헌향)
(7) 讀經(般若心經) (독경 반야심경)
(8) 說法 (설법)
(9) 祝辭 (축사)
(10) 四弘誓願 (사홍서원)
(11) 閉式 (폐식)

※ 주위환경정돈을 하고 막을 친다. 막은 깨끗한 흰천으로 한다. 동상이나 건립물은 테프로 차단하였다가 제막하기 위하여 들어갈때 끊도록 하는것이 좋다. 동상이나 건립물이 많이 하나 동상이나 비석등이 법당이나 회관 곁에 있을때는 室內에서 하여도 무방하다.

式場은 동상이나 건립물이 있는 현장에서

17 打鍾式順

打鍾式順 (타종식순)

(1) 開式 (개식)

(2) 三歸依 (삼귀의)

(3) 讀經(般若心經) (독경 반야심경)

(4) 經過報告 (경과보고)

(5) 法語 (법어)

(6) 功勞章 및 賞牌贈呈 (공로장 및 상패증정)

(7) 祝辭 (축사)

(8) 除幕 (제막)

(9) 打鍾 (타종)

(10) 四弘誓願 (사홍서원)

(11) 閉式 (폐식)

※

가, 종을 흰광목으로 보이지 않게 잘 감싸고 五色실이나 천으로 종과 종각 주위를 장엄하게 설치하여 打鍾式이 끝난 후에 참석 신도들에 나누어 준다.

나, 종각의 출구를 五色테프나 천으로 가로막은 다음 타종식순의 제막시에 참석한 대표가 가위로 자르고 들어간다.

다, 제막시에 사용할 가위와 흰장갑을 代表者 수에 맞추어 미리 준비한다.

라, 새로 수조된 종을 많은 사람들이 打鍾하게 됨으로 가능한 強打하지 않도록 각별히 조심하여야 한다.

18 追悼儀式(추도의식)

(1) 開式(鳴鍾) 개식·명종
(2) 三歸依 삼귀의
(3) 讀經(般若心經) 독경·반야심경
(4) 黙禱(入定) 묵도·입정
(5) 故人略歷報告 고인약력보고
(6) 追悼辭 추도사
(7) 獻花 및 焚香(유족이 먼저 하고 내빈이 한다) 헌화·분향
(8) 遺族代表答辭 유족대표답사
(9) 靈駕祝願 영가축원
(10) 四弘誓願 사홍서원
(11) 閉式 폐식

19 永訣式 영결식

(1) 開式 개식
(2) 三歸依 삼귀의
(3) 法主唱魂着語 법주창혼착어
(7) 獻花 및 焚香(莊嚴念佛 또는 吊樂) 분향·조악
(8) 遺族人事 유족인사
(9) 吊砲 또는 吊樂 조포·조락

(1) 證明증명
(2) 會主회주
(3) 禪德선덕
(4) 秉法병법
(5) 魚山어산
(6) 梵唄범패
(7) 梵唄범패
(8) 持殿지전
(9) 唱佛창불
(10) 執金집금
(11) 献香헌향
(12) 奉茶봉다
(13) 看堂간당
(14) 頌子송자

20 三冬삼동 結制榜결제방

(4) 讀經(般若心經)독경 반야심경
(5) 略歷報告약력보고
(6) 吊辭조사

(10) 四弘誓願사홍서원
(11) 影幀영정 및 靈柩退場영추퇴장
(12) 閉式폐식

779

(1)　　　(33)　(31)　(29)　(27)　(25)　(23)　(21)　(19)　(17)　(15)

證증 21 維유 察찰 別별 地지 淨정 献헌 通통 祝축 鍾종 道도

明명 齋제 那나 衆중 座좌 排배 桶통 食식 謁갈 上상 頭두 子자
　　時시
　　龍용
　　象상
　　榜방

(2)　　　(32)　(30)　(28)　(26)　(24)　(22)　(20)　(18)　(16)

會회　 立입 都도 書서 火화 對대 施시 表표 判판 侍대

主주　 繩승 監감 記기 臺대 靈령 食식 白백 首수 者자

(25)	(23)	(21)	(19)	(17)	(15)	(13)	(11)	(9)	(7)	(5)	(3)
對대	上상	庫고	中중	侍대	威위	鳴명	道도	判판	梵범	魚어	禪
靈령	疏류	壇단	壇단	者자	儀의	螺라	者자	首수	唄패	山산	德

(26)	(24)	(22)	(20)	(18)	(16)	(14)	(12)	(10)	(8)	(6)	(4)
靈영	中중	馬마	使사	堂당	奉봉	陽양	攻공	鍾종	衆중	梵범	秉병
飯반	疏류	壇단	壇단	佐좌	輦련	傘산	鋼강	頭두	首수	音음	法법

제2장 神신秘비篇편

1、各각種종 幡번式식

삼신번(三身幡)・南無清淨法身毘盧遮那佛　南無圓滿報身盧舍那佛　南無千百億化身釋迦牟尼佛

보고번(普告幡)・普告十方諸刹海　無盡佛法僧三寶　四部衆及群生類　咸赴道場受此供

시왕번(十王幡)・奉請不違本誓第一泰廣大王並從眷屬

奉請植本慈心第二初江大王並從眷屬

奉請隨意往生第三宋帝大王並眷屬

奉請秤量業因第四五官大王並從眷屬

奉請當得作佛第五閻羅大王並從眷屬

奉請斷分出獄第六變成大王並眷屬

奉請收録善案第七泰山大王並從眷屬

奉請不借絲毫第八平等大王並從眷屬

奉請彈指滅火第九都市大王並從眷屬

奉請勸成佛道第十五道轉輪大王並從眷屬

奉請職居總師分符別化泰山府君等衆

奉請決判無私二十四案諸位判官等衆

奉請位號分明迦延等二九諸王等衆

奉請廣道群述恒加禁等諸大鬼王等衆

奉請敬巡都統五道大神將軍童子等衆

奉請力助冥王從官使者諸位靈宰等衆

2、名旌式(명정식)

傳佛心燈(전불심등) 扶宗樹教(부종수교) 一國名現(일국명현) 某堂大禪師之龕(모당대선사지감) (大宗師)(대종사) 崩騰神所在方(붕등신소재방)

念佛三昧(염불삼매) 心口相應(심구상응) 叢林大德(총림대덕) 某堂大禪師之龕(모당대선사지감) (念佛人)(염불인) 春在申酉間(춘재신유간)

參詳活句(참상활구) 脫灑納僧(탈쇄납승) 山中碩德(산중석덕) 某堂大禪師之龕(모당대선사지감) (坐禪人)(좌선인) 夏在亥子間(하재해자간)

本師毘尼(본사비니) 淨如氷雪(정여빙설) 捨命護持(사명호지) 某堂大律師之龕(모당대율사지감) (持律人)(지율인) 秋在寅卯間(추재인묘간)

總領僧風 (총령승풍) 不違規繩 (불위규승) 名現判事 (명현판사) 某堂大和尚之龕 (모당대화상지감) (判事人) (판사인) 冬在巳午間 (동재사오간)

剃染棲雲 (자염처운) 從師學道 (종사학도) 清風納子 (청풍납자) 某堂大和尚之龕 (모당대화상지감) (學道人) (학도인)

托跡山門 (탁적산문) 剃染斷谷 (자염단곡) 守護伽藍 (수호가람) 某堂大和尚之龕 (모당대화상지감) (平常人) (평상인)

작은 물그릇 네개를 준비하여 그릇에다 깨끗한 물을 가득 담는다. 한 복판(正中央)에다 석자 깊이로 땅을 파고 동서남북 네곳에 물그릇을 안치한다(한구덩이에 같이) 이것이 즉 중방수(中方水)다. 다음에는 납작한 돌을 구하여 흙이 들어가지 않도록 잘 덮고 흙을 묻는다.

③ 입치오주(入廁五呪)

입치진언(入廁眞言) · 옴 하로 다야 사바하 (세번)

세정진언(洗淨眞言) · 옴 하나 마리제 사바하 (세번)

세수진언(洗手眞言) · 옴 주가라야 사바하 (세번)

거예진언(去穢眞言) · 옴 시리예바혜 사바하 (세번)

정신진언(淨身眞言) · 옴 바아라 뇌가닥 사바하 (세번)

무병수진언(無瓶水眞言) · 옴

摘葉蓮華枝(적엽연화지) 還同海上波(환동해상파) 此處無瓶水(차처무병수)

淸淨琉璃界(청정유리계) 옴 정체 혜체 사바하

大小便時(대소변시) 當願衆生(당원중생) 棄貪瞋癡(기탐진치) 蠲除罪業(견제죄업)

當願衆生(당원중생) 皆得妙法(개득묘법) 究竟淸淨(구경청정) 嚼楊枝時(작양지시)

手執楊枝(수집양지) 當願衆生(당원중생) 其心淸淨(기심청정) 噬諸煩惱(서제번뇌)

작양지진언(嚼楊枝眞言) · 옴 바아라 사바하

세수면진언(洗水面眞言)·옴 사만다 바리슷제훔

수구진언(嗽口眞言)·옴 도도리 구로구로 사바하

이수구장 당원중생 득청정수 수지불법
以水盥掌 當願衆生 得漬淨水 受持佛法

정수패 약견유수 당원중생 득선의욕 세척멸구
淨水牌 若見流水 當願衆生 得善意欲 洗滌滅垢

옴 바시바라마니 사바하

나무환희장엄왕불 나무무량승왕불 나무보결여래불
南無歡喜莊嚴王佛 南無無量勝王佛 南無寶髻如來佛

4 십팔지옥송

十八地獄誦

① 無間地獄 (무간지옥—사방이 꽉 막혀 답답하게 갇혀 있는 지옥임)

탐욕과 애욕에 가려 밝은 지혜가 어두워지고, 이익만 알아서 부처님의 도에 벗어나니 눈을 뜨고도 자는 것이나 다름이 없다. 사방에 긴밀하게 쌓여 벗어날 틈이 없으니 이것이 무간지옥(無間地獄)이로다.

비록 인간으로 태어났으나 결국 물소(水牛)가 되고

만다.

② 犁耕地獄(이경지옥—소가 되어 밭가는 지옥)

지혜도 없고, 하는 일도 없이 망녕된 말만 하고,

그릇 중생들에게 인의만 해칠 뿐이다. 몇겁을 두고

소가 되어 보습을 차고 밭갈이하는 고초야 혀로써 어

찌다 말하랴, 잠시 사람의 몸을 빌렸다가 곧 귀신

이 되고 말리라.

③ 寒氷地獄(한빙지옥—꽁꽁 얼음이 얼어 몹시 추

운 지옥)

사람의 도리를 어기고 도적질로 인명과 재물을

뺏고, 소와 양의 껍질을 벗겨 얼어죽게 한다. 이러한 보(報)를 받아 자신이 얼음지옥에 들어가 천억겁을 지나리, 잠시 사람의 몸을 얻어 태어날지라도 지극히 빈천하게 되리라.

④ 沸屎地獄(비시지옥—오줌 똥으로 범벅된 지옥)

어리석고 무지한 인생이 주색만 탐하고 부모 형제와 친척을 몰라본다. 구린내가 풍기는 비시지옥과 불타는 성안에 갇혀 억겁을 고생하리라. 잠시 사람으로 태어났다가 똥구더기로 변한다.

⑤ 火鉅地獄—(화거지옥 불갈쿠리 지옥)

음욕과 여색을 탐하고 행실이 나쁘며, 노래와 오락과 침구(針灸)로 사람을 속이면서 재물만 취한다.

불이 활활 타는 화거지옥에서 억겁을 지나리, 행히 사람으로 태어날지라도 천치나 병자의 몸이 되리라.

⑥ 銅柱地獄(동주지옥—구리로 만든 지옥)

어리석고 망녕된 욕심으로 이익만 알아서 재물과 돈 때문에 사람의 목숨까지 죽인다. 몸이 꽁꽁묶인채 구리벽으로 만든 지옥에 들어가 만겁이나 고초를 받으리, 행히 사람으로 환생할지라도 명대로 살지 못하고 감옥에서 죽으리라.

⑦ 啼哭地獄(제곡지옥—귀신의 울음소리가 요란한 지옥)

나라의 임금이나 큰 벼슬아치 또는 사람의 목숨을 좌우하는 직책을 띤 자가 형벌을 잘못 다루어 원

통하게 죽이면 제곡지옥에 들어가 오직 귀신들의 슬

피 울부짖는 소리뿐 먹고 마실 것이 없다。 비록 사

람으로 환생할지라도 말못하는 벙어리가 되리라。

⑧ 鐵錯地獄 (철착지옥—쇠로 만들어진 지옥)

더러운 신을 신은채 불전을 밟고, 맑고 깨끗한

불당(佛堂)을 더럽히는 사람은 억천만겁을 어둡고 캄

캄한 지옥에서 보내리。 잠시 인간으로 태어 났다가

작은 벌레가 되리라。

⑨ 刀山地獄 (도산지옥—칼산으로 된 지옥)

공연히 남을 미워하고 해치려는 마음으로 긴 칼

날 휘둘러 무수한 생명을 살해하면 도산지옥에 들어

가 먹을 것없이 굶주리며 지옥의 고초가 무궁하리라。

겨우 인간의 몸으로 태어나나 모든 사람에게 심한 천

대를 받는다.

⑩ 鐵床地獄 (철상지옥—쇠판을 깔아 놓은 지옥)

변방을 진압한다는 핑계로 불쌍한 백성들에게 비리의 재물을 약탈하니 맑은 샘물 꽃피는 숲이 철성 (鐵城—쇠로 벽을 친 지옥) 으로 변한다. 간신히 사람의 몸이 되어 태어날지라도 일평생 일어나지 못하는 질병으로 앓으리라.

⑪ 破磨地獄 (파마지옥—갈고 바스라지는 지옥)

까닭없는 심술로 흐르는 물에 돌을 던지니 작은 벌레며 물고기 따위가 돌에 눌려 헤아릴 수 없이 죽는다. 죽어서 미생물이 되어 천억겁을 돌에 맞아 죽곤 한다。 비록 인간의 몸을 얻어 태어날지라도 눈먼 소경이 되리라。

⑫ 鑊湯地獄 (확탕지옥—끓는 가마속으로 들어가는 지옥)

날짐승 기는 짐승 수없이 잡아 자신의 구미를 돋구는 것으로 세월한다。 이러한 사람은 확탕지옥의 끓는 간장물에서 항시 불을 마시는 고통을 겪다가 행여 인간으로 태어날지라도 얼마 살지 못하리라。

⑬ 爐炭地獄 (노탄지옥—용광로와 같이 몹시 뜨거운 지옥)

공연히 산이나 수풀에 불을 질러 산짐승、날짐승、그리고 수 많은 벌레들이 불에 타 죽게 하면 활활 타는 불지옥에 들어가 몇겹을 두고 벗어나지 못한다.

비록 인간의 몸으로 다시 태어날지라도 일찍 불에 타

목숨을 잃으리라.

⑭ 淤泥地獄 (어니지옥—진흙탕으로 범벅된 지옥)

시냇물, 연못 바다 등에다 그물을 쳐서 수 없이

많은 물고기들을 몰살하면 진흙지옥에 가서 고생하

거나, 물이 가득한 지옥에 빠져 헤어나지 못한다.

행히 인간으로 태어난다 할지라도 결국 물에 빠져 죽

는 신세가 될 것이다.

⑮ 衆合地獄 (중합지옥—벽이 겹겹으로 막힌 지옥)

부모나 스승의 은혜를 모르고 도리어 미워하고,

어른과 어진 사람, 그리고 형제마저 몰라보면 만억

겁에 쌓인 무간지옥에 들어가리, 비록 인간의 몸을 얻어 태어날지라도 죽어서 물소가 되고 말리라.

⑯ 石磕地獄(석개지옥—돌로 쌓인 지옥)

○남의 물건을 도둑질하여 배를 채우고 남는 것은 팔아서 재산을 만든다. 만겁을 두고 아무것도 보이지도 들리지도 않는 지옥에 갇히리, 혹 인간으로 잠간 태어났다가 피를 빨아먹고 사는 모기나 등애 (蚊虻)가 되리라.

⑰ 釼樹地獄(검수지옥—칼을 꽂아놓은 지옥)

○땅을 파고 날카로운 창끝이나 사슬을 장치하여 지나가는 사람이나 짐승들을 상하게 하는 것으로 업을 삼는다. 죽어서 검수지옥에 들어가 억겁이나 고

초받으리, 혹 인간으로 환생할지라도 사지(四肢)가 없는 불구자가 되리라.

八寒地獄 (팔한지옥—몹시 추운 지옥)

인간으로 지켜야 할 오계(五戒) 및 십계(十戒)를 범하고 꼼짝하기가 싫은 게으름뱅이가 되어 누워서 놀고 먹는다. 견딜 수없이 추운 지옥에 들어가 무수한 억겁을 고초 받으리라. 잠깐 인간으로 태어났다가 일어나지 못하고 누어서 기어다니는 뱀이 된다.

十王願佛	十王名號	十王誕生	所屬地渡	所屬六甲
定光佛	秦光大王	二月一日	刀山	庚午 辛未 壬申 癸酉 甲戌 乙亥
藥師佛	初江大王	三月一日	鑊湯	戊子 己丑 庚寅 辛卯 壬辰 癸巳
賢劫千佛	宋帝大王	二月二六日	寒氷	壬午 癸未 甲申 乙酉 丙戌 丁亥
阿彌陀佛	五官大王	一月八日	釘樹	甲子 乙丑 丙寅 丁卯 戊辰 己巳
地藏菩薩	閻羅大王	三月八日	拔舌	庚子 辛丑 壬寅 癸卯 甲辰 乙巳
大勢至菩薩	變成大王	二月二七日	毒蛇	丙子 丁丑 戊寅 己卯 庚辰 辛巳
觀音菩薩	泰山大王	三月二日	判碓	甲午 乙未 丙申 丁酉 戊戌 己亥
盧舍那佛	平等大王	四月一日	鉅解	丙午 丁未 戊申 己酉 庚戌 辛亥
藥王菩薩	都市大王	四月七日	鐵床	壬子 癸丑 甲寅 乙卯 丙辰 丁巳
釋迦如來	五道轉輪大王	四月二七日	黑暗	戊午 己未 庚申 辛酉 壬戌 癸亥

月別	正月	二月	三月	四月	五月	六月	七月	八月	九月	十月	十一月	十二月
文殊 削髮日	三日	十五日	十四日	十五日	十七日	十五日	八日	九日	九日	九日	三日	三日
文殊 沐浴日	二日 三日	四日 七日	六日 十四日	四日 八日	十七日 十八日	五日 七日	三十日 十日	九日 二十日	十日 十六日	八日 十七日	九日 二十日	二十日 二十三日
文殊 洗頭日	九日	七日	九日	四日	三十日	六日	七日	三十日	二十六日	十日	四日	二十九日
普賢 洗足日	三日	十五日	二十日	十四日	十七日	十三日	八日	九日	五日	九日	三日	三日
觀音 示現日	八日	七日 十六日	三十六日 二十三日	十二日 二十二日	十三日 十七日 三十日	十六日 二十日 二十三日	十三日 十七日	十三日	二十三日	二日	十九日	二十四日
七星 禮拜日	十日	六日	八日	七日	二日	二十七日	五日	十三日	九日	二十日	三日	二十七日
功德別	綠髮還生	免害得福	免避狂亂	所求皆得	無病長壽	所求如意	長命富貴	元無悲患	自無官訟	得金玉帛	得其財寶	奴馬自至

7 십재일(매월)

（十齋日 每佛菩薩名號 十念則 不墮地獄）

(1) 定光如來 정광여래 一日
(2) 藥師如來 약사여래 八日
(3) 賢劫千佛 현겁천불 十四日
(4) 阿彌陀佛 아미타불 十五日
(5) 地藏菩薩 지장보살 十八日
(6) 大勢至菩薩 대세지보살 二十三日
(7) 觀世音菩薩 관세음보살 二十四日
(8) 盧舍那佛 노사나불 二十八日
(9) 藥王菩薩 약왕보살 二十九日
(10) 釋迦如來 석가여래 三十日

8 제성헌공길일

諸聖獻供吉日

佛供吉日 불공길일

甲子 甲戌 甲午 甲寅 乙丑 乙酉 丙寅 丙
庚辰 庚戌 辛酉
申 丙辰 丁未 戊寅 戊子 己丑 己亥 庚午

龍王吉日 용왕길일

甲子 甲戌 甲午 甲辰 乙丑 乙亥 乙卯 乙
酉 丙申

龍王吉日(용왕길일) · 丙戌 丁卯 戊子 庚辰 壬寅 壬申 癸酉 癸丑 庚子

七星吉日(칠성길일) · 每月 三日 七日 八日 十五日 二十七日

山神吉日(산신길일) · 甲子 甲戌 甲午 甲寅 乙丑 乙亥 乙未 乙卯 丁亥 丁未 戊辰 己巳 己酉 庚辰 辛亥

竈王吉日(귀왕보살) · 甲戌 甲申 甲辰 乙酉 乙卯 丙午 丁卯 丁亥 丁酉 己丑 己酉 庚辰 辛亥 辛酉 辛卯 壬寅 癸卯

佛像奉安日(불상봉안일) · 甲午 乙卯 乙丑 乙酉 庚辰 庚戌 辛亥 壬午 壬辰 癸酉 癸亥

童子上寺日(동자상사일) · 甲子 甲申 乙丑 乙酉 丁未 己巳 癸未

9、혼인길일 婚姻吉日

正月 · 丙寅 庚寅 丁卯 辛卯 戊寅 丁丑 乙丑 庚子 戊
子

二月 · 丙子 丙戌 丙寅 庚子 庚戌 庚寅 戊寅 戊子 戊
戊 乙丑 丁丑

三月 · 丙子 丙戌 甲子 甲戌 乙丑 丁丑 己丑 己酉 戊
子

四月 · 甲子 甲戌 甲申 丙子 丙戌 戊子 戊申 戊
戊 乙酉

五月 · 甲申 甲戌 丙申 丙戌 戊戌 戊申 乙未 乙酉 癸
未 癸酉

六月・甲戌 甲申 甲午 辛巳 辛未 壬辰 壬午 壬申 癸
巳 癸未

七月・甲午 甲申 乙巳 乙未 乙酉 壬午 壬申 癸巳 癸
未 癸酉

八月・甲辰 甲午 甲申 辛巳 辛未 壬辰 壬午 壬申 癸
巳 癸未

九月・庚辰 庚午 辛卯 辛巳 辛未 壬辰 壬午 癸卯 癸
巳 癸酉

十月・庚寅 庚辰 庚午 辛卯 辛巳 壬寅 壬辰 壬午 癸
卯 癸巳

十一月・庚寅 庚辰 辛丑 辛卯 辛巳 丁丑 丁卯 丁
巳 己丑 己卯

十二月・庚子 庚寅 丙子 丙寅 丙辰 戊子 戊寅 戊辰 辛卯 辛酉

[10]、移徒吉日 이사길일

一月、壬辰 丙辰 丁未 辛未

二月、甲子 甲午 乙丑 乙未

三月、丙寅 庚午 己巳 壬辰 壬寅

四月、癸卯 甲午 丙午 庚午

五月、庚申 甲申

六月、甲寅 丁酉

七月、庚戌 甲戌

八月、乙亥 辛亥 癸丑

九月、甲午 甲申 丙午

十月、甲子 庚辰 甲午 戊子 壬午

十一月、乙丑 癸丑 乙未 丁丑

十二月、甲寅 庚寅 丁卯 乙亥 辛亥

⑪、이사불길방 (移徒不吉方)

삼살방・(三殺方)

申子辰年(신자진년) 南方(남방)

巳酉丑年(사유축년) 東方(동방)

寅午戌年(인오술년) 北方(북방)

亥卯未年(해묘미년) 西方(서방)

寅卯辰年(인묘진년) 南方(남방)

대장군방・(大將軍方)

北方(북방)

亥子丑年(해자축년) 東方(동방)

申酉戌年(신유술년) 南方(남방)

⑫、제종요방 (諸種要方)

붕마신소재방・(崩騰神所在方)

神後行(신후행)

師前行(사전행)

師後行(사후행)

秋三(추삼)、神左行(신좌행)

師右行(사우행)

冬三(동삼)、

春三(춘삼)、神右行(신우행)

師左行(사좌행)

夏三(하삼)、神前行(신전행)

거화시법사립방 ·

거화시법사립방(擧火時法師立方) · 正五九月 向西立(향서위)、二六十月 向北立(향북위)
三七至月 向東立(향동위)　四八臘月 向南立(향남위)

월덕방수법(月德方水法) · 正五九月　巳午間丙水(사오간병수)　二六十月　寅卯(인묘)
間甲水(간갑수)　三七至月　亥子間壬水(해자간임수)　四八十
二月　申酉間庚水(신유간경수)

사인왕생론(死人往生論) ·
子丑日死天道往(자축일사천도왕)
寅申日死僧道往(인신일사증도왕)
卯酉日死冤道往(묘유일사원도왕)
辰戌日死畜道往(진술일사축도왕)
巳亥日死獄道往(사해일사옥도왕)
午未日死佛道往(오미일사불도왕)

13 삼재법(三災法)

巳酉丑生(사유축생)＝亥子丑年(해자축년)
(뱀、닭、소띠는 돼지해에 들 삼재이고 쥐
해에 눌 삼재임. 소해에 날 삼재임.)

申子辰生(신자진생)＝寅卯辰年(인묘진년)
(원숭이、쥐、용띠는 범해에 들 삼재임.
토끼해에 눌 삼재임. 용해에 날 삼재임.)

亥卯未生＝巳午未年

寅午戌生＝申酉戌年

（돼지、토끼、양띠는 뱀해에 들 삼재임。말해에 눌 삼재이고。양해에 날 삼재임。범、말、개띠는 원숭이해에 들 삼재임。닭해에 눌 삼재이고。개해에 날 삼재임。）

14 、연중 행사

음력 1月 초 신년도 기원법회

음력 1월 15일 삼동결제 해제일

음력 2월 8일 석가모니 출가일

음력 2월 15일 석가모니 열반일

음력 7월 15일 우란분절 백중일

음력 4월 4일 문수보살 성탄일

음력 4월 8일 석가모니 성탄일

음력 4월 15일 삼하결제 위시일

음력 7월 7일 북두칠성 칠석일

음력 10월 15일 삼동결제 위시일

15 、육갑해원경

六甲解冤經

갑자을축해중금은 금생남녀원혼인가 금생여수아니
（甲子乙丑海中金 金生男女寃魂 金生麗水）

망망창해벽파중에 황금찾
（茫々蒼海碧波中 黃金）

어든 금을 어이 원할손가
（金 願）

아 쌓아놓고 부귀영화 바랬더니 인간생사재천이니
（富貴榮華 人間生死在天）

속절없이 죽어지니 인간이별 적막하여

(후렴) 글로 맺힌 원혼인가, 맺힌 마음 풀어놓고 인

도환생 들어가오. 오늘날도 해원이야.

병인정묘노중화는 화생남녀원혼인가, 노상천변 허

튼 불은 무주고총 붙지마라. 홀로 앉은 슬픈 무덤구

구도토 불쌍하네. 화발총상되게되면 불꺼줄이 뉘 있

을까. (후렴)

무진기사대림목은 목생남녀원혼인가, 울울창창임

하촌에 두견이는 수심근심 짝을 지어 귀촉도 슬픈 소

리 깊이 든 잠 깨들마라. 허허석공산(虛虛夕空山) 어디두고 적막(寂寞)

한 분묘전에 쓸쓸히 우는 것이 전전반칙생각(轉轉返側生覺)다가 (후

렴)

경오신미로방토(庚午辛未路磅土)는 토생남녀원혼(土生男女冤魂)인가, 북망산로방(北忙山路磅)

하에 설중고적(下雪中孤迹) 묻힌 무덤 백설한풍(白雪寒風) 어이하며 굿은비

는 어이할고 잡새는 날아들고 계수(溪水)는 잔잔 유수선(流水鮮)한

데 두견접봉(杜鵑蝶蜂) 벗을 삼아 장탄수심원한(長嘆愁心冤恨)타가 (후렴)

임신계유금봉금(壬申癸酉金鋒金)은 금생남여원혼(金生男女冤魂)인가, 칠척장검(七尺長劍) 빗

겨들고 일장휴지(一場休地)한 연후(然後)에 일평정(一平定)바랬더니 인간생사(人間生死)

재천이니 속절없이 죽어가니 칠척검만 남아 있네 용

검출갑못하여서 (후렴)

갑술을해산두화는 화생남녀원혼인가, 화전봉명사

자되어 원정국전소식키로 봉화불 이전키로 천리원정

먼먼길에 정부사로 못오는가. 한번 떠나간 길 길을

몰라 못오는가 소식조차 돈절하니 (후렴)

병자정축윤하수는 수생남녀원혼인가, 수중고혼불

상하네。 부부중유백석탄에 왕래하는 상매선에 수육

제를 얻어먹고 망지이상출세키로 용궁에 비는 소리

강신도 락루하고 백운도 주저하네。 어느누가 초혼하

여 향양지지 찾어가서 어느뉘가 묻어줄고 (후렴)

무인기묘성두토는 토생남녀원혼인가, 성하사창등

촉하에 경경한등처량하고 부유건곤한 세상에 초로같

이 죽어지니 뼈는 썩어 흙이 되고 살은 썩어 물이 되

여 골육보토 생각하니 절절이 원혼이라 (후렴)

경진신사백랍금은 금생남녀 원혼인가, 백납에어린

몸이 벽파중에 죽단말가 춘풍세우 눈물바다 시시

때때로 맺힌 마음 춘풍호적 짝을 지어 호지삼춘놀고

810

본들 맺인마음 풀릴손가 혼미중천(魂迷中天) 걸린마음 둘때없

어 (후렴)

임오계미양류목(壬午癸未楊柳木)은 목생남녀원혼(木生男女冤魂)인가, 양류청청(楊柳青青) 푸

르고 홍착화용(紅着花容)불것어니 화류시절(花柳時節)이 아닌가 화용월(花容月)

태(態) 어디두고 화류시절(花柳時節) 모르시네. 록수진경(綠樹秦京)을 가졌는

가, 청운낙수(青雲洛水)를 건넜는가, 내가 간들 아주가며 아주

간들 잊을손가. 오매불망(寤寐不忘) 한(恨)이 되여 (후렴)

갑신을유천중수(甲申乙酉泉中水)는 수생남녀원혼(水生男女冤魂)인가, 우물아래 이

별(別)같이 관해소식(觀海消息) 적막(寂寞)하고 정객결산불해병(征客閑山不解兵)도 풀이올 離

811

때 다시 있고 운리추풍낙엽들도 고목귀근 돌아오고
雲裡秋風落葉　古木歸根

이대춘풍사초들도 봄비 오기만 기다리네。한번 가고
以待春風莎草

못온다면 (후렴)
병술정해옥상토는 토생남녀원혼인가、이터전 명당
丙戌丁亥屋上土　土生男女冤魂　明堂

에 성조님을 뫼시옵고 만대유전바랐더니 영화복록어
成造任　萬代遺傳　榮華福祿

디가고 북망산이 무슨일고 인간생사는 일장춘몽이라
北忙山　人間生死　一場春夢

가는 광음탄식타가 (후렴)
무자기축벽력화는 화생남녀원혼인가、번개같이 빠
光陰嘆嗅　戊子己丑霹靂火　火生男女冤魂

른 세월 이팔청춘가련하고 백발공도 한심하니 오는
二八青春可燐　白髮公道寒心

광음(光陰) 어찌하며 가는 춘풍(春風) 어찌하리. 운수청산(雲樹靑山) 깊은

곳에 홀로앉아 자탄타가(自嘆) (후렴)
경인신묘송백목은(庚寅辛卯松栢木) 목생남녀원혼인가(木生男女冤魂), 송백같이(松栢) 굳

은 절개 천만세(千萬歲)나 살자드니 꿈같은 이세상(世上)에 초로같(草露)

이 죽어지니 육리청산(六里靑山) 들어가서 사초(莎草)로 집을 짓고

송백(松栢)으로 울을 삼고 홀로이 누웠으니 인간(人間)자취 적막

하여 (후렴)
임진계사장류수는(壬辰癸巳長流水) 수생남녀원혼인가(水生男女冤魂), 냉천수(冷川水) 흐르

는 물은 장류불식(長流不息)되였구나. 인도수(人道水)도 일반(一般)이라 물길

도 흘러가면 다시오기 어렵고 인생도(人生) 한번가면 다시

오기 바랄손가 (후렴)

갑오을미사중금은(甲午乙未沙中金) 금생남녀원혼인가(金生男女冤魂), 금금이(金金) 쌓인

사석(沙石) 나의 몸과 한가지라 사장(沙場)에 백구(白鷗)들은 검은구름

쌓여들어 벗을 찾어 놀고있고 일모장강어부(日暮長江漁夫)들은 결(關)

내성(乃聲) 더욱 짙은 금금이도(金金) 잠긴 수심(愁心) (후렴)

병신정유산하화는(丙申丁酉山下火) 화생남녀원혼인가(火生男女冤魂), 화하고촌(火下古村) 저

문날에 원만수선(遠滿水鮮) 슬픈소리 나의 수심(愁心) 들쳐낸듯 낙화(落花)

방초무심처에(芳草無心處 山) 산새는 날아들고 숙조(宿鳥 投林)는 투림한대 세(世)

상사를 生覺(생각)하니 어떤 사람 八字(팔자)좋아 名山大川(명산대천) 좋은

明堂 向陽之地(명당 향양지지) 찾아들어 春秋兩節時享(춘추양절시형)받고 八字(팔자)좋게

누웠는데 浮雲無情冤魂(부운무정원혼)되여 (후렴)

戊戌己亥平地木(무술기해평지목)은 木生男女冤魂(목생남녀원혼)인가, 平原廣野(평원광야) 빈

터에 宿数者冤魂地(숙수자 원혼지)라 우뚝섰는 千年古木(천년고목) 불쌍하리

뉘있을까 새는 가서 우는구나 古木(고목)이라 슬퍼마라 更(갱)

逢春節(봉춘절)하게되면 꽃은 피어 봄빛이요 綠樹陰濃夏長日(록수음농하장일)

에 金衣公子(금의공자) 날아들고 貪花蜂蝶分分(탐화봉적분분)한대 어찌 아니

슬플손가 (후렴)

경자신축벽상토는(庚子辛丑壁上土) 토생남녀원혼인가(土生男女冤魂), 불쌍하다 저 혼령은(魂靈) 눈물뿌린 벽상우에(壁上) 가는 자취 분명하고 오는 자취 적막하네(寂寞). 눈물뿌린 단품을 사례하고(謝禮) 슬픔을 깊이먹고 청룡을(青龍) 향한거동(向) 이보다 더할손가. 벽상을(壁上) 바라보니 왕소군의(王昭君) 자취로다 헌적자취 적막하여(寂寞) (후렴)

임인계묘금박금은(壬寅癸卯金箔金) 금생남녀원혼인가(金生男女冤魂), 금은옥백(金銀玉帛) 색 인몸이 토중골육(土中骨肉) 들어가니 수요장단(壽天長短) 뉘알손가 사구(沙丘) 평대 저문날에(平胎) 려산황총(驪山荒塚) 속절없고(束節) 냉수에(冷水) 추풍곡은(秋風曲)

한의제가 낙루하네. 천추여한 설워말고 맺힌마음 풀

어놓고 (후렴)

갑진을사복등화는 화생남녀원혼인가, 고적한등처랑

량하다 옥창등하앉았으니 세상사 허망하다. 유수에

거품이요, 한등에 허침이라 허다죽음만큼은 청춘

옥혼당할손냐 허다 분묘많건마는 여산청총 당할손가

경한등 어찌하여 무궁무등자탄타가 (후렴)

병오정미천하수는 수생남녀원혼인가, 비류직하삼

천척은 로산폭포괘장천에 줄기차게 오는 비는 나의

눈물한가지라 칠월칠석 오작교는 견우직녀보라 하고

일년일차 실수없이 맹서지어 왕래컨만 인생자취 적

막하여 (후렴)

무신기유대역토는 토생남녀원혼인가, 평지무산 다

버리고 심산궁곡 들어가서 홀로 슬피 누웠으니 풍지

낙엽 벗이로세 바람같이 날아들면 벗이런가 바랐더

니 괴곡성만 분명하고 괴곡성에 눈물짓고 두견성맺

힌 마음 (후렴)

경술신해체천금은 금생남녀원혼인가, 금봉필부침

은 옥태화용(玉態花容) 호강타가 양각화각천중기백양동작(兩閣花閣天中氣栢櫟銅雀) 좋은

집은 풍류남자호기(風流男子豪氣)로다. 지상공명(地上功名) 뉘있을까. 천만세(千萬歲)

나 바랐더니 원혼(冤魂)될줄 어이알까. 생사흥망(生死興亡) 각유시(各有時)라

인간요수(人間天壽) 할일없어 (후렴)

임자계축상좌목(壬子癸丑桑柘木)은 목생남녀(木生男女)원혼(冤魂)인가, 부상가지(扶桑木枝)놉

이올라가는 광음(光陰)부여잡고 광음광음(光陰光陰) 가지마라. 홍안청(紅顔靑)

춘(春) 늙어지니 인간공도(人間公道)도 어이할까. 수심근심(愁心근심) 다 버리

고 장래심을 굳게한들 숨은 근심 풀릴손가 광음간(光陰間)대

뜻을 두고 (후렴)

갑인을묘대계수는 수생남여원혼인가, 청산유수 청

계상에 계변화졸 부여잡고 춘산에 지는 꽃은 다시 피

어 붉어있고 계변에 양류목은 춘색을 띄어있고 화초

중 두견들은 나를 보고 슬피운다. 여차공문 홀로앉

아 추월추풍자탄타가 (후렴)

병진정사사중토는 토생남녀원혼인가, 진토중 가는

혼신 뼈도 살도 없어지고 움도 삭도 없어지니 골육

보토원되어 의지없는 원혼이야 진시황한무제도 봉래

방장염주산에 불사약 얻어먹고 장생불사 바랐더니 속

820

절없이 죽어지니 여산무릉(驪山武陵) 양산상에(兩山上) 분묘처가(墳墓處) 되었

으니 가련(可憐)하다 설워말고 (후렴)

무오기미천상화는(戊午己未天上火 火生男女冤魂) 화생남녀원혼인가, 불꽃같이 타

는 마음 월궁계(月宮桂) 부여잡고 옥경대(玉京坮) 솟아올라 세세원정(歲歲願情)

알려진들 창황문(蒼荒門) 높았으니 옥경대(玉京坮)를 어찌갈까. 옥경(玉京)

대를 가게되면 환혼(還魂)하기 바랄손가 (후렴)

경신신유석류목은(庚申辛酉石榴木 木生男女冤魂) 목생남녀원혼인가, 나무나무 속

잎나고 꽃은 피어 방춘화지(芳春花枝 好時節) 호시절에 홍도벽도(紅桃碧桃) 붉은

꽃은 낙화점점(落花點々) 눈물이요, 방초처처(芳草處處) 숨은 근심 노근(勞根)

행수병이 되어 상사로 맺힌마음 어느누가 풀어볼까。

상사불견상사상은 부지무정상사고라 (후렴)

임술계해대해수는 수생남녀원혼인가、일엽편주 잡

어타고 범범중류 내려가니 천무열풍음음우하고 해불양

파잔잔하여 수세도 광활하고 풍경도 좋을시고 동정

호 거문구름 강호로 돌아들고 원포수성 저문안개 중

류에 자자지고 두루두루 구경타가 죽을일을 생각하

니 원통하기 짝이없이 글로 맺인 원혼인가。맺힌마음

풀어놓고 인도환생들어가도 오늘날로 해원이요。끝

◆ 편　저 ◆

석 인 왕

저서
불교경문 명감
불교 극락과 지옥의 실제

현대 **불 교 의 범**	정가 40,000원

2020年 8月　10日 인쇄 2판인쇄
2020年 8月　15日 발행

　편　저 : 석 인 왕
　발행인 : 김 현 호
　발행처 : 법문 북스
　　　　　〈한림원 판〉
　공급처 : 법률미디어

1⃞5⃞2⃞-0⃞5⃞0⃞
서울 구로구 경인로 54길 4
TEL : (대표) 2636-2911, FAX : 2636~3012
등록 : 1979년 8월 27일 제5-22호
Home : www.lawb.co.kr

▌ISBN 978-89-7535-293-5 (93220)
▌파본은 교환해 드립니다.
▌본서의 무단 전재·복제행위는 저작권법에 의거, 3년 이하의
　징역 또는 3,000만원 이하의 벌금에 처해집니다.

1. 송주편
2. 예경편
3. 각청
4. 다비편
5. 시식편
6. 점안편
7. 수계편
8. 방생편
9. 법어 및 권선문

現代
佛教儀範

지혜의 종소리
법문북스

93220

9 788975 352935
ISBN 978-89-7535-293-5

가격 40000원